第五届全国经济史学博士后论坛 论文精选集

商贸演进视角下的货币金融变迁

魏明孔 主编

熊昌锟 程蛟 副主编

九州出版社 JIUZHOUPRESS 全国百佳图书出版单位

图书在版编目（CIP）数据

商贸演进视角下的货币金融变迁：第五届全国经济
史学博士后论坛论文精选集 / 魏明孔主编. -- 北京：
九州出版社，2019.10
ISBN 978-7-5108-8395-8

Ⅰ．①商… Ⅱ．①魏… Ⅲ．①货币史－中国－文集②
金融－经济史－中国－文集 Ⅳ．①F822.9-53
②F832.9-53

中国版本图书馆CIP数据核字(2019)第234722号

商贸演进视角下的货币金融变迁：
第五届全国经济史学博士后论坛论文精选集

作 者	魏明孔　主编
出版发行	九州出版社
地 址	北京市西城区阜外大街甲 35 号（100037）
发行电话	(010)68992190/3/5/6
网 址	www.jiuzhoupress.com
电子信箱	jiuzhou@jiuzhoupress.com
印 刷	北京九州迅驰传媒文化有限公司
开 本	710 毫米 ×1000 毫米　16 开
印 张	19.75
字 数	320 千字
版 次	2020 年 6 月第 1 版
印 次	2020 年 6 月第 1 次印刷
书 号	ISBN 978-7-5108-8395-8
定 价	68.00 元

序 言

魏明孔 [*]

一

近年来，中国经济史学显得比较活跃，其中青年学者所做的贡献尤其令世人刮目相看。这主要得益于改革开放以来，我国经济史学的资料发掘、整理和出版成就巨大，与国际学术界的交流日益活跃，另外互联网、大数据为学术研究提供了方便，再加上青年学者思想活跃，精力旺盛，创新意识强，对外交流主动，无疑成为经济史学的中坚力量。为了给青年学者提供交流和研究的平台，我们连续五年举办了全国经济史学博士后论坛，得到了青年学者和学术界的积极响应，效果良好。

第五届全国经济史学博士后论坛以"商贸演进视角下的货币金融变迁"为主题，2018 年 10 月 13 日在北京举行，论坛由中国社会科学院、全国博士后管理委员会、中国博士后科学基金会主办，中国社会科学院博士后管委会、中国社会科学院经济研究所、中央财经大学经济学院、中国经济史学会、中国商业史学会商业文化遗产专业委员会联合承办。会议收到学术论文五十余篇，内容涉及商贸史、金融史、工业和企业史、货币史、家族史、社会史等诸多领域。从时空上来看，研究内容包括古今中外。著名学者高培勇、王瑶琪、叶坦、戴建兵、陈志武、王玉茹、李

---

* 魏明孔，中国社会科学院经济研究所研究员、中国经济史学会会长。

毅、周卫荣、王文成、兰日旭、仲伟民、魏众、刘巍、孙建国、陈昭等出席会议并做学术报告。

本次论坛不但议题集中，而且融合了史料分析、数量分析等研究方法，在热烈的学术氛围中，既有共识也有交锋，为中国经济史学领域的知名专家和以博士及博士后为代表的优秀青年学者提供了一场异彩纷呈的学术盛宴。此外，本次论坛还受到广大媒体的高度重视，《光明日报》《中国社会科学报》《中国经济史研究》《中国社会经济史研究》《中国史研究动态》等报刊均进行了详细报道。

特别值得指出的是，本次论坛是在我国改革开放 40 周年之际召开的，更具有纪念意义。

二

自 20 世纪 80 年代以来，在"解放思想、实事求是"思想路线的指引下，中国经济持续高速增长，学术氛围日益宽松，中国经济史研究者逐渐摆脱了教条主义的束缚，突破了种种禁区，加深了对马克思主义的理解。随着国际学术交往的日益频繁，新理论、新方法、新资料和新观点得以不断引进，形成海内外学术研究相互激荡的新局面，从而使中国经济史研究者的思想空前活跃，新思路、新见解层出不穷，在探求中国经济史自身特点和规律方面迈出了坚实的步伐。随着经济史研究的主题日益多样化，研究领域不断拓宽，研究理论方法日益多元化，经济史研究取得了空前的发展和巨大的成就，并逐渐形成了不同的学术风格与流派。笔者认为，经过四十年的学术积累和数代经济史学人的不懈努力，中国经济史学科呈现出多元化发展的趋向，学科领域呈现如下几个特点。

第一，与现实中的社会经济生活关系密切的学术问题越来越受到重视，相关研究在关注学术价值的同时，更加关注科研的现实镜鉴意义。举凡现实中人们关注的问题，在经济史研究中几乎都能找到相应的研究课题，社会热点问题尤其如此。诸如环境生态史、灾荒史、海洋经济史、现代化、商会史、区域经济、"三农"问题、经济转型、丝绸之路经济带、科技史、工业化等研究，方兴未艾，势头良好。

第二，在防止学术研究碎片化的同时，更加重视对经济史问题研究的精细化和深入化，以有助于整体性认识的精准和提升。尤其是细化研究，已经成为当下经济史研究的一个非常明显的特色。而这些微观问题的深入研究，为我国经济史研究的整体推进，特别是经济史研究理论方面的提升和长时段研究成果的落实，奠定了一定的基础。

第三，在理论方法上，在坚持历史唯物主义基本原理的前提下，经济史研究理论方法出现了多元化尝试，计量研究、量化分析方法尤其受到重视，传统的研究方法也显示出了其特有的学术魅力，百花齐放的原则得到遵循。此外，我国著名经济学家吴承明先生倡导的"史无定法"已经成为经济史学界普遍遵循的一个原则。这一原则要求经济史学人要立足于自身的学术背景和学术积累，并根据研究的目的和内容，选择一种或数种研究方法，以求取得最佳的研究效果。一言以蔽之，经济史研究方法只有比较合适的，而没有最完美的。

第四，我国经济史学界在加强国际交流、引进国外理论方法的同时，建立经济史研究的中国自身的"科学范式""话语体系"及学术主体性等思考和探索方兴未艾。不少学者通过不懈的努力和大胆的探索，已经取得了可喜的成绩。中国经济史学会已经成为世界经济史学会的团体会员，中国经济史学者在世界经济史学会年会上越来越活跃，而李伯重教授、马敏教授、颜色教授先后担任国际经济史学会的执行委员，也从一个侧面反映了中国经济史学界的国际地位和国际影响力的显著提升。与此同时，世界著名高校和研究机构的经济史学者纷纷将目光转向中国，并在中国的高校和研究机构从事考察与研究工作。如今，经济史学界的这种国际交流与合作已经成为一种常态。

第五，经济史资料的发掘、整理及出版，均呈现遍地开花之势。众所周知，经济史研究的前提是对资料的占有，而大量经济史资料的发掘、整理和出版，既为文献数据化的推进、专题数据库的建立和相关课题的量化研究等提供了更加坚实的基础和条件，也对中国经济史学科的长远发展起到了积极的推动作用。

第六，经济史教学和研究越来越受到重视。2015年以来，中国人民大学连续召开学术研讨会，与会的专家和学者围绕如何加强理论经济学中的经济史的科研和教学工作展开热烈讨论，并呼吁在经济学院恢复经济史课程的设置。与此同时，一些高校纷纷设立了经济史学的教学和研究机构，如上海财经大学经济学院、中央财经大学经济学院和北京大学经济学院等不但先后成立了经济史学系，还取得了丰硕的教学、研究成果和良好的社会效应。经济史科研和教学并重，不仅成为经济史学人的共识，还成为经济学院今后发展的趋势。此外，经济史教学和科研工作，在历史学院更得到了相当的重视。经济学中的历史（理论经济学的经济史）与历史学中的经济（历史学的经济史）相得益彰，推动了中国经济史学科的发展。

第七，培养年轻学者，为其成长积极创造条件，成为经济史研究团队的共同做法。一些高校不仅重视对硕士生、博士生的培养、加强对博士后科研流动站的管理，还积极与国际著名高校和研究所联合培养经济史人才；一些科研单位采取强有力措施来引进年轻学者，保证研究队伍的年轻化；一大批中青年经济史学者的脱颖而出，再加上从国外学有所成的年轻学者不断补充到国内经济史学界，为中国经济史学界注入了新鲜的血液，增添了新生力量。此外，中国社会科学院经济研究所与兄弟单位联合举办的中国经济史学博士后论坛已经成功举办了五届，为以博士和博士后为代表的年轻经济学者提供了一个良好的学术交流平台，且对其学术成长具有十分重要的意义。

第八，经济史研究越来越受到经济学界的重视，一些高校和研究机构在经费、人才引进等方面，积极支持经济史团队的发展。尤其值得注意的是，许多德高望重的经济学家纷纷将研究重点转向经济史研究领域，甚至是全身心地投入中国经济史研究的相关工作之中。这些重量级学者的重视和加入，对中国经济史研究来说是意义深远的。

第九，经济史研究机构不断增加。据不完全统计，截至目前，全国各地已经成立了四十多家经济史研究所、研究院、研究中心及研究室等。这些研究机构往往成为经济史研究和人才培养的重要基地，其中的一些研究机构不仅成为国内外经济史研究的重镇，还产生了一些具有一定影响力的经济史研究学派。

第十，中国经济史研究已经拥有了广阔的学科发展平台。《中国经济史研究》《中国社会经济史研究》、人大复印报刊资料《经济史》及一些重要学术刊物所设的"经济史研究"专栏，为经济史学者提供发表研究成果的阵地；中国经济史学会、中国经济思想史学会等全国性学会，为经济史学者的沟通与联系搭建了平台；各单位定期或不定期举办的各种经济史研讨会，为经济史学者的学术交流提供了机会。

三

笔者不揣谫陋，拟对我国经济史研究的发展趋势进行一些展望。

中国经济史研究方兴未艾。从改革开放 40 年来，中国经济史研究的总体情况来看，中国经济史学研究仍然较多侧重于对各经济细部问题的考察，而进行理论反思、提升与总结、宏观研究、比较研究的成果较少；对于经济史学研究范式的反思和探索有所加强，对于出土文献的整理与研究有所深化。有鉴于此，中国经济史学界今后要进一步加强对经济史学理论的深刻反思与创新研究，以中国史研究为基础，以中国经济史研究为重心，聚焦中国历史进程中的基本经济经验与突出问题，进一步建构中国经济史学的独特话语体系。

首先，继续重视新史料的发掘、整理与出版，加强大型综合数据库的建设。

由于史料是经济史学研究的基础，因此，一方面，我们要继续重视新史料的发掘、整理与出版，如国家图书馆藏有火神会及火祖会账本数部，马德斌、袁为鹏等发现的山东省德州市宁津县统泰升号商业账簿，这些民间商业账簿既对当地物价、工资与利率等的研究具有重要的意义，又可进一步丰富与拓宽经济史研究的领域。另一方面，我们要进一步加强大型综合数据库的建设。21 世纪以来，随着各种社科研究项目的深入展开，根据原有资料整理而成的各类数据库大量出现，如李中清先生主持创建的辽宁双城数据库、海关资料数据库，陈争平先生主持创建的近代中国经济统计原始数据库及相应的改进数据库，陈志武先生推进的清代刑科题本数据库等。但这类大型综合数据库仍属凤毛麟角，远远不能满足经济史研究的需要。因此，我们既要大力加强这类大型综合数据库的建设，又要做好各类数据库的开发与利用工作，从而实现学术资源的整合与共享。

其次，加强理论与实证的结合。

经济史既是经济学的分支学科，又是历史学的分支学科。吴承明先生强调，经济史研究需要经济学理论的指导，应该鼓励把经济学理论，包括西方经济学理论应用到经济史研究中的各种尝试中去，努力使经济学和经济史结合起来。需要注意的是，不能把经济史完全变成经济学理论的推导和经济学模式的演绎。经济史学科应建立在实证研究的基础上，应立足于史学。中国史学实证的传统比较深厚，我们应发扬这种实证的精神，大力加强经济史资料的发掘和整理。但是，重视实证并不意味着忽视理论，部分经济史研究者出现忽视理论的倾向，实际上偏离了经济史学科的特征。经济史研究者如果不加强理性思维，经济史研究如果不重视理论概括，不仅很难提高经济史的研究水平，还会制约中国经济史及经济学的发展。值得一提的是，经济史越来越受到经济学界的重视，一些有较高声望的经济学家将自己的研究重点转向经济史研究领域。笔者认为，造成他们转向的关键在于，经济史确实能够为经济学研究提供更多、更好的经验事实与理论支撑，从而推动经济学理论的创新。因此，未来的经济史研究必须重视理论与实证的结合。

当前，由于中国经济史研究的社会科学化日益突出、经济史研究与相邻学科的交叉渗透日益明显，运用多学科方法与理论阐释经济史就成为必然要求，因此，海洋经济史、生态史、环境史、社会经济史等将会成为未来新的学科增长点。研究多元化的一个重要特征是理论视角的多元化，如果没有理论借鉴，多元化是无法实现的。如果没有历史事实的结合与支撑，多元化将会是空泛的，更是没有实际意义的。再加上中国经济史学研究仍然较多侧重于对各经济细部问题的考察，而进行理论反思、提升与总结、宏观研究、比较研究的成果还很有限。有鉴于此，我们只有以中国经济史研究为基础与重心，并进一步加强对相关理论的反思、提升、总结、与实证的整合等，才能为创立中国经济史学的话语体系奠定扎实的实证与理论基础。

最后，构建中国经济史话语体系适逢其时，我们要逐步建立具有中国特色的经济史话语体系。

随着中国综合国力的显著提升和国际地位的日益提高，中国学界在加强国际交流、引进国外理论方法的同时，也开始深入思考如何构建自身的"科学范式""话语体系"及学术主体性等问题，并积极探索构建"中国学派"的必要性、可能性及实现途径，中国经济史学科自然不能置身其外。因此，经济史学界应充分利用当前的有利条件与大好环境，积极构建具有中国特色的经济史话语体系。

习近平在致第二十二届国际历史科学大会的贺信中指出："中国人民正在为实现中华民族伟大复兴的中国梦而奋斗，需要从历史中汲取智慧，需要博采各国文明之长。"我们之所以如此强调中国经济史研究的话语权，既是我国学术界对经济史理论和经济发展规律认识的必然结果，又是目前提高中国经济史研究国际学术地位和国际影响力的迫切要求。构建科学且具有"中国气派"的经济学理论，基础在于经济史研究。中国经济史研究对于探索中国的经济发展道路不可或缺，而中国经济史学科的话语权及中国特色的经济史体系的构建，对提高中国的软实力无疑大有裨益。

当前，我们正在构建中国的话语体系，而话语权的基础是中国历史。中国有五千年的文明史，我们不能数典忘祖。同时，应该认真汲取世界其他国家的理论及经验教训。经济史学有经世致用的学术传统，中国经济学想要构建属于自己的话语体系，必须从史学中吸收养分。中国经济史理论和方法，从改革开放初期的拷贝国外理论逐渐向中国理论模式、中国经济史话语体系演进。在不断向国外学习经济史理论和方法的同时，要特别注意发掘我们传统的经济史理论和方法，只有建立具有民族特色的经济史话语体系，才能在世界学术界取得更多的话语权。历史早就证明并将继续证明，越是民族的则越是世界的。

站在观察现实经济问题的视角，瞄准中国经济发展中的重大理论问题进行研究。关注现实经济问题，从历史中总结经验，以便更好地服务于现代社会，是当代经济史研究的最终归宿。因此，我们要更多关注现实，整理发掘更多经济史资料，加强理论与实证的结合，逐步建立中国传统经济史话语体系。中国经济史学的未来，有赖于我辈同仁和后继者们持续不懈的努力。

目　录

秦汉货币制度变迁

刘　营[*]

内容提要：货币的产生是以商品交换发展到一定高度为前提的，货币不仅仅反映着一种社会生产关系，更体现了国家商品经济发展的脉络，是一种经济文化的结晶。现代货币学研究认为："整个国民经济的运行和成长都需要货币来维系、润滑和调节。"任何一种货币的制作、大小、发行、流通情况，都从一个侧面反映了当时政局的动荡或安定，经济的萧条或繁荣。加强对货币的研究，有助于人们了解当时社会的经济、政治、军事和文化。本文主要以货币制度包含的内容为横向标，以时间变革为纵向标，系统论述秦汉时期货币制度变迁的历程。

关键词：半两钱；铸币权；五铢钱

一、商品经济的发展与古代中国货币制度的确立

关于夏商西周的货币制度，传世文献记载甚少。从原始实物货币到贝币再到西周金属称量货币的形态演变，是商品交换自然引导的结果。尽管西周时期的经济制度已较为成熟，但货币制度仍处在萌芽阶段，商人无货币不能展贸易，货币非商人不能广流通，故商人与货币有连带关系。商人制度既开始于黄帝时，则货币制度亦开始于黄帝时无疑。[②]

（一）东周四大货币体系的形成

公元前770年，周平王将都城东迁至洛阳，史称东周。夏商周时期的货币制

---

* 刘营，天津市经济发展研究院，助理经济师。
② 郑家相：《中国古代货币发展史》，生活·读书·新知三联书店，1958，第12页。

度，形成于东周时期。政治方面：诸侯林立，各诸侯国的国力日臻强盛，周室衰微，整个社会处于急剧动荡的时代。周代，铸币权并非周王室的专属权利，地方诸侯同样具有铸币权。经济方面：牛耕铁制农具与新兴手工业的出现，使社会分工有了很大的变化，阶级结构的变化密切了生活、市场与商业的关系，各国之间平易道路、沟通江淮河流域，加强了商业往来，也造成各地区经济发展的不平衡。随着"田里不鬻"制与"工商食官"制的被打破及货币材料来源的扩大化，货币在币材、流通领域及管理上有了进一步的发展。此时，金属铸币开始居于主要地位，货币形制多元化，逐渐产生布币、刀币、圜钱、楚币四大货币体系。

四大货币体系在相当一段时期内保持着区域内货币的相对独立与稳定，形成以韩、赵、魏三晋地区为代表的布币区，以齐、燕为首的刀币区，以具有蚁鼻钱与爰金为特色的楚币区以及最终以圜钱统治六国的秦币区。随着各国商业往来的日益密切，四大货币区域逐渐扩展，不仅各区域之间的货币形制不同，即使是同一区域内也包含着不同的货币形制，各形制之间的大小、轻重、厚薄程度并不统一，流通时间也不相同，非承前续后的关系，由此形成相互交织且繁杂多样的货币流通网。在此大背景下，货币形制逐渐自发趋同，并向圆形、环钱发展，且重量与形状呈现出减轻与减小的趋势。

（二）对早期货币制度改革的探讨

春秋战国时期，学术上百家争鸣，文化的多元化与多种货币的存在相呼应。随着封建地主经济体系的形成，经济思想领域中出现了"子母相权""轻重"等货币理论与范畴。管子认为："凡将为国，不通于轻重，不可为笼以守民。"[①] 有文献记载的先秦时期的币制改革有：太公为周立九府圜法、楚庄王改革币制与周景王铸大钱，它们均涉及"子母""大小""轻重"等问题。

先秦时期的这三次币制改革，虽然真实性存在质疑，但其中的货币思想对后世的影响是毋庸置疑的。以单旗的货币理论为例，尽管其本身是极为初步的表象的货币流通分析，却支配着秦汉以后的整个封建时期，成为中国历史上具有代表性的货币理论。[②] 再如管子学派的经济学说，主要从封建国家的角度出发，探讨了货币、价格、财政、经济政策、轻重理论等问题，囊括了众多经济现象与经济规律，是古

---

① 黎翔凤撰，梁运华整理：《管子校注》卷 22《国蓄》，中华书局，2004，第 1264 页。
② 胡寄窗：《中国经济思想史》，上海财经大学出版社，1998，第 173 页。

代经济思想的瑰宝，对先秦乃至后来的封建国家的财政改革具有深远的影响，而其独树一帜的经济学说，至今仍可资借鉴。

先秦时期的货币体系主要包括由布帛等充当的实物货币、金银称量货币以及由布币、刀币、圜钱与楚币四大货币体系构成的金属铸币。由于各诸侯国不断割据混战，各国货币不仅在形状、材质、种类、流通范围、重量与单位等方面存在很大的差异，且因价值不等造成换算困难。随着商品经济的迅速发展，货币的需求量越来越大，货币体系内繁杂的流通网络逐渐突破旧的区域限制，自发趋同向全国范围发展。货币的形制逐渐趋于便利，突出表现之一就是后出的圜钱的迅速发展。但直至秦统一六国后，全国性的货币制度才真正建立起来。

二、秦代货币制度的统一

（一）秦国货币制度的确立

秦国商品经济的发展得益于三个因素：地缘优势、税制改革与商鞅变法。商品经济与货币经济是互为因果、互为条件的关系，秦铸币的产生与流通一方面关系着秦国商品经济的发展状况与财政收支状况，另一方面是秦国货币政策与货币思想的经验结晶。货币作为商品交换的媒介与衡量物价之标准，商品经济的发展增加了对货币的需求，因此，"初行为市"的推行为秦国货币制度的确立提供了可能性与必要性。

据《汉书·食货志》载："铜钱质如周钱，文曰'半两'，重如其文。臣瓒曰：'言钱之形质如周钱，唯文异耳。'"[①] 多数学者认为，"惠文王生十九年而立。立二年，初行钱"[②] 中的"钱"，即指"半两钱"。

从现有的传世文献与考古材料来看，随着商品经济的发展、铸造技术的提高，圜钱在四大货币体系中脱颖而出，而方孔"半两钱"则是在圜钱的基础上演变而成的外圆内方形制。需要指出的是，"半两钱"并不是由秦始皇创制的，他不过是"因其利而整齐之耳"。[③] 由于秦国疆域的不断扩张，"半两钱"的流通区域不断扩

---

① 《汉书》卷 24 下《食货志》，中华书局，1962，第 1152 页。
② 《史记》卷 6《秦始皇本纪》，中华书局，1959，第 289 页。
③ 李剑农：《先秦两汉经济史稿》，生活·读书·新知三联书店，1957，第 49 页。

大，汉代亦只是存其形、改其名而已。"初行钱"后，秦国政府一方面加强了对铸币权的控制，另一方面又加强了对货币流通的管理，这就使得虽有圜钱的其他形制继续流通，但最终确定方孔"半两钱"为法定货币。因此，"初行钱"不仅为秦始皇统一币制打下了基础，也为后世货币体制的建立准备了条件。

（二）秦简所见之秦国货币制度

秦国货币立法较晚，商鞅变法以后，法律制度不断完善，而秦简的出土成为秦国货币制度的重要实证。其中，《金布律》《封诊式》《法律问答》等简牍就涵盖了货币结构、货币单位、货币使用及管理等方面的内容。

1. 货币结构

《史记·平准书》载："及至秦，中一国之币为二等，黄金以溢名，为上币。铜钱识曰半两，重如其文，为下币。"《索隐》按："钱本名泉，言货之流如泉也，故周有泉府之官。及景王乃铸大钱。布者，言货流布，故周礼有二夫之布。食货志货布首长八分，足支八分。"[①] 学术界据此认为，战国时期，秦国货币主要有三种：黄金、布、铜钱。其中，黄金多用于赏赐与贮藏，官府使用较多。布即布帛，是一种实物货币，可兑换圜钱，且有固定的兑换比例。铜钱便于携带，主要用于日常商品交易。除此之外，贵金属使用以两为单位及实物货币谷物的支付也反映在秦简之中。

首先，关于黄金的记载。如秦简《效律》规定："黄金衡累不正，半铢以上，赀各一盾。"[②] 黄金在此时仍为称量货币，有称量黄金的天平砝码。虽然秦简中没有明确记载黄金与钱的兑换比例，但《金布律》规定了钱与布的比价为："钱十一当一布。其出入钱以当金、布，以律。"[③] 其次，在秦简中，"布"即布帛，为实物货币，可兑换圜钱，二者的兑换比例为十一钱折合为一布，故秦简中的钱数多是十一的倍数，如二十一钱、一百一十钱等，就是从布折算的结果。最后，铜钱为日常使用的货币，具有固定的形状、重量与大小，便于携带与流通，故官府也用作法律上的奖赏、罚款与赎罪等。

在三种货币中，铜钱是主要的流通货币，布帛与黄金均是辅助货币，需要指出

---

① 《史记》卷30《平准书》，中华书局，1959，第1442页。
② 睡虎地秦墓竹简整理小组编：《睡虎地秦墓竹简》，文物出版社，1990，第70页。
③ 睡虎地秦墓竹简整理小组编：《睡虎地秦墓竹简》，文物出版社，1990，第36页。

的是,不能在钱与布中二选其一。如秦简《金布律》曰:"贾市居列者及官府之吏,毋敢择行钱、布;择行钱、布者,列伍长弗告,吏循之不谨,皆有罪。"①钱与布的比价固定,黄金作为贵金属,与钱、布的比价常处于波动之中。

2. 货币的铸造与管理

秦简中以法律形式规定的货币制度主要包括货币的种类与结构、货币的铸币权、货币的流通与管理等。对秦简中反映律文的理解离不开对历史背景的考察,此时的秦国正处于商鞅变法以后,向"法治主义"过渡的重要转换期。为了满足以"农战"立国的需求,秦国一方面实行重农抑商的政策,另一方面鉴于商品经济的发展颇为活跃,在严禁私铸货币的同时,加强了对货币的管理。首先,由政府垄断铸币权,禁止民间铸钱,私铸者罪至死。其次,强化对物价、货币比价及官府钱币的收入、流通、使用等方面的管理。

战国时期,各诸侯国的货币自发从形制上趋向统一,向更为便利的方孔圜钱发展。随着秦国吞并六国步伐的加快,秦国的货币制度也被逐渐推广到其他诸侯国,从而为秦始皇统一六国后进一步统一货币奠定了基础。

(三) 秦始皇对货币制度的统一

秦始皇统一六国后,所采取的统一货币的措施主要包括:废除六国货币,以秦币同天下币;确立货币的材料、种类与单位;国家垄断货币铸造权,确定圆形方孔"半两钱"为全国的法定货币。这是我国历史上首次以国家法令的形式颁布并实施统一的货币标准。

1. 废除六国货币

秦统一六国后,废除了六国繁杂的货币体系。一方面,以秦币同天下币,废除了六国原有的刀币、布币、蚁鼻钱、爰金等诸多重量、大小与单位不统一的货币体系,将秦国的圆形方孔"半两钱"确定为法定货币,通行全国。另一方面,整顿旧有币制,废除了一些实物货币,并把原六国流通的黄金与铜钱作为币材,重新铸化。

2. 统一钱币种类、币材与单位

秦始皇以秦币同天下币,首先,确立法定货币为称量货币的黄金和圆形方孔的铜钱,其中,黄金为上币,铜钱为下币。其次,统一货币单位。黄金的货币单位

---

① 睡虎地秦墓竹简整理小组编:《睡虎地秦墓竹简》,文物出版社,1990,第36页。

为"镒"（合二十两）；铜钱的货币单位为"半两"，重量为面文所标，即半两。可能以实物货币布帛为中币。至此，货币的种类、材料、单位等首次以法令形式确定下来。

3.统一货币铸造

统一货币铸造，即由国家垄断货币铸造权，严禁私铸货币。关于国家垄断铸币权，需要注意以下两点：一是中央政府除拥有货币铸造权外，亦可授权地方政府参与货币铸造，如安徽池州江村与四川宜宾水江村出土的秦代半两钱范即是地方铸币的实证。二是由于秦律规定，大、小钱混合流通，不得选择。因此，秦代的半两钱常常大小、厚薄、轻重不等，美恶混杂，在法律的保护下并行流通。

虽然《汉书》《史记》等传世文献中均记载了很多秦统一货币的具体措施，但关于货币政策的具体贯彻落实情况常常付之阙如。从既往发掘的秦代墓葬情况来看，秦半两的流通区域仅限秦故地，楚币与六国货币仍继续流通，充分表明统一的货币制度未能得到全面贯彻实施。

虽然秦朝的货币制度并未全面实施，但不可否认其影响与意义。从秦献公六年的"初行为市"（公元前379年）到秦惠文王二年的"初行钱"（公元前336年），秦国完成了以本国为范围的货币制度改革。从惠文王的"初行钱"到秦二世的"复行钱"（公元前210年），其间又完成了统一六国货币制度的改革。在统一货币制度方面，秦朝统治者虽在废除六国繁杂的货币体系方面居功至伟，并以法令形式统一了币制，但由于秦仅存在十五年就灭亡了，统一的货币制度并未在全国得到全面贯彻实施。秦亡之后，汉朝统治者也开始了艰难曲折的币制探索之路。

三、汉代货币制度的变迁

（一）由"荚钱"到文帝四铢之嬗变

汉初，经济凋敝，为了尽快恢复经济和巩固新生的政权，高祖以"秦钱重难用"为由，令民铸造较为轻小的"荚钱"。吕后因私铸泛滥引发货币市场混乱，先是铸行"八铢钱"（八铢"半两"），后又改行"五分钱"（"半两"的五分之一）。文帝以"五分钱"太轻小，更作"四铢钱"，并颁布《除盗铸钱令》，允许私人铸币。由此不难看出，汉代统治者一直在"荚钱"中探索符合货币流通的制度。

1. 高祖更令民铸荚钱

西汉建立后，承袭秦制。高祖初入关，便"蠲削繁苛""约法三章"，实施一系列休养生息的政策。一方面，采行利商的政策；另一方面，在"大饥馑"的窘境下，恢复田宅与爵位。在币制方面，"以为秦钱重难用，更令民铸荚钱。黄金一斤"。[①]

汉高祖令民私铸荚钱，对推行休养生息政策、恢复战后经济是极为有利的。首先，秦半两直径 2.5—3 厘米，荚钱直径多在 2.4 厘米以下，这就减轻了重量，节省了金属材料，既解决了币材不足的问题，也增加了货币的流通量。其次，允许民间铸钱，减轻了国家铸币的负担，笼络了豪强势力，有利于商品经济的恢复与发展。但是，民间私铸荚钱在后期也凸显出不少弊端。一方面，民间私铸荚钱导致各地所铸钱币形制各异，没有统一的标准，而大量劣币涌入市场再加上商人的囤积居奇，导致货币贬值，物价暴涨。另一方面，正如贾谊所言："夫农事不为，而采铜日蕃，释其耒耨，冶镕炉炭，奸钱日繁，正钱日亡，善人怵而为奸邪，愿民陷而之刑僇，黥罪繁积，吏民且日斗矣。"[②] 这就导致百姓皆"背本趋末"，诸侯王与地方豪强也通过私铸而获利甚厚，势力愈加强大。因此，汉初的中央政府既要大力发展经济，又试图通过抑商贱商政策来打压商人。直至高后时，这种矛盾仍然十分突出。《汉书·食货志》载："孝惠、吕后时，为天下初定，复弛商贾之律，然市井子孙亦不得为官吏。"[③] 但这类抑商贱商政策的收效甚微，所以文帝时，"法律贱商人，商人已富贵矣"。

2. 从《二年律令》看吕后时期的货币制度改革

吕后时期，先是复行"八铢钱"，后又改行"五分钱"。张家山汉简《二年律令》中保存着一些吕后时期的货币法律。汉初的货币法律在继承秦律的基础上，内容更加全面，规定更加细致与完善，其中的《钱律》《金布律》不仅涉及货币的种类，还对货币的质量、铸造、流通与管理等均有所记载。

首先，法定货币主要为黄金与铜钱。其中，黄金的作用与秦代相同，主要用于赏罚与赎罪；铜钱的应用更加广泛，可用于日常商品交易、赋税、抵押、赏赐等。以赋税为例，以前以力役与实物征收的赋税，汉代改为征收铜钱。其次，禁止私人

① 《汉书》卷 24 下《食货志》，中华书局，1962，第 1152 页。
② 〔汉〕贾谊撰，阎振益、钟夏校注：《新书校注》卷 4《铸钱》，中华书局，2000，第 167 页。
③ 《汉书》卷 24 下《食货志》，中华书局，1962，第 1153—1154 页。

铸币，对盗铸钱者施以重罚。高后时期，由于盗铸之风屡禁不止，政府出台了一系列严惩私人铸币的措施，也从侧面上反映了当时私铸盛行的情况。最后，铜钱的流通与管理方面，规定了黄金与铜钱的兑换率，加强了对铜钱的铸造质量、标准、流通的管理。

从高祖的"荚钱"至吕后复行"五分钱"，一方面，铜铸币的流通量越来越大，使用范围越来越广泛，最终居于主币地位；另一方面，私人铸币使得钱币没有统一的标准、样式和重量，引发了通货膨胀、盗铸之风屡禁不止等一系列社会问题。由于汉高祖及其后继者普遍奉行"与民休息"的思想，采取了一系列恢复和发展农业生产的措施；惠帝、吕后时，又"复弛商贾之律"，基本实现了"民给家足""府库余货财"，所以汉初的货币改革并未引起太大的社会动荡。诸侯王的背后是强大的豪族势力与功臣势力，至"文景之治"前，诸侯王的势力愈加强大。

3. 文帝除盗铸钱令，允许私人铸币

文帝即位后，在推行"轻徭薄赋""厉行节俭""弛以利民"等一系列巩固政权措施的同时，采取了货币紧缩的政策。如《史记·平准书》载："至孝文时，荚钱益多、轻，乃更铸四铢钱，其文为'半两'，令民纵得自铸钱。"[1]《汉书·文帝纪》载："文帝五年春二月，地震。夏四月，除盗铸钱令，更造四铢钱。"[2] 应劭曰："文帝以五分钱泰轻小，更作四铢钱，文亦曰半两钱。今民间半两钱最轻小。"[3] 由上述史料可知，文帝推行的是放任民间铸币的政策。

文帝的货币政策主要包括：更造四铢钱；除盗铸钱令，使民得自铸。总体来看，这些货币政策有利有弊。第一，改铸质量高于荚钱的四铢钱，提高了钱币的重量，规范了货币的流通，出现"家给人足""府库余货财"的局面。第二，针对私铸钱币的问题，汉文帝采取了两个措施，一是严禁掺杂，《汉书·食货志下》载："法使天下公得顾租铸铜锡为钱，敢杂以铅铁为它巧者，其罪黥"。[4] 二是通过"钱称制""法钱称重"等措施，解决钱币实际重量与法律规定不符的问题。

景帝时出现了第一次大规模的盗铸货币事件，为了应对这一事件，政府出台了多项措施，其中，以平定"七国之乱"与"定铸钱伪黄金弃市律"最为有效。一方面，"七国之乱"的平定，标志着西汉诸侯王势力的威胁基本被清除，中央集权得

---

① 《史记》卷 30《平准书》，中华书局，1959，第 1419 页。
② 《汉书》卷 4《文帝纪》，中华书局，1962，第 121 页。
③ 〔宋〕李昉：《太平御览》卷 827《资产部·市门》，中华书局，1960，第 3727—3728 页。
④ 《汉书》卷 24 下《食货志》，中华书局，1962，第 1153 页。

到巩固与加强。另一方面，文帝的放铸政策导致私铸之风盛行，铸币者为了牟取暴利，除在铸钱的铜料里掺入低价的铁和铅，铸造伪金外，还不断减轻铜钱的重量。为了解决"时多作伪金"的问题，景帝于中元六年冬十月，"定铸钱伪黄金弃市律"。①与文帝的放铸政策相比，景帝废除了私人铸币，允许中央与各郡国分别铸造铜币，从而在收归铸币权方面向前迈进了一大步。

在汉初的几十年间，货币改革一直处在探索阶段。有学者统计，自汉高祖至汉武帝时期，钱制就修改了九次之多。这些货币改革措施虽然有效遏制了诸侯王通过私铸货币来集聚大量财富，在收归铸币权方面迈出了一大步，但各郡国仍拥有铸币权，地方豪强富商的盗铸行为仍屡禁不止。

（二）汉武帝时期货币制度的改革与"铢钱"制度的确立

1. 汉武帝货币改革的背景与内容

汉灭秦后，货币制度仍基本延续秦制，从高祖到武帝的几位帝王一直都在币制改革的道路上积极探索。为了解决币制混乱、地方势力膨胀、"法钱不立之害"等严重问题，汉武帝更为频繁地改革币制，仅《汉书》《史记》中记载的汉武帝时期的币制改革就有六次。（见表1）

汉武帝改革货币制度的目的有三个：一是整顿币制，遏制通货膨胀，巩固中央集权。二是增加中央政府的财政收入。汉武帝推行军事财政，除赏赐外，军需、赋钱均由内地调入，连战匈奴、平定闽越国等一系列军事战争造成中央财政的严重困难。可以说，汉武帝的历次货币改革都是为了支付庞大的军费开支。三是抑制地方豪强势力。为了配合货币改革，汉武帝还采取了一系列抑制地方豪强势力的措施。其中，"算缗"与"告缗"就是汉武帝敛财的重要措施，通过削藩、任用酷吏等措施，不仅削弱了"中家以上"的豪强、商人及贵族势力，还减少了货币流通量，增加了中央财政收入。总之，汉武帝实施的一系列货币改革，既有效遏制了通货膨胀、削弱了地方豪强的势力，又扩大了中央财政收入，缓解了钱轻物重的社会现状。

---

① 《汉书》卷5《景帝纪》，中华书局，1962，第148页。

表1 汉武帝货币改革的主要内容

货币名称	时间	文献资料	备注
三铢钱	建元元年春二月	行三铢钱	《汉书·武帝纪》
三铢钱	建元五年春	罢三铢钱，行半两钱	《汉书·武帝纪》
三铢钱	建元五年春	今半两钱法重四铢	《汉书·食货志》
三铢钱	元狩三年	令县官销半两钱，更铸三铢钱，文如其重	《史记·平准书》
三铢钱	元狩三年	有司言三铢钱轻，轻钱易作奸诈，乃更请郡国铸五铢钱	《汉书·食货志》
皮币、白金	元狩三年	乃以白鹿皮方尺，缘以藻缋，为皮币。又造银锡为白金	《汉书·食货志》
皮币、白金	元狩三年	乃以白鹿皮方尺，缘以藻缋，为皮币，直四十万。又造银锡为白金	《史记·平准书》
皮币、白金	元狩四年冬	用度不足，请收银锡造白金及皮币以足用	《汉书·武帝纪》
郡国五铢钱	元狩五年春三月	罢半两钱，行五铢钱	《汉书·武帝纪》
郡国五铢钱	元狩五年	有司言三铢钱轻，轻钱易作奸诈，乃更请郡国铸五铢钱，周郭其上下，令不可磨取镕	《汉书·食货志》
郡国五铢钱	元狩五年	有司言三铢钱轻，易奸诈，乃更请诸郡国铸五铢钱，周郭其下，令不可摩取镕焉	《史记·平准书》
赤仄五铢钱	元鼎二年	郡国铸钱，民多奸铸，钱多轻，而公卿请令京师铸官赤仄，一当五，赋官用非赤仄不得行。	《汉书·食货志》
赤侧五铢钱	元鼎二年	郡国多奸铸钱，钱多轻，而公卿请令京师铸钟官赤侧，一当五，赋官用非赤侧不得行	《史记·平准书》
三官五铢钱	元鼎四年	于是悉禁郡国无铸钱，专令上林三官铸	《史记·平准书》
三官五铢钱	元鼎四年	于是悉禁郡国无铸钱，专令上林三官铸	《汉书·食货志》

2. "铢钱"制度的内容与意义

汉武帝元年（公元前140年），改铸"重如其文"的三铢钱，结束了长期以来，币面价值与实际重量名实不符的局面，为"五铢钱"制度的确立奠定了基础。

第一阶段：郡国五铢钱制。首先，罢三铢钱，改铸五铢钱。其次，郡国与中央均拥有铸币权，郡国所铸五铢钱与中央所铸五铢钱的重量、大小、形状等均有所不同，造成地方盗铸猖獗。《史记 汲郑列传》载："会更五铢钱，民多盗铸钱，楚地尤甚。"[1]《史记·酷吏列传》也说："后会五铢钱白金起，民为奸，京师尤甚。"[2]最后，汉武帝委派专门官员巡行地方郡国，遏制盗铸。

第二阶段：赤侧五铢钱制。《汉书·食货志》载：元鼎二年（公元前 115 年），鉴于"郡国铸钱，民多奸铸，钱多轻，而公卿请令京师铸钟官赤侧"。[3]"赤侧五铢钱"是介于郡国五铢与三官五铢之间的一种钱币。由于郡国五铢没有统一的制作规范和标准，形状、大小、轻重不一，故只铸行了短短三年就更铸赤侧五铢了。赤侧五铢在本质上只是汉武帝用来敛财的一种手段，是不可能解决地方盗铸问题的。

第三阶段：三官五铢钱制。《史记·平准书》载："其后二岁（元鼎四年），赤侧钱贱，民巧法用之，不便，又废。于是悉禁郡国无铸钱，专令上林三官铸。"[4]这次币制改革的主要内容包括：一是废除郡国铸币权，禁止郡国铸钱，立三官五铢钱制。二是规定币面价值与实际重量相一致，并铸有内郭和外郭，提高了铸造工艺的难度，可有效杜绝盗铸行为。三是全面禁止民间铸币，"盗铸金钱罪皆死"。从此，西汉开始进入中央统一铸币时期。

三官五铢钱制既是汉武帝实行的最后一次币制变革，也是最为成功的一次。正如诺思在《经济史中的结构与变迁》中所言："制度创新来自统治者，而不是选民。"[5]五铢钱制的重要历史意义有以下三点：首先，武帝确立的三官五铢钱制历昭帝、宣帝、元帝三朝，一直延续到王莽时期。其次，将铸币权收归中央，由中央政府成立的专门铸币机构，即由水衡都尉的属官钟官、辨铜、技巧三官负责铸造钱币，使长期混乱的币制得以统一。最后，五铢钱铸造精良、形制规整、重量标准，故一般铸币者很难仿造，这就有效遏制了私钱泛滥的现象。

总体而言，三官五铢钱制是秦汉货币史上的一大转折，实现了中央对货币铸造权的集中统一，是顺应货币发展的历史潮流的，故成为我国货币史上铸行数量最多、流通时间最久的钱币。

① 《史记》卷 120《汲郑列传》，中华书局，1959，第 3110 页。
② 《史记》卷 122《酷吏列传》，中华书局，1959，第 3146 页。
③ 《汉书》卷 24 下《食货志》，中华书局，1962，第 1169 页。
④ 《史记》卷 30《平准书》，中华书局，1959，第 1434 页。
⑤ （美）道格拉斯·诺思著：《经济史上的结构和变革》，厉以平译，商务印书馆，1992，第 38 页。

3. 汉武帝铸造皮币与白金

汉武帝时，因长期对匈奴用兵，中央财政十分匮乏。为了缓解财政窘境，汉武帝于元狩四年（公元前119年），铸行了两种虚币——白鹿皮币、白金三品。关于这次货币改革的背景和内容，《史记》《汉书》均有详细说明。如《汉书·食货志》曰："自孝文更造四铢钱，至是岁四十余年，从建元以来，用少，县官往往即多铜山而铸钱，民亦间盗铸钱，不可胜数。钱益多而轻，物益少而贵。有司言曰：'古者皮币，诸侯以聘享。金有三等，黄金为上，白金为中，赤金为下。今半两钱法重四铢，而奸或盗摩钱质而取鋊，钱益轻薄而物贵，则远方用币烦费不省。'乃以白鹿皮方尺，缘以藻缋，为皮币，直四十万。"不难看出，所谓"白鹿皮币"是用宫苑的白鹿皮作为币材，每张一方尺，周边彩绘，每张皮币定值四十万钱。为何选用鹿皮为皮币呢？《史记·封禅书》曰："天子苑有白鹿，以其皮为币，以发瑞应，造白金焉……赐诸侯白金，以风符应合于天地。"[1] 王献唐在《中国古代货币通考》中指出，汉武帝以皮币应合天瑞，"可以裕才，可以应瑞，可以徵礼，一举而三善备"。[2] 由于皮币的面值是汉武帝主观赋予的，远远脱离皮币的自身价值，仅作王侯宗室之间朝觐聘享之用，并没有真正进入流通领域。因此，从本质上说，皮币不是货币，而是一种礼券，是汉武帝为了解决财政困难，向王侯宗室敛财的一种工具。

"造银锡为白金"，是我国货币史上第一次大规模铸造的贵金属货币。因白金对铜钱的比价很高，且银锡比例无固定标准，造成民间大量盗铸。盗铸者为了牟取暴利，往往用低价的铅锡替代银锡，导致白金大幅贬值，"终废不行"。[3] 从货币学的角度考察，白金在我国货币史上"昙花一现"的原因有二：第一，汉武帝为了解决中央财政匮乏的问题，不顾当时社会对小额货币的需求，强制铸行大额的白金，逆客观经济规律而行，必然导致被市场淘汰。第二，白金由银锡制成，币值很高，再加上银锡比例没有固定标准，真假难辨，因此给盗铸者带来了巨大的诱惑与利润。虽然法律明文规定"盗铸诸金钱罪皆死，而吏民之盗铸白金者不可胜数"，甚至到了"吏不能尽诛取"的程度，酿成了西汉史上最严重的一次货币危机，白金最终也难逃被废止的结局。

自秦始皇统一币制，将布帛确定为法定的实物货币以来，纵观整个汉代货币

---

① 《史记》卷28《封禅书》，中华书局，1959，第1387页。
② 王献唐：《中国古代货币通考》，齐鲁书社，1979，第985页。
③ 《史记》卷30《平准书》，中华书局，1959，第1434页。

史，实物货币的第一次抬头是汉武帝发行的白鹿皮币，白金则是我国货币史上第一次大规模铸造的贵金属货币，彭信威对它们的评价是："皮币是中国信用货币的滥觞。白金是中国用银最早的例子。"①

4.新莽通货制度的紊乱与东汉实物货币的回归

武帝之后的昭帝、宣帝、元帝和成帝时期，都继续铸造并使用五铢钱。其间，虽然五铢钱的形制几乎没有变化，但重量却越来越轻。王莽的托古改制，造成币制的极度混乱。表2体现的是新莽货币制度改革的主要内容。

表2 新莽货币制度改革的主要内容

货币名称	时间	文献资料	备注
大钱、契刀、错刀	居摄二年	王莽居摄，变汉制……又造契刀、错刀……与五铢钱凡四品，并行	《汉书·食货志》
罢错刀、契刀及五铢钱	始建国元年	莽即真，以为书"刘"字有金刀，乃罢错刀、契刀及五铢钱	《汉书·食货志》
钱货六品	始建国二年	小钱径六分，重一铢……是为钱货六品，直各如其文	《汉书·食货志》
钱货六品	始建国二年	莽以钱币讫不行……百姓不从，但行小大钱二品而已	《汉书·王莽传》
金货一品、银货二品	始建国二年	黄金重一斤，直钱万……它银一流直千。是为银货二品	《汉书·食货志》
龟宝四品	始建国二年	元龟岠冄长尺二寸……是为龟宝四品	《汉书·食货志》
贝货五品	始建国二年	大贝四寸八分以上……是为贝货五品	《汉书·食货志》
布货十品	始建国二年	大布、次布、弟布、壮布、中布……是为布货十品	《汉书·食货志》
罢龟贝布，行大、小钱		莽知民愁，乃但行小钱直一，与大钱五十，二品并行，龟贝布属且寝	《汉书·食货志》
金银龟贝	天凤元年	复申下金银龟贝之货……与货布二品并行	《汉书·食货志》
罢大钱	地皇元年	又以大钱行久，罢之，恐民挟不止，乃令民且独行大钱，与新货泉俱枚直一，并行尽六年，毋得复挟大钱矣	《汉书·食货志》
罢大、小钱	地皇元年	是岁，罢大、小钱，更行货布……伍人知不发举，皆没入为官奴婢	《汉书·王莽传》

---

① 彭信威：《中国货币史》，上海人民出版社，2007，第71页。

  王莽在居摄时期，就发行过战国时的刀币。代汉之后，为了防民盗铸，"乃禁不得挟铜、炭"。[①] 始建国二年（10年），也就是在废除五铢、契刀、错刀币一年之后，王莽又推行了新的货币制度——宝货制。《汉书·食货志》称："凡宝货，五物、六名、二十八品。"[②] 其中，"五物"是指五种币材，"六名"是指货币的六个总名，"二十八品"是指币值的二十八个等级。"宝货制"共有材质和面值均不相同的二十八种货币，其中不乏一些实物货币、贱金属货币，不仅导致币制的极度混乱，也使得"百姓愦乱，其货不行……于是农商失业，食货俱废，民涕泣于市道"。[③] 尽管如此，王莽仍不思改弦易辙，反而在大、小钱与货布。王莽的数次币制改革之所以都以失败而告终，根本原因就在于其不顾百姓的实际需求，违背货币发展的客观规律，先后铸行三十七种不同材质、样式、单位、比价的货币。由于这些货币名目繁多、换算困难，给流通和使用带来诸多不便，造成币制的极度混乱。

  汉末，经济面临崩溃之际，董卓为了达到长期敛财的目的，"废五铢，铸小钱"。由于董卓所铸小钱或分量不足，或质量低劣，导致了严重的通货膨胀，再加上黄金退出流通领域，丧失"上币"地位，以布帛为代表的实物货币便"复兴"起来，并出现了取代金属货币的趋势，这就造成货币制度的倒退。表3体现的是东汉币制改革的主要内容。

表3 东汉货币制度改革的主要内容

货币名称	时间	文献资料	备注
行五铢钱	建武十六年	初，王莽乱后，货币杂用布、帛、金、粟。是岁，始行五铢钱	《后汉书·光武帝纪》
四出文钱	汉灵帝中平三年	又铸四出文钱	《后汉书·孝灵帝纪》
四出文钱	汉灵帝中平三年	又铸四出文钱，钱皆四道	《后汉书·宦者列传》
小钱	初平元年	董卓坏五铢钱，更铸小钱	《后汉书·孝献帝纪》
小钱	初平元年	又坏五铢钱，更铸小钱……故货贱物贵，谷石数万	《后汉书·董卓列传》

[①] 《汉书》卷99中《王莽传》，中华书局，1962，第4109页。
[②] 《汉书》卷24下《食货志》，中华书局，1962，第1179页。
[③] 《汉书》卷24下《食货志》，中华书局，1962，第1179页。

由表3可知，东汉时期的货币改革共分为三个阶段。第一阶段："王莽乱后，货币杂用布、帛、金、粟。"[①]建武十六年（公元40年），光武帝开始铸行东汉五铢钱。第二阶段：灵帝时，由于宦官专擅朝政，贿赂公行，政治腐败达到极点，各地起义不断。为挽救危机，汉灵帝于中平三年（186年），"铸四出文钱"。[②]京师大乱后，四出文钱也流布四海。第三阶段：献帝初平元年（公元190年），董卓"坏五铢钱，更铸小钱，悉收洛阳及长安铜人、钟虚、飞廉、铜马之属，以充铸焉"。[③]由于董卓所铸小钱既劣小轻薄，又无文字和轮廓，带来严重的通货膨胀，令民间"货贱物贵，谷石数万"，[④]从而使五铢钱制遭到严重破坏，实物货币再次"复兴"起来。因此，傅筑夫一针见血地指出："整个东汉一代，是实物货币占统治地位的时期，可以说是以布帛为本位的货币制度"，[⑤]是货币史上的一次大倒退。

纵观汉武帝的六次币制改革、新莽时期的通货紊乱与后汉的实物货币回归可知，自汉武帝统一铸行"五铢钱"以来，"五铢钱"不仅始终是汉代的通用货币，还成为后世币制的典范，对后世的货币制度产生了深刻影响。清代经学家王鸣盛认为，汉武帝"铸五铢钱，五铢得中道，天下便之，故王莽纷更钱制，天下大乱，而世祖受命，荡涤烦苛，复五铢钱。五铢之制，唐宋以下盖悉用之矣"。[⑥]

四、结论

秦汉时期的货币制度变迁具有独特的发展脉络，虽然秦始皇统一六国后，"以秦币同天下之币"，即以黄金为上币，以圆形方孔的半两钱为下币，实现了全国货币形制的第一次统一，但直到汉武帝将铸币权收归中央，统一铸行五铢钱后，才真正实现了全国货币制度的统一。通过回顾秦汉货币制度的变迁历程可知，这一时期的货币制度改革涉及如下几个问题：

首先，货币制度与商品经济的关系。货币问题的根源在于商品经济，货币既是商品生产和商品交换发展的产物，又反过来促进了商品生产和商品流通的发展。春

① 《后汉书》卷1下《光武帝纪》，中华书局，1965，第67页。
② 《后汉书》卷8《孝灵帝纪》，中华书局，1965，第353页。
③ 《后汉书》卷9《孝献帝纪》，中华书局，1965，第370页。
④ 《后汉书》卷72《董卓列传》，中华书局，1965，第2325页。
⑤ 傅筑夫：《中国封建社会经济史》第2卷，人民出版社，1984，第523页。
⑥ 〔清〕王鸣盛：《十七史商榷》卷12《汉书·钱制》，上海书店出版社，2005，第87页。

秋战国时期，繁荣的商品经济催生出四大货币体系。汉初，商品经济的恢复与发展极大地刺激了社会对货币的需求，为了满足这种需求，统治者允许民间私铸钱币，铸钱业由此成为西汉三大手工业之一。

其次，货币制度与重农抑商政策的关系。汉武帝为了向豪强富商敛财，除规定商人及其子孙不得为官、商人不能拥有土地、向其征收高额财产税外，还在其进行的六次货币改革中，始终将私铸货币的豪强富商作为重点打击对象。

最后，货币制度与铸币权的关系。铸币权问题是货币制度的根本问题。汉景帝平定"七国之乱"后，颁布"铸钱伪黄金弃市律"，禁止民间私铸货币，只准郡国铸币。汉武帝在收回各郡国的铸币权，由中央政府统一铸行五铢钱后，才真正实现了货币制度的统一。

货币制度是衡量一个国家和地区的社会经济发展水平的测度计。当前，我国的经济发展已经进入新常态，货币制度涵摄的内容越来越广泛，其重要性也越来越突出。如随着现代信息技术和现代商品经济的飞速发展，作为货币形态演变最新形式的电子货币正在逐步取代传统通货，从而对央行的货币发行权、货币政策有效性及传统的监管机制等都带来了巨大的挑战。因此，央行作为金融监管的唯一主体，只有构建符合时代要求的货币法律体系和监管体系，才能保证电子货币市场的安全、有序、高效运行。

新古典经济学租佃模型视野下的唐宋变革
——以地租率和人身依附关系变化为中心

张 雨[*]

内容提要：均田制崩溃、租佃制发展与人身依附关系变化是唐宋变革论者立论和争论的焦点，但鲜有论及期间发生的有经济学意义的变化。借助新古典经济学，可知变化有二：唐宋租佃制，尤其是分成制，成为更有效率的契约安排，因而迅速成为主流；地租率下降刺激佃农增加劳动力投入，带来其自身、社会和地主收益的共同增长。此前租佃制虽长期存在，但效率低于奴隶制。魏晋以来"客"的普遍化，标志租佃制在扩大，但并未扭转低效率的局面。"客"的卑微化及其免役权就是证据。故魏晋仍是奴隶制占优势的时期。北魏均田制将奴婢作为应受田口，开启了奴隶变为独立小农的进程，因此是奴隶社会向封建社会转变和人身依附关系由强转弱的临界点。唐宋间不存在上述变革。

关键词：唐宋变革；租佃制；均田制；北魏封建论

一、引言

1914 年，内藤湖南在《支那论》中，首次提出中国宋以前为中世、宋以后为近世的假说。[①]这一假说成为日本学者中国史"时代区分论"的起点。1922 年，他又在《概括的唐宋时代观》中正式提出唐宋变革论。该理论认为，从隋唐开始，被贵族视若奴隶的人民得到解放，由国家直辖。两税法后，人民进一步从被束缚的土

---

　* 张雨，中国政法大学法律古籍整理研究所副教授。

　① （日）内藤湖南：《支那论》，文会堂书店，1914，后收入氏著：《内藤湖南全集》第 5 卷，筑摩书房，1997，第 294—381 页。

地上解放出来，最终摆脱奴隶、佃农的地位，拥有处置土地收获物的自由。这标志着中国近世的开端。① 内藤的这一假说受到了加藤繁的批评。加藤繁指出，隋唐以前，官僚豪族的大土地主要由奴隶耕作；均田制崩坏以后，则转由佃户耕作；至宋代，佃耕更为显著。由于"奴耕"与"佃耕"是"古代"与"中世"的主要区别，所以唐末五代为"古代终结"，而非中世的终结。② 加藤此论被其弟子前田直典继承，③ 并成为历史学研究会唐宋"古代中世转换"说的滥觞。

"二战"以后，日本史学界为反省战前所谓"亚洲社会停滞论"对中国史研究的影响，致力于以上古至现代不断进步为主题，再建中国史体系。中国历史分期（时代区分论）于是成为重大课题，出现了东京学派（历史学研究会派）同以内藤为代表的京都学派的长期论战。时至今日，"以理论层次的阐释和实证层次的考据开场"的唐宋变革论，"催生出来琳琅满目的实证性论文和专著"。④ 这些论著在世界范围内也产生了极大反响，催生了欧美学界的两宋之际变革说、宋代经济革命说，以及近年来新出现的宋元变革论、唐宋会通论。⑤

不过，由于受中国古代历史分期论的影响，大多数中国学者并不认同日本学者在论战中对宋代佃农身份的判定，因而也就未接受"宋代近世说""宋代中世论"之类的历史分期论。⑥ 但无论秉持哪一种历史观或分期说，学者们大都同意唐朝中叶是古代中国社会的重要变化时期。在社会经济领域里，土地的占有与经营形式、劳动者的身份和地位、赋役征收的原则和方式以及国家财政的运作形式等，自中唐起都发生了重大变化。这些变化对晚唐五代社会的经济、政治、文化、思想学术、道德风尚，以至对宋朝以后中国封建社会的面貌，都产生了深刻的影响。正如张弓

---

① （日）内藤湖南：《概括的唐宋时代观》，《历史与地理》第 9 卷第 5 号，1922，中译文载刘俊文主编：《日本学者研究中国史论著选译》第 1 卷，黄约瑟译，中华书局，1992，第 13—14 页。

② （日）加藤繁：《支那经济史概说》，弘文堂，1944 年，中文书名为《中国经济社会史概说》，杜正胜、萧正谊译，华世出版社，1978，第 154—161 页。

③ （日）前田直典：《古代东亚的终结》，《历史》第 1 卷第 4 号，1948 年，中译文载刘俊文主编：《日本学者研究中国史论著选译》第 1 卷，黄约瑟译，第 135—152 页。

④ 张广达：《内藤湖南的唐宋变革说及其影响》，载荣新江主编：《唐研究》第 11 卷，北京大学出版社，2005，第 45 页。

⑤ 参见张广达：《内藤湖南的唐宋变革说及其影响》，载荣新江主编：《唐研究》第 11 卷，北京大学出版社，2005，第 49—53 页；宁欣、陈涛：《"中世纪城市革命"论说的提出和意义——基于"唐宋变革论"的考察》，《史学理论》2010 年第 1 期；李华瑞：《"唐宋变革"论笔谈·主持人语》，《史学集刊》2017 年第 3 期。

⑥ 葛金芳：《唐宋变革期研究》，湖北人民出版社，2004，第 7 页。

所指出的，这是一个可贵的学术共识。[①]

近年来，唐宋变革论再度兴起于国内学界，与上述共识有直接关系。但随着影响的扩大，唐宋变革论也有越来越泛化的危险，即论者倾向于将唐宋时期发生的所有事件都牵强地与唐宋变革挂钩。[②] 这种倾向的出现，理论上受到"经济基础决定上层建筑"表述的影响，但却忽视了两方面的内容：一、经济的"最高主宰地位"或"最终的决定作用"是一种哲学意义上的表达，是"辩证的"因果观，而非机械的因果论。二、这种决定作用仍然只能"发生在各该领域本身所限定的那些条件的范围内"。[③]

平心而论，土地占有与经营形式、劳动者身份和地位的变化，应该是学者论证唐宋变革以及其所主张的历史分期论的核心议题。[④] 然而中唐以前，土地买卖虽然成为土地流通的正常渠道，但并非唯一渠道，土地占有与流通方式仍以政治性兼并为主（以朝廷赐赋和暴力欺诈为特征）。这与以经济性兼并转移（以土地买卖为特征）和租佃制经营为特征的宋代土地占有与经营形式差异明显，[⑤] 缺乏直接对话的事实基础。

在这种情况下，赋役征收原则和方式、国家财政运作形式的转变，就成为论证上述议题的关键论据。由此，国家成为佃农在经济上的对立面，国家征收的赋税与地主收取的地租被无差别地视为一体。马克思政治经济分析中封建社会"地主—农

---

① 胡戟等主编，张弓执笔：《二十世纪唐研究·经济卷·概论》，中国社会科学出版社，2002，第308页。

② 张邦炜：《体系意识：以唐宋变革与南宋认知为例》，《史学集刊》2017年第3期。

③ （英）汤姆·博托莫尔著：《马克思主义思想辞典》"基础和上层建筑"词条，陈叔平等译，河南人民出版社，1994，第52页。该词条还区分了"决定"和"支配"的不同内涵：经济始终是最后的决定因素，但不总是起支配作用的。它可以决定在一定时期内在上层建筑的两个层次之中何者居于支配的地位。

④ 内藤湖南对唐宋时代特性的论证，虽然"包含了作为文化基础的社会经济发展"，但他的时代区分论仍被认为是建立在文化史观的基础上的，在社会经济方面的论证并不充分（相较于加藤繁而言）。"二战"后，社会经济史观更是取代文化史观，成为日本学者论证唐宋变革的主要视角，佃农身份变化成为讨论中的重要问题。尽管相比贵族政治向独裁政治、贵族社会向平民社会、类似文艺复兴的古代文化复兴、全国统一市场的形成等问题的讨论而言，佃农问题所占比重不大，但正如谷川道雄所指出的，"贯穿这一理论（指内藤的'唐宋变革论'）的一贯基础又是民众地位的问题"，这也构成了"二战"以后，日本史学界在摸索中国史再建道路时反思的基本问题之一。参见（日）宇都宫清吉：《东洋中世史的领域》，《东光》1947年第2号，中译文载刘俊文主编《日本学者研究中国史论著选译》第1卷，黄约瑟译，中华书局，1992，第125页。胡戟等主编，谷川道雄执笔：《二十世纪唐研究·序二》，中国社会科学出版社，2002，第12—13页。

⑤ 葛金芳：《对宋代超经济强制变动趋势的经济考察》，《江汉论坛》1983年第1期，后收入氏著《唐宋变革期研究》，湖北人民出版社，2004，第159—175页。

民（特指佃农）"二元对立的结构被替换为国家（或皇帝，即最高地主）与私人大土地所有者（豪族、地主）、农民之间的三元结构，从而适应有关亚细亚社会的预设，凸显了东西方历史发展的差异。

就唐宋变革而言，研究者通常强调，唐前期租庸调制下的户籍制度对农民人身自由的限制，以及中唐以来，两税法下的新户籍制度将农民从较强人身依附关系中解放出来的作用。这就构成了"宋代近世说""宋代中世论"的基础。然而在唐宋之际，赋役征收原则和方式变化的背后起着"决定作用"的租佃制经营方式，究竟发生了哪些在经济学上有意义的变化，却鲜有学者论及。

二、从地租率下降看租佃制在唐宋之际经济发展中的作用

马端临在《文献通考·自序》中总述其撰《田赋考》之大旨时指出：

> 随田之在民者税之，而不复问其多寡，始于商鞅。随民之有田者税之，而不复视其丁中，始于杨炎，三代井田之良法坏于鞅，唐租庸调之良法坏于炎。二人之事，君子所羞称，而后之为国者莫不一遵其法，一或变之，则反至于烦扰无稽，而国与民俱受其病，则以古今异宜故也。[1]

这段话恰好指出了中国古代租佃制发展的两个关键节点。商鞅变法（前356）后，"随田之在民者税之"。在百姓有权自主处置土地权利的前提下，土地开始流通，租佃制由此出现，至唐建中元年（780），杨炎推行两税法后，迅速发展成为主流的土地经营方式。马端临虽然承认田赋改制是"古今异宜"的结果，但仍不免带有倾向性地指出，商、杨"二人之事，君子所羞称"。这是"耻于言利"的中国传统士大夫"无意识的"历史书写的体现。正是基于这种集体无意识的叙事模式，几乎在租佃关系出现之初，士大夫就开始对地主收取地租率高达50%私租的现实提出批评。[2]

近代以来，随着受西方社会科学影响的经济史研究在中国落地生根，学者们大

---

[1] 〔元〕马端临：《文献通考》卷首，中华书局，1986，第4页。

[2] 汉武帝时，董仲舒在"限民名田"的上疏中指出，商鞅变法之后，社会上出现了"或耕豪民之田，见税什五"的分成租佃制。高额的私租造成了"贫民常衣牛马之衣，而食犬彘之食"的局面。参见《汉书》卷24上《食货志上》，中华书局，1962，第1137页。

都注意到并指出，自秦汉至民国长达两千多年的历史中，分成租佃制始终维持着以对半均分（地租率为 50%）为基本的分成比率。其他的分成率，如四六分、三七分、二八分，虽然也曾出现，但均属个别案例。这种分成契约在历史上长期广泛存在，与其交易成本被简化到最少（地租率恒定，无烦商议）、产出风险由主佃共同承担有关。[①]

但很少有学者注意到，虽然中国历史上的分成租率始终维持在 50% 的水平，但对分制却越来越成为契约租率，真实租率的总趋势却是在不断下降。而对分制从真实租率变为契约租率，恰恰发生在唐宋之际。研究者注意到，宋代以后的对分制，已非指将田地的全部收获物对半分，在多数场合下，是指主佃双方平均分除去种子和赋税之外的净收获物。[②]而且在通常情况下，采用上述对分制的前提，是由承佃方自行负担耕牛、农具等生产资料的投入。否则，双方将按照双方实际投入的生产要素，约定相应的地租率。[③]北宋嘉祐四年（1059），陈舜俞在《太平有为策·厚生一》中对当时的租佃制有如下描述："千夫之乡，耕人之田者九百夫。犁牛稼器，无所不赁于人。匹夫匹妇，男女耦耕，力不百亩。以乐岁之收五之，田者取其二，牛者取其一，稼器者取其一，而仅食其一。不幸中岁，则偿且不赡矣。"[④]可见，在佃户承担耕牛和农具的情况下，除去其生活所需的 20%，对剩余收获物，主佃双方对半均分，各自占取收获物的 40%。

陈舜俞的记载并未区别分成租与定额租，这正说明定额租与分成租的地租率

<hr/>

① （美）赵冈：《简论中国历史上地主经营方式的演变》，《中国社会经济史研究》2000 年第 3 期。张锦鹏：《宋朝租佃经济效率研究》，《中国经济史研究》2006 年第 1 期。定额租制的交易成本本低于分成制，但却将农业生产的产出风险全部转嫁到佃农一方。这意味着佃农必须在具有一定风险承受能力的前提下，即具有一定的生产资料（如土地、耕牛、农具等）后，才可能接受定额契约，并保证主佃双方根据定额契约所结成的经济组织能长期运行。因此，不可遽言定额租制优于分成制。

② 宋高宗绍兴十六年（1146）五月四日，工部言："照得已降指挥，营田、官庄，州县除桩出次年种子外，将初年收成课子官收四分，客户收六分，次年以后，即中半均分。"参见〔清〕徐松辑：《宋会要辑稿》食货六三之六一，中华书局，1957。因营田无税，所以只扣除种子后，双方均分。至明末，主佃双方在原定租额之外，约定"如遇年成水旱，请田主监田踏看，除租均分（或有处此用：约至秋收看场打稻，草稻上场平分，不致少欠）"。参见〔明〕陈继儒：《尺牍双鱼·田帖》，转引自杨国桢：《明清福建土地私人所有权内在结构的研究》，载傅衣凌、杨国桢主编：《明清福建社会与乡村经济》，厦门大学出版社，1987，第 37 页。其中的"租"，应指赋税。

③ 王曾瑜：《宋朝阶级结构》（增订版），中国人民大学出版社，2010，第 99—100 页；李春圃：《宋代封建租佃制的几种形式》，载邓广铭、程应镠主编：《宋史研究论文集》，上海古籍出版社，1982，第 142 页；漆侠：《宋代经济史》，上海人民出版社，1987，第 226—227 页。

④ 〔宋〕陈舜俞：《太平有为策·厚生》，《都官集》卷 2，四川大学古籍整理研究所编：《宋集珍本丛刊》第 13 册，线装书局，2004，第 59 页。参见曾枣庄、吴洪泽：《宋代文学编年史》第 1 册，凤凰出版集团，2010，第 365 页。

有相关性。王曾瑜注意到并指出，宋代定额租占亩产量的比重，多半在 50% 上下，即以对分制为基准，或可说是脱胎于分成租中的对分制。[①]地租额占亩产量（净收获物）的一半，可以被视为是高定额租、低定额租和分成租在市场的作用下，相互影响之后所达到的一种均衡状态，是社会平均地租水平。

唐代的地租率水平，传统典籍中缺乏相应的资料。笔者曾梳理了吐鲁番文书中自北朝末年至唐前期（6 世纪—8 世纪）高昌国和唐西州（大致为今新疆吐鲁番地区）的地租额（当时的租佃制以定额租为主），并将其统一折算为高昌国和唐初西州所通行的银钱，以便于比较。[②]为了更准确地分析唐代高定额租与低定额租的情况，还需据传统典籍分析。开元二十五年（737）《田令》对当时的官员职田地租额进行了限定："其价六斗以下者，依旧定；以上者，不得过六斗。"[③]令文中的租价为每亩六斗（唐制，下同），以粟为正色物。考虑到律令规定应具有广泛代表性和较强的可操作性，可以推知当时的职田地租额大多数应该低于粟六斗（单季），超过此数者当属少数情况，否则唐令也不可能将租价"不得过六斗"作为法令限定的标准。

一般来说，职田地租的均价应低于民田地租。因为承租职田的百姓还必须承担地租的运费，而民田地租由于距离较近，运费可略去不计，省下的这部分费用可以成为地主收入的一部分，所以租价就相对较低。贞元十年（794），陆贽上疏说："今京畿之内，每田一亩，官税五升，而私家收租殆有亩至一石者，是二十倍于官税也。降及中等，租犹半之，是十倍于官税也。"[④]疏文中的官税、私租亦皆以粟为正色。由此可知，当时长安地区的民田租价仍以定额租为主，最高者每亩粟一石（单季），中等减一半，每亩五斗。以唐代中等旱土的平均亩产为一石推算，[⑤]可知陆贽划分高定额租与低定额租（中等以下）的标准，大体是以亩产量 50% 为分界线的。这个分界线可以被视作当时的社会生产中定额租的平均线，同样与对分制的分成租

---

① 王曾瑜：《宋朝阶级结构》（增订版），中国人民大学出版社，2010，第 99—100 页。
② 张雨：《赋税制度、租佃关系与中国中古经济研究》，上海古籍出版社，2015，第 163—165 页。
③ 该令文同时规定，在选择职田佃耕者时，"并取情愿，不得抑配"百姓。参见〔唐〕杜佑：《通典》卷 2《食货·田制下》，中华书局，1988，第 32 页。
④ 〔唐〕陆贽：《陆贽集》卷 22《均节赋税恤百姓》，中华书局，2006，第 768—769 页。
⑤ 有关唐代平均亩产量的研究，可参见杨际平：《唐代尺步、亩制、亩产小议》，《中国社会经济史研究》1996 年第 2 期。

佃制地租率相当。[①]

据此，参照上述租佃制分成比例，借助新古典经济学对分成租佃制的分析模型，[②] 可将唐宋地租率的变化趋势以图 1 表示。

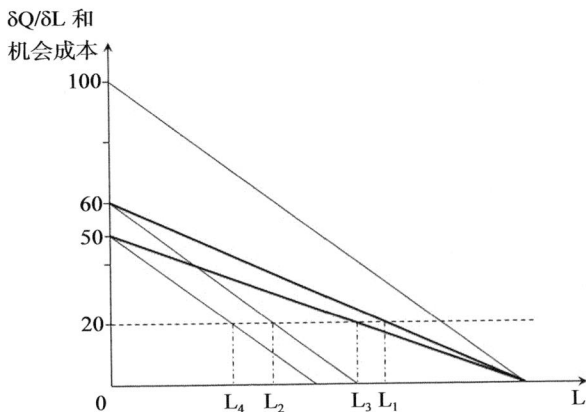

图 1 唐宋地租率的变化趋势 [③]

[①] 参见张雨：《赋税制度、租佃关系与中国中古经济研究》，上海古籍出版社，2015，第166—167页。在目前吐鲁番文书中所仅见的两例唐代分成租佃契约中，佃主双方会约定赋税及生产要素的承担者。如在《唐权僧奴佃田契》〔文书号64TAM15：27。整理者据同墓出土的有纪年文书推定，此件文书的立契时间为贞观年间。参见唐长孺主编：《吐鲁番出土文书（图录本）》第2册，文物出版社，1994，第36页〕中，主佃双方均分田中收获物（麦粟两季）。租佃期间的租输百役由田主承担，渠破水滴由佃人承担。这与同时期的定额地租契约是一致的。但不同的是，主佃双方在约定租输百役与渠破水滴的承担者之外，还专门注明耕田所需的粪肥、畜力、人力、作物种子，均由佃人承担。《唐龙朔三年西州高昌县张海隆夏田契》〔文书号60TAM337：18（a）。参见唐长孺主编：《吐鲁番出土文书（图录本）》第2册，文物出版社，1994，第229页〕中也约定畜力、麦种由佃人承担，但未涉及租输百役与渠破水滴的承担者。以上两例契约反映出，唐代分成制尚未对土地的净收获物予以平分，但约定了双方相应的成本支出。宋代的租佃契约存世极少，其形态可以元泰定元年（1324）重刊本《新编事文类要·启札青钱》外集卷十一《公私必用》中所载的《当何田地约式》（黄时鉴辑点：《元代法律资料辑存》，浙江古籍出版社，1988，第239—240页。该约式应袭自宋代。参见梁庚尧：《南宋农村的土地分配与租佃制度》，载台湾宋史座谈会编：《宋史研究集》第11辑，1979，第175—176页；葛金芳：《南宋全史》第5册，上海古籍出版社，2012，第362—363页）为例，其中并无对主佃相应投入成本的约定。就交易成本而言，宋代租佃制相对更低，也更易于操作。当然，对上述变化趋势的揭橥，并不否认不同历史时期和不同地区租佃契约形态的多样性，这恰恰是由变动不居的市场约束条件所决定的。如前引元代《当何田地约式》反映了中原地区以定额租契约为主的情况，但在同时期的吐鲁番的回鹘文契约中仍可见对种子、租税作出约定（分成制由主佃均担）的例子。参见武航宇：《元代中原地区租佃契约文书与吐鲁番回鹘文租契的比较研究》，载沈之北编著：《3个U集：霍存福教授从教三十年纪念文集》，知识产权出版社，2015，第98—102页。

[②] （冰岛）思拉恩·埃格特森著：《经济行为与制度》，吴经邦等译，商务印书馆，2004，第196—198页。

[③] 图1中的边际产出线均为相应（1－r）δQ/δL函数（r为地租率，在下文中亦可表示地租额）的图形表达，其在平面直角坐标系上应呈现为一条曲线。为简便起见，本文均以直线表示。下同。

假设图 1 模型中，只存在唯一可变的投入要素是劳动力，那么土地的边际产出会随着劳动力的投入而降低，直至降低为零。[①] 在此前提下，设定如下：Q 为产品，Q=100 代表自耕农在土地上所能获得的全部产品，Q=60、Q=50 分别代表在支出相应的地租（明确的或隐蔽的）后，佃农所能获得的产品。Q=20 所对应的虚线代表了维持劳动力生产和再生产的必要成本（或机会成本，在总产品中的占比为 20%），劳动力的工作时间为 L。

其中，L_1 所对应的边际产出线（简称 L_1 线，下同）代表的是宋代分成租，L_2 线代表的是当时的定额租。L_3、L_4 线代表的是唐代分成租与定额租。虽然受不同环境的约束，但在各自的均衡状态中，定额租都是以分成租为标准确定的。

从图 1 可以看出，$L_2 < L_1$、$L_4 < L_3$。这样，虽然看上去定额租是将风险转嫁到佃农的身上，并降低了交易成本，从而保证了地主的收益，但这样的定额租契约使得佃农投入生产的劳动力在达到较低水平时，便因边际利润率先递减为零而达到极限，造成社会净产出的损失，因而不利于地主追求其利益的最大化。在这种情况下，地主最终会倾向于采用分成租佃制的方式，并通过降低地租额、减少单个佃农（或佃户）的承租面积，来刺激佃农主动增加投入劳动的总时间，从而达到提高自己净收益的目的，并带动社会净产出的增加。[②] 就租佃关系而言，唐宋之际，更有效率的分成制迅速流行起来，而交易成本较低但效率相对更低的定额制，则更多地成为经济发达地区有一定经济基础的佃农的选择（选择的背后是地租水平的高企）。[③] 这一变化正基于此经济学的逻辑。

如图 1 所示，随着分成方式在唐宋之际的微小变化，真实地租率由唐代及以前的 50% 下降至宋代的 40%，从而激励佃农增加劳动力的投入（以分成制为例，劳动时间由 L_3 增加至 L_1）、带来其自身收入（L_3 与 L_1 线之间的纵距，Q=20 线以上部分）、社会净产出（在劳动时间 L_3 点到 L_1 点对应的 L_3 线与 L_1 线之间的纵距，Q=20 线以上部分）和地主净收入的共同增长。唐宋之际，持续增加的劳动力投入

---

① 以 L_1 为例，它代表的是 Q=60 时的边际产出线在降至 Q=20 时所对应的劳动力投入时间。此时选择相应地租额的，佃农会因成本与收益相等，从而实现自己的福利最大化，所以会停止继续向土地增加劳动力投入。

② 张五常曾讨论过，在给定市场约束下，地主通过适当减少分成租比例而达到增加收入目标的可能性。即适当降低地租率水平，并减少单个佃农（或每家佃户）承佃的土地面积，通过增加佃农总人数的方法来提高整体收益。参见（美）张五常著：《佃农理论：应用于亚洲的农业和台湾的土地改革》，易宪容译，商务印书馆，2000，第 19—34 页。

③ 张雨：《赋税制度、租佃关系与中国中古经济研究》，上海古籍出版社，2015，第 154—163 页。

加速了农业生产的发展，带动了工商业的发展与繁荣。从某种意义上来说，唐宋变革论及其影响者所津津乐道的宋代社会经济所呈现的种种新面貌，都是由农业生产领域中地租率下降的 10% 所产生的溢出效应（Spillover Effect）。

三、直接生产者人身依附关系在唐宋时期的变化

唐宋变革论者的共同看法是，中国古代直接生产者人身依附关系减弱的临界点出现于唐宋之际。当然，京都学派和东京学派对这一临界点所代表的历史分期含义的解读是不一样的。

比如，京都学派的代表宫崎市定在《从部曲到佃户》一文中，将宋代的佃户（客户，下同）等同于自由佃农，因而主张"宋代近世说"。东京学派的周藤吉之则在《宋代的佃户制》一文中针锋相对地指出，宋代的佃户不是自由佃农，而是农奴，因而主张"宋代中世说"。[①] 在中国学者中，束世澂的看法与宫崎相近。他认为宋代的客户"是可以来去自由、没有人身隶属关系的"，并估计北宋中期"有一半佃农是自由佃农"。[②] 王方中、李埏的看法则与周藤相近。二人均认为宋代佃农是"身份上强烈依附于地主"的农奴（私属），被束缚于土地，"非时不得起移"。对于佃农，主人不仅"役其身"，而且"及其家属妇女皆充役作"。[③]

不过，由于受中国古代史分期论的影响，大多数的中国学者并不赞成上述的自由佃农说或农奴论，而是倾向于认为，相比于唐代，宋代农业直接生产者的身份地位有明显提高，但并未完全获得人身自由，并以此作为唐宋社会转型的重要表现之一。[④]

主张宋代直接生产者的身份地位比唐代有明显提高的前提之一，是以马克思的"租税合一"和"亚细亚生产方式"为预设的。受此影响的中日学者，往往将均田

---

① （日）宫崎市定：《从部曲到佃户》，《东洋史研究》第 29 卷第 4 号，1971。（日）周藤吉之：《宋代的佃户制》，《中国土地制度史研究》，东京大学出版会，1962。两文均收入刘俊文主编：《日本学者研究中国史论著选译》第 5 卷，索介然译，中华书局，1993，第 1—71、105—165 页。

② 束世澂：《论北宋时资本主义关系的产生》，《华东师范大学学报》1956 年第 3 期；束世澂：《论汉宋间佃农的身份》，载朱东润等主编：《中华文史论丛》第 3 辑，上海古籍出版社，1983。

③ 王方中：《宋代民营手工业的社会经济性质》，《历史研究》1959 年第 2 期。李埏：《〈水浒传〉中所反映的庄园和矛盾》，《云南大学学报》1958 年第 1 期，后收入氏著：《不自小斋文存》，云南人民出版社，2001，第 164—222 页。

④ 相关综述见张雨：《赋税制度、租佃关系与中国中古经济研究》，上海古籍出版社，2015，第 140—141 页。

土地视为国有土地，将国家视为最高地主，将户籍管理方式视为人身依附关系强弱的表征。研究者使用"国家奴隶""国家农奴"或"国家佃农"等概念，将均田农民视为"依附性较强"（尽管选择不同概念的背后意味着对依附性的强弱有所区分）的直接生产者，[①]强调唐前期租庸调制下户籍制度对农民人身自由的限制，以及中唐以来，两税法下新户籍制度将农民从人身依附关系中解放出来的作用。

应该说，马克思"超经济强制"及"人身依附关系"理论的提出，着眼于解释在封建社会，地主为何能够从具有"独立性"的小农身上榨取剩余劳动——地租。[②]要知道，作为土地所有制的物化形式的地租，是"土地所有权在经济上的实现，即不同的人借以独占一定部分土地的法律虚构在经济上的实现"，[③]而国家向民众征收赋税（包括征调力役），是"国家存在的经济体现"，[④]它虽然来源于地租（剩余劳动），但其本质是对地租的再分配，而非地租本身。马克思在论述亚洲社会时所强调的"地租和赋税就会合为一体"，特指"不存在任何同这个地租形式不同的赋税"的情况。[⑤]在唐代，尽管均田农民向政府交纳的实物税被称为租，而王公以下据垦田所纳地税也可被称为"地租"，但名称的相同并不意味着两者的形式也完全相同，租庸调与地税均不能被视为土地所有制的直接物化形式。

---

① 吕振羽将受田民，即"国家的农奴"，视为"实际上小土地所有者"或"受田的自由农民"。参见吕振羽：《隋唐五代经济概论》，《中山文化教育馆季刊》第 2 卷第 4 期，1935，后收入氏著：《吕振羽集》，中国社会科学出版社，2001，第 154—155 页。侯绍庄则将均田农民视为国家佃农，以区别于自耕农。参见侯绍庄：《试论我国封建主义时期自耕农与国家佃农的区别》，《光明日报》1957 年 1 月 3 日，后收入氏著：《中国古代史研究文集》，贵州民族出版社，2006，第 137—145 页。而渡边信一郎认为，唐代以前属于小生产经营方式占主导地位的国家奴隶制，宋以后则是大生产经营方式为基础的国家农奴制。参见（日）渡边信一郎：《中国古代社会论》，青木书店，1986，第 329—333 页。

② 马克思认为："地租不仅直接是无酬剩余劳动，并且也表现为无酬剩余劳动……很清楚，在直接劳动者仍然是他自己的生存资料（1975 年版《资本论》将'生存资料'译为'生活资料'）生产所必需的生产资料和劳动条件的'占有者'（1975 年版《资本论》将'占有者'译为'所有者'）的一切形式内，财产关系必然同时表现为直接的统治和从属的关系，因而直接生产者是作为不自由的人出现的……在这里，按照前提（1975 年版《资本论》将'前提'译为'假定'），直接生产者还占有自己的生产资料，即他实现自己的劳动和生产自己的生存资料所必需的物质的劳动条件；他独立地经营他的农业和与农业结合在一起的农村家庭工业……这里所说的独立性，只是对名义上的地主而言。在这些条件下，要从小农身上为名义上的地主榨取剩余劳动，只能通过超经济的强制，而不管这种强制采取什么形式……所以这里必须有人身的依附关系，必须有不管什么程度的人身不自由和人身作为土地的附属物对土地的依附。"参见（德）马克思：《资本论》第 3 卷，人民出版社，2004，第 893—894 页。

③ （德）马克思：《资本论》第 3 卷，人民出版社，2004，第 715 页。

④ （德）马克思：《道德化的批判和批评化的道德》，载（德）马克思、（德）恩格斯著：《马克思恩格斯全集》第 4 卷，人民出版社，1958，第 342 页。

⑤ （德）马克思：《资本论》第 3 卷，人民出版社，2004，第 894 页。参见汪篯：《从剥削关系看封建土地所有制的性质》，载氏著：《汉唐史论稿》，北京大学出版社，1992，第 131—132 页。

据唐代租佃契约文书可知，佃主双方通常在规定地租额之外，还会对租庸调、地税的承担者进行约定。以吐鲁番出土的契约文书为例，在唐前期契约中常见"若田有祖（租）殊（输）佰（百）役，一仰田主；渠破水滴，一仰佃田人当"一类的约定。① 这里的"租输百役"应该包括租调和正役（庸）在内。由于唐代的租庸调是名税丁而实税田的税制，所以政府在征税时是据籍账向课丁（均田农民）征收固定税额，其征收标准是依据应受田额（丁男给田百亩）而确定的。② 因此，无论是从律令规定还是从文书实态来看，特别注明"租输百役"由田主（出租土地的均田农民）承担是适当的。③ 从田主收取地租后再向政府交纳租庸调这一过程来看，租庸调当然是对地租的再分配。唐中期以后，随着均田制的破坏，租庸调逐渐并入两税，户税、地税也非常明显地向两税转化。其中，地税（地子、春秋税子）成为更重要的斛斗（粮食实物税）收入。④ 此时的契约文书不仅规定渠破水滴费用由佃人承担，还指明"官税子"等同样由佃人交纳，田主不再承担［"一仰佃人知当，不忏（干）寺□事"］。⑤ 由佃人交纳两税，应该是从唐前期地税"依田科税"的惯例

---

① 《唐乾封元年（666）左憧憙夏田契》（文书号64TAM4：43），载唐长孺主编：《吐鲁番出土文书（图录本）》第 2 册，文物出版社，1994，第 217 页。

② 李锦绣：《唐代财政史稿》上卷，北京大学出版社，1995，第 463 页。

③ 即便均田农民逃亡，为避免部内耕地抛荒而受罚，里正往往会将逃户田租给他人耕种，以收取地租充当所逃民众应纳的租庸调。以《唐垂拱三年（687）西州高昌县杨大智租田契》（文书号64TAM35：20）为例，虽然实际田主已经逃亡，契约由名义上的田主里正史玄政与承租人杨大智签订，但土地出租期间所涉及的正役（庸直），仍由田主（实际或名义上的）承担。参见唐长孺主编：《吐鲁番出土文书（图录本）》第 3 册，文物出版社，1996，第 493 页。

④ 李锦绣：《唐代财政史稿》下卷，北京大学出版社，1997，第 614—617 页。

⑤ 详见《唐赵拂昏租田契》［文书号73TAM506：04/15（a）］，《唐大历三年（768）僧法英佃菜园契》（文书号73TAM506：04/1），《唐邓光□（实）佃田契》（文书号73TAM506：04/11），《唐邓光实转租田亩契》（文书号73TAM506：04/4）。此外，个别契约，如《唐孙玄参租菜园契》［文书号73TAM506：04/5（a）］在约定水罚及诸渠杂役由佃人承担的同时，还会约定"其原税子，两家共知"。上述契约均为同墓所出文书，年代相当。参见唐长孺主编：《吐鲁番出土文书（图录本）》第 4 册，文物出版社，1996，第 576、582—584 页。

延续而来的。① 承租土地的均田农民需要并且能够承担地税负担，② 这本身就说明其所获得的劳动产品，是超过维持其劳动力生产和再生产需要的必要部分。不管超出必要劳动的这部分劳动产品，根据契约被分配给佃农还是地主，同样都属于剩余劳动。③ 因此，由佃人承担的"地子""官税子"等，依然属于对地租的再分配。

另外，北魏以来的均田制反映了政府通过调节土地分配来缩小社会贫富差距的努力，但均田令并不触及私有制。无论是大土地所有者，还是小土地所有者，国家都承认其对土地的私有，并通过户籍等方式予以确认。政府只是作为公共事务的管理者，在积极参与空闲土地资源配置的前提下，增加对土地买卖的限制措施，提高土地买卖的交易成本，并不意味着所谓的土地国有制。④ 均田制下未承租土地的自耕农，作为独立的生产资料的所有者是地主，作为直接劳动者是农民。也就是说，

---

① 《武周载初元年（689）史玄政牒为请处分替纳逋县（悬）事》［文书号 64TAM35：29（a）］内，有"今年依田忽有科税"之语。与该件文书时代相近的《唐阿麴辞稿为除出租佃名事》（文书号 73TAM518：2/4-1）中提及："阿麴上件去春为无手力营种，租与宁大乡人张感通佃种。昨征地子麦，还征阿麴，不征感通。"即阿麴认为，县司应在征税文案上附上佃人张感通之名，并除去自己的名字。参见唐长孺主编：《吐鲁番出土文书（图录本）》第 3 册，文物出版社，1996，第 496、469 页。李锦绣等学者据此认为，唐前期的地税由租佃者交纳。参见李锦绣：《唐代财政史稿》上卷，北京大学出版社，1995，第 506 页。

② 与此同时，唐后期，佃人不仅承担渠破水滴的费用，还要交纳两税斛斗的现实，也进一步削弱了其抵御风险的能力。这同样是造成唐中后期，定额契约规定的最高地租额及与之相应的社会平均地租水平双双下降的原因。关于唐代定额地租水平的下降，请参见张雨：《赋税制度、租佃关系与中国中古经济研究》，上海古籍出版社，2015，第 170—172 页。

③ 马克思指出，在封建社会的地租并不具有纯粹的地租形式。这是因为："经营者（租地农民——原注，下同）除了提供劳动（自己的或别人的劳动），还提供经营资本的一部分，土地所有者除了提供土地，还提供经营资本的另一部分（例如牲畜），产品则按一定的、不同国家有所不同的比例，在租地人和土地所有者之间进行分配。在这里，从一方面说，租地农民没有足够的资本去实行完全的资本主义经营。从另一方面说，土地所有者在这里所得到的部分并不具有纯粹的地租形式。它可能实际上包含他所预付的资本的利息和一个超额地租。它也可能实际上吞并了租地农民的全部剩余劳动，或者从这个剩余劳动中留给租地农民一个或大或小的部分。但重要的是，地租在这里已不再表现为剩余价值一般的正常形式。一方面，只使用本人劳动或者也使用别人劳动的租地人，不是作为劳动者，而是作为一部分劳动工具的所有者，作为他自己的资本家，要求产品的一部分。另一方面，土地所有者也不只是根据他对土地的所有权，并且也作为资本的贷放者，要求得到自己的一份。"参见（德）马克思：《资本论》第 3 卷，人民出版社，2004，第 907—908 页。

④ 宋家钰：《关于封建社会形态的理论研究与唐代自耕农的性质》，载中国唐史学会编：《中国唐史学会论文集》，三秦出版社，1989，第 24—40 页。李锦绣：《唐代财政史稿》上卷，北京大学出版社，1995，第 464 页。

他作为他自己的地主同自己这个农民发生关系。[①] 在这种形式下，地租因此"不表现为剩余价值的一个分离出来的形式"，[②] 而是与资本（土地、工具、技术等）利润、劳动收益（包含剩余劳动产品）等混为一体，归自耕农所有。此时，国家向其征收的租粟，并非向作为直接劳动者的自耕农收取的地租，而是向"作为他自己的地主"的自耕农征收的赋税，同样是对地租的再分配。

既然赋役并非地租，那么，作为征派赋役基础的户籍制度本身就不应直接体现社会经济生活中的生产者对国家人身依附关系的强弱，只与政府征税方式密切相关。唐前期，户籍之所以强调以丁身为本，重视乡里制度建设，与北朝以来计丁征税方式的恢复直接相关。这与西汉前期，面对以自耕农为主的社会，政府采取以人头税为主的税制时，需花费巨大成本和精力来维持乡里制度和户籍制度是一致的。大土地制的发展，在未对税制产生决定性影响的两汉时期，依然基本延续着汉初的税收和户籍政策。随着魏晋大土地制度的发展，户调制下的征税方式由计丁改为按户，这就使得政府不必坚持严格的户籍登记制度，转而依靠与世家大族合作来确保税收任务的完成，同时还降低了政府管理成本。[③]

基于以上分析，笔者认为，在分析唐宋之际直接生产者人身依附关系变化时，应该避免长期以来受到的均田制研究范式中"国家—豪族—小农民"分析视角的影

---

① 华山：《关于我国封建社会土地所有制的一些意见》，《光明日报》1960年2月4日。华山的观点应与斯大林对封建社会特征的论说有关："在封建制度下，生产关系的基础是封建主占有生产资料和不完全地占有生产工作者——农奴。除了封建所有制以外，还存在农民和手工业者以本身劳动为基础的个体所有制，他们占有生产工具和自己的私有经济。"(苏)斯大林：《论辩证唯物主义和历史唯物主义》，载氏著：《斯大林文集（1934—1952年）》，中央编译局译，人民出版社，1985，第223—224页。

② （德）马克思：《资本论》第3卷，人民出版社，2004，第909页。

③ 张雨：《赋税制度、租佃关系与中国中古经济研究》，上海古籍出版社，2015，第44—56、130—131页。

响，① 将国家排除在讨论之外，而着眼于按"地主—农民（特指佃农）"二元框架来探讨唐宋之际直接生产者人身依附关系变化。②

现有研究已揭示，唐前期均田制下，百姓实际受田额不足及受田地段分散，是租佃制流行的主要原因，因此，租佃关系主要发生在有剩余土地和有剩余劳动力的均田农民之间。正如笔者在另一篇文章中所分析的，唐前期尤其是高宗朝之前，由于人地关系矛盾不突出，自耕农仍可根据均田令，从政府获得一定的土地。即便在狭乡（如西州）普遍存在民户受田不足的情况下，均田农民还是可以凭借其已受田的收获物，拥有较高的抗风险能力。③ 这就带来两个结果：一、有承租土地需求的均田农民倾向于选择交易成本低的定额地租，并且能够承受高额的定额租，故分成租在唐前期并不流行。二、租佃关系呈现出"自由租佃"的面貌，即人身依附关系较轻。④

武则天以后，人口增长造成土地兼并问题日益突出，百姓失去土地而成为逃户的现象也越发严重。在这种情况下，玄宗之后，尽管大土地所有制和租佃关系都在持续发展，但经济生活中却出现了最高地租额（或平均地租水平）和佃农地位双双

---

① 耿元骊指出，现代学术研究意义上的"均田制"研究，发端于日本学者。内藤湖南在 20 世纪 20 年代指出："从六朝中期到唐太宗时期实施的班田制，都不承认土地的私有权，只允许永业田为私有。……以班田法为基础纳税的租庸调制度，从唐朝中期开始已不能实行。于是代之，开始实行两税法。……过去曾用于防备贵族兼并的班田收授制废止。"参见（日）内藤湖南著：《中国近世史》，载夏应元选编并监译：《中国史通论——内藤湖南博士中国史学著作选译》，社会科学文献出版社，2004，第342—343 页。这种看法成为其后数十年间，几乎所有日中学者研究均田制的理论预设。正如气贺泽保规所指出："战前围绕对均田制的理解，几乎共同的前提首先是将当时的社会关系设定为国家—豪族（大土地所有者）—小农民，从国家为抑制大土地所有者和保护小农民的角度去理解均田制的意义（意图），即从国家与豪族相互争夺小农民这种设想中去解释均田制。"参见（日）气贺泽保规：《均田制研究的展开》，载谷川道雄编：《战后日本的中国史论争》，河合文化教育研究所，1993，中译文收入刘俊文主编：《日本学者研究中国史论著选译》第 2 卷，夏日新译，中华书局，1993，第 401 页。这种解释因为切合了"地主—农民（特指佃农）"的二元对立观点，亦成为大陆学界在 1949 年以后关于"均田制"研究几乎共同的理论预设，只不过换上了更具有中国特色的词汇。参见耿元骊：《唐代"均田制"再研究——实存制度还是研究体系》，《社会科学战线》2011 年第 11 期。

② 当然，如果国家（或皇帝）将其所掌握的公共土地资源用以出租来收取地租，尽管这时地租有可能被纳入或视为政府的财政收入进行管理，但在这种情况下，仍须将国家（或皇帝）作为地主的一部分（或一般地主），纳入"地主—农民（特指佃农）"二元框架加以分析，而非在其作为"最高的地主"的前提下，从"国家—豪族—小农民"视角进行分析。

③ 张雨：《契约选择与效率分析：唐宋租佃关系新探》，载包伟民等主编：《唐宋历史评论》第 1 辑，社会科学文献出版社，2015，第 95—126 页。

④ （日）西嶋定生：《从吐鲁番出土文书看均田制实施情况》，《西域文化研究》第 2—3 卷，1959—1960 年，后收入氏著：《中国经济史研究》，冯佐哲等译，农业出版社，1984，第 473 页。

下降的趋势。[①]

到了宋代，租佃制已经成为土地经营的普遍形式。不仅一般的地主和佃户在出租土地和耕牛、农具等生产资料时要签订契约，政府所掌握的公田，如屯田、营田等的经营，通常也会按照"民间主、客之例"，与民户签订契约，一般以对分制为主。此时，某些地区的地主和佃农则会根据当地的自然气候、土地状况，并结合自身的风险承受能力，来选择不同比例的分成租契约或高低悬殊的定额租契约。这就导致宋代佃农的人身依附关系并非呈现出同一面貌，而是依据地主和佃农所选择的不同契约类型而呈现出强弱不同的色彩。当然，宋代人身依附关系的强弱，也存在着空间和时间上的差别。[②]

梁太济指出，宋代经济待开发地区（如川峡诸路等地），以及经济发达地区的待开发地带（如两浙路、江东路等地的濒江临湖的新垦区），可耕地成片，为少数人请射包占，当地居民稀少，须招募"浮客"（客户），向之提供耕牛、农具、种粮、室庐等生产、生活资料，方能垦辟。加之产量不稳定，主、客倾向于按分成办法分享生产物。这些是分成租形式主要流行的区域。而那些因田产经常买卖和承继分析而不断细分化、大地产的占有只是插花式的占有，而农产量又相对稳定的经济发达地区（如两浙路、江南东路），是定额租制比较流行的区域。此外，屯田、营田中不成片段的闲田也采用定额租制形式经营。定额租制下的耕作者，主要是第五等税户（乡村下户）。因此，在宋代户口统计中，出现了经济发达地区的客户比例远低于经济待开发地区的现象。[③]

据此而言，作为有常产的主户，宋代乡村下户与唐代前期少地的均田农民一

---

① 张雨：《赋税制度、租佃关系与中国中古经济研究》，上海古籍出版社，2015，第107—108、134、170—171页。

② 漆侠不仅强调宋代各地区人身依附关系发展的不平衡性，还认为北不如南是量的差别，西不如东不仅是量的问题，而且是质的差别的问题：东部地区盛行封建租佃制，而西部地区仍停留在庄园农奴制阶段。华山认为，一般说来，宋代客户比前一时期"部曲""佃客"的隶属关系已有所减轻。尽管各地方情况不一致，但总趋势是在向着减轻的道路上前进。不过，在进一步研究以南宋末年"公田法"的实施为标志的大地主田庄经济的发展后，他又指出，南宋时强固的人身依附关系已遍及整个江南地区，佃农走上了第二次农奴化（张邦炜称之为"第二次依附化"）的道路。参见漆侠：《宋代社会生产力的发展及其在中国古代经济发展过程中所处的地位》，《中国经济史研究》1986年第1期；《宋代以川峡为中心的庄园农奴制》，载氏著：《求实集》，天津人民出版社，1982，第93—112页。华山：《关于宋代的客户身份问题》，《历史研究》1960年第1—2期；《再论宋代的客户身份问题》，《光明日报》1961年4月12日。张邦炜：《北宋租佃关系的发展及其影响》，《甘肃师范大学学报》1980年第3—4期。

③ 梁太济：《两宋的租佃形式》，载邓广铭、漆侠主编：《中日宋史研讨会中方论文选编》，河北大学出版社，1991，第33—43页。

样，都拥有少量耕地，并具有类似的风险承受能力，这是他们均倾向于接受高额定额租契约的原因。不过，两者的经济地位截然不同。如前所述，唐代均田农民尚处于一种"自由"的租佃关系中，而承租耕地的宋代乡村下户虽然享有"退佃"的自由，但其经济、政治地位均低于出租地主。[①] 以宋代江南为例，该地区之所以盛行高定额租，是佃农之间竞争的结果。在这种激烈的市场竞争环境中，佃农只能被迫接受一些约束性的契约条款。一旦遇到灾荒等情况，佃农难以达到有关条款的要求时，不可避免地要求减租。若减租规模过大，地主也将要求减税。为避免这种情况造成社会失范，政府就会为了"保护"地主，而在法律法规中增加很多针对佃农的约束性条款。从这一角度来看，唐宋间佃农的人身依附关系并非总体上减弱，而是逐渐增强。这也是某些学者提出宋代出现"第二次农奴化（依附化）"现象的主要依据。

不过，这种现象不宜被称为农奴化或依附化。因为宋代以来出现的所谓人身依附关系增强，是在一定的社会发展阶段，主佃在特定的市场约束条件下形成的产物。一旦约束条件发生变化，在市场竞争的作用下，双方关系就会呈现出很大的不同。例如，在北宋黄河流域及南宋淮河流域诸路客户比例相对较高的地区，由于面临着劳动力短缺的压力，为了招引客户，主户不得不主动降低地租额，甚至采取倒四六开的分成比例，而政府也立法保障客户的自由选择权，对地主加以约束。[②] 从这一角度来看，宋代北方地区的主客关系，仿佛又回到了唐初那种以自由租佃为主的阶段。这也成为某些学者提出宋代佃农人身依附关系减弱的主要依据。

可见，唐宋之际，中国不同地区佃农人身依附的强弱，取决于当地各种具体因素的制约，不可笼统而言。就租佃关系而论，如图 1 所示，无论是唐宋之际地租率的下降与劳动时间的增长，还是佃农自身收入和社会净产出的增加，均处在连续发

[①] 朱瑞熙：《试论唐代中期以后佃客的社会地位问题》，《史学月刊》1965 年第 5 期。该文指出，从哲宗元祐五年（1090）开始，宋代律令就比较全面而详细地规定了佃户的法律地位低于地主一等，高宗绍兴初年规定低于地主二等，至元代又被降低数等，几乎与奴婢或奴隶地位相同。

[②] 天圣五年（1027），宋仁宗下诏："江淮、两浙、荆湖、福建、广南州军旧条：私下分田客，非时不得起移，如主人发遣，给予凭由，方许别住。多被主人折勒，不放起移。自今后客户起移，更不取主人凭由，须每年收田毕日，商量去住，各取稳便，即不得非时衷私起移。"参见〔清〕徐松辑：《宋会要辑稿·农田杂录》，食货一之二四，中华书局，1957。此外，南宋高宗绍兴二十三年（1153），诏："民户典卖田地，毋得以佃户姓名私为关约，随契分付，得业者，亦毋得勒令佃耕。"参见〔宋〕李心传：《建炎以来系年要录》卷 164，中华书局，1956，第 2687 页。

展的过程中，其间并无拐点（极值点／转折点）出现。唐宋之际，中国社会人身依附关系的总体发展亦应如此。从这个意义上来说，唐宋变革论者"直接生产者人身依附关系减弱的转折点出现于唐宋之际"的结论，是不能成立的。

四、唐代之前中国租佃制与大土地所有制的发展：北魏封建论的提出

既然唐宋变革论者"直接生产者人身依附关系减弱的转折点出现于唐宋之际"的结论无法成立，那么，有必要将研究视野上溯至唐代以前，分析这一阶段大土地所有制发展影响下的租佃制及人身依附关系。

对于自秦汉以来即存在的租佃制，中国学界的主流意见（包括西周封建论、战国封建论、西汉封建论）是将其置于封建地主制经济的范畴下来分析和解读的。董仲舒所言"或耕豪民之田，见税什五"现象的出现，成为这些学者论述封建地主制经济确立的力证之一。[①]

魏晋封建论主张，战国以来出现的土地私有制度和秦汉以来流行起来的租佃制，都不一定说明封建关系的出现。在奴隶社会，尤其在其初期，同样存在着佃农和租佃制。因此，他们主张判断封建社会的出现，应从人身隶属关系和剥削方式的变化，并通过经济现象揭示的阶级对立关系来得出结论。因此，他们根据东汉末至三国"客"（依附民，即农奴）的出现，以及两晋南北朝大量存在的"免奴为客"的现象，将奴隶制与封建制的划分确定在汉魏之际。[②]

持主流意见的学者批评指出，魏晋封建论者在主张"租佃制在古典的古代是普遍的现象，对于确定社会性质并没有重要意义"的同时，却回避了几个重要问题：在古典时代普遍存在的租佃制究竟属于什么性质的生产关系？奴隶社会的租佃制和封建社会的租佃制在性质上是否一样？若是认为不一样，那么，只有先证明秦汉时代的租佃制是一种奴隶制的租佃制，而不是封建的租佃制之后，才能把它与古希腊罗马的租佃制相提并论。否则，就未必恰当。但二十世纪五六十年代，争论双方都

---

① 三种分期论的不同之处在于，西周封建论将封建制经济划分为领主制和地主制两阶段，以战国为界，战国封建论认为是由奴隶制直接过渡至封建地主制经济。而西汉封建论倾向于通过国家法典对封建制的最后确认来判定封建社会的出现，因此把中国中世纪封建化的过程划在战国末以至秦汉之际，并认为直到汉武帝时，才最终完成了封建化的过程。

② 相关综述，详见张雨：《赋税制度、租佃关系与中国中古经济研究》，上海古籍出版社，2015，第11—16页。张雨：《认知中国古代的租佃制：地租与封建地主制经济理论的反思》，第十一届历史学前沿论坛，长春，2017年。

没有对这个问题给予足够的重视。①

若要探讨上述问题，仍需借助新古典经济学对分成制效率的分析。唐代租佃关系普遍流行起来之前，生产力水平较低时的社会生产结构如图2所示。

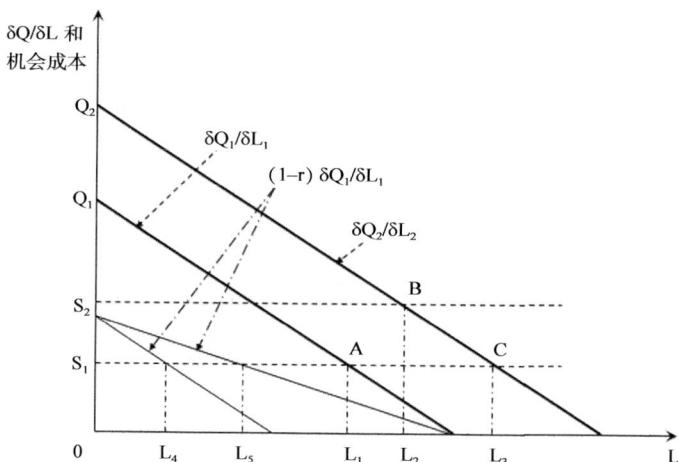

图2 奴隶社会中奴隶制的有效率与租佃制的无效率

图2的有关设定同于图1。此外，假定在不同的生产技术水平下，边际劳动产出率始终恒定，即 $\delta Q/\delta L$ 线斜率保持不变。其中，$\delta Q_1/\delta L_1$ 线代表的是低技术水平下的边际产出，$\delta Q_2/\delta L_2$ 线代表的是高技术水平下的边际产出。与此相应，S_1、S_2 分别代表两种情况下，维持劳动力生产和再生产的费用（机会成本）。同时设定，在机会成本为 S_1 的社会中，存在地租额为 r（$r=\frac{1}{2} Q_1$）的分成租（L_5 线）和定额租（L_4 线）。

当处在低技术水平时，小土地所有者（自耕农）在亲自耕种时，会选择持续增加劳动力投入直至 L_1，这时 $Q_1=A$，边际成本与边际产出相等，他实现了自己收益的最大化。维持这样的生产规模，支出的费用为 0-S_1-A-L_1 区域。为了增加自己的收益，他可以通过选择提高生产技术水平（如增加土地肥力、购买更加先进的生产工具或良种）的方式，来打破低水平的边际均衡，从而继续增加劳动投入至 L_2，这时 $Q_2=B$，收益实现最大化。同时，他支出的费用也随之相应提高，为 0-S_2-B-L_2

---

① 林甘泉等：《中国古代史分期讨论五十年（1929—1979 年）》，上海人民出版社，1982，第 388—389、391—392 页。

区域。

需要指出的是，只有在净收入增加的前提下，即在三角形 S_2BQ_2 面积大于三角形 S_1AQ_1 面积时，自耕农才会主动选择提高生产技术水平。此外，对于小土地所有者而言，在保证自己实现再生产的情况下，即在 $Q_1 > A$ 时，他就可能过上较富足的生活，而不会主动将劳动时间增加至 L_1。他所偏好的劳动时间 L' 就小于 L_1，这将导致社会净产出减少。

此时，租佃制虽然是土地市场中可供选择的一种经营方式，但如图1中 $(1-r)\delta Q_1/\delta L_1$ 线所示，随着劳动力的持续投入，佃农的边际利润将会更快降低为零，由此造成社会净产出的损失。（以分成制为例，损失为在劳动时间 L_5 点到 L_1 点对应的 L_5 线与 L_1 线之间的纵距，S_1 线以上部分。）同时，无论是分成制还是定额租制，都意味着土地产出物在佃户与大土地所有者之间的分割，而分割必将导致大土地所有者收入减少。在较低生产水平下，这种减少将直接妨碍土地所有者阶层自身的再生产。于是，直接占有生产者，将其变为自己所有的生产资料的一部分，就成为大土地所有者的首要选择。对于风险抵御能力低下的自耕农而言，放弃人身自由，成为大土地所有者的依附阶层，可以使自己变身为更大规模经济组织中的一分子，从而提高自身抗风险的能力，也成为其在破产之际，不得已甚至是乐于接受的一种选择。换言之，他们对自耕农身份并无偏好。这样的社会经济结构，应处于马克思所谓的奴隶社会阶段。

与小土地所有者一样，当处在低技术水平时，大土地所有者（奴隶主）也将会选择持续增加劳动力投入直至 L_1，这时 $Q_1 = A$，奴隶主实现了自己收益的最大化。同时，在市场竞争的社会现实环境中，因面临着失去人身自由的压力，那些尚未破产的自耕农将会主动增加劳动时间（甚至增加至 L_1），而不是选择他所偏好的劳动时间 L'，从而提高了社会净产出。

此时社会虽然处在奴隶制阶段，但其中从事生产的自耕农与奴隶的数量，究竟以什么样的比例关系达到均衡状态，则取决于市场约束条件。也就是说，依据现有资料很难断言，当时社会中究竟是自耕农的绝对人数多，还是生产奴隶的绝对人数多。这就提醒我们，单纯从直接生产者中奴隶占比的多少来断定某一历史时期的社会形态是否属于奴隶社会，这样的研究范式，在方法论上存在着先天不足。①

为了继续提高自己的收益，奴隶主也可以通过提高生产技术来增加劳动投入。此时，奴隶主与自耕农的选择会有很大的不同。因为虽然提高生产技术，也意味着奴隶主在组织生产方面的成本总额随之增加，但作为一种大规模的经济组织的所有者，他可以利用其规模优势来降低平均生产成本。这样一来，即便在高技术水平下，奴隶制生产的平均成本仍可降低至 S_1，投入的劳动时间增加至 L_3，从而提高奴隶主的净收入，增加社会净产出。

虽然奴隶主可以通过提高生产技术水平和有效控制平均生产成本的方法推动社会的发展，但如图 2 所示，因受边际效应的限制，在一定技术条件下，一旦劳动力投入达到极限，即边际收益为零时，奴隶主将倾向于维持现有生产规模，不再扩大。这与唐宋以来，租佃制成为主流的土地经营方式之后，即便维持现有的生产技术条件，地主仍可以在既定的市场约束条件下，通过降低地租率来维持劳动投入的持续增加有很大的不同。在奴隶制生产方式下，其经济组织的规模必然会受到限制，劳动力投入不可能持续扩大。这就意味着在土地兼并发展的同时，失去土地的自耕农将无法完全回到土地上。也正是在这一层面，奴隶制体现出它相对于封建制的落后性来。

---

① 对于汉代奴婢数量，持主流意见的学者，如郭沫若承认汉代仍存在数量巨大的奴隶，是旧生产关系的残余。参见郭沫若：《汉代政权严重打击奴隶主》《略论汉代政权的本质》，载氏著：《郭沫若全集·历史编》第 3 卷，人民出版社，1984，第 199—207、208—220 页。但也有不同的估计，如翦伯赞认为，在奴隶社会中，奴隶数目必然要多于奴隶主和自由民的数目。而两汉官私奴婢和当时的人口总数相比，是微乎其微的，只是奴隶制的残余因素。至于个别官僚贵族和豪富虽然拥有成百成千的奴婢，但这被认为是奢淫过制，受到政府的限制。而且，这种情况在封建社会中同样存在，不能据此认为汉代是奴隶社会。参见翦伯赞：《关于两汉的官私奴婢问题》，《历史研究》1954 年第 4 期。魏晋封建论者并不同意翦伯赞的看法，而是认为，所谓奴隶社会中，奴隶一定比奴隶主和自由民多的说法，是一种片面的"数量论"，根本不能成立，并以古代希腊罗马人口中自由民多于奴隶为例说明，如果说在奴隶社会中，奴隶必然要多于奴隶主和自由民，那么，在整个人类历史的发展过程中，就没有奴隶社会这一阶段了。因而他们主张，在决定一个社会的"主导"关系时，数量虽然可以参看，但更重要的是从这个社会的发生、发展来看，从这个社会的本质来看，即不从"量"而从"质"，"主导"的意义才好了解。参见胡钟达：《关于奴隶社会中奴隶的数目问题》，载氏著：《胡钟达史学论文集》，内蒙古大学出版社，1997，第 1—11 页。日知：《我们在研究古代史中所存在的一些问题》，《历史研究》1956 年第 12 期。

　　为了生存下去，无法回到土地上的那部分破产农民，如果不能以其他方式（如从事工商业等）获得自身生产和再生产的条件，就只能以"流民"的形象出现在历史舞台上，通过非生产的方式，甚至是暴力的方式来维持自身的生产和再生产。秦汉魏晋时，常常出现在史籍中的流民集团，[①] 正是根源于上述奴隶制生产方式的内在局限。

　　除此之外，有幸回到土地上的那部分破产农民，以"客"的身份从事农业生产。前文对奴隶社会中存在租佃制的分析，主要是围绕其与奴隶制生产方式相比的无效率展开的，这就带来一个新的疑问：既然在奴隶社会的技术条件下，租佃制相对于奴隶制是无效率的，那么，为何早在商鞅变法之后，租佃制就出现在社会中？对这个问题，应从主佃双方的投入产出来思考。为了更清楚地分析这一问题，笔者将图 2 改绘为图 3。

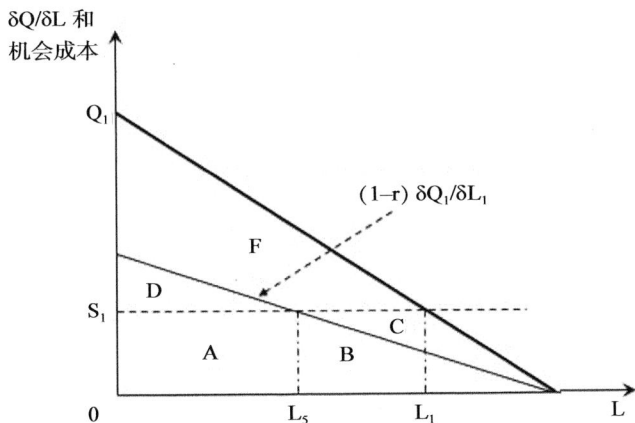

图 3　奴隶社会中的分成制

---

① 孙如琦：《西汉流民问题初探》，《青海社会科学》1986 年第 4 期；孙如琦：《东汉的流民和豪族》，《浙江学刊》1993 年第 3 期；余谦：《两汉流民问题探微》，《江西师范大学学报》1994 年第 3 期。有关魏晋时期的流民与流民帅，请参见田余庆：《论郗鉴——兼论京口重镇的形成》，载氏著：《东晋门阀政治》，北京大学出版社，2012，第 37—99 页。

图 3 的设定同于图 2。简便起见，这里只讨论在机会成本为 S_1（$S_1=0.3\ Q_1$）的技术水平下，[1] 比较租佃制与奴隶制的投入产出。L_1 线（图 2 中的 $\delta Q_1/\delta L_1$ 线）代表奴隶制的边际产出。如前所述，在市场竞争的情况下，因随时面临着失去人身自由的压力，自耕农将被迫增加劳动时间至 L_1。换言之，L_1 线同时也是自耕农的边际产出线。这样，自耕农经营和奴隶制生产在市场上达到均衡状态，有助于社会产出保持较高的效率。另外，就目前所见的传世文献资料来看，秦汉时尚无定额租。因此，暂假定市场上只存在地租额为 r（$r=\frac{1}{2}\ Q_1$）的分成制供大土地所有者和佃农选择，如 L_5 线所示。

虽然租佃制出现得很早，但在秦汉时代，相较于奴隶制而言，它并非一种有效率的经济组织模式，会造成大土地所有者收入的减少。所以，大土地所有者（包括政府）选择采用租佃制，是有前提条件的。就社会整体而言，只有在奴隶制生产规模达到既定限制（边际利润为零）后，那些有条件且有意愿的大土地所有者为了继续增加收入，才会愿意在新增的垦殖区以"客"的形式，即采取分成制经营方式来增加劳动力投入。[2] 这样一来，大土地所有者不仅不会有额外损失，反而会增加收入（$\delta Q/\delta H$）r，即图 4 中的 R 区域。这里，H（图 4 中 T_1 至 T_2 部分）代表使用"客"耕作的土地总数。

---

① 秦汉时期，劳动力的机会成本（口粮）占总产品的比重约为百分之五十。如战国李悝所言："今一夫挟五口，治田百晦，岁收晦一石半，为粟百五十石，除十一之税十五石，余百三十五石。食，人月一石半，五人终岁为粟九十石，余有四十五石。石三十，为钱千三百五十，除社闾尝新春秋之祠，用钱三百，余千五十。衣，人率用钱三百，五人终岁用千五百，不足四百五十。不幸疾病死丧之费，及上赋敛，又未与此。此农夫所以常困，有不劝耕之心。"（参见《汉书》卷 24 上《食货志上》，中华书局，1962，第 1125 页。）这段史料反映出，战国秦汉间小农经济的图景历来受到学界的重视。据此可知，一户五口之家，耕种一百亩田所获为粟一百五十石（每石约合今制二十升，容量二十七斤），五人岁食粟九十石，占比为百分之六十。这反映的是一种粗放式经营。《淮南子·主术训》曰："一人跖耒而耕，不过十亩。中田之获，卒岁之收，不过亩四石。"（参见何宁：《淮南子集释》卷 9《主术训》，中华书局，1998，第 684 页。）因此，若依《淮南子》的精细化耕种法，一夫耕田十亩，岁收四十石，所食为十八石（以月食一石半计），占比为百分之四十五。（参见琚奇：《秦汉小农与小农经济》，博士学位论文，北京师范大学，1988。）由此可知，在上述的生产技术水平下，对分租佃制的流行是不可能的。不过，考虑到这里对租佃制的分析不仅限于秦汉时期，还包括魏晋时期，所以参考图 1 的设定后，将图 2、图 3 中的 S_1 酌定为占总产品的百分之三十。

② 对中小土地所有者而言，奴隶价格也是其是否选择奴隶生产的一个重要因素。

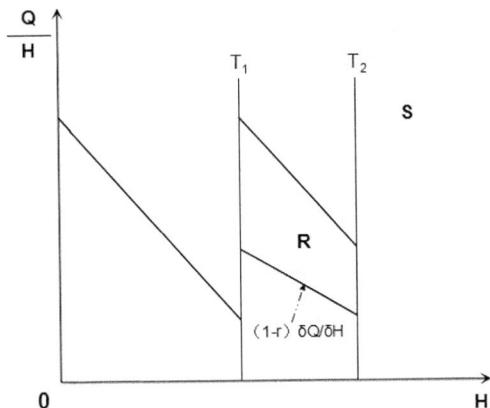

图 4 奴隶主采用租佃制所能获得的收益 ①

当大土地所有者决定向"客"出租土地并收取产出总量的一部分 r 时，他与佃客分担了土地产出的风险，而非像奴隶制下，由奴隶主独自承担这种风险。这也是秦汉大土地所有者采取租佃制的一个因素。下面，继续在图 3 的设定下进行讨论。在接受分成制后，一个寻求最优化的佃客会增加劳动投入至 L_5，实现自己福利最大化。佃客所获得的总收入为 A+D 区域（净收入为 D 区域），高于奴隶所获得的报酬 A 区域（维持劳动力生产和再生产的费用），因此，失地农民更倾向于以"客"的身份回到土地上。但必须强调的是，此偏好的实现是有前提的：市场上存在租佃制，并且大土地所有者有意增加"客"的数量。这最终取决于大土地所有者的收益情况。

由于租佃制在这一阶段的产出效率较低，既造成社会净产出的损失，也使得大土地所有者的收入减少，所以，根据经济学的逻辑，大土地所有者必定会避开收益较低的经营方式，并在条件成熟后，倾向于采用奴隶制进行生产，或强制佃客将劳动时间由 L_5 提高至 L_1。此时，分成制佃客所获得的总收入增长为 A+B+D，尽管仍然比奴隶所获报酬（A+B+C）多，② 但其生产成本却增加至 A+B+C，因而净收入

---

① 在图 4 中，Q 表示产品，H 表示奴隶耕种的和佃农所承租的土地面积，垂直的供给曲线横坐标 S 表示属于某一大土地所有者的土地总面积。T_1 表示由奴隶耕种土地的分界线，T_2 表示由佃农耕种土地的分界线。

② 在 $r=\frac{1}{2} Q_1$、$S_1=0.3 Q_1$ 的情况下，图 3 中三角形 D 的面积必然大于三角形 C 的面积。受生产力的限制，此时也不存在通过调整地租 r 来改变 L_5 线的斜率，使得三角形 D 的面积等于三角形 C 的面积。

反而下降为 D-C。这就意味着大土地所有者强制佃客将劳动时间由 L_5 提高至 L_1 的努力，几乎难以实现。劳动力投入难以维持持续增长，也再一次表明租佃制在奴隶社会的生产技术条件下，是相对低效率的土地经营方式。

分析至此，可以对造成此前研究者疑惑的"奴隶社会租佃制"和"封建社会租佃制"的区别与联系加以说明。在奴隶社会与封建社会都存在的租佃制，就其形式和性质而言，并无本质区别，都是承租者向土地出租者缴纳的剩余产品。二者的区别仅在于，在不同的生产技术水平下，作为可供选择的经营方式，由于租佃制和奴隶制的产出效率高低不同，所以导致受制于不同约束条件的大土地所有者与农民选择倾向不同。尽管对奴隶制而言，这种倾向性未必带来数量的优势（相较于自耕农与佃客的数量）。

正是由于生产技术水平的限制，租佃制在中国早期社会是一种低效率的经营方式，所以虽然出现得很早，却并未迅速成为社会的主流。东汉末至三国"客"的出现及其普遍化，虽然意味着租佃制经营的扩大，但不得不指出的是，曹操建立的以"客"为生产者的民屯组织，到魏末晋初便无法维持，宣告失败。这个史实恰好印证了之前的判断，即分成制在当时并不是一个有效率的经营方式，故其不可能像唐宋之际的租佃制那样获得迅速发展，不仅为民间广泛选择，也影响了官府屯田或营田的经营方式。这就充分说明，以分成制的形式建立屯田组织（主要指民屯），只是曹魏政府在战乱之后，为保证财政需要而采取的临时措施。正是由于租佃制的低效率影响了政府与屯田客的收入，造成社会净产出的损失，所以民屯组织很快就难以为继了。军屯虽然长期存在，但它只是应对战时或边境局势的特殊举措，有助于减少军事财政的压力，再加上数量有限，并非社会经济发展的常态。

对于此后"客"的发展，学术界通常认为，由于司马氏政权将隶属于官府的屯田客户赐给公卿大臣等大土地所有者，导致了屯田客户作为"国家佃农"所具有的免役特权，成为豪族依附阶层的普遍权利。为了限制豪族的势力，政府便采取了种种限客措施，如西晋的占田荫客制。①

因此，笔者认为，有必要重新审视上述论断。由于此时的租佃制相对于奴隶制来说，并不是一种有效率的经济组织，所以大土地所有者并不倾向于将佃客作为主要劳动力投入生产中，这也意味着并不需要政府主动通过限客政策来限制豪族。且

---

① 唐长孺：《西晋田制试释》，载氏著：《魏晋南北朝史论丛》，河北教育出版社，2000，第35—41页。

就政策本身而言，对官员贵族所荫佃客户数作出限制，并不意味着限制奴婢人数，故不应被简单视为对豪族势力的打压。

在当时的生产技术水平下，租佃制会造成大土地所有者收入的减少，从而直接妨碍大土地所有者阶层自身的再生产，若是从这一角度再去观察魏晋时期，国家、豪族与小农三者之间的关系，应该可以得出如下结论：法令允许私家佃客免役，使未被国家征用的劳动力可投入到土地上，就意味着政府在对地租进行再分配时，主动让渡出一部分土地出产物，使其转化为大土地所有者与佃客可支配的收益。对于政府而言，通过免役政策来鼓励大土地所有者主动（或有意愿）去吸纳剩余劳动力（失去土地的小自耕农），可减少流民的数量，增加垦田数，减少社会不安定因素，真可谓一举三得。

对于限客措施的意义，佃农理论带来了新的思考方向。张五常指出，在地主所拥有的土地总量与佃农对土地的投入成本给定的情况下，地主的财富要想最大化，就得同时确定每个佃农所租种的土地面积和地租所占的比例。如果每一个佃农所获得的土地面积持续减少的话，地租的比例最终会变得很低，以至于土地的地租总额将会下降。①据此来看，魏晋政府依据官品来制定限客措施，应该是为了防止大土地所有者为争夺佃客而竞相降低分成租比例。分成租若是持续降低，不仅将会导致部曲佃客制难以为继，也会导致政府减少社会不安定因素的目标最终无法实现。

基于上文从经济效率角度，对唐以前租佃制和奴隶制经营方式所作的分析，笔者同意魏晋封建论者将秦汉划入奴隶社会的看法。不过，在对魏晋南北朝社会经济形态性质的判断上，笔者并不赞成将魏晋作为中国封建社会的开端。两汉以来，土地兼并导致的大土地所有制在魏晋南北朝时期的前半段（甚至到南朝后期）仍在持续发展，虽然魏晋以后代表租佃关系发展的"客"的普遍化已经比较明显，但与之同时出现的是"客"的身份的卑微化，也就是人身依附关系的强化。其实，这与奴隶主倾向于将自耕农变为奴隶是一致的，是在生产技术水平较低的条件下，将其部分占有并转化为生产资料的一种措施。因为此时租佃制还不是一种有效率的经营方式，所以还需要政府以允许屯田客或私家佃客免役的形式予以税收减免，以鼓励大土地所有者采取租佃制经营方式。不可否认的是，魏晋南北朝时期，社会中还存在

---

① 张五常：《佃农理论：应用于亚洲的农业和台湾的土地改革》，商务印书馆，2000，第19—23页。

着数量较多的生产奴隶。① 笔者综合以上因素认为，应该将此时期的中国社会经济视为以奴隶制生产方式为主的形态。

受制于经济学"一般利润率趋向下降的规律"，随着生产技术的不断提高，奴隶主投入农业生产的成本有机构成不断提高，虽然其所获得的利润总量可能在增长，但利润率却在不断下降。当利润率下降到一定水平，若继续维持同样规模的奴隶生产，其从事农业生产所能获得的收益就会低于其从事其他经济活动所能获得的收益。这时，与其利益持续受损（相较于其他经济活动而言），不如缩小奴隶（包括人身依附关系强烈的佃客）从事农业生产的规模。

北朝中期以后，计口受田政策的实施，尤其是将奴婢作为应受田口的均田令的出台，正反映了上述变化的过程，开启了不占有生产资料（主要指土地）的奴隶向部分拥有生产资料的"独立"小农（佃农）转变的历史进程，故应被视作中国奴隶社会最终解体的标志。新的生产方式——租佃制就是在北朝后期至唐朝前期，以自耕农为主的社会中发展起来的。② 以自耕农为主体的社会生产结构，恰恰是奴隶社会向封建社会转变的必要过渡阶段。正如马克思所强调的："在这里，土地的所有权是个人独立性发展的基础。它也是农业本身发展的一个必要的过渡点。这种土地所有权灭亡的原因表明了它的限度。"③

从这个意义上来说，唐宋变革论者所主张的直接生产者人身依附关系的减弱出现于唐宋之际的结论并不成立。中古社会，直接生产者人身依附关系由强减弱的临界点应该在北朝。这样的一个过渡点，即均田制的实施，可以被视为中国封建社会的起点。按照中国学者历史分期论的命名方式，笔者将此分期说称为"北魏封建论"。

---

① 这一点可从北魏将奴婢作为应受田口的均田政策推出。相应的，隋炀帝除部曲、奴婢之课，将其变为非应受田对象，则反映出到隋唐之际，从事农业生产的部曲、奴婢数量已不多。参见张雨：《赋税制度、租佃关系与中国中古经济研究》，上海古籍出版社，2015，第62、101—103页。

② 汪篯：《两汉至南北朝大族豪强大土地所有制的发展和衰落》，载氏著：《汉唐史论稿》，北京大学出版社，1992，第133—143页。吴宗国：《汉唐明比较——兼论中国古代秦以后的社会变迁》，载荣新江主编：《唐研究》第10卷，北京大学出版社，2004，第157—171页，尤其是第160页。

③ （德）马克思：《资本论》第3卷，人民出版社，2004，第912页。

五、结语

"琳琅满目"的唐宋变革论研究，虽然有助于揭示唐宋之际，中国社会经济、政治、文化乃至思想学术、道德风尚诸层面发生的显著变化，但以之作为论证中国历史分期的依据，不免有根据"上层建筑"的变化来判定"经济基础"变革的嫌疑，因而或将中国"近世"的开端提前至宋代，或将中国"古代"（奴隶社会）的终结延后至唐末五代。在不能取得一致的情况下，新的学者进而主张将变革的时限继续下移。①

就此而言，抓住了租佃制产生与封建社会成立的关系的中国学者，在历史分期论上更胜一筹。但不同分期论者或者陷入以"数量论"来判断奴隶社会消亡的范式陷阱，或者难以对"奴隶社会的租佃制"作出合理解释，因而在对封建社会确立时间的判定上无法取得共识。

借助新古典经济学理论所进行的分析，可以确认佃制（特指分成租佃制）这种由土地所有者和直接生产者根据契约（或某种形式的约定）所组成的经济组织，只有在封建社会的生产技术水平下，才是相对有效率的生产经营方式。②以生产技术的提高为基础，以地租率的下降为杠杆，唐宋之际的租佃制使得劳动力能够被持续地投入农业生产，推动了封建大土地所有制经济的发展，提供了更多的剩余粮食，更有效地推动了工商业和城市经济的繁荣。

而在封建社会之前，秦汉以来大土地所有制的发展对应的是奴隶制发展。租佃制虽然早已出现，但并非有效率的生产经营方式，会造成大土地所有者收入的减少和社会净产出的损失，因而始终作为非主导的经营方式存在。

北魏建立以来，以计口受田和均田制为标志的地权分散政策的出台和落实，正处在秦汉、唐宋这两轮大土地所有制发展之间。由此形成的延续至唐前期的、以自耕农为主体的社会生产结构虽然不稳定，但小农的分化破产正好为租佃制发展提供了充足的后备劳动力。因此，均田制的推行构成了奴隶社会向封建社会转变的必要过渡阶段和直接生产者人身依附关系由强转弱的临界点。

---

① 如小山正明提出的"明末以降中世说"（《明清社会经济史研究》，东京大学出版会，1992年）。参见高寿仙：《关于日本的明清社会经济史研究的学术史回顾》，《中国经济史研究》2002年第1期。

② 张雨：《赋税制度、租佃关系与中国中古经济研究》，上海古籍出版社，2015，第154—182页。

从这个意义上来说，尽管带有明显的鲜卑特征，但北魏均田制的制定和实施依然是中国古代大土地所有制发展过程中的正常阶段。陈寅恪和唐长孺在论述唐代"南朝化"问题时，所提出的"北朝之社会经济较南朝为落后"以及均田制"不是魏晋发展的继续，而是走着一条特殊的道路"的预设，[①] 均值得反思。申论之，在分析少数民族入主中原后建立的政权的性质时，也应立足于社会生产结构自身的发展脉络，关注其"普遍性"的一面，不能陷入"特殊论"中而不自知。

---

① 陈寅恪：《隋唐制度渊源略论稿》，生活·读书·新知三联书店，2001，第160—161页。唐长孺：《魏晋南北朝隋唐史三论·综论》，中华书局，2011，第457—473页。

国家"救市"与货币转型

——明中叶国家货币制度领域与民间市场上的白银替代[*]

邱永志[**]

内容提要： 在海外白银大量流入中国前，称量银已在明中叶的中国社会渐成广泛流通之势，这首先应归因于国家货币制度和祖例政策的接连失败，但其背后有着显见的市场作用机制。正统中后期，在经历了之前政府的大力救钞举措后，宝钞在低值层面稍有起色，但正景之际的政治变乱严重冲击了宝钞体制。与此同时，铜钱与实物货币实际并主要支撑着基层的市场交易。然而，明廷囿于祖宗成例依然限制并打压铜钱，国家认可的制度性货币逐步陷于"真空"状态。随着商业的恢复和市场的拓展，长期通货紧缩的局面无法避免。面对市场上通货不足的局面，国家与市场俱作出了反应。国家"救市"的做法为：先解禁铜钱，而后整顿钱钞法，禁止私铸，乃至不断重开铸局，却连连受挫。市场的反应则步步先于国家：民间挑拣私铸之风很早兴起，物价逐步抬升，继而私铸钱泛滥成灾，难以禁治。"格雷欣法则"式的劣币竞择现象在景泰至嘉靖时期的中国社会，达到了极致性的呈现。最终，源于民间的稳定通货——白银因需求进入市场，形成"良币驱逐劣币"之势。行钱地区多出现"银进钱退"的现象，但白银并未完全取代铜钱；未行钱地区，白银及多种实物货币同时流通。货币流通在地域上依然呈现分割化、细碎化等欠深度整合特点。

关键词： 宝钞；铜钱；白银；私钱："银进钱退"

---

* 本文为国家社会科学基金青年项目"元明变革视野下的明代货币转型研究"（项目批准号：17CZS019）阶段性成果之一。

** 邱永志，江西财经大学经济学院讲师、金融学博士后。

一、引言

明代中叶以降，称量银自下而上逐步取代政府发行的宝钞、铜钱并最终成为主要货币，在此过程中所形成的货币转型，不仅宣告了自宋以来政府对于货币发行权垄断的动摇，塑造了非同以往的货币流通制度，形成了全新的财政运作方式，更奠定了中国此后近 500 年间银钱并行流通格局的基础，由此成为海内外学界不断探讨的重要学术问题。[①] 从整体看来，学界对该问题的探讨主要存在两大脉络：一是从国家财政制度变革角度，探讨各分支领域折银的动因、过程及结果；二是从国家货币政策和民间市场交易演变角度，探讨白银逐步崛起的原因及过程。这两条线索的发展和演进互相交织，甚至互为因果，导致学术界对白银崛起的成因与过程长期存在着两种不同的解读倾向。[②] 由于学界对前一线索的重视与研究明显超过后者，所以要想厘清明代为何转向行用白银这个问题，不仅需要对这两条线索进行细致综合的探讨，更需要加强对后一线索的细化研究。有鉴于此，本文即从后一线索展开论述。

学界以往对于明代货币演变研究的最大问题在于：缺少贯通研究、失之简单且存在不少误解之处。[③] 不少学人虽然注意到白银的崛起与宝钞、铜钱的式微息息相关，但对这个动态而又复杂的替代过程及作用机制的分析远远不够。近年来，一些

[①] 参见邱永志：《历久弥新：国际学术视野下的明代白银问题研究述论》，《清华大学学报（哲学社会科学版）》2018 年第 4 期。

[②] 这两种解读主要以刘志伟等的"贡赋体制吸纳说"及刘光临等的"市场需求稳定通货说"为代表。前者认为，白银崛起的主要动因是国家贡赋体制对于白银的大规模吸纳、官僚阶层对于白银的欲求等，而非主要是商品经济发展的结果。后者认为，白银成为主要货币乃是私钱泛滥、市场需求稳定通货的结果。两者一个强调国家贡赋体制的作用，一个强调市场供求机制的作用。万明在综合两说后，提出"国计民生合流说"，但倾向于赞同市场发展需求说。参见陈春声、刘志伟：《贡赋、市场与物质生活——试论十八世纪美洲白银输入与中国社会变迁之关系》，《清华大学学报（哲学社会科学版）》2010 年第 5 期；刘志伟、陈春声：《天留迂腐遗方大，路失因循复偭艰——梁方仲先生的中国社会经济史研究》，载梁方仲：《明代赋役制度》，中华书局，2008，第 11—12 页。刘光临：《银进钱出与明代货币流通体制》，《河北大学学报（哲学社会科学版）》2011 年第 2 期。万明主编：《晚明社会变迁：问题与研究》，商务印书馆，2005，第 143—246 页。

[③] 如对白银在宋金元时期货币化的进展及其在货币体系中的作用，明初单一宝钞体制所具有的政治内涵；大明宝钞与宋元纸钞的内在差异，禁钱政策的持续时间，行钱地与不行钱地的划分等俱存在误读。笔者的相关论述有，《明代货币白银化与银钱并行格局的形成》，博士学位论文，清华大学，2016；《战争、市场与国家：正统景泰之际通货流通体制的变迁》，《中国经济史研究》2017 年第 6 期；《论明前期的禁钱政策及其影响》，《中国社会经济史研究》2018 年第 3 期。

新的研究成果在一定程度上弥补了这一不足。万志英（Richard von Glahn）对此问题着力甚多，虽然为相关研究者建立了很好的连贯性认识，但也存在着对赋役折银关注不够、对史料存在误读等问题。[①] 张瑞威主要探讨了成化至万历时期的货币政策及相关问题，将白银的崛起置于政府无法解决劣币竞择问题的经济学角度下进行探讨，颇有意义，但其论述旁及较多且缺乏前后一体的连贯考察。[②] 刘光临首次估算了明代前中期货币存量的规模，阐明了 “银进钱出” 的市场机制，有助于打破 “白银进步论” 的乖谬看法，[③] 但其少论及国家政策方面，且主要围绕行钱地区的货币转型展开论述，并没有推演至整个通货体制。张宁从铜钱的三大危机（近半地区不行钱法、行钱地区铜钱质量下滑与私钱泛滥、国家铸钱措施屡屡失败）入手，分析白银崛起的问题，[④] 虽不乏有益的分析，但讨论失之简略。总之，学界对这个问题的研究仍存有不少改进的空间。

本文拟从以往较少注意的正统中后期切入，综合探讨正统至嘉靖时期，国家围绕货币问题采取的诸种 “救市” 举措及其间货币形态的不断演化，并兼及明代货币地域流通的状况和特点，期望更加全面而深入地认清明代的货币问题。

二、调整：从宝钞崩坏到整顿钱法

（一）宝钞的起伏与崩坏

1. 宝钞的起伏

由于政府的强力推行，宝钞在洪武、永乐时期曾短暂成为主要货币（其他实物货币也在通行），但由于缺乏坚实的信用基础、多执行巨额财政支付、缺失有效的制度配套措施等，宝钞迅速贬值。（见表 1）不过，永乐后期，尤其是洪熙、宣德

---

① 参见 Richard von Glahn, *Fountain of Fortune: Money and Monetary Policy in China (1000—1700)*, Los Angeles and Berkeley: University of California Press, 1996。

② 参见张瑞威：《一条鞭法的开端：论明宪宗一朝的货币政策》，载陈春声、刘志伟主编：《遗大投艰集：纪念梁方仲教授诞辰一百周年》，广东人民出版社，2012，第 534—548 页；《皇帝的钱包——明中叶宫廷消费与铜钱铸造的关系》，《新史学》2011 年第 4 期等。

③ 参见刘光临：《明代通货问题研究——对明代货币经济规模和结构的初步估计》，《中国经济史研究》2011 年第 1 期；《银进钱出与明代货币流通体制》，《河北大学学报（哲学社会科学版）》2011 年第 2 期。

④ 参见张宁：《铜钱危机视野下的明代币制变革》，《湖北大学学报（哲学社会科学版）》2014 年第 6 期。

时期，由于明廷实施了愈演愈烈的增税回笼等措施，宝钞在价值持续走低的情况下，曾一度取得了疏通之效果，实现了某种程度的"信用转型"。[1]

到了正统中后期，一方面，随着社会经济和地域市场的恢复与发展，民间社会对货币的需求量大大增加；另一方面，宝钞贬值、铜钱与金银被限制流通等，[2] 导致基层社会出现了通货不足的问题。表现之一是多种实物货币（如米谷、布帛、金银等）充斥交易市场，[3] 表现之二是民间不顾禁令行用铜钱，甚至贬值严重的宝钞也变得昂贵起来。正统八年（1443）五月，陕西民众奏报钞价昂贵，期望减少折粮钞征收数额。[4] 正统十一年（1446）五月，鉴于各地纷纷奏报钞价腾贵，户部尚书王佐建议进一步下调折粮钞比价，以减轻各地负担。[5] 正统十一年（1446）九月至正统十二年（1447）二月、三月、四月、九月，北直隶顺德府、通州、南京、山东等地以及户部官员多次奏报米贱钞贵、钞法疏通等问题。[6] 在此情形下，朝廷自然不许此前禁行的铜钱干扰钞法。正统十二年，北直隶巡按周鉴请求禁行铜钱时指出："潞县迤南，直抵临清、济宁、徐州、淮扬等处，军民买卖，一切俱用铜钱。钞法阻滞，恐各处亦有此弊。乞除两广行使铜钱不禁外，其南、北直隶并浙江、山东等处，禁约军民买卖暂将铜钱往使，专行使钞贯。"但户部认为，禁钱是洪武年间的天下通例，故不应区分地方，而应全面禁约铜钱行用，令都察院和各处巡按御史严格禁约。[7] 正统十三年（1448）五月，为了维护钞法，明廷出台了全面的铜钱禁令。当时，南、北直隶及大运河一线延伸地带[8]的民间市场逐步自发恢复了铜钱流通。宝钞虽已贬值至1贯仅为2文，但在各处接连奏报钞法疏通的情况下，明廷

---

① 参见邱永志：《战争、市场与国家：正统景泰之际通货流通体制的变迁》，《中国经济史研究》2017年第6期。

② 参见邱永志：《战争、市场与国家：正统景泰之际通货流通体制的变迁》，《中国经济史研究》2017年第6期。邱永志：《论明前期的禁钱政策及其影响》，《中国社会经济史研究》2018年第3期。

③ 徽州地区土地契约交易使用媒介状况即是明证。参见万明：《明代白银货币化的初步考察》，《中国经济史研究》2003年第2期。

④ "中研院"历史语言研究所校印：《明英宗实录》卷104，正统八年五月辛酉，1962，第2101页。下文所引实录，皆系此本，为行文简便起见，注释只保留年月日及页码。

⑤ 《明英宗实录》卷142，正统十一年六月癸丑，第2816页。

⑥ 《明英宗实录》卷145，正统十一年九月癸巳，第2864页；卷150，正统十二年二月癸巳，第2935页；卷151，正统十二年三月乙酉，第2968—2969页；卷152，正统十二年四月癸卯，第2979页；卷158，正统十二年九月乙未，第3072页。

⑦ 〔明〕张学颜等：《万历会计录》卷41《钱法》，《北京图书馆古籍珍本丛刊》第53册，书目文献出版社，1989，第1303页下栏。

⑧ 这便是最早的"行钱之地"的记载。明代，货币地域流通呈现分割化特征，最典型的便是"行钱地"与"不行钱地"的区别，此一分割化状态乃市场自发形成，范围时有变动。

仍更倾向于维持旧例,下达铜钱交易重罚令。① 从宝钞与白银的比价变化,也可观察到宝钞价值抬升的情形。正统十一年前,官定钞价为 1 贯值 1/1 000 两银;正统十一年,官定钞价 1 贯升至 1/400—1/500 两银;正统十三年,宝钞升至 1 贯折合白银 1/350—1/400 两。②

然而,正景之际的内忧与外患十分严重,朝局也显现混乱不堪之情形,"土木之变"既深度冲击了国家的运作体制,也给宝钞以致命打击。③ 朝局变乱后,宝钞随即陷入难以为继的局面。景泰元年(1450)十月,因钞法不行,代宗采纳户科给事中李锡的建议,令内外法司增加笞杖罪纳赎钞。④ 景泰三年(1452),朝廷进一步"命申明钱禁,以钞法不通故也"。⑤ 景泰四年(1453)六月,直隶河间府卫因钞价过高,奏请菜果园地按亩纳粮、草。⑥ 景泰五年(1454)七月,"户部以钞法阻滞,奏请比宣德例,令两京塌房、店舍、菜果园,并各色大小铺行,俱仍减轻纳钞有差"。⑦ 此时,宝钞尽管依然在岁课、赃罚、俸禄等领域使用,但与白银、铜钱甚至实物货币相比,无论是在规模上还是在民众接受程度上,都相去甚远,钞法的颓势难以逆转。景泰三年(1452)七月,户部尚书陈循等疏言:"今河上量船收钞,止收新钞,民船无从而得,将银易钞,其实收银,非收钞也。"⑧ 景泰四年(1453),南直隶凤阳、山东、河南等地发生荒歉,民众迁徙,政府"出米麦谷粟二十五万七千三百四十石有奇,银三千六百七十余两,铜钱、绵布半之"。⑨ 到了天顺元年(1457)四月,明廷命临清船料钞改收粮米,每钞 2 贯,仅折收米 1 升。⑩ 同年九月,山东多地发生严重饥荒,官府除赈济米粮外,还"用过官银一万四千二百三十余两,铜钱六十二万四千七百余文,钞二十二万四千贯,绵布一万一千九百二十余疋"。⑪ 天顺二年(1458),宣府总兵官武强伯杨能等奏,万全所属官军俸粮

① 《明英宗实录》卷 166,正统十三年五月庚寅,第 3209 页。

② 黄阿明据《续文献通考》认为,正统十一年的宝钞市值或达 1/40—1/50 两。参见黄阿明:《明代货币白银化与国家制度变革研究》,广陵书社,2016,第 56 页。

③ 参见邱永志:《战争、市场与国家:正统景泰之际通货流通体制的变迁》,《中国经济史研究》2017 年第 6 期。

④ 《明英宗实录》卷 197,景泰元年十月戊寅,第 4179 页。

⑤ 《明英宗实录》卷 216,景泰三年五月壬寅,第 4659 页。

⑥ 《明英宗实录》卷 230,景泰四年六月丁未,第 5033 页。

⑦ 《明英宗实录》卷 243,景泰五年七月戊辰,第 5290 页。

⑧ 《明英宗实录》卷 218,景泰三年七月丙辰,第 4714 页。

⑨ 《明英宗实录》卷 232,景泰四年八月乙未,第 5076 页。

⑩ 《明英宗实录》卷 277,天顺元年四月丙午,第 5913 页。

⑪ 《明英宗实录》卷 282,天顺元年九月壬寅,第 6052 页。

折钞者，例于京库支用，路途遥远，乞于本处官库折与绵布，每匹准钞一百七十贯。[1]至于课钞、赃罚钞、俸禄钞，也多有改折为银的情形。[2]

表1 洪武至嘉靖时期大明宝钞价格变化

单位：贯

年份	官价		市价	
	钱（文）	银（两）	钱（文）	银（两）
洪武八年（1375）	1 000	1		
洪武九年（1376）	1 000	1	1 000	1
洪武十八年（1385）		（0.2）		
洪武十九年（1386）	200	0.2（1）		
洪武二十四年（1391）		0.2		
洪武二十五年（1392）			160	
洪武二十七年（1394）			160/50—160	
洪武二十八年（1395）	100	0.1		
洪武三十年（1397）	71	0.071 53（0.714）		
洪武年间				0.33—0.2
永乐五年（1407）	12	0.012 5		
永乐十一年（1413）	47	0.047 6		
永乐中				0.012
宣德元年（1426）		0.002 5		
宣德四年（1429）	10	0.01（0.02）		
宣德七年（1432）	10	0.01（1）		
正统元年（1436）		（0.001）		0.000 9
正统九年（1444）		（0.01）		
正统十一年（1446）以前		0.001		
正统十一年（1446）		0.002 5—0.002		
正统十三年（1448）	（2）		1—10	
景泰二年（1451）				（0.02）
景泰三年（1452）	2	0.002		

---

[1] 《明英宗实录》卷286，天顺二年正月癸未，第6131页。
[2] 参见邱永志：《明代货币白银化与银钱并行格局的形成》第4章，博士学位论文，清华大学，2016，第112—115页。

续表

景泰七年（1456）		0.001 42		
成化元年（1465）	4	0.005	0.9	（0.012 5）
成化二年（1466）	1—2（旧钞） 10（新钞）			
成化三年（1467）	4	0.005		
成化六年（1470）	2	0.002 5		
成化七年（1471）			2—3	
成化十三年（1477）	4	0.005（0.000 5—0.000 4）		0.000 45
成化十六年（1480）	4	0.005		
成化二十三年（1487）	20/1	0.025	0.9	
弘治元年（1488）	1—2	0.001 428—0.003（0.003）		
弘治六年（1493）	2.1	0.003		
弘治时				0.001 333
弘治九年（1496）		（0.003）		
弘治十四年（1501）	0.3—0.437 5	0.004 44—0.003		
弘治末		（0.000 1）		
正德二年（1507）	0.311			
正德六年（1511）		0.001 43		
嘉靖四年（1525）	2.1	0.003		
嘉靖六年（1527）		0.001 43		
嘉靖七年（1528）	1.57	0.000 9（0.001 25）		（0.012 5）
嘉靖八年（1529）	2.1	0.003	0.24	0.000 8
嘉靖十四年（1535）	0.279 6	0.000 4		
嘉靖十六年（1537）		0.004		
嘉靖四十五年（1566）		0.000 2		

资料来源：彭信威：《中国货币史》，上海人民出版社，2015，第494—495页；黄阿明：《明代货币与货币流通》，博士学位论文，华东师范大学，第190—192页；全汉昇：《宋明间白银购买力的变动及其原因》，载氏著：《中国经济史研究》第2册，中华书局，2011，第95—97页。

说明：本表以彭信威整理的数据表格为基础，并添加黄阿明和全汉昇的相关数据制成。其中，带括号的数据源自黄阿明的著作，带下划线的数据源自全汉昇的著作。由于资料来源不一，存在数据不一的情况。

2. 宝钞走向崩坏

成弘时期，宝钞进一步贬值，最后为民众所弃用。时人丘浚云："自天顺、成化以来，钞之用益微矣。"[①] 陆容曾说："宝钞，今惟官府行之，然一贯仅值银三厘、钱二文，民间得之，置之无用。"[②] 即使是新钞，市价也很低廉。成化二年（1466），"时，钞法久不行，新钞一贯时估不过十钱，旧钞仅一二钱。甚至积之市肆，过者不顾，以十贯钞折俸一石，则是斗米一钱也"。[③] 成化十五年（1479）初，新钞、旧钞进一步贬值，"比年以来，钞法不行，伪造假钱日甚……今新钞一贯，只值铜钱一二文；旧钞五六贯，不值铜钱一二。计其工料之繁难，尤不及假钱之时价"。[④] 弘治即位初期，有人就在奏请疏通钞法时指出："谓国初钞法，或征商税，或收户口，或赎罪折杖，与铜钱兼行。近来各处有司废格不用，一切征银，则钞之在官而散于民者，一贯不能值钱一文；在民而征于官者，一贯乃收银二分五厘，亏官损民为甚。"[⑤] 还有人感慨道："太祖时，赐钞千贯为银千两、金二十五两。而永乐中，赐钞千贯为银十二两、金止二两五钱矣。及弘治时，赐钞三千贯，不过四两余矣。"[⑥]

正德九年（1514）七月，何孟春指出："今钞久废不用，价益轻矣。钞一千贯为一块，货视于市，三二百钱亦无售者。"同时，他还严厉谴责各处钞关、州县无赖之徒揽收课钞并造成民弊的不法行为，建议今后"天下税课，在民在商，一切中半，应纳钞者，通令折纳银、钱"。[⑦] 隆庆时，王鸿绪进一步指明："宝钞不用垂百余年，课程亦鲜有收钞者。"[⑧] 宝钞的崩坏程度，由此可见一斑。由于政府在商课、船税、户口食盐、折俸等领域没有完全放弃用钞，造成投机、倒卖等诸多弊端，且

---

① 〔明〕丘浚：《大学衍义补》卷27《铜楮之币下》，载《景印文渊阁四库全书》第712册，台湾商务印书馆，1983，第367页上栏。

② 〔明〕陆容：《菽园杂记》，中华书局，1985，第122—123页。

③ 《钦定续文献通考》卷10《钱币考·钞·附银》，载《景印文渊阁四库全书》第626册，台湾商务印书馆，1983，第231页上栏。

④ 〔明〕戴金等撰，杨一凡等整理：《皇明条法事类纂》卷13《户部类·申明禁约假钱疏通钞法例》，文海出版社，1985，第338页。

⑤ 《明孝宗实录》卷6，成化二十三年十一月上庚子，第102—103页。

⑥ 〔明〕徐学聚：《国朝典汇》卷94《户部八·钞法》，北京大学出版社，1993，第4760页。

⑦ 〔明〕何孟春：《何文简疏议》卷3《计钱钞疏》，《景印文渊阁四库全书》第429册，第65页下栏、66页下栏。

⑧ 〔清〕王鸿绪编纂：《明史稿·食货志》，载《钦定续文献通考》卷10《钱币考·钞·附银》，第236页上栏。

成为私钱泛滥、白银崛起的重要原因之一。

（二）从解禁铜钱到整顿钱法

1.解禁铜钱

正景之际，尽管明廷不断颁布铜钱禁令，但由于宝钞贬值严重，金银价值过大且数量缺乏等因素，导致铜钱禁令的效果大打折扣，民间交易主要还是仰赖铜钱，这就迫使朝廷官员不得不顺从民情，重新审视铜禁问题。景泰元年（1450），直隶巡按李周上疏呼吁放开钱禁，却被户部以钞法不通为由驳回。[①] 景泰五年（1454）八月，礼科等科给事中陈嘉献奏请疏通钞法，并建议钱钞兼用以纾解民困，也没有得到同意。[②] 同年，刑部官员张凤指出：“圣朝置造宝钞与铜钱相兼行使，近年以来，南北二京专用铜钱，不用钞贯。”[③]《浙江通志·钱法》也说：“嗣后（宣德后）始用钱，而钞法渐除。是可知钞法之设，终不若鼓铸之尽善。浙江虽非产铜之处，然观元时之苦于用钞，而乐于用钱，则钱法之利于民生，固万世不易之良规也。”[④] 这段史料很好地说明了铜钱相较于宝钞的优势以及铜钱恢复流通是大势所趋。因此，代宗即位之初，仍极力维持钱禁，但到了中后期，不得不默许民间铜钱流通的现实。“景帝时，以钞法不通，复申钱禁，旋听民相兼行使”。[⑤]

然而，由于政府既不鼓励用钱又不铸钱，并极力维持钞法，所以使得铜钱的价值日益升高，挑拣、私铸之风因之遂起。景泰七年（1456）七月，中兵马指挥司副指挥胡朝鉴指出，京城地区的民间市场发生了对明制钱的挑拣行为，府库中的洪武、宣德钱及历代旧钱俱不被民间接受，市场交易只接受永乐钱，致使江南多地纷纷伪造。此外，各地的私铸之风还导致了京城工匠纷纷投身于私铸的行列，严重扰

① 〔明〕张学颜等：《万历会计录》卷 41《钱法》，载《北京图书馆古籍珍本丛刊》第 53 册，书目文献出版社，1989，第 1303 页下栏。

② 《明英宗实录》卷 244，景泰五年八月乙酉，第 5300 页。

③ 〔明〕张学颜等：《万历会计录》卷 41《钱法》，载《北京图书馆古籍珍本丛刊》第 53 册，书目文献出版社，1989，第 1304 页上栏。

④ 雍正《浙江通志》卷 87《钱法》，载《中国地方志集成·浙江省志辑》，凤凰出版集团，2010，第 805 页上栏。

⑤ 《钦定续文献通考》卷 11《钱币考·钱》，第 241 页下栏。

乱了货币市场，导致明廷再行钱禁令。①

面对民间用钱的现实以及挑拣、私铸之风的兴起，英宗决定正式放开钱禁。天顺四年（1460），明廷宣布："准兼用古钱，制钱禁民挑拣。令民间除假钱、锡钱外，凡历代并洪武、永乐、宣德钱及折二、当三依数准使，不许挑拣。"②由此开始，明制钱、历代旧钱俱被政府允许流通，并勒令民间不许挑拣。但英宗只是放开了钱禁，并没有颁行疏通钱法的具体举措。市场上好钱与私钱互相竞争，在通货紧缩及市场机制的作用下，挑拣、私铸之风势必难以阻遏。因此，整顿钱法便迫在眉睫了。

2. 整顿钱法

成化元年（1465），马昂刚刚调任户部尚书就奏请疏通钱法，建议"将天下户口食盐等项，钱钞中半兼收"，获得允准。③同年，户部又以钱法阻滞为由，奏请"京城九门并都税宣课等司，批验茶引所等衙门，额办商税、门摊、塌店等房诸色物行该纳课程，及各衙门日逐收受大小车辆、驴骡、驮载该纳课钞，自文到为始，钱钞中半"征收，④大大扩展了铜钱流通渠道。折收价格先是每贯折钱四文，后变为每贯折钱两文。⑤由此开始，明廷一改自洪武二十七年就开始的弃用铜钱的旧例，再度重视铜钱问题。此举既是明廷顺应现实状况而主动采取的应对之策，也为明廷带来了巨大收益。如前所述，成化元年（1465），"每钞一贯折钱四文"；成化七年（1471），"钞贯值二三钱"。在"钱钞中半"的征收政策下，明廷通过故意抬高宝钞价值，获利将近272%，遂造成了诸多弊端。⑥由此可见，明廷整顿钱法的目的有二，一是为了获取更多的财政收益；二是通过税收渠道来拓宽铜钱的流通领域，从

---

① 《明英宗实录》卷268，景泰七年七月甲申，第5684—5685页。"挑拣"是指民众在市场交易中区别对待铜钱、选择好钱的行为。这种行为产生的宏观背景是，由于政府货币供应不足，市场上充斥的铜钱种类多样，民众开始差别化对待其中价高稳定的品种。这种行为极易引发新一轮的好钱不足及民间私铸的蜂起。参见（日）黑田明伸著：《货币制度的世界史——解读"非对称性"》，何平译，中国人民大学出版社，2007，第93页。

② 《钦定续文献通考》卷11《钱币考·钱》，第243页上栏。

③ 〔明〕张学颜等：《万历会计录》卷41《钱法》，载《北京图书馆古籍珍本丛刊》第53册，书目文献出版社，1989，第1304页上栏。

④ 〔明〕张学颜等：《万历会计录》卷41《钱法》，载《北京图书馆古籍珍本丛刊》第53册，书目文献出版社，1989，第1304页。

⑤ 《钦定续文献通考》卷11《钱币考·钱》，第243页上栏。

⑥ 此举引起了长江中游的湖广、江西等地钞关来往商船大为减少，导致当地经济陷入困窘境地。参见张瑞威：《一条鞭法的开端：论明宪宗一朝的货币政策》，载陈春声、刘志伟主编：《遗大投艰集：纪念梁方仲教授诞辰一百周年》，广东人民出版社，2012，第541页。

而达到疏通钱法的目的。

成化二年（1466）八月，为进一步疏通钱法，给事中丘弘建议：“两京文武官员俸钞、军官俸银，俱各与钱中半兼支，一贯为钱四文，银一钱为钱八十文，非历代旧钱不收，非破缺新铸必用，违者问如法。”但丘弘将铜钱扩展至官俸领域的建议，并没有获准。① 此前的三月，明廷已经缩减了京官的折俸钞数额，每石从二十五贯改为新钞五贯，而五贯新钞仅值钱五十文。② 由于官员俸禄缩水严重，此建议遭到否决是可想而知的。成化三年（1467），在疏通钱法的背景下，户部最终同意文武官员折俸钞兼支钱钞，“令京官折俸，钞三钱七，每钱二文折钞一贯”，稍稍改善了官员待遇。③

整体来看，宪宗朝整顿钱法的措施存在三大缺陷：其一，整个成化时期，由于明廷没有开炉铸钱，铜钱的总量无法满足日益增长的市场需求，所以朝廷以现有铜钱存量来整顿钱法势必难以奏效。其二，整顿钱法主要局限于商课钞、折俸钞、户口食盐钞等领域，通行领域狭窄。④ 与此同时，政府规定的折价经常高于市价，而不合理地高估钞价很容易导致私钱的滋生与滥用。其三，面对市场力量的崛起与发展，明廷主要通过法令来整顿钱法，缺乏整体性的规划与配套性的措施，再加上此时的私钱问题越发严重，其整顿钱法之举自然难有成效。

三、拐点：私钱泛滥与铸局重开

（一）“私钱时代”：15 世纪中下叶的私钱泛滥

兴起于 15 世纪中叶的私铸问题，至 15 世纪下半叶、16 世纪早期愈演愈烈，

---

① 《明宪宗实录》卷 33，成化二年八月辛丑，第 648 页。
② 《钦定续文献通考》卷 10《钱币考·钞·附银》，第 231 页上栏。
③ 《钦定续文献通考》卷 11《钱币考·钱》，第 243 页下栏。
④ 成化时期，钞关征收总额为 1 783 万贯钞，按“钱钞中半”（1 贯折 4 文）的规定，每年征收的铜钱数为 3.566 万贯，不到熙宁十年商税中铜钱收入的 1%。参见刘光临：《银进钱出与明代货币流通体制》，《河北大学学报（哲学社会科学版）》2011 年第 2 期。

国内市场受其影响，铜钱日渐贬值，物价日渐腾贵。[1]与此同时，受气候变冷的影响，世界范围内遭遇了货币短缺危机或贵金属荒。[2]不仅如此，由于国内不少地区的风俗逐渐崇尚奢侈，商品经济似有了明显的恢复，[3]社会各阶层对于货币的需求大幅增加。在物价上扬、私钱泛滥、货币存量不足等因素的综合作用下，[4]本就千疮百孔的货币体制再也难以为继，转变势在必行。在此过程中，国家法令与市场法则之间发生了激烈交锋。

如前所述，景泰时期，由于江南等地私铸盛行，京城工匠也纷纷景从。随着市场上流通的铜钱种类越来越多，民众开始差别化对待其中价高稳定的品种，这种挑拣行为进一步刺激了盗铸者对好钱的私铸。天顺四年（1460），政府虽严令禁止挑拣，但挑拣行为仍屡禁不止，致使物价腾贵。成化八年（1472）十月，巡视京仓监察御史吴道宏奏称："京师米价腾踊，实由官军月粮于通州支给，且铜钱贸易拣择太过。"[5]

---

[1] 以最重要的米价、田价为例，明前期，大米的常价十分低廉，宣德时期不超过 0.2 两。正统中后期，米价上涨的记录有所增多，但大多是因灾乱所致。景泰时期，米价上涨的记载忽然暴增。景泰三年四月，户部官员奏称："近者京师物价涌贵，四方人民疲毙，供给艰难。"（《明英宗实录》卷 215，景泰三年四月乙丑，第 4620 页）景泰七年八月，吏部官员奏称："今岁四月以来，京师米价视昔尤贵，饥馑益增……银一钱止易米一斗。"（《明英宗实录》卷 269，景泰七年八月丙寅，第 5715 页）到了成弘时期，各地关于米价昂贵的奏报更是屡见不鲜。除了运河阻滞、战火、天灾等因素之外，货币不足、私钱兴盛也是重要因素。如成化六年九月，户科都给事中丘弘等奏报，京师物价日益昂贵，乞丐增多，百姓生活艰难。（《明宪宗实录》卷 83，成化六年九月辛卯，第 1621 页。）此外，胡铁球指出，景泰以后米价上扬，至弘治、正德年间，米价在 0.3—0.4 两之间徘徊；到嘉靖中期，则达到每石 0.5 两左右。[胡铁球：《明代米（粮）价研究》，待刊。] 田价在一定程度上也反映了这个问题。周生春等通过计量研究后指出，明代徽州地区的田价为 N 型模式，成化至嘉靖时期呈现出高价状态，剔除田税推割及亩单位等因素，每亩单价处于 10—15 两的高位。造成这种现象的因素，除徽州资本回流外，好钱不足、私钱愈演愈烈、白银被逐步释放出来也是重要因素。参见周生春、明旭：《明代徽州田价发覆》，《浙江大学学报（人文社会科学版）》2011 年第 1 期。

[2] （美）艾维泗著：《时代、货币与气候：明朝与 15 世纪中叶的"大萧条"》，隋斌译，《古今农业》2012 年第 3 期。

[3] 自正统后期开始，上下奢侈之俗渐起，成化后期越发明显，相关史料不胜枚举。如成化十七年四月，巡查全国的御史黄杰因灾上疏说："两京及都会之处官员、军民之家，衣服、饮食、器用穷极奢靡，以至婚姻、丧葬越礼僭分。"（《明宪宗实录》卷 214，成化十七年四月戊申，第 3715 页。）有学者指出，成弘时期是民风转变的临界点。尽管有许多地方的民风依然淳朴节俭，但也有许多地方出现崇末重富之风，风俗日益骄奢。参见刘婷玉：《成弘之际的"盛"与"变"——作为转折时期的成化、弘治时代》，载陈支平、万明主编：《明朝在中国史上的地位》，天津古籍出版社，2011，第 74—91 页；陈学文：《明代中叶民情风尚习俗及一些社会意识的变化》，《驻马店师专学报》1986 年第 2 期等。

[4] 参见刘光临：《明代通货问题研究——对明代货币经济规模和结构的初步估计》，《中国经济史研究》2011 年第 1 期。

[5] 《明宪宗实录》卷 109，成化八年十月戊子，第 2131 页。

当时的私铸钱有哪些名目？流通情形如何？民间为何会发生挑拣行为？成化元年（1465）五月，都察院查得的私铸钱情形，可资说明：

> 近年以来，有等顽民无籍之徒买卖高抬物价，宝钞全不通行。铜钱挑拣，巧立名色。洪武、永乐、宣德、开元、庆钱、沙版、圆眼、洗背俱称二样，下脚、新钱等项三分折一分行使挑拣，一色、双迈、大样方准一文。大凡买卖并柴米行使、诸色铺面兑换，俱要白银交易，以此钱钞阻滞不行。①

由上段史料可知，其一，挑拣发生的原因在于私铸钱名目繁多，当时就有庆钱、沙版、圆眼、洗背、下脚、新钱、双迈、大样等，这些私钱按成色和价值被分为三类，与好钱同时流通。其二，随着挑拣、私铸之风的日趋强劲，白银以其价稳值高逐渐崛起于民间市场，导致市场买卖多以白银进行，这就直接透露出白银崛起于民间的一个重要因素。当时广州府还出现过一种“挂索钱”：“成化元年、二年，忽择钱过当，虽肉好丰厚者不用，以二当以一，名挂索。逾一年乃复旧。”②无独有偶，香山县也流通过这种私钱：“成化三年秋，大饥，斗谷值钱六十六文，钱法大阻，好恶皆二当一，曰挂索钱。”③成化初期，挑拣、私铸之风波及的范围如此广泛，正充分体现了市场的联动效应。万志英对此问题分析道：“这些‘私’钱，掺入了铅和铁，很明显地区别了好钱。商人和钱铺鉴于市场缺乏便利的零碎货币，不肯放弃私铸行为。然而，他们对其进行挑拣，接受价值更高的铜钱，同时对贬值铜钱以1/2—1/3的折扣使用。私人交易中的‘选钱’行为，导致良币驱逐劣币。”④私铸与挑拣纠缠在一起，使问题变得更加复杂和棘手。

成化十二年（1476），工部尚书在谈到私铸问题时说：“近年以来，钞法壅塞，铜钱盛行，其便于民情乎？顽民无知，盗铸日甚，臣愚以为京师辇毂之下，盗铸者

---

① 〔明〕戴金等撰，杨一凡等整理：《皇明条法事类纂》卷13《户部类·钱钞相兼行使例》，文海出版社，1985，第343页。

② 康熙《新修广州府志》卷9《物产》，《北京图书馆古籍珍本丛刊》第40册，第123页下栏。

③ 光绪《香山县志》卷22《纪事·祥异》，载《续修四库全书》第713册，上海古籍出版社，2013，第520页下栏。

④ Richard von Glahn, *Fountain of Fortune: Money and Monetary Policy in China (1000—1700)*, p.85. 挑拣行为会加剧通货不足，引发私铸潮；而私铸泛滥又会引发通货膨胀，推涨物价。

尚不知警惧，况四方万里湖海之间，盗铸岂不甚尤乎？"① 为此，他建议在严令禁止私铸的同时，铸造成化通宝以绝私铸。这不失为一个好建议，但其铸钱之议并没有获准。成化十三年（1477）六月，苏州知州刘瑀在给刑部尚书董芳的奏报中指出，苏州卫致仕千户申志，先后召集百姓私铸铜钱、买卖生铜。此外，刑部尚书董芳还从各地奏报中得知，近来由于大运河沿岸的杭州、苏州、松江、常州、镇江、临清等地多有无籍军民，公然私造新钱，等待四方商客用银收买，后者以船只装载这些新钱售往京城内外，致使各地新钱颇多，既严重扰乱货币秩序，又阻坏钱法。为了应对私铸问题，朝廷派遣监察御史巡按山东、浙江等地，出榜禁约，严拿盗铸之徒。②

当时，私铸成本较低，获利却十分丰厚。"每铜一斤，止值银五六分，可铸钱一百五六十文，一日之间，一倍两倍利息，此盖盗铸所由兴也"。③ 如此高额的利润，自然让私铸者趋之若鹜。为了严惩私铸者，明廷于成化十三年（1477）出台了更为细化和严厉的法令。④ 新法规定："今后军民人等，如有仍前公然在彼私铸铜钱货卖，事发到官，即将为首并匠人依律问拟明白，监候呈详待报。为从及知情买使者，于人烟凑集去处，用百斤大枷枷号示众一月，满日连当房家小，俱发附近卫分充军舍余旗军。原系卫者舍余，仍发附近卫充军，俱止终本身军职；旗军调发极边卫分差操。职官有犯，奏请发落。若里老邻佑人等知情故纵者，一体治罪。"⑤ 法令虽如此严苛，但因重利驱使，铤而走险者仍大有人在。

新法出台一年后，便发生多起私铸事件。成化十三年（1478）二月，刑部破获京师旗中卫所军人王原贩卖私钱集团案。该集团往返河南许州和京师等地，有着极为严密的组织，涉案者包括铸造私钱的百姓数人、收购假钱的铺户商人多名，涉案

---

① 〔明〕戴金等撰，杨一凡等整理：《皇明条法事类纂》卷10《吏部类·禁约私铸铜钱例》，文海出版社，1985，第249—250页。

② 〔明〕戴金等撰，杨一凡等整理：《皇明条法事类纂》卷10《吏部类·私铸铜钱枷号充军》，文海出版社，1985，第250页。

③ 〔明〕戴金等撰，杨一凡等整理：《皇明条法事类纂》卷10《吏部类·禁约私铸铜钱例》，文海出版社，1985，第250页。

④ 万历《大明会典》卷31《库藏二·钱法》，载《续修四库全书》第789册，上海古籍出版社，2013，第556页上栏。《明宪宗实录》卷167，成化十三年六月壬子，第3029页。

⑤ 〔明〕戴金等撰，杨一凡等整理：《皇明条法事类纂》卷10《吏部类·禁约私铸铜钱例》，文海出版社，1985，第250页。

私钱多达数万文（这些私钱每 1 550 文值银 1 两）。^①八月，北直隶永年县民冀祥、吕子良犯私铸铜钱罪，按律当斩，但二人实因父母年老无他兄弟赡养，才误罹刑宪。宪宗查明缘由后，最终只将二人发配边卫。^②由以上两例可知，私铸者多是贫苦百姓或底层军人，私铸地点多是江南、河南、河北、山东等行钱之地，而北京最易成为私钱的汇聚之地。

私铸钱的泛滥不但导致物价日益上涨，还极大地影响到普通民众的基本生活。成化十六年（1480）二月，大兴县民何通上书说：以前，北京的钱价较高（800 文值银 1 两），钱贵米贱，军民尚可安居乐业。近年以来，随着外地伪造的铜钱源源不断地贩运至京城，京城钱价下跌至 1 300 文值银 1 两。与此同时，底层百姓每天的收入不过 20—30 文，之前尚能养活 5—7 口之家，如今却难以度日。^③由于市场上流通的铜钱良莠不齐，自然会引发民众对良币、劣币的挑拣行为，最终劣币胜出，但因其价值低且质量低下，普通民众不愿使用，甚至造成市场交易的停顿。面对这种情况，明廷只是不断重申严禁私铸、挑拣的法令，严厉打击私铸者。成化十七年（1481）二月，明廷除了规定明制钱每 800 文值银 1 两外，严厉打击私铸铜钱的行为。^④

然而，仅仅依靠重申禁令和严惩私铸者，是无法阻止私钱泛滥的。私钱泛滥，不仅严重影响到普通民众的基本生活，还给政府造成了巨大的困扰：一方面，政府需要投入大量的人力物力财力来治理私铸问题；另一方面，私铸使得府库中的大量制钱面临着严重缩水和难以发出的命运，从而极大地侵蚀了政府的财税收益。^⑤如成化十五年（1479）六月，有官员痛心疾首地指出："诸司支费仍用钞，而钱则有入无出，用是，南京钱价每银一钱止易七十余文。"^⑥成化十七年（1481），政府规定，明制钱每 800 文值银 1 两。钱价下跌如此严重，政府库藏的铜钱自然难以再按官价发出。

① 〔明〕戴金等撰，杨一凡等整理：《皇明条法事类纂》卷 10《吏部类·通行禁约私铸铜钱 若为从及知情买使者俱枷号充军例》，文海出版社，1985，第 251 页。

② 《明宪宗实录》卷 181，成化十四年八月壬辰，第 3251 页。

③ 〔明〕戴金等撰，杨一凡等整理：《皇明条法事类纂》卷 10《吏部类·内外私铸新钱贩卖及行使者通枷号例》，文海出版社，1985，第 252—253 页。

④ 《明宪宗实录》卷 212，成化十七年二月戊午，第 3689—3690 页。

⑤ 张瑞威：《一条鞭法的开端：论明宪宗一朝的货币政策》，载陈春声、刘志伟主编：《遗大投艰集：纪念梁方仲教授诞辰一百周年》，广东人民出版社，2012，第 546 页。

⑥ 《明宪宗实录》卷 191，成化十五年六月庚辰，第 3394 页。

　　孝宗即位之初，鉴于成化时期的钱法疏通政策成效不大，下令"除崇文门、上新河、张家弯及天下税课司局仍旧钱钞兼收外，余钞关税课司局、天下户口食盐全部折收白银，折价为钱七百文、钞七百贯折银一两"。[①] 弘治元年（1488）正月，都察院左都御史马文升因疏通钱法的议论不断奏请说："或制钞，或铸钱，或清理盐法，或查勘屯田，或闸办天下税课，或清查各处舡料，一一计处，具奏定夺。"[②] 同年，另一位户部官员金铭也提出建议："京城九门、都税宣课等司、顺天等八府，并山东、河南二布政司户口食盐全收钞贯，淮安、临清、扬州、苏州、杭州、九江等板闸船料钞关，俱令钞钱兼收。"[③] 弘治二年（1489）八月，四川重庆府知府毛泰就疏通钱法提出了两条建议：一是在各地全面开铸制钱，二是散发府库制钱。关于第一条建议，孝宗认为："《诸司职掌》虽开有各处铸钱例，然久已不行。今若令十三布政司一概开局鼓铸，未免冒滥纷扰，不准。宝源局铸钱，工部看详以闻。官吏折俸、商税、食盐收钱，准拟。"[④] 在孝宗否决了各地一起铸钱的建议后，工部也以洪武等制钱均无法在北京市场上流通为由，提出铸造弘治通宝，于疏通钱法并无多大益处。这也从侧面说明，当时市场上流通的铜钱大多属于私伪钱。关于第二条建议，孝宗主要出于两个方面的考虑，一是为了降低因铜钱进一步贬值带来的财政损失，二是通过向市场注入大量良钱来疏通钱法，同意将府库贮藏的制钱迅速投放市场。同年九月，户部建议："洪武、永乐、宣德钱皆积不用，宜疏通之。请以充官吏旗军折色俸粮，其折收商税、户口钱，令半收历代钱、半收洪武等钱。如无洪武等钱者，以二当一。"[⑤] 由此不难看出，明廷还是倾向于通过将府库中积压的大量制钱投放市场，并增加回收力度来疏通钱法。

　　弘治三年（1490）四月，上林苑监奏报牧场遭遇水灾，民户逃亡过半，孝宗命户部以铜钱八十五万文赈济。[⑥] 同年六月，孝宗又诏令各地将府库所藏洪武、永乐、宣德钱投放市场。[⑦] 因为弘治前期的疏通钱法举措取得了一定成效，所以弘治前中期的私铸现象才没有前朝那么突出，明制钱也得到了一定程度的流通。不过，这一

---

①　《钦定续文献通考》卷10《钱币考·钞法》，第232页下栏。

②　《明孝宗实录》卷10，弘治元年闰正月己巳，第209页。

③　〔明〕张学颜等：《万历会计录》卷41《钱法》，载《北京图书馆古籍珍本丛刊》第53册，书目文献出版社，1989，第1304页下栏—1305页上栏。

④　《明孝宗实录》卷29，弘治二年八月甲寅，第662页。

⑤　《钦定续文献通考》卷11《钱币考·钱法》，第243页下栏—244页上栏。

⑥　《明孝宗实录》卷37，弘治三年四月辛卯，第791页。

⑦　《明孝宗实录》卷39，弘治三年六月戊子，第823页。

短暂局面很快就被打破了。

(二) 弘治重开铸局与私钱越加泛滥

尽管早在弘治二年（1489），便有官员建议通过铸行铜钱来疏通钱法，但该建议被孝宗直接否决了。弘治十六年（1503）二月，孝宗令人意外地宣布铸行弘治通宝，令两京及各布政司照《诸司职掌》所载标准增减其数，全面开铸制钱。[①] 户部官员建议，应先导民使用本朝制钱，再行铸钱之法，但孝宗除执意要求各地全面开铸弘治通宝，申禁私铸外，还要求各地将府库所藏制钱散发出去，用作官俸和内府买办，同时规定本朝制钱与旧钱的比例为 2 : 1（高估了制钱的价值）。[②] 此外，孝宗不仅要求未设铸炉的湖广、云贵等地开铸铜钱，还要求地处江南的南京铸局增加 1 倍铸额（达 2 566 万贯）。

三月，工科左给事中张文在陈铸钱事宜疏中，首先，认为铸钱成本过高："铸钱之费，每钱一万贯费银十两。今举天下，凡铸钱该银若干万，其所自出，当先计虑。"[③] 其次，批评户部、工部只知一味奉承，对铸钱之事毫无规划。再次，鉴于民力困窘、国用不敷的现状，他提出四条建议。一是"近年，两京有抽分竹木舡料等银。在外行盐地方，则有余盐、商税等银；有引之处，则有堂食钱。问刑衙门，则有赃罚、纳纸及罪囚折赎米谷等钱"，皆可用作铸钱工本；二是云贵、四川、湖广、江西、陕西等地多不通行铜钱，一时难以变更，宜从民俗；三是山西、陕西、贵州等地常年有战事，财用入不敷出，应减少铸造规模；四是孝宗应躬行节俭，缩减宫廷冗费支出。最后，他严厉警告说，倘若准备不足就骤然铸钱，极易导致私铸横行。[④] 遗憾的是，由于孝宗没有采纳这些真知灼见，张文的警告很快就成为现实。

首先，出现了各铸局难以为继、弘治钱难以通行的局面。弘治十七年（1504）六月，南京吏部侍郎杨守址等人因灾奏请减少南京工部宝源局所规定的铸额，孝宗

①　万志英认为，孝宗突然下令全面开铸铜钱的目的在于重整钱法，压制私钱势头。张瑞威认为，孝宗之所以仓促铸钱，是为了应对早已捉襟见肘的宫廷开支。笔者认为，张瑞威的观点较为合理，但不可否认的是，孝宗在主观上也有弹压私钱的目的。参见 Richard von Glahn, *Fountain of Fortune: Money and Monetary Policy in China (1000—1700)*, p.86；张瑞威：《皇帝的钱包——明中叶宫廷消费与铜钱铸造的关系》，《新史学》2011 年第 4 期。

②　《明孝宗实录》卷 198，弘治十六年二月丙辰，第 3622 页。

③　《明孝宗实录》卷 197，弘治十六年三月戊子，第 3644—3645 页。

④　《明孝宗实录》卷 197，弘治十六年三月戊子，第 3645 页。

同意削减三分之一。①弘治十八年（1505）五月，即孝宗去世前的一个月，孝宗令户部调查各地铸造弘治通宝的情况，户部回复说："各处所铸，才十之一二。"孝宗对这一结果感到十分惊讶，遂责令工部查明原委。②直到正德二年（1507），各地仍未能完成朝廷规定的铸造数额。御史段家上疏说："陕西地方灾伤，乞暂停鼓铸，以节财用。"工部覆议："灾伤之报，各省无间铸钱，宜一概停止，候丰年铸补。"③正德四年夏四月，乃令各处暂停铸钱。各地纷纷奏请停铸弘治通宝，最终导致武宗关停所有铸局的原因何在？除了铸钱工本不敷、铜材缺乏等原因外，铸钱难以在市场上流通开来也是重要原因。正是因为铸钱无法行用，所以各级政府无法实现预期的铸利。

弘治十八年（1505）四月，孝宗召内阁大臣刘健、李东阳、谢迁至暖阁，商谈应对铸钱不行之策。刘健的建议是多出官钱："此须自朝廷始。如赏赐、折俸之类，皆用官钱，乃可行耳。"谢迁的建议是严禁私钱："私钱不禁，则官钱不行。昔年曾禁私钱，不二三日，滥行如故。"④五月，太常寺官员上奏说："铺户关领物价中，有洪武等钱，市不通行，负累未便。"奏文中提到的"洪武等钱"，就包含了弘治通宝。孝宗令户部查究其故，户部曰："本朝原铸洪武等通宝，民间久未行用，而贮于官库者甚多。今宜因公用关支时，尽发内帑所积，俾之流布，庶钱法自通。"⑤由此可知，洪武等官钱多不行于市，积压于府库，而弘治钱因铸造量少且钞价过高，民众更是不愿使用。

此外，由于明廷已经七十多年没有铸钱了，不仅中央铸局缺乏熟练的铸钱工匠，甚至一些地方连铸局都没有开设，这也是弘治通宝铸造不力的原因之一。弘治十八年（1505）六月，给事中许天锡等在"鼓铸事宜"十条中指出，由于政府缺乏熟练的铸钱工匠，故建议赦免山东著名私铸罪犯金山，并让其指导局内工匠的鼓铸工作。⑥政府竟然让私铸罪犯来指导官局的铸造事宜，确实令人咋舌！即便如此，弘治钱流通不畅的状况依然延续。正德元年（1506）正月，户部官员提出建议："京

---

① 《明孝宗实录》卷213，弘治十七年六月庚辰，第4005页。
② 《钦定续文献通考》卷11《钱币考·钱》，第245页下栏。
③ 《钦定续文献通考》卷11《钱币考·钱》，第246页上栏。
④ 胡我琨在《钱通》中，详细记载了此次暖阁会谈的情况。虽然大臣们纷纷力言铸钱无法行用、得不偿费，但孝宗认为，钱法是当务之急，不许停铸。参见〔明〕胡我琨：《钱通》卷1《正朔一统》（《原国立北平图书馆甲库善本丛书》第445册，国家图书馆出版社，2013，第120页下栏—121页上栏）
⑤ 《明孝宗实录》卷224，弘治十八年五月乙丑，第4241页。
⑥ 《明武宗实录》卷2，弘治十八年六月戊寅，第80页。

卫官军弘治十八年秋季俸粮共四十一万三千四十五石有奇，该折银十万三千二百六十一两有奇，初拟以司钥库所贮铜钱，依时估折支，将以纾目前之急也。"但这一建议立即遭到各卫军官的反对，理由是："该库开送钱数，仅二千五百二十五万九千二百六十文，每七百文折银一两，共该银三万六千八十四两。若七十八卫通派关支，仅及三分之一，况折二旧钱并新小钱通行使用，亏损愈甚。"①据上述史料可知，一是弘治钱的铸造量很少，远远不够俸粮开支；二是由于民众对洪武钱、弘治钱等官钱持排斥态度，青睐于使用白银，官钱很难兑换到相应数额的白银，这就大大降低了官员的薪俸水平；三是政府规定：一文制钱值两文旧钱，七百文制钱折银一两，折价远远高于市价，不仅使得本就难以行用的弘治钱更加寸步难行，还很容易引起盗铸。正德二年（1507）八月，南京户部尚书杨廷和指出了制钱流通的两大困境——洪武等库藏制钱难以散发，新旧钱比价不合理。在钱法阻滞的重压下，明廷不得不以平价对待弘治钱和历代制钱、旧钱。②

其次，私铸钱再度泛滥起来。正德五年（1510），户科右给事中李铎鉴于"低钱盛行"，建议户部将"新铸铅锡薄小低钱、倒换、皮棍等项名色尽革，合将洪武、永乐、洪熙、宣德、弘治通宝及历代真正大样旧钱，相兼行使"。③正德六年（1511）二月，户部答复李铎曰："钱法之弊，私铸者广，宜出榜晓谕，将新铸铅锡薄小低钱尽革不用，以洪武、永乐、洪熙、宣德、弘治通宝及历代旧钱兼行，不许以二折一。"④足见当时的私铸钱不仅名目繁多，而且量大质劣。同年，户部不仅发现京城内外的军民商贩"专一挑拣上等好钱，其余堪用者，俱各不用，以致钱法阻滞"，⑤还发现京城内外行使的铜钱，"多有诈伪滥恶不堪，该衙门奏准出榜禁约，奉行太过，致将旧钱一概阻滞，商贾不通，民心嗟怨"。⑥

户部尚书郑纪认为，私铸屡禁不止的根源在于："其钱依时价每七十文值银一钱，则一万六千文该值银二十三两，一本将及二息！况近日私铸之钱，每文只重六

① 《明武宗实录》卷9，正德元年正月辛亥，第299页。
② 《明武宗实录》卷29，正德二年八月壬申，第735页。
③ 〔明〕张学颜等：《万历会计录》卷41《钱法》，载《北京图书馆古籍珍本丛刊》第53册，书目文献出版社，1989，第1305页上栏。
④ 《明武宗实录》卷72，正德六年二月庚寅，第1585页。
⑤ 〔明〕张学颜等：《万历会计录》卷41《钱法》，载《北京图书馆古籍珍本丛刊》第53册，书目文献出版社，1989，第1305页上栏。
⑥ 〔明〕张学颜等：《万历会计录》卷41《钱法》，载《北京图书馆古籍珍本丛刊》第53册，书目文献出版社，1989，第1305页上栏。

分而铜铅相半，则一本将五息矣！岂能禁而不为耶？"① 即朝廷铸钱的利润只有两倍，但私铸的利润达到五倍之多。因此，若想彻底解决私铸问题，需从三个方面着手：第一，铸造制作精良、轻重适宜的铜钱，朝廷各项用度俱要使用新钱，以增加铸利；第二，在逐步扩充各地铸局的同时，严格抽检铸钱质量，不合格即以私铸论处；第三，为防止铜价上涨，既要控制铸造规模，提高铸钱质量，又要禁止奢侈、崇尚节俭。② 由于郑纪的三个建议并没有得到应有的重视，再加上各地铸局相继关闭，私铸现象愈演愈烈，甚至可以说，凡是制钱流通之处，都是私铸产生之地。③

万志英认为："弘治钱铸造的失败，标志着私铸钱基本上取代官方制钱成为交易媒介的现实。"④ 时人对好钱的消退及私钱的泛滥则有着切身体验。如南直隶苏州府太仓人陆容（1436—1497）就回忆道："洪武钱，民间全不行，予幼时尝见有之，今复不见一文，盖销毁为器矣。"⑤ 根据陆容的自述可知，天顺时期，洪武钱仍在市面上偶尔可见，但成弘时期，洪武钱就在市面上销声匿迹了。正德七年（1512），司礼监太监张永称，制钱及旧钱不但多为市场排斥，还被贬值一半使用。⑥ 不仅如此，张永还指出："时私铸之弊，岁久难变。至有以四折一，恶烂不堪者，曰'倒四'，亦盛行云。"⑦

关于 16 世纪早期，私铸泛滥、好钱难行的现象，浙江海盐人董谷的记载更为典型：

> 四方风俗，皆本于京师，自古然矣。然有广眉高髻之谣，吾乡自国初至弘治已来，皆行好钱，每白金一分，准铜钱七枚，无以异也，但拣择太甚，以青色者为上。正德丁丑，余始游京师。初至，见交易者皆称钱为板儿，怪而问焉，则所使者皆低恶之钱，以二折一，但取如数，而不视善否，人皆以为良便也。既而南还，则吾乡皆行板儿矣，好钱遂阁不行。不知何以神速如此。既数

---

① 〔明〕郑纪：《东园文集》卷 3《疏通钱法疏》，《景印文渊阁四库全书》第 1249 册，第 756 页上栏。

② 〔明〕郑纪：《东园文集》卷 3《疏通钱法疏》，《景印文渊阁四库全书》第 1249 册，第 756 页上栏—下栏。

③ 〔明〕郑纪：《东园文集》卷 3《疏通钱法疏》，《景印文渊阁四库全书》第 1249 册，第 755 页下栏。

④ Richard von Glahn, *Fountain of Fortune: Money and Monetary Policy in China (1000—1700)*, p.87.

⑤ 〔明〕陆容：《菽园杂记》卷 10，第 123 页。

⑥ 《明武宗实录》卷 83，正德七年正月庚午，第 1804 页。

⑦ 《明武宗实录》卷 83，正德七年正月庚午，第 1804—1805 页。

年，板儿复行拣择，忘其加倍之由，而仍责如数，自是银贵而钱贱矣。[①]

弘治时期，虽然董谷家乡流通的都是好钱（钱七百文值银一两），但存在严重的挑拣行为，以青钱为最上品。正德十二年，董谷游览京城时，发现京城使用的铜钱俱是一种叫作"板儿"的劣钱，两个板儿抵一个好钱。民众只看数量，不问质量，使用起来十分方便。等他回乡时，却发现浙江海盐地区也通行起板儿，对板儿的传播速度感到十分惊讶。几年之后，板儿因重量变轻、成色变差，价值下跌，最终导致银贵钱贱的现象。由上段史料可知：其一，弘治以来，海盐等地的铜钱挑拣现象已十分严重，私铸泛滥的情况由此可见一斑。其二，私钱的传播速度极快，不久就占领了全国市场。其三，随着私铸的泛滥，板儿的价值不断下跌，最终被民众弃而不用。由于以铜钱计算的物价极不稳定，民众转而选择值高价稳的白银。

关于同时期私钱泛滥的情形，另一典型记载是南直隶松江府人陆深（1477—1544）的观察：

> 予少时，见民间所用皆宋钱，杂以金元钱，谓之"好钱"。唐钱间有开元通宝，偶忽不用。新铸者，谓之"低钱"，每以二文当好钱一文，人亦两用之。弘治末，京师好钱复不行，而惟行新钱，谓之"倒好"。正德中，则有倒三、倒四，而盗铸者蜂起矣。嘉靖以来，有五、六至九、十者，而裁铅剪纸之滥极矣。[②]

陆深少年时期，正值成弘前后，市场上流通的唐宋旧钱，称为"好钱"；新盗铸的唐宋钱，称为"低钱"，"好钱"与"低钱"的折价为 2：1。弘治末，京城地区几乎不见"好钱"流通，市面上充斥的都是私铸的低钱、板儿等。正德时期，盗铸更加猖獗，市面上流通的都是价值只占"好钱"三分之一、四分之一的"倒三""倒四"恶钱。而到了嘉靖时期，价值只占"好钱"五分之一、六分之一，甚至九分之一、十分之一的极恶滥之钱也在市场上出现了。

《天禄识余》在介绍吴中（今苏州）地区私钱泛滥的情况时指出，正德十六年（1521）以前，吴中地区的民众常常"好钱""低钱"一起使用；正德十六年，民间

---

① 〔明〕董谷：《碧里杂存》卷上《板儿》，中华书局，1985，第58—59页。
② 〔明〕陆深：《俨山外集》卷4《河汾燕闲录下》，《景印文渊阁四库全书》第885册，第29页。

突然停止使用"好钱",流通的是价值只有"好钱"二分之一的折二"新钱"。嘉靖之后,吴中地区流通的都是"折三""折四"的恶钱了。[1] 无独有偶,福建莆田人朱湘也记载了同样的现象。正德初期,随着宋钱在莆田地区的主币地位被私钱彻底取代,民间挑拣、私铸之风四起。地方政府虽再三严禁挑拣、私铸,但在民间的强力反对下,最后不得不默许私钱的存在。[2] 上述几则史料充分表明,私钱已成为民众不可或缺的一部分。

除浙江、松江、吴中、福建等地外,广东新宁、新会地区的私钱泛滥也十分严重。这些地区的私钱不仅扩散势头强劲,甚至远贩海外。[3] 广东增城地区不仅私钱猖獗,而且出现以银代钱的现象:

> 正德十六年,泉法大壅。初有伪钱淆之,故民每挑拣,谓之水磨。及甚,虽非水磨,又以肉好极精者乃用,余悉摈之不取。商贾为之罢市,有司屡行禁约,其弊不可破。民至费以银代之。凡七八年稍通。旧例每银一两值银七佰,自钱法既阻,每银一两值钱一缗以上,迄今尤然。[4]

由上段史料可知,正德末年,市场上忽然出现了大量伪钱"水磨",民间开始对铜钱进行有选择的挑拣使用。随着私铸、挑拣的日益严重,民间逐渐只使用"好钱",其他钱都被弃用。由于囤积的大量私钱散发不出去,商人们纷纷罢市,政府对此束手无策,民间甚至出现"以银代钱"的现象。七八年后,"以银代钱"的情况才有所好转,但铜钱的价值却一落千丈。

这些记载为我们提供了一系列"格雷欣法则"的典型例证,即在通货不足的前提下,由于政府高估官钱,引发民间对官钱的盗铸。随着私钱的泛滥,民众在拒用官钱的同时,根据私钱质量好坏巧立名色,"挑拣使用",而挑拣行为又反过来进一步加剧了私钱泛滥的状况,最终导致"劣币驱逐良币"。整体来看,正统至嘉靖时期(15 世纪中叶至 16 世纪早期),我国经历了一个宝钞制度逐步走向崩坏的过程。

---

[1] 〔清〕高士奇:《天禄识余》卷 10《明朝钱法》,海南出版社,2000,第 97 页。
[2] 〔明〕朱湘:《天马房遗稿》卷 4《莆中钱法志》,武立新编:《明清稀见史籍叙录》,江苏古籍出版社,2000,第 251—252 页。
[3] 嘉靖《新宁县志》卷 5《食货志·钱法》,嘉靖二十四年刊本。
[4] 嘉靖《增城县志》卷 19《大事通志》,《天一阁藏明代方志选刊续编》第 65 册,上海书店,1990,第 590 页。

景泰、天顺之际萌发的挑拣、私铸问题，在成化时期进一步加剧，弘治前中期出现了好钱坏钱同时流通的局面，弘治末期私钱日益泛滥恶化，嘉靖初期私钱已经基本占据了全国市场。在宝钞制度彻底崩坏、铜钱滥恶难用的情况下，源自基层并具有稳定价值的称量银便强势崛起了。

四、结局：私钱占据市场与"银进钱退"

（一）私铸钱占据市场与"救市"再败

16世纪初期，我国行钱地区的基层市场几乎为私钱所垄断。武宗即位之初，便遭遇北方大旱、蒙古大军不断入塞掠劫等内忧外患。此时，中央库藏的白银只有105万余两，而孝宗下葬、武宗登基及大婚、军费及赏赐臣下等项的支出则达到180万两。为了弥补财政赤字，明廷除增加宝钞支用外，还向市场投放了2.1亿文的库藏铜钱，[①]但这些官库钱很难在市场上流通开来。为了攫取更多财富，正德元年（1506），明廷下令："两京广惠等库所储钱钞颇足支用，宜通行天下司府州县，将明年该征、先年拖欠户口食盐钱钞起解两京之数，暂令折银，及崇文门分司税课钱钞亦折银，俱送部发太仓，贮库给边。"[②]正德中后期，由于武宗重用宦官，挥霍无度，朝政愈加腐败，钱法愈加废坏，市场上的私钱也趋于极滥的地步。

16世纪20年代，"明代发行的'标准钱'（制钱——笔者注）已经完全从市场上消失"，私钱也面临着失控的局面。[③]嘉靖六年（1527）十二月，户部尚书邹文盛上疏说："国朝所造洪武、永乐、宣德、弘治诸钱，不见通行。"[④]便是很好的例证。此时的江南之地，"倒五""倒六"甚至"倒九""倒十"大行其道，而京城的私钱更是名目繁多，有"板儿""倒三""倒四""倒五""折六""折七"[⑤]等，随着私钱的质量越来越低劣，挑拣更加盛行，各地普遍出现"银贵钱贱"的现象。为了整顿并重建货币秩序，明世宗推出了三项货币政策：其一，再次严厉禁行各色名目的恶滥私钱，规定市场只准行用好钱；其二，全面铸行嘉靖通宝；其三，逐步放弃不合

---

① 参见《明武宗实录》卷2，弘治十八年六月癸亥，第58—61页。
② 《明武宗实录》卷13，正德元年五月甲辰，第414页。
③ Richard von Glahn, *Fountain of Fortune: Money and Monetary Policy in China (1000—1700)*, p.97.
④ 《明世宗实录》卷83，嘉靖六年十二月申辰，第1853页。
⑤ 《钦定续文献通考》卷11《钱币考·钱》，第247页下栏。

时宜的宝钞政策，商税、户口食盐、赃罚等领域全面征银。其成败情形表现在以下三个方面：

其一，嘉靖三年（1524）四月，朝廷宣布："洪武、永乐、宣德、弘治钱与历代旧铸好钱兼行，每七十文当银一钱，其私铸伪钱重论无贷。"[①] 在私伪钱已经全面占据南北市场的情况下，强制法令很难取得多大成效，且每七十文当银一钱的官价远远高于市价，市场自然难以接受。

其二，嘉靖六年（1527），当世宗知悉民间交易只用私钱，历代旧钱和本朝制钱俱阻滞不行后，责令户部迅速提出应对之策。邹文盛提出两条建议，第一，顺从国情、民情、市情，合法化部分私钱，其中，上等私钱七十文折银一钱，中等私钱一百四十文折银一钱，其余私造劣钱一律禁止。[②] 这一建议可谓大胆出新。[③] 第二，重开铸局，广铸新钱，尤其要在"直隶、河南、闽广，旧常私铸之地，令有司编立能铸人役，给工制造厚重好钱"。[④] 世宗坚定否决了私钱合法化的建议："所议中钱一百四十抵好钱七十，奸弊终难禁革，钱法终难疏通。"因此，他严令禁止所有私钱："自今令市中惟用好钱，以七十文抵银一钱，与制钱相兼通用。"对于在私铸多发之地增铸新钱的建议，世宗也提出反对意见，"若令私铸地方开炉铸造，则奸弊愈滋"，于是他下令"户部会同工部查累朝未铸铜钱，俱为补铸，与嘉靖通宝兼用。如民间敢有阻抑不行使制钱者，缉捕重治"。这就意味着，世宗仅仅同意了重新开铸的建议。同年十二月，世宗正式下令户部、工部开铸嘉靖通宝：

> 奏准铸造嘉靖通宝一千八百八十三万四百文，南京宝源局铸造二千二百六十六万八百文，每文重一钱三分。……又令工部查照永乐、宣德年间事例，差官于直隶并河南、闽、广铸造嘉靖通宝，解京贮内府司钥库，给军官折俸，并给光禄寺买办物料，每钱七百文折银一两。[⑤]

---

① 《明世宗实录》卷38，嘉靖三年四月辛丑，第955页。

② 《明世宗实录》卷83，嘉靖六年十二月申辰，第1854页。

③ 由于《大明会典》《钦定续文献通考》的记载有误，所以万志英、张瑞威据此得出的结论，嘉靖三年至六年，世宗同意中、好私铸钱以折价的方式和好钱一起流通，也是错误的。参见 Richard von Glahn, *Fountain of Fortune: Money and Monetary Policy in China (1000—1700)*, p.97；张瑞威：《论法定货币的两个条件：明嘉靖朝铜钱政策的探讨》，《中国文化研究所学报》（香港），2015年第60期，第189页。

④ 《明世宗实录》卷83，嘉靖六年十二月申辰，第1855页。

⑤ 《钦定续文献通考》卷11《钱币考·钱》，第246页下栏。

此次铸造的嘉靖通宝是中国货币史上首次出现的黄铜钱，制作十分精良，重量增至每文一钱三分。[1]明廷规定，两京铸额为四千一百四十九万一千二百文，南北直隶、河南、福建、广东等地铸钱，仿永乐、宣德时期的做法，解送内库，用于折俸、商税、船料、户口食盐钞等传统领域。总体来看，铸钱议论和重开铸局可谓虎头蛇尾。虽然铜料缺乏、工本不敷、民众不愿使用是造成钱法不振的重要原因，但政府的坚毅果决、长远规划、敢于牺牲眼前及部分阶层的利益，才是疏通钱法的关键所在。

其三，由于成化时期疏通钱法举措的失败，各钞关、户口食盐等税纷纷由钞改为折收银两。正德二年（1507），承运库太监奏请折收白银，司钥库太监建议钱钞本色征收，其实都是着眼于本集团的利益。户部则首鼠两端，哪边都不得罪。[2]有官员痛陈："全用钞者，一变而钱钞中半，再变而全令折银。此与时消息，返虚为实，事莫便于此也。乃宦官各顾己私，交争屡渎，部臣依违其间，务为两解，朝三暮四，民无适从，官吏之揸勒、侵渔，奸豪之居积、射利，自此益滋矣。"[3]嘉靖四年（1525），官员李琪说："宣课分司收税，钞一贯折银三厘，钱七文折银一分。"其所收银两送入内府承运库，备光禄寺买办支用。[4]同年，浙江巡按御史潘仿上奏，杭州等府州县存留户口盐粮及税课司河泊所额设商税课程俱收钱钞，但浙中钱钞素不通行，官军领出贸易俱减其价，遂使奸徒射利。夫以敛取小民锱铢之余，而委填奸人溪壑之欲，甚非所以裕国而恤民也。因此，他请求将浙省税收改折白银，用于支付官军俸禄。[5]嘉靖六年（1527）正月，户部奏请统一各处宝钞折银的价格："各处征收钞价不一，独山东准太仓折银例，块征六两，他处或征至十两，朘小民以益大户。今请视时估稍盈之，块四两，著为令。"[6]由此可见，当时户口盐钞改折白银已成常例，且各地都有自己的折价。嘉靖七年（1528）十二月，刑部同意赎罪与收赎钱钞改折白银。[7]嘉靖八年（1529）九月，直隶巡按御史魏有本奏请关税全面

---

① 张瑞威：《论法定货币的两个条件：明嘉靖朝铜钱政策的探讨》，《中国文化研究所学报》（香港），2015年第60期，第188页。

② 《钦定续文献通考》卷10《钱币考·钞·附银》，第234页下栏。

③ 《钦定续文献通考》卷10《钱币考·钞·附银》，第235页上栏。

④ 〔明〕张学颜等：《万历会计录》卷41《钱法》，载《北京图书馆古籍珍本丛刊》第53册，书目文献出版社，1989，第1305页下栏。

⑤ 《明世宗实录》卷47，嘉靖四年春正月己巳，第1199—1200页。

⑥ 《钦定续文献通考》卷10《钱币考·钞·附银》，第235页下栏。

⑦ 《明世宗实录》卷96，嘉靖七年十二月辛巳，第2240页。

折银：

> 国初，关税全征钞贯，后改令钱钞兼收。迩来钞法不通，钱法亦弊，而关税仍收钱钞，无益于国，有损于民。以收钞言之，每钞一张为一贯，每千张为一块，时价每块值银八钱，官价每块准银三两，是官以三两之银反易八钱之钞，此则上损国用。以收钱言之，各处低钱盛行，好钱难得，官价银一钱值好钱七十文，时价每银一钱买好钱不过三十文，是船户费银二钱以上充一钱之数，此则下损民财。每岁收银约计一万二千两，内六千两收钞，该钞二千块，计用大柜五百个。又六千两收钱，该钱四千串，计用小柜四百个。中间水陆脚价、进纳使费，尤难计算。乞自今俱许折银。[1]

由上段史料可知，嘉靖八年（1529），宝钞基本上不再流通，一千贯宝钞的市价是折银八钱，而官价却是折银三两，朝廷高估钞价直接导致钞关税收大幅减少。各地私钱盛行，好钱的官价是七十文折银一钱，而市价是三十文折银一钱，朝廷低估钱价则导致船户的损失增加了两倍以上。此外，收贮、解送钱钞需耗费大量的人力、物力、财力，故魏氏建议，政府税收应全面折银。户部采纳了这一建议。由于各处解送国库的白银多细碎，容易盗伪，所以户部尚书李瓒提出："乞行各府州县，今后务将成锭起解，并记年月及官吏、银匠姓名。"[2] 这就使得税收征银进一步制度化、规范化。

综合来看，世宗的救市举措可谓雷声大雨点小，鲜见实质性的措施，私钱泛滥的状况丝毫没有得到改善。嘉靖八年（1529），明廷再度严禁私钱，但由于奸党私相结约，各闭钱市，以至"货物翔踊，其禁遂弛"。[3] 一者可见私铸势力之强大，二者昭示出市场力量的崛起。自此以后，私钱泛滥的局面更加严重。

嘉靖十五年（1536）九月，巡视五城御史阎邻等上奏说："迩者，京师之钱轻裂薄小，触手可碎，字文虽存，而点画莫辨，甚则不用铜，而用铅铁，不以铸而以剪裁，粗具肉好即名曰钱，每三百文才值银一钱，制钱、旧钱反为壅遏。"[4] 当时京师的私钱贬值十分严重，已到三千文才值银一两，而世宗在见到呈上的私钱后勃然

---

① 《钦定续文献通考》卷10《钱币考·钞·附银》，第233页上栏。
② 《钦定续文献通考》卷10《钱币考·钞·附银》，第235页下栏。
③ 《钦定续文献通考》卷11《钱币考·钱》，第248页下栏。
④ 《钦定续文献通考》卷11《钱币考·钱》，第248页下栏。

大怒，并立即下令缉捕相关人等，私钱的滥恶程度由此可见一斑。①时人夏良胜在痛陈钱法弊端时指出，"且如民穷日趋于盗者，为少钱耳"。"钱之弊，官铸者不一二，而私铸者已千万，新以混旧、薄以混厚、轻以混重、铁锡以混真，巧伪日滋，虽法有死禁，不息"。②他认为，私铸屡禁不止的主要原因在于，宝钞已经无用，官钱又供应不足，私钱的铸利达到数倍甚至数十倍以上，面对如此诱惑，民间冒死盗铸者不可胜数。因此，他的建议是广开铸局，大量鼓铸嘉靖通宝，以缓解通货不足。嘉靖三十三年（1554），私钱价格跌至有明以来的最低点，即七千文才值银一两。③

不仅私钱日益恶滥难禁，制钱也越来越难以为继："嘉靖十八年十月，补铸嘉靖制钱，未足之数，户部议分派南、北工部监造。嘉靖十九年八月，工部复议铜锡等料俱出南京，且工巧而物贱，遂俱令南京工部铸造。嘉靖二十年五月，工部奏铸造制钱，得不偿失，请暂停止，从之。"④嘉靖二十年（1541），已铸造了十三年半的嘉靖通宝正式停铸。

（二）"银进钱退"

明廷从15世纪下半叶开始整顿钱法，16世纪初期两次重开铸局，不仅没有夺回货币的主导权，反而陷入私钱充斥市场，商民挑拣，官钱日益难行的境地。随着国内商业的日益繁荣，市场对货币的需求量越来越大，在制钱不敷使用的情况下，私钱逐渐成为主要的流通货币。但私钱泛滥，也产生了诸多问题。第一，在这场竞劣竞争中，好钱被弃用、窖藏、拆分直至消失，而私钱则由于质量不断下滑，贬值越来越严重，最终导致民众弃钱而用银。第二，私钱轻薄价低，常常如瘟疫一般，随着市场网络快速扩散，但在跨区贸易中，由于私钱质量低劣、贬值迅速，商人不敢也不愿使用，导致区域贸易难以进一步展开，常常陷入割裂的境地。第三，面对私钱日益滥恶的局面，政府若是无力"救市"，民众就会弃用铜钱，转而选择其他值高价稳的货币，称量银就是在这种情况下崛起于市场的。

白银的稳步崛起，使得明代的货币版图再次发生变化，即行钱之地日益萎缩，不行钱之地越来越多。在不行钱的地区，一方面是白银逐步取代铜钱成为主币，另

① 《钦定续文献通考》卷11《钱币考·钱》，第248页下栏。
② 〔明〕夏良胜：《东洲初稿》卷6《泉议》，《景印文渊阁四库全书》第1269册，第833页下栏。
③ 《明世宗实录》卷408，嘉靖三十三年三月戊申，第7119页。
④ 《钦定续文献通考》卷11《钱币考·钱》，第246页下栏。

一方面是多种实物货币重新进入市场。

山陕曾是行钱之地。丘浚指出："宣德、正统以后，钱始用于西北。"[①]需要指出的是，宣德、正统时，明廷并未在山陕设局铸钱，铜钱却大量进入当地市场，充分显示了民间市场对于铜钱的需求。地方志记载，弘治二年（1489），山西芮城、蒲县等地大获丰收，"斗米钱二十文"。[②]弘治九年（1496），山西壶关、长治、潞州等地均出现了丰年米贱、斗粟一钱的现象。[③]可知，铜钱仍是当时主要的计价手段。然而弘治四年（1491），大同右金都御史称："（大同）街市买卖行使银两，多系茴香花银，止有六七成色，易买货物……因循已久……非但大同一城如此，外卫城市皆然。"[④]可知，由于大同行用的主要是低成色银，故私造伪银现象日益严重。弘治十六年（1503）二月，官员张文进一步指出："云南专用海贝，四川贵州用茴香花银及盐布，江西湖广用米谷银布，山西陕西间用皮毛。自来钱法不通，骤欲变之，难矣。"[⑤]成弘之际，陕西延安府知府崔铣奏报，本郡屡获丰收，银一钱可易米八斗。[⑥]嘉靖时，陕西武功县民康海说："诸边之民，习于布帛银谷之交。"[⑦]此外，康海还指出，西安将足色银称为"卷桶"，当地民众日常使用的多是成色较低的白银和实物货币，但缴纳赋税时必须用"卷桶"，这既给百姓的财产造成巨大损失，也使白铜等伪银充满街市，一时难以禁止。[⑧]隆庆元年（1567），户部尚书葛守礼称，山陕用银，不行铜钱，导致交易停滞，民生艰难。[⑨]西北之地"银进钱退"的情况，由此可见一斑。

---

① 〔明〕丘浚：《大学衍义补》卷27《制国用·铜楮之币下》，《景印文渊阁四库全书》第712册，第367页。

② 民国《芮城县志》卷14《祥异考》，民国十二年铅印本，第3页；乾隆《蒲县志》卷9《祥异志》，清光绪六年刻本，第1页。

③ 道光《壶关县志》卷2《纪事》，清道光十三年刻本，第35页；雍正《山西通志》卷163《祥异二》，清雍正十二年刻本，第3页；光绪《长治县志》卷8《杂记》，载《中国方志丛书》，成文出版社，1976。

④ 〔明〕戴金等撰，杨一凡等整理：《皇明条法事类纂》卷42《伪造假银及知情行使之人各枷号一个月满日发落例》，文海出版社，1985，第354页。

⑤ 《明孝宗实录》卷197，弘治十六年三月戊子，第3645页。

⑥ 〔明〕崔铣：《洹词》卷5《显考参政南郭君述》，《景印文渊阁四库全书》第1267册，第489页上栏。

⑦ 〔明〕康海：《对山集》卷8《铸钱议》，《原国立北平图书馆甲库善本丛书》第735册，第531页下栏。

⑧ 〔明〕康海：《对山集》卷9《为乡人论银禁书》，《原国立北平图书馆甲库善本丛书》第735册，第548页。

⑨ 〔明〕葛守礼：《广铸制钱足用疏》，载氏著：《葛端肃公集》卷2，国家图书馆藏嘉庆七年刻本，第12页。

江西也曾是铜钱流通的主要区域之一。洪武前期，在此地设炉最多。弘治末期，官员张文指出，本地主要用米、谷、银、布进行交易。万历初期，官员潘季驯指出："江西地瘠民贫，日中为市，多用米、谷。盖金银甚寡，而钱法未行也。"[①] 游日昇进一步指出："江淮以北，行处尤多。江淮以南，行处减少。如江西一省，惟宁都、石城、广昌二三山邑行之。其省会及诸郡邑，行之数年，辄复告罢。"[②] 由游日昇的这段话可知，万历初期，铜钱主要在江淮以北流通。江西的情况是，除偏僻的宁都、石城、广昌三地仍在零星使用铜钱外，其他地区多倒退到实物货币状态。

明朝前期，福建、广东是唐宋旧钱的主要流通区域。[③] 丘浚指出："钱之用，不出于闽、广。"[④] 成化以后，私钱在两省开始大规模泛滥。正德以后，由于私钱已滥恶至极，百姓不愿使用，两省普遍出现"银进钱退"的现象。在福建莆田地区，由于官府严行限禁私钱，民间遂不再用铜钱，完全使用白银。在广东增城地区，由于私钱泛滥，基层交易也出现"以银代钱"的现象。《广州府志》载："嘉靖初年，钱法又忽不通，以二折一……乃变而用银，虽穷乡下里皆然。凡五年，有司严绳之，犹不能尽通云。"[⑤] 由这段史料可知，嘉靖初期，由于钱法不通，白银完全替代了铜钱，甚至穷乡僻壤都用白银进行交易。万历初期，福建道监察御史庞尚鹏指出："闽省钱法久废，卒然行之，愚民不无疑惧。"[⑥] 除了官员的描述外，《漳浦县志》中记载的当地货币变化的情况，也很能说明"银进钱退"的具体过程：

> 我朝钱法，遇改元即随年号各铸造通用，但民间使用则随其俗。如闽中福、兴、汀、邵、福、宁，皆不用钱。漳、泉、延、建，间用之。泉、漳所用之钱与延、建异，泉又与漳异，或以七八文，或以五六文，而各准银一分……以吾一邑言之，嘉靖三年、四年，用元丰钱。七年、八年，废元丰钱，而用元祐钱。九年、十年，废元祐钱，而用圣元钱。十三、十四年，废圣元钱，而用

---

① 〔明〕潘季驯：《潘司空奏疏》卷5《条议钱法疏》，《景印文渊阁四库全书》第43册，第94页上栏。

② 〔明〕游日昇：《臆见汇考》卷4《钱法》，载武立新编著：《明清稀见史籍叙录》，金陵书画社，1983，第227—228页。

③ 黄阿明：《明代货币与货币流通》，博士学位论文，华东师范大学，2008，第241—242页。

④ 〔明〕丘浚：《大学衍义补》卷27《制国用·铜楮之币下》，《景印文渊阁四库全书》第712册，第367页。

⑤ 康熙《新修广州府志》卷9《物产》，《北京图书馆古籍珍本丛刊》第40册，第123页下栏。

⑥ 《明神宗实录》卷66，万历五年闰八月庚寅，第1447页。

崇宁之当三、熙宁之折二钱。万历三年，废崇宁钱，专用熙宁钱。五年，废熙宁钱，而用万历制钱。方一年尔，万历钱又置不用，用者以抵铜而已。方其用之也，民间惟藏钱。凡田宅、蔬菜之属，皆用钱交易，契券亦以钱书。乡村自少至老，有不识银，一村之中求一银秤无有也。及其废而之他也，即官府历禁不能挽之回。每一更变，则藏钱者辄废弃为铜云。今民间皆用银，虽穷乡亦有银秤。[①]

由上段史料可知，明代初期，福建省可分为不行钱地区和行钱地区，而不行钱地区要远远多于行钱地区。嘉靖中期至万历初期，行钱地区的钱币变动十分频繁。如在霞浦，从嘉靖三年至嘉靖十二年的十年间，当地就先后通行过元丰钱、元祐钱、圣元钱，钱币市场之震荡情形可见一斑。由于铜钱形制日益滥恶，且贬值严重，当地百姓纷纷弃钱用银。即使穷乡僻壤，也是如此。广东地区虽有铜钱流通，但铜钱日益式微，最终难逃被白银取代的命运。[②]万历后期，谢肇淛就痛心疾首地说："闽、广绝不用钱，而用银低假，市肆作奸，尤可恨也。"[③]。

至于曾是主要行钱之地的南北直隶、山东、河南、江淮等，则逐渐形成了钱银兼用的局面。万志英指出："江南地区是很少几个仍然流通铜钱的地方，然而这个地方同样出现了铜钱的消退，白银取代铜钱成为主要货币。"[④]弘治元年（1488），朝鲜人崔溥因遭遇台风漂泊至浙江临海获救后，就目睹了"江南市中用金银，江北用铜钱"，杭州"市积金银"的情形。[⑤]可见，弘治以前，金银已取代铜钱成为江浙地区的主币。嘉靖四年（1525），浙江巡按御史潘仿指出，浙江地区几乎是钱钞俱不流通，只流通白银。[⑥]再如吴中地区，据弘治《吴江志》与嘉靖《吴江县志》可知，成化以前，贫民向富人借贷，尚钱银兼行。到了嘉靖时期，由于钱法不行，

① 〔清〕顾炎武：《天下郡国利病·漳浦志》，载氏著：《顾炎武全集》第 16 册，上海古籍出版社，2011，第 3118—3119 页。

② 在广东地区，铜钱流通及逐步被白银取代的情况，请参见刘志伟：《在国家与社会之间：明清广东地区里甲赋役制度与乡村社会》，中国人民大学出版社，2010，第 109—110 页。

③ 〔明〕谢肇淛：《五杂俎》卷 12《物部四》，中华书局，1959，第 357 页。

④ Richard von Glahn, *Fountain of Fortune：Money and Monetary Policy in China (1000—1700)*, pp.102—103.

⑤ （朝鲜）崔溥著，葛振家点注：《漂海录：中国行记》卷 3，社会科学文献出版社，1992，第 195、199 页。

⑥ 《明世宗实录》卷 47，嘉靖四年春正月己巳，第 1199—1200 页。

借贷只以银、米论，且银息低于米息。① 可知，在铜钱被弃用的情况下，与其他借贷方式相比，借贷白银的利息是最低的，民间市场对白银的认可程度由此可见一斑。此外，嘉靖《常熟县志》也描述了铜钱被弃用的过程及原因：

> 往时（弘治以前——笔者注），邑类以钱博易，其肉倍好而铸古，民视资之高下以为藏，若北土之以积镪为富。自天下盗铸起，而钱益浮，滥钱入邑中，仅以通有无，未尝以为藏积。钱之必废，不可以为居也。②

据上段地方志史料可知，弘治以前，好钱在常熟地区具有极高的储藏价值，北方也将拥有好钱的多寡作为衡量个人富裕程度的标准，充分表明了铜钱价值之高昂及民众对铜钱的高度信赖。成弘之后，尤其是正德、嘉靖时期，随着私铸的日益猖獗，铜钱质量越来越滥恶不堪，不仅丧失了储藏价值，而且逐渐被边缘化，最终难逃被弃用的命运。

时人康海云："两直隶、山东、河南、江淮等处，俱行用细丝银。盖此数处钱法通行，故不得不用细丝。"③ 可见，即使是铜钱的主要行用之地，也流通上了细丝银（足色银）。陈师说也道："今吴中、大江以北则兼用钱，两都亦用钱，尤便于细民。"④ 陈师道虽用"兼用"一词描述当时的货币格局，但实际情况是，白银已深度介入了当地民众的日常生活，铜钱则沦为白银的补充通货。关于南京的货币演变情况，顾起元描述道："南都自开国至嘉靖中，开局铸钱，独洪武、宣德、弘治、嘉靖四种耳。正嘉中，民间用古钱，其后悭滥之极，至剪铁叶、锡片伪为之，后乃稍稍厌弃，而更用开元通宝钱。"⑤ 王万祚进一步指出："留都文武百官日食蔬菜，皆以银易钱散买。"⑥ 至于山东的情形，谢肇淛称："山东银钱杂用，其钱皆用宋年号者，每二可当新钱之一，而新钱废不用。"⑦

万志英指出："白银取代铜钱，成为储藏的一种类型，但铜钱仍然是日常交易

---

① 弘治《吴江志》卷5《风俗》，《上海图书馆藏稀见方志丛刊》第64册，第226—227页；嘉靖《吴江县志》卷13《风俗》，《原国立北平图书馆甲库善本丛书》第311册，第241页下栏。

② 嘉靖《常熟县志》卷4《食货》，《原国立北平图书馆甲库善本丛书》第311册，第522页上栏。

③ 〔明〕康海：《对山集》卷22《为乡人论银禁书》，第548页下栏。

④ 〔明〕陈师：《禅寄笔谈》卷7《物考》，明万历二十一年自刻本，《北京图书馆古籍珍本丛刊》。

⑤ 〔明〕顾起元：《客座赘语》卷4《铸钱》，上海古籍出版社，2013，第73页。

⑥ 〔明〕胡我琨：《钱通》卷7《正朔一统二》，重庆出版社，2010，第397页上栏

⑦ 〔明〕谢肇淛：《五杂组》卷12《物部四》，中华书局，1959，第258—259页。

的货币。双重的货币体系出现了，每一种类型的货币服务于不同的目的和层次。白银主要用于大额交易和储藏。铜钱仍然作为一种细碎货币，是家庭经济中不可或缺的一部分。"[1]刘光临提醒说："银、钱的长期相持不下，且两个币种服务于各自的流通渠道，必然会带来市场的严重分割。"[2]可见，货币市场的有序运转，既要满足市场交易对货币的需求，又离不开制度性的保障。也就是说，只有构建全国统一的货币市场，实施稳健的货币政策，才能保障货币市场的高效平稳运转。

（三）银钱格局的形成

嘉靖以后，财政领域的折银化改革取得了突飞猛进的发展。就田赋领域而言，在江南地区，官民田赋税及加耗的均田均粮改革均成效显著，不仅田赋的折银范围进一步扩大，徭役和田赋也逐步归并，统一折银。[3]嘉靖中期以后，浙江省的田赋除了漕粮、白粮部分改折收银外，其余的田赋项目均大幅折银。[4]至于官田较少的南方地区，如广东地区，在嘉靖前中期，就已制定了田赋折银的税例；嘉靖后期，田赋已实现了全面折银。[5]与田赋折银相伴而生的，是徭役折银的迅速推进。因为由里甲正役衍生而来的均平公费银，存在负担不均、册外摊派等诸多弊端，所以徭役逐步走向定额化，并多摊入丁、田之中折银征收；嘉靖后期，在抗倭战争的促动下，均徭中的力差、民壮、驿传也迅速摊入丁、亩之中，多以银代纳，并与田赋折银一道，形成一条鞭法深入推行的重要时期。[6]万历中后期，北方地区的一条鞭法改革也逐渐开展起来。除了赋役折银外，北方地区也以一条鞭法为契机，在盐课、茶课、钞关等财税领域，或渐次加深、扩大折银的范围，或使其成为定制。[7]与其他领域的折银化程度相比，贡赋体制的折银化程度更趋深入。

与折银化改革的成功形成鲜明对照的是，嘉万时期，由于朝廷重整钱法之举

---

① Richard von Glahn, *Fountain of Fortune: Money and Monetary Policy in China (1000—1700)*, pp.103—104.

② 刘光临：《银进钱出与明代货币流通体制》，《河北大学学报（哲学社会科学版）》2011年第2期。

③ （日）森正夫著：《明代江南土地制度研究》第5章，伍跃等译，江苏人民出版社，2014，第294—409页。

④ 丁亮：《明代浙江地方财政结构变迁研究》，博士学位论文，东北师范大学，2014，第25页。

⑤ 刘志伟：《在国家与社会之间——明清广东地区里甲赋役制度与乡村社会》，中国人民大学出版社，2010，第117—118页。

⑥ 参见刘光临、刘红玲：《嘉靖朝抗倭战争和一条鞭法的展开》，载朱诚如、王天有主编：《明清论丛》，故宫出版社，2012，第113—148页。

⑦ 参见万明主编：《晚明社会变迁：问题与研究》，商务印书馆，2005，第160—165页。

的接连失败，① 行钱地区的铜钱品种不断变化。从最初的多通行旧钱、制钱，到最后私钱泛滥难禁；从嘉靖钱、万历钱暂时排挤私钱，到它们很快也湮没在私钱之中，而私钱的日益滥恶又反过来导致铜钱流通范围和领域的日益萎缩。隆庆元年（1567），户部左侍郎徐养正发现，行钱之地只剩下南北直隶、山东、河南等，其他地方均是金银、皮楮相兼使用。② 户科给事中周良寅上疏说："京师用制钱，而不通于各省；各省有古钱，而不达于京师。用之则为钱，可以当金与币；不用则为铜，不过铅、铁等耳，流布未广。"③ 官员冯应凤也说："盖西北用钱，自来称便，而朝夕改令，故难行……东南亦常行钱矣，而随行随壅者，则以公私不相流布也。"④ 三秦之地虽然也行用铜钱，但铜钱"东不逾关，西不逾河，民间小钱，即非官制，故民亦甚病之"。⑤ 张居正在全国范围大力推广制钱之际，地方大员纷纷奏报说，江西、湖广、陕西、广东等地久不行钱，福建虽有个别地方行钱，但多用古钱，制钱则被弃之不用。户科给事中郝敬也说，淮北地区流行的是一种叫作"鹅眼"的私钱，而全国大半地区"用银久"矣。⑥

万历中后期，随着朝廷扩铸铜钱举措的再次失败，行钱范围进一步缩小。户科给事中郝敬云："今海内行钱，惟此地一隅。自大江以南，强半用银。即北地，惟民间贸易，而官帑出纳仍用银。则钱之所行，无几耳。"⑦ 可见，从万历中期开始，南方大多数地区都不再使用铜钱；在北方地区，只有民间用钱，政府的收入、支出、储备都使用白银。陈仁锡指出："今天下行钱所在，仅十之四，而不能遍通天下者，皆由变旧制，不令布政司铸钱，不能遍行州县。"⑧ 李之藻进一步指出："毋论

① 如张居正主政期间，为了应对铜钱危机，就曾在全国大规模地推广制钱，但很快就失败了。参见邱永志：《明代货币白银化与银钱并行格局的形成》，博士学位论文，清华大学，2016，第190—197页。

② 〔明〕张学颜等：《万历会计录》卷41《钱法》，载《北京图书馆古籍珍本丛刊》第53册，书目文献出版社，1989，第1308页下栏—1309页上栏。

③ 〔明〕周良寅：《疏通钱法以裕经用疏》，载吴亮：《万历疏钞》卷27《钱盐类》，第314页下栏。

④ 〔明〕冯应凤：《仰承明旨敬陈理财末议以备采择疏》，载吴亮：《万历疏钞》卷25《财计类》，《四库禁毁书丛刊·史部》第59册，北京出版社，1997，第273页下栏。

⑤ 〔明〕陈仁锡：《无梦园初集》漫集1《钱法·三秦》，载《四部禁毁丛刊·集部》第59册，第405页上栏。

⑥ 〔明〕郝敬：《谏草》卷上《请行钱法疏》，"中央研究院"傅斯年图书馆藏1990年影印本，第18—19页。

⑦ 〔明〕郝敬：《谏草》卷上《请行钱法疏》，"中央研究院"傅斯年图书馆藏1990年影印本，第10页。

⑧ 〔明〕陈仁锡：《无梦园初集》劳集2《盐法》，明崇祯六年张一鸣刻本，第531页下栏。

远者,即都门之外,不尽以制钱行矣。"① 除了流通区域的逐渐缩小外,铜钱的式微还表现在使用范围的逐步缩减。如黄凤翔就发出如下感慨:"今中外缙绅,远近商旅,东西南北驰骛,靡常有挈泉货迭来往者乎?……惟是百官俸给,循例搭配,朝出诸内帑,夕流于闾阎,间所贸易,不过庖俎匕箸之需已耳。"② 张溥也说:"诸解京贡赋之入,固必精良白金而可矣;即藩省禄给、存留、盐税、薪俸、工食之类,又辄以钱不便行而不收。"③ 以上史料充分表明,明朝后期,白银已成为大宗贸易、政府收支的主要通货,而铜钱仅在基层市场交易中使用。对此,梁方仲评论道:"在此种情形下,银子自然是集中到少数的高级官吏手中。于是,银子便成了皇室与达官、富商的专用品,它的用途多数是限于大宗购买上面,民间日常交易普遍用的只是铜钱。所以在货币的流通范围内,俨然亦分成两个世界。"④ 虽然民间日常交易是否普遍用钱,仍值得商榷,但货币白银化的速度之快、范围之广是毋庸置疑的。关于货币白银化的进程,日本学者黑田明伸进行了精准总结。他认为,16 世纪至 17 世纪初是白银渗透上层的过程;17 世纪后半叶是白银渗透下层的过程,并形成"一体性高而不稳定"之特征;18 世纪后期是铜钱渗透下层的过程,形成"一体性低而稳定"的特点。⑤

随着铜钱行用领域和范围的缩减,白银介入市场的广度和深度进一步拓展(海外银的大量内流加速了这一过程),最终成为全国通行的主要货币。陈懿典指出:"夫举世所通用者,金也。欲令钱之用同于金,则当令用钱之途同于金之广。"⑥ 明代后期,由于风俗败坏、私钱泛滥,社会上的货币诈骗现象已经到了触目惊心的地步,时人张应俞为了揭露诈骗机关、教人防骗之术,专门撰写了《江湖奇闻杜骗新书》一书。该书共由八十三篇小品文组成,其中,七十四篇讲的都是白银诈骗案,

① 〔明〕李之藻:《铸钱议》,载陈子龙辑:《明经世文编》卷 484《李我存集》,中华书局,1962,第 5330 页上栏。

② 〔明〕黄凤翔:《田亭草》卷 18《答乔少参书》,载《四库禁毁书丛刊·集部》第 44 册,第 675 页上栏。

③ 〔明〕张溥:《国朝经济录·钱法日弊》,载《钦定续文献通考》卷 11《钱币考·钱》,第 256 页下栏。

④ 梁方仲:《明代一条鞭法年表》,载氏著:《梁方仲文集》第 1 册《明代赋役制度》,中华书局,2008,第 261—262 页。

⑤ 参见(日)黑田明伸:"What can Pricies tell Us about the 16th—18th Century China",《中國史學》第 13 卷(京都),2003。

⑥ 〔明〕陈懿典:《陈学士先生初集》卷 24《钱法》,载《原国立北平图书馆甲库善本丛书》第 861 册,第 713 页下栏。

这些案件涉及全国大多数省份；铜钱诈骗案仅有一例，发生在福建建宁；白银、铜钱兼用的诈骗案例，一个发生在北京，一个发生在浙江东阳，涉案数额都很少。[①]随着白银的强势崛起并逐步取代铜钱成为主币，官僚士大夫逐渐改变了隆庆以来的"轻银"思想，而是用"子母相权"理论来比喻银钱关系，不仅认可了白银成为主币的现实，还进一步提出应立足于银主钱辅的格局来重新整理货币制度。如申时行指出："请令天下行钱法，于是诏水衡都官及郡国皆铸钱，以银为母，以钱为子，使母权子而行，国用以济，而民亦不重困。"[②]王家屏指出："自官府下至市肆，通用制钱与银相权而行。"[③]郭子章也指出："钱者，银之子也。"[④]强势崛起的称量银和日渐式微的铜钱构成了明代后期货币流通的基本图景。万历后期，谢肇淛目睹的货币流通情况是：

> 今天下交易所通行者，钱与银耳。用钱便于贫民，然所聚之处，人多以赌废业。京师水衡日铸十余万钱，所行不过北至卢龙，南至德州，方二千余里耳。而钱不加多，何也？山东银、钱杂用，其钱皆用宋年号者，每二可当新钱之一，而新钱废不用。然宋钱无铸者，多从土中掘出之，所得几何？终岁用之，而钱亦不加少，又何也？南都虽铸钱而不甚多，其钱差薄于京师者，而民间或有私铸之盗。闽、广绝不用钱，而用银低假。[⑤]

根据谢肇淛的观察，万历后期的通货主要是铜钱和白银，铜钱多服务于基层社会的平民百姓。京师铸局每天铸钱不超过十万文（一千贯），北直隶的行钱之地只剩下卢龙（今属秦皇岛）和德州（今山东德州）之间的狭小区域。山东银、钱兼用，且流通的铜钱大都是宋钱，制钱只是用作旧钱的记账单位，并不流通。与京师铸局相比，南京铸局的铸钱不仅数量少，质量也差。东南沿海的闽、广两省已经完

---

① 万明主编：《晚明社会变迁：问题与研究》，商务印书馆，2005，第190页。

② 〔明〕申时行：《赐闲堂集》卷11《赠少司徒李公考绩序》，载《四库全书存目丛书》集部第134册《别集类》，齐鲁书社，1997，第219页下栏—220页上栏。

③ 〔明〕王家屏：《答李近台抚台论铸钱》，载〔明〕陈子龙辑：《明经世文编》卷393《王文端公文集》，第4244页。

④ 〔明〕郭子章：《钱谷议》，载〔明〕黄宗羲：《明文海》卷78《议戊》，中华书局，1987，第746页上栏。

⑤ 〔明〕谢肇淛：《五杂组》卷12《物部四》，第258—249页。

全不行用铜钱。① 我们透过谢氏等人的记载可知,明代晚期,我国已经形成了以银为主,银钱分立地域、领域、层次而又相互联结的货币流通格局。

五、余论

弘治十六年(1503),工科左给事中张文为我们描绘了一幅明代中叶,我国主要省区的货币流通图景:"云南专用海贝,四川、贵州用茴香花银及盐布,江西、湖广用米谷银布,山西、陕西间用皮毛。自来钱法不通,骤欲变之,难矣。"② 虽然张文所描述的货币流通状况,仍有待进一步讨论和补正,但足以表明,广大未行钱地区多实行多元实物货币,体现了较为浓厚的实物经济气息。刘光临由此认为,1500 年以前,铜钱经济在我国大部分地区都不甚发达,明初 100 多年的时间里,许多地区的经济生活以实物交换为主。③ 笔者认为,刘光临的这一结论似稍嫌武断,因为早在正统后期,铜钱已逐渐在南北直隶、大运河一线延伸地带、江南地区、闽广地区等流通开来,此后,这些地区也自发演化为稳定的"行钱之地"。明代中叶,我国的货币版图明显分割成两大货币流通地带——行钱地区与不行钱地区。万志英曾根据张文的奏疏及其他相关史料,绘制出一幅明代中期的铜钱流通范围示意图。(见图 1)

---

① 谢氏关于闽、广地区绝不用钱的说法,并不确切。明末,广东吴川人陈舜系记载,当地日常交易仍以钱计价,赋税也有缴纳铜钱的情况。参见〔明〕陈舜系:《乱离见闻录》卷上,载中国社会科学院历史研究所明史研究室编:《明史资料丛刊》第 3 辑,江苏人民出版社,1983,第 232 页。
② 《明孝宗实录》卷 197,弘治十六年三月戊子,第 3645 页。
③ 刘光临:《银进钱出与明代货币流通体制》,《河北大学学报(哲学社会科学版)》2011 年第 2 期。

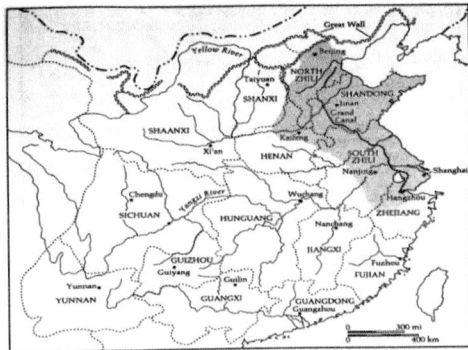

图 1　明中叶铜钱流通范围示意图

资料来源：Richard von Glahn, *Fountain of Fortune: Money and Monetary Policy in China (1000-1700)*,map 1。

说明：图中阴影部分为铜钱的主要流通区域。我们需要注意的是，由于万志英对张文的奏疏存在误读，[①] 故该图所示的行钱地区还应包含福建、广东的许多地区及其他省份的一些零星地区。因此，该图并非精确意义上的绘图，只宜作鸟瞰式的参考。

由图 1 可知，明代中叶，不行钱地区远远大于行钱地区。由于钱法阻滞、私钱泛滥，不仅行钱的区域和范围日渐缩减，即使在行钱区域内部，也不同程度地存在着银进钱退或银钱并行的现象。由此可见，经过近一个半世纪的发展、演变，明代的货币市场不仅没有形成全国统一的局面，反而在地域上呈现出鲜明的分割化、细碎化、实物货币复苏等欠深度整合特点。这就一方面说明，明代中叶，各地区间的经济发展不平衡，是导致全国没有形成统一、完善的货币市场的重要原因；另一方面说明，货币制度与货币政策的不合时宜、货币市场的纷繁复杂，不仅使当时的社会经济发生震荡，更重要的是论证了明初的立国形态、制度创建对于有明一代的货币经济具有深刻而长远的影响。

综上所述，正统中后期至嘉靖前后，我国的货币制度经历了影响深远的演化和转型。随着商品经济的恢复和发展，通货不足的情况日益严重。迫于财政压力，政府多次滥发宝钞，最后致使宝钞崩坏并退出流通领域。宝钞退出市场后，铜钱便重

---

①　万志英指出："张文宣称的福建和广东从没有流通铜钱，与许多资料相矛盾，尤其是与丘浚的论述相抵触。但在张文的时代，铜钱在东南沿海正逐步消退。"实际上，张文并没有这个说法。Richard von Glahn, *Fountain of Fortune:Money and Monetary Policy in China (1000—1700)*, p.100.

新成为主要通货。但由于铜材供应不足、铸造铜钱费用过高等，朝廷不得不允许前朝旧钱和当朝制钱同时流通，私钱随之迅速泛滥。面对日益严重的私钱滥恶、挑拣行为等导致的钱法阻滞现象，明廷既无配套完善的"救市"举措，又缺乏疏通钱法的信心和决心，故其"救市"政策均以失败告终。随着私钱逐步滥恶到极点，铜钱的行用领域和范围日益缩减，值高价稳的称量银便强势崛起了。白银的稳步崛起，导致明代的货币版图再次发生变化，行钱之地不仅越来越少，且在内部出现了不同程度的"银进钱退"现象；不行钱之地则越来越多，白银与多种实物货币充斥其间。整体来看，明代中后期的货币市场，在地域上呈现出鲜明的分割化、细碎化、实物货币复苏等欠深度整合特点，而造成这一局面的深层次原因，尤其值得我们去深思。

清代粮价数据质量及其制度性因素探析

余开亮[*]

内容提要： 清代的粮价问题成为近年来经济史的一个研究热点，然而研究者在使用粮价数据时，对数据的可靠性尚缺乏全面的研究。本文从数据的遗漏程度和重复程度两个方面来定量评估"清代粮价资料库"中数据的可靠性，以三十年左右时间进行时段划分，对每一个府级政区的粮价数据质量进行检测。此外，本文还探讨了影响粮价数据可靠性的制度性因素，分别从粮价报告制度执行流程、辅助性措施和粮价相关联制度的施行三方面进行分析。学界在利用清代粮价数据时，必须对具体时间和区域的数据质量进行评估后才能进行相应的分析，同时还要兼顾不同区域的粮食产销地位、行政区划范围以及交通条件等多方面的因素。

关键词： 清代；粮价报告制度；数据质量；制度性因素

清代粮价报告制度建立以来，产生了海量的各类粮价数据，其覆盖的时间范围接近两百年，空间范围遍及内地全部行省及部分边疆地区。粮价数据具备如此完整的时空覆盖范围，已成为经济史研究者非常重视的数据材料。[①] 而在粮价数据的完整性之外，更难得的是粮价报告制度执行时统计口径的高度一致性：统计的计价单位（以银两计价）、上报的时间频率（按月上报）以及数据的空间尺度（分府上报）在整个国家范围内均是一致的。这些特性使清代粮价数据成为中国古代历史上非常

---

* 余开亮，上海社会科学院经济研究所助理研究员，历史学博士，理论经济学博士后，主要研究方向为经济史、历史地理学。

① 目前，广为学界利用的清代粮价资料主要包括王业键建立的"清代粮价资料库"（http://mhdb.mh.sinica.edu.tw/foodprice）和中国社会科学院经济研究所编的《清代道光至宣统间粮价表》（广西师范大学出版社，2009），二者的数据均来源于清代粮价奏折及粮价单等档案资料。

少见的系统性经济数据，研究者可以对其进行跨时间和跨空间的比较研究，因而粮价数据成为研究前工业化时期，清代经济与社会不可多得的数据集。在缺乏完整的现代国家统计体制的清朝，相比于人口、税收等需要耗费大量人力和物力进行普查和统计的经济指标，粮食价格数据的获取途径非常简便而准确，这使得粮价数据的可信度要优于人口、税收等经济史数据。当然，粮价数据在具备以上优点的同时，也不可避免地带有一些缺憾。具体而言，粮价数据的缺陷包括数据缺失和数据失真两个方面。数据缺失是研究中无法弥补的史料空白，而在研究中如果使用失真的数据，则会导致错误的结论，因而在利用粮价资料时，要格外重视粮价数据的质量问题，对其可靠性要有清晰的认识。近年来，粮价数据已经成为清代经济史、环境史等研究领域中广泛使用的定量数据，对其可靠性进行全面深入的研究显得非常必要，因此，本文对"清代粮价资料库"中的粮价数据质量进行分区域、分时段的评估，揭示其时空差异性并对其制度性的原因进行初步的探讨，希望能为学界利用粮价数据提供一定的参考。

一、相关研究回顾

针对粮价数据的可靠性问题，前人的研究已进行了诸多有益的探索，部分学者从粮价报告制度的执行及其效果角度进行分析，[1] 对不同时期的制度执行力度，尤其是皇帝和地方官员等对该制度的重视程度作了比较，这方面的研究主要是从描述性史料出发所作的定性研究。另一方面，有的学者从粮价数据本身出发，根据粮价数据的数量特征对其可靠性进行了定量的研究，在数据可靠性的评价上总结出一套可行的标准，并且按此标准提出了科学的定量检测方法，为粮价数据可靠性评估提供了有益的参考。

王业键等的研究在这一方面具有开创意义，系统地研究了粮价数据的可靠性问

---

[1]　Han-sheng Chuan and Richard A. Kraus, *Mid-Ch'ing Rice Markets and Trade: An Essay in Price History*, Cambridge: East Asian Research Center, Harvard University: distributed by Harvard University Press, 1975, pp.1-16. Endymion Porter Wilkinson. *Studies in Chinese price history*. New York: Garland Pub., 1980. 王业键：《清代的粮价陈报制度及其评价》，载氏著：《清代经济史论文集（二）》，稻乡出版社，2003，第1—36页。陈金陵：《清朝的粮价奏报与其盛衰》，《中国社会经济史研究》1985年第3期。王道瑞：《清代粮价奏报制度的确立及其作用》，《历史档案》1987年第4期。陈春声：《清代的粮价奏报制度》，《市场机制与社会变迁——18世纪广东米价分析》附录一，中国人民大学出版社，2010，第207—216页。谢美娥：《清代台湾米价研究》，稻乡出版社，2008，第41—72页。

题，并提出了科学检测粮价数据可靠性的定量方法。他们主要从粮价数据重复出现连续不变月数的长度、位置、频率和粮价数据的遗漏率几个方面，来衡量粮价数据的可靠性。根据他们提出的标准，可以认为粮价数据连续不变在3个月（含）以下的数据是可靠性比较高的，并且以可靠数据占总数据量的比重（达到70%以上）以及较低的遗漏率这两个指标作为评判粮价数据可靠性的参考标准。王业键等的研究详细地介绍了这套评价标准和统计方法，并研究了1741—1790年间安徽、福建、广东、湖北、湖南、江苏、江西、浙江8省的小麦价格数据和大米价格数据的可靠性。[①] 通过统计数据遗漏率、可靠性频率统计值、一年以上（超过12个月）不变粮价出现次数和月数、不变粮价记录最长月数等指标，对粮价数据可靠性作出了综合性的定量评估。

多位学者也注意到了粮价数据中连续出现相同月份价格的问题，并以此作为判断粮价数据可靠性的重要指标。李明珠（Lillian M. Li）的研究对1738—1911年间直隶的粮价数据可靠性作了定量评估。[②] 马立博（Robert B. Marks）研究了1738—1795年间广东和广西米价的数据可靠性，对粮价重复出现的月份作了统计。他通过研究发现，大部分出现重复粮价的府都处于边远地区，并推测产生这种现象的原因可能是，州县一级的地方官未按时上报粮价，导致督抚为了及时上奏而重复上报前月粮价。[③]

谢美娥研究了清代台湾府米价数据的质量。她将米价史料的评估分为外部研究和内部研究，其中，外部研究是指研究粮价报告制度在台湾地区运作的情形，从制度执行层面的角度对粮价数据进行评价；内部研究是指从米价数据自身数量特征来评价数据的可靠性，较外部研究可以获得更加精确的评价结果。无论是外部研究还是内部研究，均发现台湾18世纪的粮价数据可靠性要优于19世纪。[④]

王玉茹等研究了1736—1911年间长江流域各省首府米价数据的质量。他们将研究时段划分为乾隆朝、嘉道朝和咸同光宣朝三个时期，分别考察研究了长江流域的主要流通枢纽——成都、重庆、汉阳、长沙、安庆、南昌、苏州、杭州、江宁9

① 王业键等：《清代粮价资料之可靠性检定》，载氏著：《清代经济史论文集（二）》，稻乡出版社，2003，第289—315页。

② Lillian M. Li, *Fighting Famine in North China: State, Market, and Environmental Decline, 1690s—1990s*, Stanford : Stanford University Press, 2007, pp.407—409.

③ Robert B. Marks, Rice prices, food supply, and market structure in eighteenth—century South China, *Late Imperial China*, 1991,Vol.12, No. 2, pp.64—116.

④ 谢美娥：《清代台湾米价研究》，稻乡出版社，2008，第72—100页。

府的粮价数据可靠性指标，包括数据缺失比率、粮价数据连续出现相同月份的次数及其比率。他们的研究结论是，乾隆朝的粮价数据质量高于嘉道两朝，咸同光宣四朝粮价数据质量最差。利用粮价数据时，必须对具体时间、具体地点的数据质量进行分析。[①]

以上学者的研究对粮价数据可靠性的评价进行了全面的总结，提出了系统的粮价数据质量评判标准，并且提出了具体的统计检测方法，对今后的研究具有重要的借鉴意义。数据质量是所有清代粮价研究必须关注的首要问题，对数据的来源、性质和制度背景理解得越透彻，对研究结论的论证也就越扎实。粮价数据的稳定性程度因时因地而不同，故其判断标准也应有所不同，即需根据不同时期、不同地域的粮食产销状况来判定粮价数据的可靠性。而前人对粮价数据可靠性的研究，对时间和空间的划分稍嫌简略，难以为研究特定时段和区域的粮价提供数据质量的参考。为此，本文将以"清代粮价资料库"的数据为基础，对粮价数据进行更为精细的时间和空间划分，分别对其数据可靠性的指标进行统计，以期对粮价数据质量进行更为精细的评判，为后续的研究提供更为扎实的数据支持。与此同时，本文也将从制度层面，对影响粮价数据质量的若干因素进行分析。

二、粮价数据可靠性的检测

王业键曾在研究中，提出检测粮价数据可靠性的判定原则和检测方法。鉴于清代粮价数据的特点，出现了大量的数据遗漏和月度粮价数据的重复现象，他提出高质量的粮价数据必须满足低遗漏率和低重复率两项条件。[②] 相较而言，数据遗漏可看作是客观因素造成的数据缺失，如档案遗失、受战乱影响奏报停止等，遗漏问题对粮价数据的可靠性影响不大。而数据重复则更有可能是人为原因造成的，重复出现的粮价数据极有可能是数据失真造成的，其对粮价数据的可靠性影响很大。因为按照清代的农业经济状况，粮的季节波动性较大，出现连续几个月甚至十几个月粮价不变的现象是不正常的，极有可能是地方官员敷衍塞责、虚报瞒报造成的。数据遗漏情况比较容易判断和统计，而数据重复的现象比较复杂多样，需要进行具体

---

① 王玉茹、罗畅：《清代粮价数据质量研究——以长江流域为中心》，《清史研究》2013 年第 1 期。

② 王业键等：《清代粮价资料之可靠性检定》，载氏著：《清代经济史论文集（二）》，稻乡出版社，2003，第 289—315 页。

的分析，因此，对粮价数据可靠性研究的重点，是采用定量方法对粮价数据的重复情况进行统计分析，以确定数据重复出现的频率、时间、地点和持续长度。

清代，粮价报告制度在全国范围内开始实施时，地方官员对原始粮价数据的处理方法决定了粮价数据出现一定程度的重复是不可避免的。这是因为地方官员对粮价单中的府级粮价数据，只是采取一种简单综合的编制方法，即只将一府内所有厅县价格的最大值和最小值作为本府粮价的最高值和最低值的区间上报。[①] 这也就意味着，即使一府内各厅县的本月粮价实际上是有波动的，只要其波动范围和上月粮价的最高值和最低值相同，那么，在督抚上报的粮价清单中，本府的粮价也是和上月保持不变的。在这种数据统计方式下，粮价数据出现一定的重复率是正常的，这是我们在评估粮价数据可靠性时，必须要考虑的因素。但是当某地粮价数据的重复率过高时，必须要引起我们的警惕，而这种高重复率可能是由地方官员的敷衍塞责等人为因素造成的。地方官员将上月粮价照抄上报后，布政使和督抚未加审核就直接上报皇帝。皇帝批阅奏折时，只有在发现粮价数据异常的情况下，才会下令布政使和督抚进行复查，并将更正后的粮价数据及时上报。

王业键的研究为判断粮价数据可靠性提供了一套行之有效的统计方法。具体而言，该方法首先统计数据的缺失情况（包括缺失月数及其比率），并以此作为重要参考。其次统计数据重复出现的情况（包括正常重复和非正常重复），即重复出现3个月及以下的月数及其比率、重复出现半年以上（7—12个月）和一年以上（13个月及以上）的月数及重复月数最大值等指标。其中，以 Wc 值表示粮价重复出现3个月及以下的月数占总月数的比率，并以此作为衡量正常粮价的指标。Wc 值越大，表示粮价数据的非正常重复率越低，粮价数据可靠性就越高。[②]

本文将采用上述方法，对 1738—1911 年间，清代各行省分府大米价格（一般为中米价格）和小麦价格进行统计，并划分时段分别进行检验。相较于以往的研究，本文在研究范围上更为全面，在研究精度上也有所提高。首先，研究范围覆盖了内地各行省的所有府级政区，研究时段也囊括了全部有粮价记录的年份，由此，我们可以对这一时期的粮价数据质量有一个全面的了解。其次，研究精度有一定的提升，在空间上精确到每一个府级政区，在时间上则作了更加精细的划分，兼顾历

① 余开亮：《粮价细册制度与清代粮价研究》，《清史研究》2014 年第 4 期。
② 王业键等：《清代粮价资料之可靠性检定》，载氏著：《清代经济史论文集（二）》，稻乡出版社，2003，第 289—315 页。

史背景的时代特性，基本以 25—30 年为一个区间。如 1738—1765 年为乾隆前期，1766—1795 年为乾隆后期，1796—1820 年为嘉庆朝，1821—1850 年为太平天国大动乱前的时期，1851—1874 年为太平天国及其恢复期，1875—1911 年为清末时期。表 1 至表 4 是对 1738—1820 年间的数据遗漏率和正常粮价月数（重复 3 次以下的月数）所占比率 Wc 指标进行统计的结果。由这四个表格的统计结果可知，粮价数据可靠性随时间和地点的不同呈现出巨大的差异性，总体而言，有以下两个特征。

首先，看数据的遗漏率。因为粮价清单是以府级政区为单位上报通省各府粮价的，各府的粮价数据是一起上报的，即同一省内各府之间的遗漏率是一致的，因此，这里以省为单位统计数据遗漏率。统计结果显示，在 1738—1911 年间，绝大部分省份的数据缺失比率都在 10%—20% 之间，只有安徽、陕西、甘肃等省因战乱暂停粮价报告而导致粮价数据缺失严重。若再进一步按照划分时段分别加以考察，我们便可以发现，乾隆前期（1738—1765 年）和清末时期（1875—1911 年）数据缺失率最小，大部分府级政区的遗漏率都在 10% 以下，乾隆后期（1766—1795 年）基本在 10%—20% 之间，嘉庆、道光两朝（1795—1820 年和 1821—1850 年两个时段）粮价数据的遗漏率较高，在 20%—30% 之间。而晚清时期，由于部分省份处于战乱状态，无法上报粮价数据，从而导致粮价数据的遗漏率较高。如太平天国动乱时期，湖北、安徽、江苏、浙江等省因处于战乱地区，粮价数据缺失严重；与此同时，陕西、甘肃两省爆发了大规模的回民起义，故两省的粮价数据缺失率也较高。

表1 大米价格数据遗漏率

单位：%

年份\省份	1738—1765	1766—1795	1796—1820	1821—1850	1851—1874	1875—1911	1738—1911
安徽	12.20	16.11	23.00	21.67	67.01	6.53	22.41
福建	3.87	14.72	18.33	20.83	6.25	11.04	12.60
广东	8.04	17.22	21.33	21.67	6.25	8.56	13.75
广西	1.79	10.56	22.00	21.11	5.56	7.21	11.21
贵州	9.82	21.39	21.00	20.56	5.21	6.76	13.98
湖北	10.12	12.78	32.33	21.11	21.18	7.66	16.67
湖南	4.76	15.28	18.33	21.94	6.94	6.31	12.12

续表

江苏	8.33	16.67	20.33	21.39	35.07	7.66	17.29
江西	7.14	15.28	21.67	20.83	5.21	6.08	12.50
浙江	3.27	14.72	19.67	21.94	19.44	7.43	13.94

表2 小麦价格数据遗漏率

单位：%

年份 省份	1738— 1765	1766— 1795	1796— 1820	1821— 1850	1851— 1874	1875— 1911	1738— 1911
甘肃	9.82	27.50	25.00	24.17	40.00	9.95	21.89
河南	38.10	18.89	24.00	23.89	5.67	6.25	19.06
山东	19.64	21.11	28.67	25.00	9.33	6.94	18.01
山西	9.52	12.50	20.33	21.67	4.67	5.79	12.21
陕西	7.14	20.83	34.33	25.28	55.67	-	42.72

其次，看数据的重复情况。从整个研究时段（1738—1911 年间）来看，大米价格数据以贵州省各府质量最高，其 Wc 值在全部时段基本都保持在 80% 以上；广东、广西和江苏三省各府的粮价数据质量也较高，大多数府的 Wc 值都在 60%—80% 之间；长江中游的湖南、江西和安徽三省各府的粮价数据质量较差，大多数府的 Wc 值都在 50%—60% 之间；东南沿海的福建和浙江两省部分府的数据质量尚可，其 Wc 值均在 50%—60% 之间，但部分府（尤其是浙江）的数据质量较差，其 Wc 值都低于 50%；湖北省各府的数据质量最差，其 Wc 值在很多情况下均在 50% 以下。北方省份的小麦价格数据中，西北地区的陕西、甘肃两省以及山东省的数据质量最好。从 Wc 的数值来看，北方省份小麦数据质量在总体上不及南方省份大米价格数据质量。

表3 大米价格数据可靠性 Wc 统计值

单位：%

年份 省份	1738— 1765	1766— 1795	1796— 1820	1821— 1850	1851— 1874	1875— 1911	1738— 1911
安徽	77.13	62.35	68.86	46.64	52.31	36.52	56.03
福建	74.23	67.59	50.82	42.13	45.28	43.38	55.02

续表

广东	78.01	72.49	79.33	68.33	70.87	56.22	69.77
广西	61.87	73.96	56.94	79.49	65.47	59.20	65.98
贵州	63.72	68.20	82.47	96.99	97.58	98.33	85.32
湖北	62.58	52.52	44.14	36.23	41.41	43.02	46.94
湖南	69.40	56.62	75.86	29.70	36.25	54.20	53.77
江苏	84.68	67.87	57.91	51.63	68.66	61.68	65.44
江西	71.52	63.44	74.16	47.92	48.27	47.09	57.78
浙江	70.74	58.47	59.13	22.24	37.89	31.41	47.84

说明：表中省级数据为各省府级 Wc 统计值的平均数。限于篇幅，未列出各府的 Wc 统计值。

表4 小麦价格数据可靠性 Wc 统计值

单位：%

年份 省份	1738—1765	1766—1795	1796—1820	1821—1850	1851—1874	1875—1911	1738—1911
甘肃	79.43	56.26	69.56	28.48	29.21	58.10	55.20
河南	75.55	35.25	39.68	11.65	26.39	60.89	41.36
山东	86.37	58.83	40.15	43.21	43.87	72.53	59.57
山西	63.21	39.71	31.74	21.76	33.53	47.68	40.92
陕西	72.62	56.67	59.43	37.21	38.03	—	54.84

说明：表中省级数据为各省府级 Wc 统计值的平均数。限于篇幅，未列出各府的 Wc 统计值。

就具体时段而言，各地粮价数据质量又呈现出较大的空间差异性。其中，大米价格数据以1738—1820年这三个时段内的质量最好，绝大多数省份的数据质量 Wc 值均达到60%以上，仅有湖北、福建两省内部分府的 Wc 值低于50%；在1821—1850年和1851—1874年这两个时段内，除广东、广西和贵州三省外，其余省份大部分府的 Wc 值都普遍下降到50%以下。造成1821—1874年间的粮价数据质量普遍不佳的原因较为复杂，可能与吏治松弛、战乱较多等因素有关。至于小麦价格数据，各省在乾隆朝前期（1738—1765）的数据可靠性均较高，Wc 值基本都在60%以上。而陕西、甘肃两省1738—1820年间的小麦价格数据质量都普遍较高，其余省份的小麦价格数据质量只在乾隆前期（1738—1765）相对较高，1766—1874年间，其小麦价格数据质量都普遍不高。1875—1911年间，北方省份的小麦价格数据质量普遍转好，除陕西缺失粮价数据外，其余各省小麦价格数据的重复率均较低。

总体来看，大米价格数据中，乾隆、嘉庆年间（1738—1820）的可靠性普遍较高，其中，乾隆年间的数据质量最好；小麦价格数据中，陕西、甘肃两省1738—1820年间的数据质量普遍较高，而河南、山东、山西的小麦价格数据质量只在乾隆前期（1738—1765）相对较高。以上对1738—1911年间各地粮价数据可靠性所作的量化统计，有利于分辨哪些时期的数据适宜用来进行计量分析，哪些时期的数据质量较差，在使用时必须谨慎。评判粮价数据可靠性的目的，在于明确各时期、各地点粮价数据质量的可信度，从而为学界利用粮价数据提供数据背景的参考。

三、影响粮价数据质量的制度因素

粮价数据质量随时间、地点的变化表现出极大的差异性，低质量粮价数据产生的原因复杂多样，按其来源不同，大致可分为两类：一类是客观原因，主要是指由于粮价上报制度在设计、执行等方面存在缺陷，导致粮价数据质量难免偏低；另一类是主观原因，主要是指地方官员在执行制度时所持的主观动机与态度，如粉饰太平、夸大政绩，或敷衍塞责、漫不经心，使粮价数据失真，从而造成粮价数据质量的下降。鉴于以往研究多侧重主观因素对粮价数据质量的影响，[①] 而较少关注粮价报告制度本身及与粮价报告制度有关的其他制度对粮价数据质量的影响，所以，本文将利用清代官方文献及档案等史料，重点对粮价报告制度在执行过程中，影响粮价数据质量的若干客观因素进行全面分析。

其一，粮价报告制度在执行过程中存在的制度性缺陷，对粮价数据质量的影响甚大。粮价数据质量不高的一个突出表现，就是月度粮价连续出现的次数过多，导致粮价数据重复率过高。以往学者大多认为，数据重复率过高主要是地方官员的敷衍塞责造成的。地方官员将上报粮价当作例行公事，并未如实统计当月粮价，只是将上月粮价照抄上报布政使和督抚，而布政使和督抚未加审查就直接上报皇帝，而

---

① 王业键：《清代的粮价陈报制度及其评价》，载氏著：《清代经济史论文集（二）》，稻香出版社，2003，第1—36页。陈金陵：《清朝的粮价奏报与其盛衰》，《中国社会经济史研究》1985年第3期。王道瑞：《清代粮价奏报制度的确立及其作用》，《历史档案》1987年第4期。陈春声：《清代的粮价奏报制度》，《市场机制与社会变迁——18世纪广东米价分析》附录一，中国人民大学出版社，2010，，第207—216页。

皇帝批阅奏折时没有发现数据有误，导致这一问题未能得到及时纠正。假如我们考察一下各级官员对粮价报告制度的具体执行情况，就会发现问题并非如此简单。

粮价报告制度是清代地方政务的一项常规事务，自下而上地逐级执行，可以说是一项设计细密的制度。粮价问题既关系民生，也是军需、河工、采买、平粜等的重要参考依据，应是各级官员最为关注的问题之一，因此，及时获取各地真实粮价才会上升到制度层面。然而，地方官员在执行这项制度的过程中，难免因受到某些客观条件的限制，无法按时上报粮价。如果上级官员无视这些客观条件的制约，只是一味强调按时上报粮价，很难确保粮价数据的真实有效。从乾隆七年（1742）八月二十九日，广东巡抚王安国关于粮价奏报迟缓的奏折中，可看到该项制度在执行过程中遇到的两难之处：

> 乾隆七年七月二十三日奉上谕：朕览王安国所奏米粮价值清单乃系本年四月分者，今已七月□，始奏四月粮价，太觉迟缓，可传旨训饬之。钦此。遵旨寄信等因到臣。臣查粤省幅员辽阔，如琼州府属之崖、感等州县距琼郡一千一百余里，距省城二千九百余里，兼之海洋风信靡常，上月下旬米粮价值必俟次月底知府甫能报司，由司汇同各府米价开报到臣，动逾一月有余。或稍有不符之处，饬查另覆，则已四十余日矣，有时布政司开折呈报，适逢陈奏地方晴雨事宜已经起程，不得不俟下次附折具奏。从前或有因本月米价未齐，布政司仍照上月价值填报之事，臣诸事务求实在，且米价关系民瘼，是以屡次饬司，必俟各属报齐方始汇报，是以较之从前为期稍迟，并非敢于怠缓。今蒙谕旨训饬，除行布政司早为开报外，所有奏报稍迟实情，理合奏闻，伏乞睿鉴。谨奏。乾隆七年八月二十九日。（朱批：知道了。）[①]

通过王安国的陈述可知，乾隆七年，广东巡抚王安国直到七月份才将四月份粮价上呈乾隆，比应报日期晚了三个月之久，于是乾隆"传旨训饬之"。王安国覆奏说，由于广东省疆域辽阔，集齐通省各府粮价数据费时甚久，"上月下旬米粮价值必俟次月底知府甫能报司"，而布政使司再汇总各府粮价上报到巡抚，"动逾一月有余"，或遇到"稍有不符之处饬查另覆，则已四十余日"。对于督抚来说，严格按照

[①] 〔清〕王安国：《奏为奉旨训旨复陈粮价奏报迟缓事》，乾隆七年八月二十九日，中国第一历史档案馆藏《朱批奏折》，档号：04-01-12-0030-012。

粮价奏报制度所要求的时间上报粮价，殊非易事。为了免遭皇帝训饬，督抚往往会严厉催促布政使及府县官员如期上报粮价。而各地情况本就复杂多样，再加上天气等不可抗力因素，在无法按时集齐本地粮价的情况下，很多地方官员只能"仍照上月价值填报"。假如督抚未加核查便上报皇帝，那么，皇帝看到的粮价清单实际上是"上月价值"。而王安国本就"诸事务求实在"，再加上"米价关系民瘼"，故"必俟各属报齐方始汇报"，从而导致粮价奏报"较之从前为期稍迟"。

我们从王安国的奏折中可知，粮价奏报是否及时，并不是单由地方官员的主观态度决定的，还要受到客观环境的制约。正如王安国所言，由于广东省疆域辽阔，共辖九府四州两直隶厅。若是各府州不能按时将粮价上报布政使，布政使就无法将通省粮价及时上报督抚，督抚也就无法按时将本省粮价上报皇帝。督抚为了免遭皇帝训饬，就会严令催促地方官员及时上报粮价。为了应对上级的催促，大部分地方官员或"仍照上月价值填报"，或"听任书役信手填注"。在那些地处偏远、疆域辽阔、州县众多的省份，延迟奏报的现象更为严重和普遍。

清代官员在执行粮价报告制度的过程中，常常面临着时效性和真实性的两难抉择，二者往往很难兼顾。一般来说，行政效率决定于信息传递的效率，建立和维持如此庞大的全国粮价情报系统，需要耗费大量的行政资源是可想而知的。对于那些远离政治中心的边远地区的地方官员来说，如果非要在时效性和真实性之间作出取舍，出于自身利益的考虑，大部分官员会选择时效性，从而导致该省粮价数据的失真。

其二，保证粮价数据真实性的辅助措施的逐渐失效，也会造成粮价数据质量的下降。粮价报告制度建立之初，就出台了一系列辅助性措施来保证粮价数据的真实性。首先是粮价清单要随同粮价奏折上报，由皇帝亲自批阅。鉴于奏折制度的严格要求，地方官员自然不敢懈怠。但道光以后，皇帝对粮价奏折及粮价清单的重视程度不如前朝皇帝。而皇帝对粮价报告重视程度的下降，与该时期粮价数据质量的普遍下降不无关联。[①] 其次是不规则性报告和经常性报告的同时实施。除了布政使向户部上报的粮价清册以及督抚向皇帝奏报的粮价清单等常规性报告外，其他地方官员，如总兵、提督等武职官员，派驻巡视地方的中央官员，迁调、赴任、应召等官

---

① 陈金陵：《清朝的粮价奏报与其盛衰》，《中国社会经济史研究》1985 年第 3 期。

员每到一处，均被要求察访地方粮价随时上报。[①] 这些不规则性粮价报告作为常规性粮价报告的重要补充，对于保证粮价数据的真实性起到了非常有效的监督作用。最后是与粮价报告制度有关的其他辅助信息报告，如雨雪分寸、收成分数等信息，均是要定期上报的。这些辅助信息是对粮价数据质量的有效检验，对于皇帝判断各省粮价数据的真实性具有重要的辅助和参考作用。

如乾隆五十一年（1786）六月初三日上谕档中，记载了乾隆帝检阅江苏各属粮价清单之事。他在对比了收成分数和江苏各属粮价清单两份报告后，发现两者存在明显的矛盾之处：

> 据闵鹗元奏到江苏省四月份粮价清单，内开苏、常两府属米、小麦价及太仓州属大麦、豆价，俱比上月加增等语。江苏上年因雨泽短缺，岁收稍歉，民间粮价较增，尚为事所应有。至本年苏、常等属，前据该抚等奏报，春雨霑渥，麦收约计十分。当此民食充裕之时，一切米麦等项市价自当渐就减落，即或未能顿减，应亦不过照前，断无转比上月加增之理。[②]

通过上段史料可知，乾隆帝收到江苏巡抚闵鹗元上报的江苏省四月粮价清单称，苏州府、常州府、太仓州等地的米价、麦价和豆价"俱比上月加增"；而早前闵鹗元奏报的收成分数称，各地收成约为十分。收成分数十足而粮价不降反增，着实令乾隆皇帝大惑不解。于是，他"传谕李世杰、闵鹗元即饬属严密查办，并将苏、常、太仓各属粮价因何开列价增之处据寔覆奏"。[③] 随后闵鹗元覆奏说："本年麦收均足有十分，只因节气较迟，四月间新麦尚未登场，各市镇粮食日形短绌，而外来客米因苏、常等属粮价较之江、淮、扬、镇尚觉稍平，是以商贩闻风来苏甚少。"按照闵鹗元的解释，苏省四月份的粮价之所以较高，主要是因为"新麦尚未登场"，导致市场上出现了暂时性的米粮短缺，五月以后，这一状况已有所改观。据龙江关和浒墅关的统计数据可知，从正月初至四月底，来自川楚等上游省份的

---

① 陈春声：《清代的粮价奏报制度》，载氏著：《市场机制与社会变迁——18世纪广东米价分析》附录一，中国人民大学出版社，2010，第207—216页。王业键：《清代的粮价陈报制度及其评价》，载氏著：《清代经济史论文集（二）》，稻乡出版社，2003，第1—36页。

② 中国第一历史档案馆编：《乾隆朝上谕档》第十三册，中国档案出版社，1998，第203—204页。

③ 中国第一历史档案馆编：《乾隆朝上谕档》第十三册，中国档案出版社，1998，第203—204页。

大、小米船一共才一千八百八十四只，共过米五万八千三百余石，而到了五月份，通过浒墅关的客米即达到二十四万余石，再加上当月本地新麦渐次入市，市场上米麦充裕，粮价遂得以平减；"六月以来，客贩仍源源而至，粮价日减，民气恬和"。[①]

乾隆、嘉庆时期，粮价报告制度及与其相关的天气、收成等信息报告并行运作，为皇帝提供了丰富的地方性知识，于是，皇帝就常常通过综合比较不同渠道的报告内容，来对地方督抚的奏报作出判断。但道光以后，天气、收成等信息报告逐渐失去了监督粮价报告的作用。如道光元年（1821）十一月的上谕档中载：

> 向来苏州织造每月具奏晴雨录及粮价单一次，各处盐关、织造均无此奏。且江苏巡抚驻扎苏州，业将各属雨水粮价情形按月具奏，该织造复行陈奏，实属重复。嗣后著即停止，以省繁文。将此传谕佳禄知之，钦此。[②]

我们从上段史料可知，道光元年（1821），除苏州织造仍在坚持上奏晴雨录及粮价单外，其他盐政官员、织造等早就停止了上报晴雨录及粮价单。道光帝以"江苏巡抚已将各属雨水粮价情形按月具奏，该织造复行陈奏，实属重复"为由，谕令苏州织造停止上奏晴雨录及粮价单。随着不规则报告和辅助性报告的日渐废弛，常规性粮价报告也逐渐失去了有效监督。在缺乏监督的情况下，地方官员对于上报粮价更加漫不经心了，这也成为导致粮价数据质量下降的制度性因素之一。

其三，与粮价报告制度存在直接关联的其他制度，也会对粮价数据质量产生一定的影响。在这些与粮价报告制度存在直接关联的制度中，地方仓储制度是最为关键的一项制度。地方粮价实情与仓谷的采买、平粜，直接关系到粮食商人及地方官员的切身利益。常平仓、社仓、义仓等地方仓谷的采买、平粜与粮价息息相关。一方面，地方仓储制度的有效运行，具有稳定地方粮价的功能；另一方面，地方粮价的稳定有利于当地政府将缺额的仓谷及时买补还仓，对于地方仓储制度的有效运转具有关键性的作用。

粮价清单中的所有数据均来源于州县地方官员上报的粮价，而"州县的粮价数

---

① 〔清〕闵鹗元：《奏为遵旨办理查明粮价长落情形并报五月份粮价事》，中国第一历史档案馆藏《朱批奏折》，档号：04-01-25-0255-004。

② 中国第一历史档案馆编：《嘉庆道光两朝上谕档》第二十六册（道光元年），广西师范大学出版社，2000，第557页。

据来自经济功能相近的米铺、粮行和牙行的呈报"。① 因事关切身利益，米铺、粮商、牙行常常先抬高粮价再上报，甚至虚报捏报粮价，地方官员不加查核就直接上报布政使，使数据的可靠性大打折扣。如乾隆五十七年（1792）九月的上谕档中载，奉天、云南粮价反常的情况，接连引起了乾隆帝的注意。他在详细比较了两地的收成分数奏折和粮价清单奏折后发现，粮价在收成分数不减的情况下反而上升，所以怀疑两地官员在上报粮价时弄虚作假。地方官员为了粉饰太平、取悦皇帝，在上报粮价时"往往多就轻减之价开报，本不尽实"。若是上报之粮价比上月还要高，则说明实际粮价更高。所以乾隆帝推测，收成丰稔而粮价转增，"或系市侩等见秋成刈获米谷充盈，将来米价必当减落，是以预将粮价抬高，为渐次减落，仍可得有赢余地步"。由此可见，地方上故意抬高粮价的一个重要原因，就是为了规避未来粮食市场可能遭受的风险。②

遇到地方仓谷需要采买和平粜的情况，粮商、铺户和地方官员就会沆瀣一气，通过抬高粮价，从中渔利。地方官员"因有采买等事先行浮开数目，以便任意侵肥"，"地方州县又因虚开贵价，遇采买时即可照贵价报销，希图沾润，是以虽遇年谷丰登，市价平减之时，亦复浮开呈报。督抚等又不加详察，率据所报之价开单具奏。似此官民交相为弊，风气日趋日下。"③ 地方官员、粮商、铺户勾结在一起，故意抬升粮价，自然会导致粮价清单中的数据失真，长此以往，地方仓谷必将日益短绌，府库必将日益亏缺，最终还会导致地方仓储系统的瘫痪，使其失去赈济、平粜等功能。可以说，清代仓储制度的衰败，跟粮价报告制度的松弛不无关系。反过来说，清代粮价报告制度崩坏的一个重要原因，就是粮价报告制度关系到地方官员、粮商的切身利益，而"官民交相为弊"必将会导致粮价报告制度得不到有效的执行。

四、结论

本文主要从数据的遗漏程度和重复程度两个方面，来定量评估清代粮价数据的可靠性。由于本文对 1738—1911 年间各行省分府粮价在时间上和空间上进行了更

---

① 吕长全、王玉茹：《清代粮价奏报流程及其数据性质再探讨》，《近代史研究》2017 年第 1 期。
② 中国第一历史档案馆编：《乾隆朝上谕档》第十七册，中国档案出版社，1998，第 19—20 页。
③ 中国第一历史档案馆编：《乾隆朝上谕档》第十七册，中国档案出版社，1998，第 20—21 页。

为精细的划分，所以得到一个系统而详尽的粮价数据可靠性评价结果。本文的研究结论有助于加深我们对不同时期、不同区域的粮价数据可靠性的认识。只有在充分认识和把握粮价数据质量的时空差异性的基础上，才能得出扎实而可信的研究结论。

当然，在具体评判不同地区的粮价数据可靠性时，不能用同一个标准去衡量，必须要考虑各地粮食市场的特性。各地粮食的结构和产量不同、粮食贸易状况及交通运输条件不同，粮价的稳定程度也有所不同。一般来说，粮食主产区的粮食剩余量较大，月度粮价波动较小，故其粮价数据的重复率较高就属于正常现象；粮食消费区由于经常处于缺粮状态，需要依靠外地粮食的输入来维持日常粮食消费，受当地粮食供给以及外地粮食输入的影响，月度粮价波动较大，故其粮价数据的重复率就显得低一些。

此外，本文还分别从粮价报告制度的执行过程、辅助性报告、与粮价报告制度相关的其他制度等方面，详细探讨了影响粮价数据质量的制度性因素。具体来说，粮价报告制度在执行过程中遇到的客观条件限制，导致粮价上报很难兼顾时效性和真实性；天气、收成分数等辅助性报告的日渐废弛，使粮价报告失去了有效的监督；地方仓储则关系到地方官员和粮商的切身利益，为了谋取私利，官民交相为弊，常常导致地方粮价数据失真。除了这三种制度因素外，影响粮价数据可靠性的制度因素还有很多，需要充分结合各地实情，对粮价报告制度的执行情况进行具体分析。本文主要以"清代粮价资料库"的数据为基础，以清代档案及文献中的一些具体事例为例，探讨清代粮价数据质量的可靠性，希望能为学界利用清代粮价数据提供数据背景方面的参考。

近代中国的信贷约束与出口商品质量

——以茶叶贸易为例

张　跃　王大中[*]

内容提要： 本文从近代华茶对外贸易中的市场主体、各市场主体对茶叶质量的态度等方面入手，剖析了制约近代中国出口茶叶质量改进的关键力量，并构建了一个两阶段动态博弈模型，来分析作为贸易和金融中间商的口岸茶栈对茶叶质量改进的抑制作用。研究表明：口岸茶栈的利益追求与茶叶质量改进之间的冲突（或不相容），是制约近代中国出口茶叶质量改进的主要障碍之一。其背后深层次原因是：口岸茶栈与制茶号（生产者）之间难以形成长期稳定的合作关系，导致制茶号只能从口岸茶栈获取短期贷款，而难以获得用于提升茶叶质量的长期信贷。此外，制茶号改进质量的激励不足、中间商与金融制度的多重信贷约束、政府无力的产业政策与金融政策等因素，也不同程度地制约了近代中国出口茶叶质量的改进。本文的结论可为当下中国对外贸易"由量到质"的转型和供给侧结构性改革的深入推进提供一定的启示。

关键词： 近代中国；信贷约束；出口商品质量；茶叶贸易

一、引言

近年来，提高出口商品质量成为提升中国对外贸易竞争力的迫切需要，而制约出口商品质量的重要因素有哪些？其微观影响机制如何？虽然现有研究已经认识到了信贷约束对出口商品质量的影响，但仍旧缺乏对其微观机制的分析，更缺乏对出

---

　　* 张跃，宁波大学人文学院；王大中，中山大学管理学院。

口商品质量进行较为全面的历史考察。鉴于近代中国的茶叶贸易正是由于商品质量低劣而导致衰落的，故探讨近代中国茶叶质量低劣的原因，可为当下的出口商品质量升级提供有益借鉴。19 世纪 70 年代之后，曾经享誉世界的中国茶叶在国际市场上逐渐丧失了竞争力，除了相对价格高昂等因素外，质量低劣是最重要的原因之一。陈公仁指出："华茶外销衰落的原因，与其说是由于其他各国的茶产起而兴之竞争，不宁说是由于中国的茶业不能与人争胜，而中国茶业之所以不能争胜，第一是因茶叶的品质过于低下。"[①] 陶德臣（1997），彭南生（2006），刘礼堂、宋时磊（2016）等经济史学者分别从商人的短期寻利、市场的残酷竞争、政府监管失效、技术落后等角度，考察了茶叶质量低劣的原因，这些观点均有一定的合理性，为我们研究茶叶质量提供了不同视角。但已有研究鲜有从信贷约束的角度，去考察信贷约束给茶叶质量的提升造成的负向影响，对信贷约束通过怎样的市场机制影响茶叶质量的考察更是付诸阙如。

从信贷约束的角度，国内外学者对当前出口商品质量不高的原因和内在机理进行了探讨。Fan，Lai 和 Li（2015）认为，在严格的信贷约束条件下，企业只会生产和出口质量低下的商品。Ciani 和 Bartoli（2015）认为，当中小企业很难从银行获取贷款时，生产率低下的企业难以对出口商品质量的提升进行投资。Bernini.et al（2015）认为，当企业出口面临融资约束时，其可能减少风险较高的投资，如减少高质量的中间品，减少企业研发或广告投资，从而导致出口产品质量的降低。张杰（2015）认为，融资约束与企业出口商品质量之间呈现显著的"倒 U"型关系，在中国金融压制环境下，融资约束对民营企业出口产品质量形成显著性的抑制作用。汪建新、黄鹏（2015）认为，信贷约束对企业出口产品质量的影响显著为负，信贷约束使得企业无法得到充足的资金而显著地降低了企业投资高质量产品的行为动力。已有研究为我们考察出口商品质量问题提供了新思路，但也留下了进一步研究的空间：一是已有研究鲜有从微观视角，对信贷机构没有参与质量改进的原因进行研究；二是已有研究在分析信贷约束对质量提升带来的负向影响时，多为实证分析，而理论模型刻画不足。本文主要围绕信贷约束与近代中国出口茶叶质量之关系展开论述，创新之处在于：①与已有对近代中国出口茶叶质量的研究不同，本文将近代中国出口茶叶质量与信贷约束联系起来，并构建了一个两阶段动态博弈模型，

---

① 陈公仁：《中国今日茶业之复兴问题》，《东方杂志》1937 年第 34 卷第 4 期。

来分析信贷约束对出口茶叶质量的制约作用；②关于信贷约束影响出口商品质量的已有研究，大多注重实证检验，本文则着重于探究信贷约束影响出口茶叶质量的微观机制和近代中国出口茶叶质量降低的历史动因。近代中国茶叶出口贸易因茶叶质量低劣而日益衰落的历史表明，只有通过金融支持和政府政策支持，来激励市场主体作出有利于商品质量改进的行为选择，才能促进出口商品质量的提升。

实践和理论均表明，要想解决逆向选择导致的商品质量低劣问题，需要充分发挥中间商的作用。中间商在市场上扮演着专家的角色，决定茶叶质量的走向，应肩负起质量把关和助推制茶号改进茶叶质量的作用。但在近代中国茶叶对外贸易中，作为最重要中间商之一的茶栈却没有肩负起自己的历史使命。"为今之计，似不如由茶商团体自行办理，易得同业信仰。若再故步自封，绝无良果。此则敝会所欲为同业诸君垂涕而道也"。① 对于时人的苦劝，茶栈却置如罔闻。为什么茶栈没有和茶叶产制者（制茶号）一起改进茶叶品质的动机呢？本文认为，自有资金不足的制茶号虽有改进茶叶质量的动机，但由于制茶号存续不定、口岸茶栈之间的激烈竞争、对质量的投资并不能显著提升茶叶的相对价格、在其他领域投资有更好的收益等因素叠加在一起，使口岸茶栈的预期收益得不到保障，因此不愿向制茶号提供改进质量所需的贷款，从而抑制了茶叶质量的改进。此外，为实现自身收益的最大化，口岸茶栈更倾向于通过信贷约束将茶叶质量维持在较低水平上。

二、茶叶贸易中的市场主体关系

近代中国茶叶出口至少要经过茶农→制茶号→口岸茶栈→买茶洋行→外国购买商等环节，其中，口岸茶栈、买茶洋行是最主要的中间商。对中国茶商而言，"出口"就是指将茶叶售卖给在华洋行。因此，在中国市场上，洋行可视为茶叶贸易的终端购买者。在此种贸易结构中，口岸茶栈对茶叶质量所持的态度，将从根本上决定茶叶质量的走向。从理论上来讲，作为代购者和代售者的口岸茶栈，"富有鉴别茶品经验，贷款又属稳妥"。② 这也是茶栈受到洋行倚重的最重要原因之一。但实践证明，口岸茶栈既没有起到质量把关的作用，更没有起到助推制茶号改进茶叶质量的作用。"茶栈为华洋交易枢纽，讵不为同胞力争上游，奈来源杂还，好丑并陈。

---

① 《总商会劝茶商自设检查所》，《银行周报》1924 年第 8 卷第 18 期。
② 范和钧：《屯溪茶业调查》，《国际贸易导报》1937 年第 9 卷第 4 期。

价之高低，尚有微力，货之高下，爱莫能助"。[1] 因此，在论述信贷约束对出口茶叶质量的影响之前，有必要先对近代华茶对外贸易中的市场主体、各市场主体对茶叶质量的态度、信贷机制等问题作进一步的探讨。

（一）买茶洋行：在华购买茶叶者

由于中国茶叶品类繁多、品质优劣仅凭感官检验，所以洋行很难对茶叶质量作出有效鉴别。19 世纪 60 年代，洋行曾大力推行的"内地收购"制度失败的原因就在于此，"由于我们接近了产茶区，也就严重地增加了对任何一种中国茶叶的品质作出鉴定的困难"。[2]19 世纪 70 年代开始，虽然洋行逐渐控制了中国土货的出口权，但是仍不得不依赖买办和行栈等中间商，"虽然中国商人处于被动地位，但是将从内地收集所得之货品运输至沪，再交付洋商这一系列环节的实现，却仍然非中国商人莫属"。[3] 可见，洋行离不开买办和行栈等中间商的主要原因之一，就是希望借助它们获取稳定的商品货源和高质量的商品。

（二）口岸茶栈：代售者和转贷者

口岸茶栈不仅是通过撮合制茶号和洋行进行交易来赚取佣金的贸易中间商，也是向银钱业借款再转贷给制茶号的金融中间商。茶季将届时，制茶号向口岸茶栈预支贷款。茶栈以经验之判断、庄号之信用及私人之友谊来决定是否贷款以及贷款的额度。为办理贷款事宜，口岸茶栈派人进驻产茶区，专司其事。口岸茶栈向制茶号放款有两个目的：一是借助贷款合约控制货源，二是赚取借贷利差。因此，对口岸茶栈而言，放款规模越大，获得的代售权就越多，获利也就越大。"茶栈家收其栈租，得其行佣，粘其子金，坐享其利。生意之大小，以放汇之多寡为数"。[4] 这就意味着，口岸茶栈获取的货源越多，获利就越大。为争抢货源，口岸茶栈之间展开了激烈的竞争："沪上茶栈，为竞争箱额增加，对接客放款大多松滥无度。"[5] 这就使得没有资本的人，也能参与茶叶贸易。为争抢货源，口岸茶栈之间甚至互相诋

---

[1] 《安徽茶商单致中改良华茶说略》，《东方杂志》1909 年第 6 卷第 10 期。

[2] 李必樟编译：《上海近代贸易经济发展概况：1854—1898 年英国驻上海领事贸易报告汇编》，上海社会科学院出版社，1993，第 155 页。

[3] 杜恂诚：《民族资本主义与旧中国政府：1840—1937》，上海社会科学院出版社，1991，第 181 页。

[4] 《茶业有关国课议》，《申报》1889 年 11 月 21 日。

[5] 《祁茶产销现状》，《新新月报》1935 年第 7 期。

毁。例如，堃泰祥茶栈与陈人和茶栈均发布公告，严厉指责对方为争抢货源而制造假盘。[1]

（三）制茶号：借贷者和产制者

制茶号作为茶之精制者，属茶业之中坚分子，多数为临时性组织。其"经营资金之来源，除一部分自有资本外，全赖茶栈贷款及投资，方可应付"。[2] 然而，由于制茶号多为临时性组织，几乎没有固定资产，所以，"一旦茶价跌落，制茶号亏本，既不能处置制茶号的资产以为抵偿，结果惟有划入坏账了事"。[3] 再加上茶叶价格普遍波动较大，制茶号常常因盈亏不定而存续不定："近数年来，海外市场，畅销不一，茶号盈亏，彼此互见，谚云'茶叶两头尖，三年两年要发癫'，此兴彼仆，岁所常有。"[4] 与此同时，由于近代中国是一个"转型"和"分割"的社会，信息分割严重，"信用调查有不确实、不及时、不完备三大弊"。[5] 于是，一些制茶号便利用这些弊端，通过隐匿信息或更改牌号等手段来骗贷，或另投其他口岸茶栈。因此，口岸茶栈和制茶号很难建立长期稳定的贷款关系，二者的贷款关系基本上都是逐年确立的。

口岸茶栈与制茶号的短期贷款关系，虽然有利于口岸茶栈控制更多的货源、规避放款的风险，但是制约了制茶号对茶叶质量的改进。尽管制茶号"无不日夜竞竞，悉心求优"，[6] 但由于不能与口岸茶栈建立起稳定的贷款关系，长期获得它们的贷款及投资，从而导致制茶号对茶叶质量改进的投资不足。此外，近代中国金融制度的内在缺陷、得不到政府产业政策和财政政策的扶持，也使得制茶号得不到改进茶叶质量所需的大量资金。

三、茶叶质量决定模型

鉴于茶叶质量改进是一个复杂而长期的过程，故在探讨近代中国茶叶质量改进

---

① 《诬造假盘 情理难容》，《申报》1879 年 7 月 17 日；《声明》，《申报》1879 年 7 月 21 日。
② 范和钧：《屯溪茶业调查》，《国际贸易导报》1937 年第 9 卷第 4 期。
③ 吴觉农、范和钧：《中国茶业问题》，上海商务印书馆，1937，第 240 页。
④ 傅宏镇：《皖浙新安江流域之茶业》，《国际贸易导报》1934 年第 6 卷第 7 期。
⑤ 程本固：《信用放款及抵押放款与垫购押款之比较》，《银行周报》1921 年第 5 卷第 38 期。
⑥ 张维：《祁红茶产制运销改进之意见书》，《经济旬刊》1937 年第 7 卷第 13—14 期。

的问题之前，有必要先对其他主要产茶国为改进茶叶质量所作的技术和项目改进作一介绍，以便我们明确茶叶质量改进的方向。通过分析、梳理相关史料不难发现，其他主要产茶国在提高茶叶质量方面的投资，主要体现在以下三个方面。

首先，十分重视优良茶种的培育与推广，更新老化的茶树。如在日本和印度，茶叶种植者十分注重培育优良茶种和对茶树的更新换代。[①] 其次，十分重视机器的研发与应用。如自19世纪50年代起，英国人就开始研制各种茶叶机械，并积极推广到茶叶生产中去。[②] 日本则根据本国茶业的特征，研发、改造出适合自身茶叶产制的机器。机器在提高茶叶质量方面的作用是显而易见的："印茶烘制之法与华茶大相径庭，印茶自烘制以致装箱，无一不用机器，而人工极为有限，是以色香味皆胜华产。不特此也，因机器力匀，而烘制之茶通盘一律，无参差优劣之病。"[③] 最后，在茶叶的生产和研究方面投入大量资金和人力。如印度和锡兰的茶业协会，专门设有人才济济、设备先进的科学部，专门研究茶叶生产过程中的各种问题。"1930年，科学部经费达到327538卢比，均由协会会员筹集而来"。[④] 此外，日本也投入相当可观的资金，用于茶叶栽培及制造的科学研究以及教育、指导茶叶生产的工作。[⑤]

当其他主要产茶国纷纷致力于改进茶叶品质时，近代中国在提升茶叶质量方面的投入却是微乎其微的。"茶树的精心培育和制茶机器的采用，可以有效改进茶叶质量。然而到目前为止，中国人在此方面并没有做过什么"。[⑥] 依据经济逻辑，对茶叶品质进行改进，可提高中国茶叶在国际市场上的竞争力，对制茶号无疑是有利的。但对制茶号而言，只有在自身不受资金约束的情况下，才能致力于茶叶质量的提升。但史料表明，制茶号受资金约束的程度非常严重，究其原因有四：一是自有资金普遍不多；二是作为贸易和金融中间商的口岸茶栈，没有向制茶号提供长期稳定的贷款；三是近代中国的金融制度并不完善，难以为制茶号提供改进茶叶质量所需的金融服务；四是近代中国的产业政策和财政政策是落后的，并不能为制茶号改进茶叶质量提供必要的政策支持。这些因素叠加在一起，使得制茶号面临的资金约

---

① （美）威廉·乌克斯著：《茶叶全书》，依佳、刘涛等译，东方出版社，2011，第321、406页。

② （美）威廉·乌克斯著：《茶叶全书》，依佳、刘涛等译，东方出版社，2011，第185页。

③ 《论中国茶叶之衰如何设法补救》，《时务报》1897年第42册。

④ （美）威廉·乌克斯著：《茶叶全书》，依佳、刘涛等译，东方出版社，2011，第194页。

⑤ （美）威廉·乌克斯著：《茶叶全书》，依佳、刘涛等译，东方出版社，2011，第338—339页。

⑥ "Proposed Improvements In China Tea Growing", The North-China Herald, December 26,1890, P784. "The cultivation of the plant to be given more and the introduction of machinery would improve the make and appearance of the tea. China at present cannot do this".

束问题十分严重。这里将重点考察的是口岸茶栈不愿向制茶号提供长期贷款的内在机理,至于制约制茶号改进茶叶质量的其他因素,将在本文第四部分展开论述。

在自有资金不足且很难从金融机构、政府那里获得资金支持的情况下,制茶号的营运资金大多是向口岸茶栈借贷的,但口岸茶栈提供的短期贷款十分有限,更没有推动制茶号提升茶叶质量的激励机制。基于帕累托改进理论,改进茶叶质量会提高中国茶叶在国际市场上的竞争力,作为生产剩余分享者的口岸茶栈也能从中获益,但对口岸茶栈而言,茶叶质量改进所带来的收益是无法保障的。尤其是当制茶号因市场风险高而存续不定,或口岸茶栈无法长期垄断代售权时,口岸茶栈就更不愿意向那些想改进茶叶质量但缺乏资金的制茶号提供长期借贷了。史料显示,口岸茶栈经营者为了谋求高额收益,通常将积累的资本投资于其他低风险行业。这就从一个侧面说明,茶栈同样也有其他的投资机会,因此,外部选择(Outside Option)也在一定程度上抑制了茶栈在提升茶叶品质方面的投入。

接下来,笔者通过构建一个两阶段动态博弈模型,来分析制茶号和口岸茶栈在质量改进方面的投资行为,以及二者在茶叶对外贸易中的生产和销售行为。具体而言,第一阶段,口岸茶栈决定用于质量改进的贷款额度;第二阶段,口岸茶栈向制茶号投放生产资金,制茶号基于既有技术条件进行生产,并将成品茶叶委托给口岸茶栈代售,口岸茶栈和制茶号共同分享产售创造的剩余。

正式分析之前,我们需要作以下五点假设:

(1)口岸茶栈和制茶号的谈判力外生给定,θ 和 $(1-\theta)$。

(2)假定茶叶质量分为高质量和低质量两类,市场价格分别为 p_h 和 p_l。尽管洋行和制茶号之间存在着有关茶叶质量的信息不对称问题,但作为市场中介的口岸茶栈可以通过一定的检测手段,对茶叶质量进行鉴定和识别,一定程度上降低了买卖双方质量信息的不对称程度,提高了洋行对高质量茶叶的支付意愿。因此,被鉴定为高质量的茶叶的市场价格要高于低质量茶叶,即 $p_h > p_l$。

(3)茶叶质量改进的主要途径是茶种研发、机器设备研发或改进、技艺等人力资本积累。茶叶质量改进的结果主要表现为高质量茶叶所占产品的比重 τ。在不引起混淆的前提下,可将高质量茶叶的占比称作制茶号的技术水平。而质量改进的程度依赖于前期的资金投入,质量改进投资 I 越高,第二阶段的茶叶生产中,高质量茶叶占比就越高,也就是说,$\tau'(I) > 0$。但质量投资对技术改进的边际贡献趋于递减,即 $\tau''(I) < 0$。需要指明得失,若不进行质量投资,优质茶的比例为 $\tau(0) > 0$。

（4）日常经营成本，比如原茶采购、人工支出等成本，可被视作可变成本。给定茶叶的总产量，可变成本往往是给定的。生产 q 单位的茶叶，制茶号的可变生产成本为 C(q)，且满足以下条件：

$$C'(q) > 0, C''(q) > 0$$

具体的经济含义为，制茶号面临递增的边际成本。

（5）制茶号的质量投资主要来自口岸茶栈的贷款，相应地，该贷款将会给口岸茶栈带来成本负担。不失一般性，可将此类成本理解为口岸茶栈的机会成本。例如，口岸茶栈可以将该款项用于制茶号的生产性资金，获取利息和代销佣金等收益。此外，口岸茶栈也面临着其他行业的投资收益带来的机会成本。因此，不妨假设口岸茶栈的质量投资成本为 L(I) > 0，满足 L'(I) > 0；L''(I) ≥ 0。

接下来，笔者将分析一种理想的经济环境——口岸茶栈和制茶号之间可以保持长期稳定的合作关系，并将其作为比较标准，用以分析口岸茶栈和制茶号之间合作关系的不确定性对质量投资的负面影响。

（1）可以长期合作

由于制茶号受资金约束的程度非常严重，通常来讲，质量改进的投资额依赖于口岸茶栈的借贷规模。如果口岸茶栈和制茶号可以在茶叶质量检查方面维持长期的合作关系，口岸茶栈就可以分享茶叶质量改进所创造的剩余。口岸茶栈和制茶号可以通过某种关系型合约，维持长期的合作关系。根据逆向归纳法进行分析，这里首先利用"Nash 谈判模型"来分析口岸茶栈和制茶号各自在第二阶段的利润，[①] 其中，用 v 表示口岸茶栈在产售环节的收益，$\underline{v}$ 则表示口岸茶栈在外部的收益，即口岸茶栈将资金投放于其他行业可获取的收益；π 则表示制茶号在第二阶段的收益。因此，产售阶段的"Nash 谈判模型"表达如下：

$$\max_{(v,\pi)} (v - \underline{v})^\theta \pi^{(1-\theta)}$$
$$s.t. \quad v + \pi = \max_q [\tau(I)p_h + (1-\tau(I))p_l]q - C(q)$$
$$= [\tau(I)p_h + (1-\tau(I))p_l]q^* - C(q^*)$$

式 1

这里，$C'(q^*) = [\tau(I)p_h + (1-\tau(I))p_l]$

令 $w(I) = [\tau(I)p_h + (1-\tau(I))p_l]q^* - C(q^*)$

---

① 现有研究通常借用"Nash 谈判模型"，分析合作双方在长期关系中的收益。

口岸茶栈和制茶号的谈判收益分别为：

$$v(I) = \theta w(I) + (1-\theta)\underline{v}, \quad \pi(I) = (1-\theta)[w(I) - \underline{v}]$$

式2

不难发现，口岸茶栈和制茶号在第二阶段的收益取决于第一阶段的质量投资。由于

$$v'(I) = (p_h - p_l)q^* \tau'(I) > 0$$

因此，口岸茶栈在第一阶段质量投资的增加，会提高其在第二阶段的收益。此外，两类茶叶的价格差异越明显，质量投资的边际收益就越高；茶叶总产量越高，质量投资的边际收益就越高。假定不存在折现问题，进一步分析口岸茶栈在第一阶段的最优借贷。此时，口岸茶栈的目标函数可以写作：

$$\max_I v(I) - L(I)$$

不难推出，口岸茶栈在第一阶段的最优质量投资 I^* 应满足以下一阶条件：

$$v'(I^*) - L'(I^*) = 0$$

由该条件可知，如果优质茶和劣质茶的市场价差 $\Delta p(= p_h - p_l)$ 不明显时，口岸茶栈将会没为制茶号进行质量投资提供贷款的激励。需要指明的是，当市场上充斥着伪劣茶叶时，买卖双方（包括作为中间商的口岸茶栈）往往面临着产品质量信息的不对称，因此买茶洋行对优质茶和劣质茶的出价比较接近。这类似于 *Akerlof* （1970）对"柠檬"市场的论述。此外，当面临着日本、印度以及锡兰等其他主要产茶国家的竞争时，中国茶叶价格的走低也压制了国际市场上优质茶和劣质茶之间的价差，从而降低了口岸茶栈为质量改进者提供贷款的激励。此外，茶叶生产的人工成本的增加以及原茶价格的波动，不仅降低了第二期的茶叶产量，更降低了第一阶段质量投资的潜在收益。此外，如果质量投资对优质茶叶生产的促进作用不显著，质量投资的收益就会更加无法保障。最后需要强调的是，质量投资机会成本的上升，如当期市场茶叶需求的旺盛或者投资其他行业收益的增加，均会降低口岸茶栈对制茶号进行质量投资提供贷款的意愿。

（2）长期关系难以维持时

如前所述，由于制茶号的存续具有不确定性（通常表现为破产、变更字号、藏匿等形式），所以口岸茶栈与制茶号的关系长期处于不稳定状态。此外，鉴于优质

茶叶的稀缺性，口岸茶栈为了抢夺那些拥有先进技术且能提供优质茶叶的制茶号进行激烈的竞争，也造成了制茶号与口岸茶栈合作关系的短期化。接下来，笔者将进一步通过模型来分析口岸茶栈和制茶号之间合作关系的不确定性对质量投资的负面影响。

制茶号在第二阶段获得与其他口岸茶栈合作机会的可能性，与自身的生产技术水平有关。制茶号的产制技术越高，寻找到新的合作茶栈的可能性就越大。而技术水平又取决于此前的质量投资，质量投资越高，技术水平就越先进。因此，制茶号寻找到新的合作茶栈的可能性，与质量投资额度直接相关。这里，用 $\mu(I)$ 表示制茶号寻找到新的合作茶栈的概率。

此外，还需要特别说明的是，口岸茶栈如果在第二阶段中断与原有制茶号的合作关系后，通常会寻找其他制茶号并向其提供生产贷款。不妨假定，新合作的制茶号并未进行过质量投资，其技术水平为 $\tau(0)$，相应地，口岸茶栈的收益为 $v(0)$ ($>\underline{v}$)。因此，当口岸茶栈中断与原有制茶号的合作关系时，第二阶段的收益变为 $v(0)$。

如果口岸茶栈与原有制茶号的合作关系得以继续延续，类似于问题（1），口岸茶栈的均衡收益为 $v(I)$。因此，给定质量投资 I，口岸茶栈的期望收益为：

$$Ev(I) = \mu(I)v(0) + [1 - \mu(I)]v(I) < v(I)$$

不难发现，口岸茶栈和制茶号合作关系的不稳定，使得口岸茶栈用于质量投资的收益无法保障。为了进一步分析合作关系的不稳定对口岸茶栈进行质量投资的影响，再回到第一次。结合口岸茶栈贷款的成本函数 $L(I)$，其在第一阶段的目标可作如下表示：

$$\max_I Ev(I) - L(I)$$

因此，口岸茶栈在第一阶段的最优贷款 I^{**}，满足以下一阶条件：

$$v'(I^{**}) - L'(I^{**}) + [v(0) - v(I^{**})]\mu'(I^{**}) - \mu(I^{**})v'(I^{**}) = 0$$

由于 $v'(I) > 0, v''(I) < 0, L''(I) \geqslant 0$，因此，$I^{**} < I^*$。这表明合作关系的不稳定，导致口岸茶栈对制茶号改进质量的投资严重不足，从而抑制了茶叶质量的改进。概括而言，口岸茶栈的利益追求与茶叶质量改进之间的冲突，导致制茶号只能从口岸茶栈获取用于提升茶叶质量的短期贷款，而无法获得长期贷款。此外，史料显示，制茶号越容易取得新的口岸茶栈的合作，新的口岸茶栈就会越惜贷。因此，在其他

条件不变的前提下，制茶号需要借助某种承诺机制，以与口岸茶栈建立起长期稳定的合作关系，促动口岸茶栈为制茶号改进茶叶质量提供长期贷款，最终实现双赢的局面。

四、制约质量改进的历史分析

毫无疑问，商品质量改进是一个长期而复杂的系统过程，而信贷约束是影响质量改进的主要因素之一。如前所述，除口岸茶栈没有为制茶号改进茶叶质量提供长期贷款的意愿外，中间商对茶叶贸易的操纵、既有金融制度的内在缺陷、无力的政府产业政策和财政政策等因素叠加在一起，共同导致了制茶号改进茶叶质量的激励不足和资金不足。具体来说，这些因素制约茶叶质量改进的逻辑关系是：一是在近代相当长的一段时期内，中间商主导中国对外贸易，它们操纵价格、贷款和交易规则，导致自有资金不足的制茶号很难从质量改进中获取收益，从而缺乏改进质量的动力。二是由于作为贸易中间商和金融中间商的口岸茶栈难以从茶叶质量改进中获得预期的收益，所以它们不愿为制茶号提供改进质量所需的长期贷款。三是由于近代中国金融制度的内在缺陷，制茶号无法从国内金融机构获得维持运营所需的贷款；四是在中间商和金融制度的双重信贷约束下，无力的政府产业政策和财政政策也不能为制茶号的质量改进提供必要的政策扶持。下面，笔者将分别对上述四个制约茶叶质量改进的因素进行全面的历史分析。

第一，中间商操纵贸易导致制茶号改进质量的激励不足。

商品质量改进的一个重要前提，就是要为质量改进者提供足够的激励。近代中国茶叶贸易所处的历史环境无法为制茶号提供足够的激励，使制茶号普遍缺乏改进茶叶质量的主动性和积极性。众所周知，近代中国茶叶对外贸易完全是由洋行、买办和口岸茶栈等中间商共同主导的，在整个贸易活动中，制茶号和中间商始终处于不平等的地位。洋行、买办和口岸茶栈等中间商凭借手中的定价权、出口权、贷款权、贸易规则制定权等，完全垄断了华茶贸易，使华茶的价格极不稳定。与此同时，制茶号由于自有资金不足，营运资金主要依靠向口岸茶栈借贷，在自身收益根本无法保障的情况下，对改进茶叶质量只能采取消极态度了。

例如："免税亦大可纾商之困，然内中有根本问题存焉。制成之茶，一任茶商（洋行、买办和口岸茶栈）之操纵，年来受此衰况，贩卖者则藉词把持，左右市价，而所免之税仅使茶商得益，于生产者未得丝毫之利。此不得不谓之消极的茶业政策。"[①] 再加上洋行割价严重、贷款利息高且期限短，导致制茶号"不得不设法（掺假作伪、低劣产制）以求利"。[②] 此外，机器制茶虽然是茶叶质量改进的不二选择、茶叶生产的必然趋势，但是由于茶叶贸易完全被洋行、买办和口岸茶栈垄断，所以制茶号既无法从机器投资中获取合理收益，也无法形成对未来明确而稳定的预期。对大多数制茶号而言，制茶机器是可望而不可即的。"机器能否制造，茫无把握，招商购置，力多不及，承办无人"。[③] 19 世纪末、20 世纪初，一些地方也曾掀起过使用机械改进茶叶质量的小高潮，但很快就退回到传统的手工制茶方式，这也说明了中国茶叶质量很难改进的一个主因就是，近代中国的市场环境和贸易制度，并不能为那些有意改进茶叶质量但自有资金不足的制茶号提供足够的激励。

第二，制茶号面临口岸茶栈长期放款不足的约束。

总体来说，近代中国各产茶区的制茶号的存续状态是极不稳定的。例如："浙江各地的制茶号变迁迅速，此仆彼兴，年有增减。各家制茶号一有亏折，即不能维持。股本一次改组，牌号即有一次变更。其能继续经营数十年的，那是不大有的事。大多盈年则制茶号增，亏年则制茶号减，这差不多就是浙省历年演进的公式。"[④] 至于其他主要产茶省区的情况，基本也是如此。正如本文在"茶叶质量决定模型"部分所分析的那样，由于制茶号的存续不定，口岸茶栈很难与其建立稳定的业务关系。再加上质量提升本是一个长期而复杂的系统工程，口岸茶栈很难从中获得预期的收益，所以口岸茶栈并不愿为制茶号改进茶叶质量提供长期、稳定的贷款。

鉴于很难从投资质量中获取预期的收益，所以口岸茶栈将控制货源作为获利的关键。佣金和放款利息是口岸茶栈的两项主要收入，而这两项收入的实现都要求口岸茶栈控制大量货源。一般来说，口岸茶栈控制货源的主要方式有两种：一是对没有接受贷款的制茶号，提供种种便利，"内栈（制茶号）之未向外栈（口岸茶栈）借款者，外栈亦例须迁就，所谓稳赚佣金是也"。[⑤] 二是对有贷款需求的制茶号，一再降低贷款门槛，"只要有一茶号，并不问其有无资本，多少箱额，竟随意付用，

---

① 葛敬应：《品质增进主义的华茶救济谈》，《中华农学会报》1923 年第 37 期。
② 《上海关道邵观察谕饬茶商后》，《申报》1886 年 2 月 28 日。
③ 何润生：《徽属茶务条陈》，《实务报》1897 年第 55 册，第 300 页。
④ 李壬：《浙江省之茶业》，《实业部月刊》1937 年第 2 卷第 4 期。
⑤ 马思齐：《经营茶业九年之经历谈》，《浙江省建设月刊》1937 年第 10 卷第 8 期。

甚至有未定设号与否，亦劝用劝设备者"。① 随着贷款门槛的一再降低，一些制茶号常常通过隐匿信息或更改牌号等手段，同时与多家口岸茶栈建立业务关系，从而达到骗贷、不还旧欠、另投别栈等目的。上海茶业公会档案中，关于口岸茶栈争夺制茶号货源的例子比比皆是。例如，忠信昌茶栈和永盛昌茶栈为制茶号胡义隆改牌为合兴隆所起的冲突，公升永茶栈和源丰润茶栈为制茶号正成永改牌为正成祥所起的冲突。② 这些案例充分说明，制茶号的存续不定，口岸茶栈之间的激烈竞争，使得口岸茶栈和制茶号之间很难建立起长期稳定的业务关系，"外栈（口岸茶栈）对于招徕内栈（制茶号），迎新送旧，无异娼妓"。③

口岸茶栈对制茶号的无原则迁就和短期贷款门槛的一再降低，再加上买茶洋行的竞买，使得制茶号的茶叶无论品质如何，均被迅速一抢而空，这就造成制茶号对质量投资的激励不足。*North China Herald* 曾报道说："一般而言，成交对茶中间商人有利，因为品质较差而被一位购买商拒绝的茶，立即被另一购买商所买去。"④ 19世纪80年代后，口岸茶栈和买茶洋行结成了紧密的利益共同体，它们对外排斥竞争对手、控制代售权，对内进行业务和资金绑定。因此，接受口岸茶栈放款的制茶号，即使其茶叶质量十分低劣，在大多数的年份里，基本都能被买茶洋行收购。这种结果进一步"使中国商人更坚定了无需改革的信念，他们不愿正视中国茶叶在英国消费量持续下降，以及要恢复其地位的唯一希望是改进制造方法这一问题"。⑤

第三，制茶号面临近代中国金融制度内在缺陷的约束。

近代中国存在两种金融制度，第一种是传统金融制度，以典当和钱庄为主要形态。受到信息不对称严重、资金短缺、交易成本高昂等因素的制约，传统金融机构的借贷利率普遍高于新式金融机构。与此同时，在投资报酬率无法提高的情形下，传统金融机构的借贷规模，尤其在农村地区，总体上很有限。⑥ 这些缺陷的存在，使传统金融制度不但起不到扶持农业发展的作用，反而加速了农民的破产。⑦ 第二

---

① 《拟改良徽州茶业意见书》，《申报》1914 年 7 月 3 日。

② 《茶业会馆议事录一》，1927 年 6 月 19 日，上海市档案馆藏，档号：S₁98-1-13。

③ 马思齐：《经营茶业九年之经历谈》，《浙江省建设月刊》1937 年第 10 卷第 8 期。

④ 陈慈玉：《近代中国茶业之发展》，中国人民大学出版社，2013，第 282 页。

⑤ 李必樟译编：《上海近代贸易经济发展概况：1854—1898 年英国驻上海领事贸易报告汇编》，上海社会科学院出版社，1993，第 736 页。

⑥ 彭凯翔、陈志武、袁为鹏：《近代中国农村借贷市场的机制——基于民间文书的研究》，《经济研究》2008 年第 5 期。

⑦ 郑起东：《转型期的华北农村社会》，上海书店出版社，2004，第 355 页。

种是新式金融制度，以银行为主要代表。虽然新式金融机构具有资金充裕、利息较低等优点，但无法广泛深入农村地区，"我国银行界对于金融之运用，向以经营政府公债与投资城市之工商业为主要业务。而以农村放款周转不灵，又加以农业信用未曾普及，于安全一道，决不轻易尝试"。① 在此种社会历史禀赋环境中，即使制茶号有意提高茶叶品质，但受到近代金融制度内在缺陷的制约，也很难进行质量投资，具体表现为以下三个方面。

一是借贷成本高，对制茶号的质量投资造成不利影响。"收茶精制之小商人资本薄弱，不得已依赖居间商向中央市场之茶栈要求垫生产资金，利息乃为二分至三分之高利，以视印度之茶业者以四五厘之低利能得自由之供给，其不利孰甚"？② 可见，借贷成本的居高不下，已严重影响到制茶号的生存和发展，"一旦金融紧缩，一般制茶商以经济来源缺乏，便不得不将其制茶栈闭歇"。③ 二是借贷周期短，对制茶号质量投资具有一定的抑制作用。口岸茶栈对制茶号的放款，大都以六个月为期限，月息在一分五厘至二分之间。高昂的借款成本和紧迫的还款期限，常常迫使制茶号急于求售，"而洋商渐知其弊，于是买茶率多挑剔，故抑其价。茶商债限既迫，只求速销偿债，而成本之轻重不能复计。一经亏折，相率倒闭。其资本充足者，势不能不随众贱售。茶务之坏，多由于此"。④ 三是借贷门槛高，也在一定程度上制约了制茶号的质量投资。茶叶贸易本就是一个高风险行业，而城市里的银钱业则因"农村放款周转不灵"，加上对茶叶市场不熟悉，不敢贸然向制茶号放款。借贷门槛高，使本就自有资金不足的制茶号很难有多余的资金用于改进茶叶质量。假如制茶号能获得充裕的资金支持，也是可以改进茶叶质量的。例如："上海合中公司，为沪银行界张公权等所组织，其营业范围，完全购办国货，自运国外销售。去岁，该公司茶叶部在沪自制婺源等高庄绿茶，运销英法各国，为数不下万余箱。"⑤

第四，无力的产业政策和财政政策制约了茶叶质量的改进。

美国经济学家格申克龙认为，在相当一部分落后国家，资本是短缺的，并且处于分散状态，人们在相当大程度上对产业活动不信任，所以专门为产业发展提供金

---

① 徐润生：《农村金融及其调剂之刍见》，《实业统计》1933 年第 1 卷第 5—6 期。
② 赵竞南：《我国茶业衰退之原因及其对策》，《浙江建设月刊》1929 年第 2 期。
③ 王哲：《我国茶业危机及其救济方案（下）》，《商业月刊》1934 年第 14 卷第 9 期。
④ 〔清〕张之洞：《张文襄公全集》卷 32，中国书店影印，1990，第 599 页。
⑤ 《徽茶商积极改良茶产》，《中行月刊》1934 年第 8 卷第 3 期。

融服务的银行业，就被视为落后国家实现工业化的特殊手段。[1] 同样地，组建适应经济发展需要的现代银行，为经济发展提供必要的金融服务，也应是近代中国政府的重要职责之一。近代华茶贸易的衰落以及茶业发展的举步维艰充分表明，要想挽救华茶，改变旧有产业政策和财政政策势在必行。然而，晚清政府由于财政上的困顿、财政管理和政策制定上的无能，很难为茶业发展提供必要的制度供给。北洋政府无论是在财政上，还是在行政控制上，都比晚清政府更弱。当时的金融发展呈自由市场形态，政府不起重要作用，自然不能为茶叶质量改进提供必要的金融服务。

尽管近代中国政府已经意识到，有效的制度供给对茶业的发展具有举足轻重的作用，但受自身财政困绌和能力不足的制约而作用有限。[2] 由于茶叶的生产和贸易具有明显的季节性，需要将茶业经营与银行业融资有机结合起来，设立专门的茶叶银行。尽管中国官员早有筹设近代银行体系以扶持产业发展的提议，但由于当局统筹、调拨全国财政收入能力的不足，该提议一直未能付诸实践。美国学者费正清曾经精辟地指出，清政府的无能主要体现在财政管理与政策制定方面。清政府的财政制度陈旧而过时，这种制度仍然以农业税收作为整个财政收入的基础，各个省份在完成中央政府规定的赋税之后，余下的部分为各省份自己留存，用以维持各省的用度。这种财政收支既无预算和审计，更没有中央的计划与调控可言。[3] 在茶业政策的制定方面，近代中国政府，尤其晚清政府和北洋政府都表现得相当无能，"茶叶出口的减少，在很大程度上是因为中国的出口商面临着日本和印度日益激烈的竞争，而又不能在产茶者和中间商内部贯彻质量标准"。[4] 总之，在扶持产业发展方面，"19世纪后期的中国政府肯定是没有能力提供积极的支援的。意识形态、传统的财政措施以及收支的格局，都是对采取顺应形势的行动的障碍"。[5]

综上所述，由于近代中国的贸易环境和制度供给无法为制茶号提供足够的激励，口岸茶栈与制茶号之间难以形成长期的合作关系，使得口岸茶栈不愿向制茶号提供长期贷款，再加上既有金融制度的内在缺陷和政府在制度供给方面的无能，这

---

① （美）亚历山大·格申克龙著：《经济落后的历史透视》，张凤林译，商务印书馆，2009，第18—19页。

② 方燮、洪越：《茶业政策之规划》，《实业杂志》1912年第6期。

③ （美）费正清：《中国：传统与变迁》，张沛译，世界知识出版社，2002，第379页。

④ （美）费正清等编：《剑桥中国晚清史：1800—1911年》下册，刘广京等译，中国社会科学出版社，1985，第64页。

⑤ （美）费正清等编：《剑桥中国晚清史：1800—1911年》下册，刘广京等译，中国社会科学出版社，1985，第74页。

些因素叠加在一起，从深层次上制约了近代中国茶叶质量的改进，也抑制了茶业的变革与发展。

五、总结与启示

本文从信贷约束的角度，对近代中国茶叶质量改进的困难及其原因进行了考察。研究表明，由于茶叶的种植、加工、流通皆受时间和环境的限制，其质量改进是一个长期而复杂的系统过程，需要利率低廉、长期稳定的信贷支持。一方面，制茶号大都规模狭小、资本薄弱，加上茶叶价格波动大，它们常常因盈亏不定而存续不定，很难与口岸茶栈建立长期稳定的业务关系。另一方面，口岸茶栈因无法从茶叶质量改进中获得稳定的预期收益，所以不愿向制茶号提供长期稳定的贷款。口岸茶栈之间存在着激烈的竞争，它们常常通过降低放款门槛和迁就等手段，来控制更多的货源。在口岸茶栈的竞买下，即使茶叶品质低劣，仍能很好地销售出去，从而导致制茶号普遍漠视质量的提高，甚至为了获得更多利润而产假作伪，使茶叶质量变得越来越低劣。此外，外部选择也在很大程度上抑制了口岸茶栈在茶叶行业的投资，由于投资其他领域所获得的"好处"比从茶叶质量改进中获得的要大得多，因此，口岸茶栈不愿为制茶号改进茶叶质量提供贷款。研究还表明，市场信息的严重不对称、既有金融制度的内在缺陷和政府无力的制度供给等，也从深层次上制约了近代中国茶叶质量的改进，并抑制了茶业的变革与发展。

本文的研究结论对我国当前的商品质量体系的构建、对外贸易政策和金融政策的制度性改革，提供了三个层面的历史经验借鉴。

首先，政府应从深层次上推进金融体制改革。除要加强市场监管和鼓励创新外，政府更需从深层次上推进金融体制改革。改革方向应以提升出口企业融资能力、降低融资成本与门槛为目标。尤其是为农产品出口企业提供信贷服务时，应充分考虑这些企业普遍资本不足、农业生产具有季节性强、周期相对较长等特点。因此，应降低农产品出口企业的借贷门槛，为其提供较低利率的长期贷款。

其次，政府应为金融机构和从事出口产品生产的企业提供激励。在全球化背景下，国内市场和国际市场已经高度融合，提高出口产品质量所需的机器和原材料大都可以通过市场获得。在此背景下，我国部分出口商品的质量依然低劣，主要是因为从事出口产品生产的企业受到资金不足和激励不足的制约，即一些企业虽有提升产品质量的意愿，但受制于资金不足；一些企业虽不缺少提升产品质量的资金，但是因对质量投资的未来预期收益不确定，所以不愿进行质量升级投资。因此，政府应在积极引导金融机构加大对有意进行质量升级的企业提供长期稳定的贷款的同时，还应保护市场主体之间的契约执行，以增强交易主体之间的市场互信和市场预期。

最后，政府应为旨在改进产品质量的技术革新提供便利化服务。毫无疑问，现代政府在技术革新与进步方面具有独特的作用，尤其是对于后发国家来说，政府的作用更加重大，"国家越落后，政府开拓的余地越大。需要由政府来支持研究、请移民来建立新工业、保护新兴工业、支持外贸工作、建立农业推广服务、低息提供贷款，等等"。[①] 本研究表明，由于财政困窘、提供公共服务的能力不足等，近代中国政府不能为茶产业的技术革新提供便利化的服务。这就启示我们，在加快推进供给侧结构性改革和对外贸易"由量到质"转型的时代背景下，政府应着力培养推进技术进步的市场主体，完善技术革新所需的基础设施和社会环境，为技术革新提供便利化的服务。

有关信贷约束与商品质量关系的研究领域，学界虽然取得了一定的进展，但仍有许多值得深入研究和探讨的空间。在未来的研究中，笔者将进一步聚焦于以下两个方向的研究。一是在近代中国对外贸易的环境中，在信贷约束的条件下，各市场主体之间为攫取最大化收益，进行了激烈的市场博弈，导致市场价格被严重扭曲，价格发现和调节市场等功能相继失效，最终使口岸茶栈和制茶号分别丧失了严格鉴定商品质量和生产优质茶叶的激励。二是如何克服信贷约束，促进质量的提高。从一般意义上来讲，政府应推出什么样的产业政策和公共服务，才能有助于商品质量的提高？在促进商品质量改进的过程中，应如何划定政府和市场的边界？这些问题的进一步厘清，可为我国商品质量的提升和供给侧结构性改革提供有益的借鉴和参考。

---

① （英）阿瑟·刘易斯著：《经济增长理论》，周师铭、沈丙杰、沈伯根译，商务印书馆，1999，第507页。

论近代外商在华企业的优先股制度

——兼与华商企业比较

郭岩伟 *

内容提要：近代外商在华企业不仅长期在资金和技术上处于优势地位，而且在企业制度方面也领风气之先。优先股作为近代西方股份制企业中特种股份的重要类型之一，亦被诸多外商在华企业作为重要的融资工具引入中国，并对其企业的权力结构均衡和融资成本优化产生了非常深远的影响。因此对近代外商在华企业中的优先股作出系统分析，并探讨其与华商企业优先股之间的关系，不仅对进一步了解近代外商在华企业组织制度有重要意义，而且有助于完善近代中外企业制度变迁的研究。

关键词：近代；外商在华企业；华商企业；优先股

目前，学界对中国近代股份制企业，尤其是华商企业普通股的研究已经非常深入，对其特种股份（如优先股）的研究亦颇为到位。张忠民提出了近代华商企业优先股并不等同于现代西方企业制度中的优先股的观点，并对优先股的存在及来源作了简要论述，但其参照对象并非近代外商在华企业的优先股；[①] 李玉在研究中列举了众多华商企业发行的优先股，并对之作了精要分析；[②] 杜恂诚关注的是优先股在限制大股东权力方面的独到作用；[③] 郭岩伟在系统归纳近代华商企业六种优先股基本特征的基础上，提出在股票权益方面，近代华商企业优先股相对于普通股是一种

---

* 郭岩伟，西南财经大学马克思主义学院讲师。

① 张忠民：《近代中国公司制度中的"官利"与公司资本筹集》，《改革》1998 年第 3 期，第123—124 页。

② 李玉：《北洋时期股份有限公司的股份制度述论》，《民国档案》2006 年第 3 期，第 62—64 页。

③ 杜恂诚：《近代中国股份有限公司治理结构中的大股东权利》，《财经研究》2007 年第 12 期，第 38 页。

"特权附加"关系的观点。①

但是，关于近代外商在华企业的优先股及中外企业优先股的系统对比研究，学界尚较少触及，仅有少数学者在研究中偶尔提及近代外商在华企业的优先股，② 另有少数学者从世界史或其他学科的角度来研究西方企业中的优先股。③ 国外的相关研究则主要集中于西方企业制度中的优先股，并未涉及外商在华企业。④ 本文从近代中国的主流报刊，如《字林西报》《北华捷报》《申报》及租界档案记载的中英文企业章程、企业招股章程、股东会记录、企业年报、企业兼并破产报道及股票交易信息等入手，在系统归纳外商在华企业优先股基本特征的基础上，从企业制度的角度，对近代中国同时存在的两种不同性质的优先股做进一步分析。

首先，对外商在华企业作一界定。本文所探讨的外商在华企业主要有两类：一是总部在国外的外国企业在华开办的分支机构，如汇源银行（The Cathay Trust, Ld.）⑤ 等；二是外国商人或组织在华招股集资创办的企业，如瑞镕船厂（New Engineering & Shipbuilding Works, Ld.）、⑥ 怡和纱厂（The Ewo Cotton Spinning and Weaving Co., Ld. 或 The Ewo Cotton Mills, Ltd.）、⑦ 上海自来水公司（Shanghai Waterworks

---

① 郭岩伟：《论近代中国华商企业的优先股》，《安徽史学》2013 年第 5 期，第 35—42 页。

② 张秀莉：《上海外商企业中的华董研究（1895—1927）》，《史林》2006 年第 6 期，第 54、66 页。

③ 相关成果主要有韩铁：《1929 年股市大崩溃以前的美国证券管制》，《世界历史》2004 年第 6 期，第 57 页；邵会莲：《英国工业革命中运河运输业发展的经验教训》，《世界历史》1998 年第 2 期，第 39 页；袁媛：《优先股制度研究》，硕士学位论文，复旦大学，2008，第 8—12 页。

④ （美）福克讷著：《美国经济史（上卷）》，王锟译，商务印书馆，1964，第 348—367 页；George Heberton Evans, Jr, "The Early History of Preferred Stock in the United States", *The American Economic Review*, Vol.19, No.1, 1929, pp.43-58. George Heberton Evans, Jr. "Preferred Stock in the United States 1850—1878", *The American Economic Review*, Vol.21, No.1, 1931, pp.56-62. George Heberton Evans, Jr. "Early Industrial Preferred Stocks in the United States", *Journal of Political Economy*, Vol.40, No.2, 1932, pp.227-243. Jonathan Barron Baskin, "The Development of Corporate Financial Markets in Britain and the United States, 1600-1914: Overcoming Asymmetric Information", *The Business History Review*, Vol. 62, No.2. 1998, pp.219-222.

⑤ *The North China Desk Hong List 1911*, Office of the North-China Daily News & Herald Limited, 1911, p.17.

⑥ *The North-China Desk Hong List 1926*, Office of the North-China Daily News & Herald Limited, 1926, p.284.

⑦ *The North-China Desk Hong List 1912*, Office of the North-China Daily News & Herald Limited, 1912, p.45. *The China Hong List 1936*, Office of the North-China Daily News Herald Ld, 1936, p.122. 前者为 1921 年以前之怡和纱厂，汉译为"怡和纱厂"；后者为怡和纱厂与公益纱厂、杨树浦纱厂于 1921 年合并后之名称，汉译为"英商怡和各纱厂有限公司"。本文一律称作"怡和纱厂"。

Co., Ld.）、① 马来橡胶公司（Shanghai-Malay Rubber Estates）和王呢斯橡胶公司（Senawang Rubber Estates, Ld.）② 等。上述企业中除第一类外，主要由洋行或洋商发起，并且多数注册在国外或其所属殖民地，以便在法律上取得外商企业的身份，但其中的大部分企业都有中国商民附股（如旗昌轮船公司、汇丰银行），甚至部分企业华股占多数（如怡和轮船公司、大东惠通公司）。③ 因此，本文将其称为外商在华企业，而非外资在华企业。

其次，对优先股进行简要释义。优先股制度起源于19世纪前期的英国。由于当时英国铁路和运河建设对资金的巨量需求，以及政府对公司债券融资的比例限制，许多大型工程由于资金匮乏，不得不中途停顿。优先股便在铁路公司中应运而生了。当时的优先股既享有事先约定的固定收益，又可同普通股一起参与股息分配。④ 美国最早的优先股也在类似背景下得以发行。19世纪30年代，几家在马里兰修建铁路和运河的公司因为资金短缺不得不向当地政府求助。马里兰州政府考虑到铁路建成的巨大利润，在1836年通过的法案中同意向其注资，但要求在3年后保证每年6%的股息，且股息支付顺序位于普通股之前。⑤ 此后，美国优先股制度不仅在基础设施领域，而且在采掘、冶金、纺织等行业亦被广泛采用。⑥ 当时的优先股一般享有议决权，但1870年俄亥俄州颁布法律规定，优先股不得享有议决权之后，优先股的议决权逐步被舍弃。⑦ 现代意义上的优先股逐步成型。现代股份制企业中的优先股是相对于普通股而言的特种股份，类似的特种股份还有后配股（股息支付顺序在普通股之后）。优先股的"优先"，主要体现在股息分配顺序在普通股之前和在企业清算时享有优先求偿权，并具有优先获得分配、享受固定收益、优先

---

① *The China Hong List 1936*, Office of the North-China Daily News Herald Ld, 1936, p.260.

② 中国征信所编印：《征信工商行名录》，1933，第258、251页。

③ 汪敬虞：《十九世纪外国侵华企业中的华商附股活动》，《历史研究》1965年第4期，第39—55页。

④ Jonathan Barron Baskin, "The Development of Corporate Financial Markets in Britain and the United States, 1600-1914: Overcoming Asymmetric Information", *The Business History Review*, Vol.62, No.2. 1998, pp.219-222.

⑤ George Heberton Evans, Jr, "The Early History of Preferred Stock in the United States", *The American Economic Review*, Vol.19, No.1, 1929, pp.43-58.

⑥ George Heberton Evans, Jr, "The Early Industrial Preferred Stocks in the United States", *Journal of Political Economy*, Vol.40, No.2, 1932, pp.227-243.

⑦ George Heberton Evans, Jr, "Preferred Stock in the United States 1850-1878", *The American Economic Review*, Vol.21, No.1, 1931, pp.56-62.

获得企业剩余财产清偿和无议决权几个主要特征。[①] 此外，发行人为吸引投资者或保护普通股股东利益，会对优先股附加累积股息概念（当年股息发放不足，可累积至下年）、可转换概念（可转换为普通股）、可赎回概念（可由企业定期赎回）等限定条款。

一、近代外商在华企业优先股之基本特征

成立于 1869 年的长利洋行（J. P. Bisset & Co.），[②] 是近代中国历史最为悠久的股票经纪公司，与 1904 年正式开办的西商众业公所（The Shanghai Stock Exchange）长期在近代中国股票交易市场中占据主导地位。[③] 从长利洋行在《字林西报》和《北华捷报》发布的"上海股市（Shanghai Share Market）"信息来看，至少在上市交易的股票中，近代中国第一家发行优先股的企业是英商董家渡船户（坞）（Pootung Dock）。[④] 在 1890 年 7 月 18 日的《字林西报》上，首次刊载了该公司优先股的信息，其股本为 50 规元两（普通股为 100 规元两），年股息率固定为 10%。[⑤] 董家渡船户于 1853 年由英商莫海德创立（仅比 1852 年由美商创立的近代上海最早的两座外商船坞稍晚），是当时远东最好的船坞。但该公司并不直接经营修造船业务，而是将船坞长期租赁给英商耶松船厂。[⑥]1895 年，董家渡船坞为耶松船厂收购，其优先股的交易信息早在 1892 年 5 月 13 日便消失了。[⑦] 但外商在华企业的优先股却作为特种股份之一种，在各行业广泛存在，并主要集中于船舶修造及航运业、[⑧] 棉纺业、公共事业、橡胶种植业及金融业等领域。下面，笔者以相关行

[①] 马惠明编：《英汉证券投资词典》，商务印书馆，2007，第 492 页。原文为"表决权"。现代经济学著述对"议决权"有两种定义：1. 将"议决权"定义为质询权、表决权、选举权和被选举权的总称。2. 将"议决权"等同于"表决权"。本文为统一全文相关概念，对议决权的定义取第一种。而《英汉证券投资词典》对优先股无"表决权"的表述，可据本文对"议决权"的定义，转述为优先股无"议决权"。

[②] *The North China Desk Hong List 1896*, Office of the "North-China Herald."，1896, p.3.

[③] 更生：《上海西商证券交易所之略史》，《银行周报》1919 年第 34 号，第 37—40 页。

[④] *The North China Desk Hong List 1893*, Office of the "North-China Herald."，1893, p.31.

[⑤] Shanghai Share Market, *The North-China Daily News*, July 18, 1890, p.2.

[⑥] 王志毅：《中国近代造船史》，海洋出版社，1986，第 30—31 页。

[⑦] 王志毅：《中国近代造船史》，海洋出版社，1986，第 197 页；Shanghai Share Market, *The North-China Daily News*, May 13, 1892, p.2.

[⑧] 《字林西报》所载西商众业公所股市收盘行情一度将"Dock, Wharves and Transport"（船舶修造、码头及航运业）股票归在同一类目下，故本文亦将之一体考虑。

业的代表性企业为例,来探讨近代外商在华企业优先股的基本特征。

(一)船舶修造及航运业:以瑞镕船厂为例

董家渡船户优先股的存在时间虽然不长,但船舶修造及航运业始终是近代外商在华企业中优先股发行最为普遍的行业。成立于 1900 年的瑞镕船厂,是 20 世纪初上海地区两家最大的外商船厂之一(另一家为耶松)。1913 年,该公司因收购万隆铁工厂需巨额资金,发行新股 2 万股(每股票面价值 5 两)。[①]1921 年,瑞镕船厂以发放红利的方式向现有股东发行累积优先股,股本 5 两。此种优先股享有优先分配股息、年股息率固定为 8%、公司清算时的优先求偿权等特权,但并无议决权,[②]而 1921—1935 年间,该公司普通股和优先股股息的变化也正好符合上述原则。

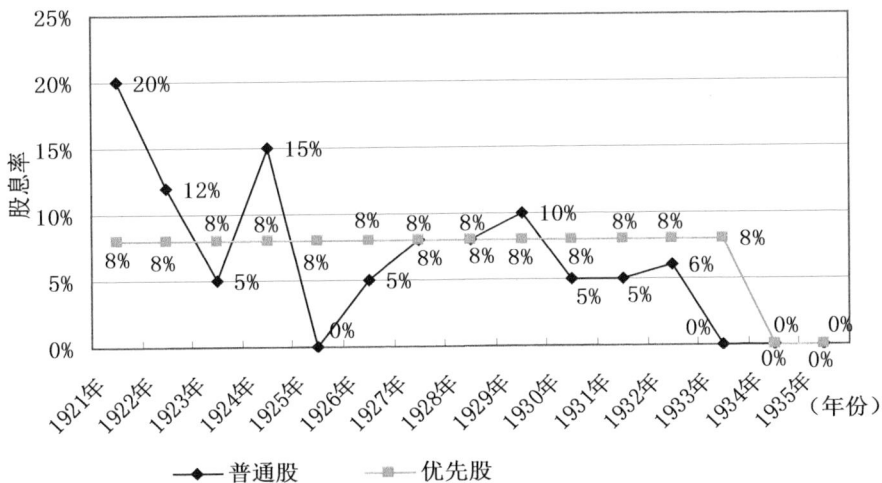

图 1 瑞镕船厂普通股与优先股股息率统计图(1921—1935)

资料来源:J. P. Bisset & Co's Closing Quotations, *The North-China Herald*, March 25, 1922. March 31, 1923.

Closing Quotations, *The North-China Herald*, March 29, 1924, pp.492-493. March 28, 1925, pp.530-531. March 27, 1926, pp.580-581. March 26, 1927, pp.502-503. March 21, 1928, pp.521-

---

① New Engineering & Shipbuilding Works, Ld. Annual Meeting., *The North-China Herald*, April 4, 1914, pp.45-46.

② Proposed Dock Merger Terms, *The North-China Daily News*, November 28, 1935, p.14. 原文为"voting rights",直译为"投票权",但据文意及本文对"议决权"的定义,可将之理解为质询权、表决权、选举权和被选举权之总称,故本文意译为"议决权"。下同。

522. March 30, 1929, pp.538-539.March 25, 1930, pp.480-481.

Shanghai Stock Exchange Official Share Report with Closing Quotation, *The North-China Herald*, March 31, 1931, pp.442-443.

Shanghai Stock Exchange Official Share Report with Closing Quotations, April 15, 1932., *The North-China Daily News*, April 16, 1932, p.5.

Shanghai Stock Exchange Official Share Report with Closing Quotations, *The North-China Herald*, March 29, 1933, pp.500-501. March 27, 1935, pp.500-501. March 25, 1936, pp.534-535. July 15, 1936, pp.110-111.

　　据图 1 可见，20 世纪 20 年代初期，瑞镕船厂由于效益较好，公司在派发优先股 8% 的股息后，普通股分配剩余利润所得股息经常高于优先股，1921 年普通股股息甚至为优先股股息的 2.5 倍。但瑞镕船厂在经历 1925 年的大罢工之后，公司效益开始恶化。普通股股息除 1929 年略高于优先股外，其余年份均等于或低于优先股，1932 年之后甚至停发。与普通股股息的剧烈波动形成鲜明对比的是，优先股的年股息率长期稳定在 8% 的水平，但其股息 1933 年之后亦开始停发。

　　上述史实又涉及外商在华企业股息分配的另一重要原则，即无论是普通股股息还是优先股股息，均来源于公司利润。如果公司利润不足甚至亏损，则不派发当年股息。而瑞镕船厂的优先股为累积优先股，即 1934 年和 1935 年未发放股息可累积到公司效益好的年份发放。这与晚清时期，华商企业"移本作息"的现象具有根本区别。多数华商企业虽在民国时期摒弃了这一商事习惯，但并未根除，尤其是在建设周期较长的行业（如铁路）中依然合法存在。

　　优先股的各种优先权和累积优先股股息累积并适时补发的优势，在 1935 年的瑞镕船厂和耶松船厂合并案中得到了完美体现。1935 年，瑞镕船厂因造船业不景气造成公司经营困难，并欲与耶松船厂合并。普通股股东因此提出了还清积欠优先股股息并赋予优先股议决权后，将优先股转换为普通股的解决方案；同时为弥补优先股在优先获得股息和优先求偿权两项特权丧失的损失，提出了将优先股以 8 元的价格溢价赎回的措施。普通股股东认为，上述方案既照顾了优先股股东的权益，又可以避免因公司破产而损害全体股东利益。[①] 但优先股股东在股东会上以绝对多数否决了上述方案，并在《北华捷报》上刊文声明如下立场：首先，优先股本身就

---

　　① Proposed Dock Merger Terms, *The North-China Daily News*, November 28, 1935, p.14.

是为了消除投资者对不确定因素的顾虑而发行的，其核心要务是保证股东股息回报，故其固定股息通常低于普通股，且无议决权，为弥补上述限制，优先股才被赋予公司清算时的优先求偿权。事实也确实如此，在 20 世纪 20 年代初期，普通股获得高股息时，优先股股息始终限定在最高 8% 的水平。其次，普通股股东所提方案中，每股 8 元的溢价赎回条款，仅弥补了优先股当前的股价损失（股价 5.7 两，溢价 14%），[①]并未弥补其优先获得股息和优先求偿权丧失的损失。因此，优先股股东提出了每股 9 元的溢价赎回要求。此外，优先股股东再次声明，这一要求并非为了议决权或资产溢价，而仅仅是为了寻求合理的解决方案。[②]

由上文可归纳出瑞镕船厂优先股的主要特征有：1. 股息来源于利润；2. 先于普通股分配股息；3. 享受每年 8% 的固定股息，不参与公司剩余利润分配；4. 公司清算时享有优先求偿权，但不享有资产溢价分配权；5. 无议决权。

（二）棉纺业：以怡和纱厂为例

以纱厂为代表的棉纺业是当时上海最发达的工业部门，而怡和纱厂又在上海棉纺业中占有重要地位。1909 年的《北华捷报》甚至刊文，将怡和纱厂选为上海的典型纱厂。[③]怡和纱厂于 1897 年 5 月建成投产，纱锭 5 万枚，由怡和洋行经理；1913 年有纱锭 7 万 2264 枚、布机 500 台，1921 年与公益纱厂、杨树浦纱厂合并。[④]

1909 年，鉴于中国庞大的棉布消费市场以及日本、印度棉布工厂的良好经营，怡和纱厂决定涉足织布领域，并打算新建一家织布厂。考虑到订购机器及购买土地等项开支需花费 50 万到 55 万规元两的巨额资金，怡和纱厂在 11 月 26 日召开的临时股东会上通过决议：决定增资扩股，发行 5000 股优先股，每股 100 规元两，从而将公司的额定资本从 100 万两增至 150 万两。此次怡和纱厂发行优先股的主要条款如下：[⑤]

[①] 废两改元后，瑞镕船厂股票股息及股价多以"两"和"元"并存的方式存在。

[②] A Proposed Merger Mr. Hughes' Comments, *The North-China Herald*, December 4, 1935, p.407.

[③] Typical Shanghai Industries Ⅰ Cotton Spinning., *The North-China Herald*, November 13, 1909, p.370.

[④] 严中平：《中国棉纺织史稿》，科学出版社，1955，第 346 页。

[⑤] The Ewo Cotton Spinning and Weaving Co., Ld. Extraordinary General Meeting, *The North-China Herald*, November 27, 1909, pp.508-509.

（a）优先股享有优先获得每年7%可累积股息的权利，从缴股日起计息。优先股在资本（清算时）和股息方面享有优先权，但无参与公司剩余利润和资产溢价分配的权利。

（b）优先股在股东常会上无议决权，其股东亦无参选咨询顾问委员会的资格。

（c）公司有再次发行优先股，并使之在法律上享有与现有优先股同等权利的自由。

从上述条款可归纳出怡和纱厂此次发行优先股的主要特征有：1. 先于普通股分配股息；2. 享受每年7%的固定股息，但不参与公司剩余利润分配；3. 优先股股息若当年不能支付，可累积至下年发放；4. 在公司清算时享有优先求偿权，但不享有资产溢价分配权；5. 股东常会上无议决权，亦无被选为咨询顾问委员会的资格。

下面，通过选取怡和纱厂优先股发行的15年间（1910—1924），普通股和优先股的股息发放数据，来进一步印证优先股在股息分配方面的特点。

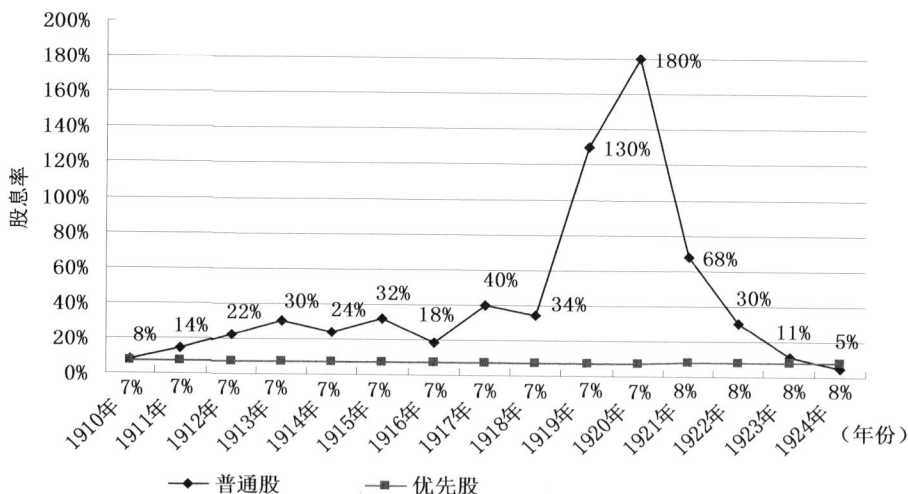

图2 怡和纱厂普通股与优先股股息统计图（1910—1924）

资料来源：Shanghai Share Market, *The North-China Daily News*, March 10, 1911, p.10. March 12, 1912, p.10. March 11, 1913, p.4. March 12, 1914, p.4. March 12, 1915, p.4. March 14, 1916, p.10. March 14, 1917, p.10. March 12, 1918, p.9. March 13, 1919, p.9. March 16, 1920, p.11. March 16, 1921, p.15. March 15, 1922, p.13. March 17, 1923, p.15.

Closing Quotations, *The North-China Daily News*, March 15,1924, p.5. March 14, 1925, p.5.

1921 年，怡和纱厂为应对即将到来的激烈竞争，决定与英商公益纱厂（Kung Yik Cotton Spinning and Weaving Co.Ltd.）和英商杨树浦纱厂（The Yangtsepoo Cotton Mill Ltd.）合并，新公司名为"英商怡和各纱厂有限公司（Ewo Cotton Mills, Limited)"，[①] 并拥有 15 万 3600 纱锭和 1914 台织机。董事会响应股东要求，将原公司股票从每股票面价值 50 规元两拆分为每股 5 规元两，并发行 10 万股新股（每股票面价值 5 两）。与此同时，董事会为取得优先股股东对合并的支持，将优先股年股息率从 7% 提高到 8%，但其每股票面价值仍为 100 规元两不变。[②]

由图 2 可见，优先股在 1910—1924 年的 15 年间，每年均获得 7% 或 8% 的固定股息，而普通股每年所得股息则出现剧烈波动，多数年份维持在 20%—70% 的水平，而 1919 年和 1920 年分别得到 130% 和 180% 的超高股息，当年所派股息远远大于每股 50 规元两的股本。普通股在 1913—1922 年的 10 年间连续获得高股息，10 年累计发放股息甚至达到了原股本的 5.86 倍。但棉纺业本身利润年际波动剧烈的特点，决定了普通股股息有时亦会低于优先股股息。如 1924 年之后，棉纺业进入萧条期，普通股股息连续两年维持在 5% 的水平，[③] 而优先股仍然保持 8% 的固定股息。怡和纱厂在 1910—1924 年的 15 年间，普通股股息与优先股股息的强烈对比，充分体现了优先股先于普通股分配股息以及优先股享受固定股息，但不参与公司剩余利润分配的基本特征。

正是在普通股连续数年获得高股息的产业背景下，优先股年股息率才从发行时的 7% 提高到新公司成立后的 8%。普通股股息与优先股股息的强烈对比，使得普通股股东在 1921 年新公司发行新股时，一度提出发行优先股的建议，但董事会鉴于棉纺业行业利润年际波动剧烈的特点，提出在这种情况下发行优先股，不仅会严重影响新股认购，还会在盈利较差年份负担相较普通股的高股息。因此，新公司以发行普通股并获得等值溢价的方式保证了公司长远利益最大化，并完成了公司新一

---

① Ewo Cotton S. & W. Co., Ld. Extraordinary General Meeting, *The North-China Herald*, March 26, 1921, pp.807-808.

② Ewo Cotton Mills, Ld. The Annual Meeting. *The North—China Herald*, February 25, 1922, pp.535-536.

③ Closing Share Quotations, March 12, 1926, *The North-China Daily News*, March 13, 1926, p.5.

轮增值。[①]

从怡和纱厂普通股与优先股的对比中不难看出,怡和纱厂的优先股具备以下特征:1. 先于普通股分配股息;2. 享受每年 7% 到 8% 的固定股息,不参与公司剩余利润分配;3. 公司清算时享有优先求偿权,但不享有资产溢价分配权;4. 无议决权。

(三)公用事业:以上海自来水公司为例

上海自来水公司于 1880 年正式成立,在英国注册,董事会最初设在伦敦,1887 年移至上海,厂址位于杨树浦路附近的黄浦江边。公司水厂于 1883 年开始供水,主要面向公共租界、法租界及静安寺以东的越界筑路地区,后发展为远东最大的现代化水厂。公司创办时的资本额为 10 万英镑,[②]1932 年公司章程记载其额定资本为 100 万英镑,其中,每股 20 英镑的股份为 40236 股,每股 1 英镑的股份为 195280 股。[③]

早在 1932 年之前,上海自来水公司章程中即有关于特种股份的专门条款:[④]

7. 在不影响现有股东权益的情况下,公司有权发行优先股、后配股或者其他有特权或限制的股份,不管是有关股息、议决权、资本回报或其他方面的。董事或公司可在每次股东会上决定之。

55.(公司)可在一定条款或条件下发行新股,并在经股东会通过增发决议时附带一定权利或特权,如果没有相关指导时,董事可予以定夺,特别是在发行股息和分配公司资产方面有优先权或限制权,并具备特定或无任何议决权的股份方面。

184. 公司清算的上述条款应在不损害有特别条款或权利的股东利益的前提下进行。

185(2).(清算)分配方案除了考虑负连带赔偿责任人的合法权利外(公

---

① Ewo Cotton Mills, Ld. The Annual Meeting. *The North-China Herald*, February 25, 1922, pp.535-536.

② 王荣华主编:《上海大词典》,上海辞书出版社,2007,第 355—356 页。

③ Articles of Association of the Shanghai Waterworks Co., Ltd.,《上海公共租界工部局总办处关于上海自来水公司章程》,上海档案馆藏,档号:U1-4-1678。

④ Special Resolution,《上海公共租界工部局总办处关于上海自来水公司章程》,上海档案馆藏,档号:U1-4-1678。

司章程规定的固定条款除外），还应特别考虑各种股份的优先权和特别权利，或应一起或部分排除。

由上述条款可见，如果公司发行优先股，优先股应在股息分配方面具备优先权，但股息有最高限额；在公司清算时享有优先求偿权，但不享有资产溢价的分配权，且无议决权；在发行优先股之前，公司董事会还以特别决议的形式，对公司章程的上述条款进行了增补，加入了"在上述条款内，任何优先股均可能发行，或者公司认为时机合适时收回"的内容，① 使公司发行可收回累积优先股有了坚实的规章依据。

在 1932 年 4 月初召开的临时股东会上，上海自来水公司决议发行票面价值为 10 规元两的可收回累积优先股（股息可累积，并由公司在一定期限内回购），并赋予其每年获得 7% 固定股息的权利（股息每半年支付一次）。新发行优先股从 1932 年 7 月 1 日起开始计息，故 1932 年的股息将为 3.5%。同时规定，公司有权在 1932 年 7 月 1 日起的 10 年后，将优先股以票面价值收回，或发行新一期特种股份。②

另外，上海自来水公司此次发行的优先股还涉及定向增发的理论问题。因为此次发行的优先股并非面向大众，而是前期仅针对该公司 1922 年发行的八厘债券（年息 8%）持有者，之后才面向公司全体股东发行。1932 年 5 月，对于即将到期的十年期八厘债券（1922 年发行），公司提出了两种解决方案：一是以票面价格转为 1932 年 1 月发行的新一期六厘债券；二是以票面价格转为年股息率 7% 的可收回累积优先股。③ 5 月 31 日之前，优先股仅针对十年期八厘公司债券持有者发行；从 6 月 1 日起，优先股才面向公司全体股东发行。④

最终于 1932 年，上海自来水公司以发行可收回优先股的形式，完成了增资 100 万规元两的计划（每股 10 规元两，共 10 万股）。需要指出的是，上海自来水公司该年发行的优先股不仅有年股息率 7% 的可收回累积优先股，还有年股息率 6.5% 的可收回累积优先股，而这部分优先股的来源恰是 1922 年发行的十年期七厘

---

① Special Resolution,《上海公共租界工部局总办处关于上海自来水公司章程》，上海档案馆藏，档号：U1-4-1678。
② The Shanghai Waterworks Co., Ltd., *The North-China Herald*, April 19, 1932, pp.100-101.
③ The Shanghai Waterworks Co., Ltd., *The North-China Herald*, May 31, 1932, pp.340-341.
④ The Shanghai Waterworks Co., Ltd., *The North-China Herald*, May 3, 1932, pp.180-181.

公司债券。但此次发行的优先股规模较小，总额仅为 10 万规元两（每股 10 两，共 1 万股）。[1]

另外，上海自来水公司于 1932 年两次将公司债券转换为优先股，且只给予十年期八厘公司债券转换为优先股和六厘公司债券两种选择，虽然没有偿还本金的举措，但是未违反债券"还本付息"的原则。究其原因是此种公司债券很有可能是永久性公司债（Perpetual Debenture），即持有者享有永久获取利息的权利，而公司则无须偿还。其实早在 1899 年，《北华捷报》即刊文介绍了这种永久性公司债，而这种公司债券在英国铁路公司中已存在多年。[2] 下面，笔者选取上海自来水公司 1933—1937 年这 5 年间的股息数据，对其优先股的特点作进一步分析。[3]

表1 上海自来水公司普通股与优先股股息率统计表（1933—1937）

单位：%

类型 年份	普通股			优先股	
	A 种	B 种	C 种	年股息率	年股息率
1933	9.75	7.75	8.00	7.00	3.25
1934	9.94	7.94	8.00	7.00	6.50
1935	9.68	7.69	8.00	7.00	6.50
1936	9.58	7.58	8.00	7.00	6.50
1937	9.00	7.00	8.00	7.00	6.50

资料来源：Shanghai Stock Exchange Official Share Report with Closing Quotation, *The North-China Herald*, April 11, 1934, pp.26-27.

Shanghai Stock Exchange Official Share Report with Closing Quotation, April 5, 1935, *The North-China Herald*, April 10, 1935, pp.64-65.

Shanghai Stock Exchange Official Share Report with Closing Quotation, April 3, 1936, *The North-China Herald*, April 8, 1936, pp.66-67.

Shanghai Stock Exchange Official Share Report with Closing Quotation, April 2, 1937, *The North-China Herald*, April 7, 1937, pp.22-23.

Shanghai Stock Exchange Official Share Report with Closing Quotation, April 1, 1938, *The North-*

---

[1] Shanghai Waterworks Co., Ltd., *The North-China Herald*, April 12, 1933, p.64.

[2] On Investments, *The North-China Herald*, September 25, 1899, p.632.

[3] 因 6.5% 年股息率优先股计息从 1933 年 7 月 1 日开始，所以 1933 年只发放半年股息。

China Herald, April 6, 1938, pp.22-23.

由表 1 可见，上海自来水公司的股权机构颇为复杂，不仅有普通股和优先股之别，而且其普通股和优先股还细分为不同类别。其中，普通股细分为 A、B、C 三种，即使在同一年份，三种普通股亦获得不等的股息。与此同时，该公司不仅在 1932 年发行了优先股，而且在公司发展的不同阶段发行了两种股息率不同的优先股。优先股按照约定股息率获得稳定股息，而普通股除 C 股（有股息约定条款的普通股）外，A 股、B 股所获股息则随公司盈利状况的变化而变化。优先股在优先获取固定股息后，[①] 并未参与公司剩余利润的分配，因此，普通股得以在 1933—1937 年的 5 年间享受高于优先股的股息收益。

由于公司的经营颇为平稳，普通股股息收益稳定且丰厚，所以公司在 1932 年增加资本时，遵照公司章程中"不影响现有股东权益"的原则，发行固定股息率略低于普通股的优先股。这样既保证了普通股股东享受较高股息的既有权益，又达到了增加公司额定资本的目的，这种巧妙的增资手段可谓匠心独具。另外，即使是发行优先股，除将之限定为可收回优先股外，对发行对象也有严格限定：前期只针对十年期八厘公司债券持有者发行，后期则只面向公司现有股东发行。上述"债转股"行为既优化了公司的资产负债结构，又严格限定了新增资本的收益及其他附属权限（如资产溢价分配权、议决权等），尤其是通过特别约定收回条款，达到了最大限度保护现有股东利益的目的。

据此可归纳出上海自来水公司优先股的基本特征有：1. 先于普通股分配股息；2. 享受固定股息（7% 和 6.5%），不参与公司剩余利润分配；3. 公司清算时享有优先求偿权，但不享有资产溢价分配权；4. 无议决权。

（四）橡胶种植业：以马来橡胶和王呢斯橡胶为例

近代中国资本市场上的橡胶种植业是以一种"两头在外"的形式存在的，即橡胶种植园在东南亚，而主要消费市场在欧美。中国在其中扮演的主要角色，是洋行在华募集股份并在资本市场上进行股票交易。因此，近代中国的橡胶种植业只具备资本市场上的意义，而不具备船舶修造业及航运业、棉纺业和公共事业等行业产业上的意义。此种国际分工所造成的信息不对称，极易产生投机行为。如 1910 年前

---

① Shanghai Waterworks Co., Ltd., *The North-China Herald*, April 12, 1933, p.64.

后的橡皮股票风潮，就是由洋行在华广募橡胶股份、抬高股价，外商银行大量抵借，本国钱庄趁机投机，大量商民参与其中引发的。橡皮股票风潮最终导致大量钱庄倒闭，商民损失惨重，以至于清政府不得不抵借外款维持市面，堪称近代上海证券市场三次最严重的股票风潮之一。[①]但橡胶种植业略带投机的行业特性，并不影响从资本构成的角度来分析近代外商在华企业优先股的特点。下面，笔者以马来橡胶公司和王呢斯橡胶公司为例展开论述。

王呢斯橡胶公司为了弥补公司财务透支，在 1921 年 9 月 13 日召开的临时股东会上，通过了发行 10 万股累积优先股的决议。同时规定，每股价值 1 规元两，年股息率为 12%，股息可累积。该项举措使得公司的额定资本达到 40 万规元两，其中，普通股 30 万股，每股 1 规元两；优先股 10 万股，每股 1 规元两。王呢斯橡胶公司此次发行优先股的主要条款如下：[②]

1. 自缴付起，享有优先获得每年固定 12% 股息的累积股息。自 1921 年 11月 1 日起计算，1 月 31 日和 7 月 31 日发半年股。

2. 优先股只在出售公司产业或修改公司规章并直接涉及其权利的股东常会上具备议决权，只被赋予此种议案被提交时通知和参加股东常会的权利。

3. 优先股在公司清算时，较他种股份享有优先求偿权。

4. 公司现有的 30 万普通股享有通过股息形式对公司剩余利润的分配权，并在清算时享有分配偿付优先股资本后剩余财产的权利。

由此可归纳王呢斯橡胶公司此次发行优先股的基本特征有：1. 先于普通股分配股息；2. 年股息率固定为 12%，但不参与公司剩余利润分配；3. 优先股股息若当年不能支付，可累积至下年发放；4. 在公司清算时享有优先求偿权，但不享有资产溢价分配权；5. 只在直接涉及其利益的股东常会上有议决权。由于王呢斯橡胶公司的股息数据缺失，故以同一时期由汇通洋行经理之马来橡胶公司[③]1917—1921 年间的股息数据，来对橡胶种植业优先股的特点作进一步的分析。

---

① 朱荫贵：《近代上海证券市场上股票买卖的三次高潮》，《中国经济史研究》1998 年第 3 期，第62—65 页。

② Senawang Rubber Estates, Ld. Propose to Issue Cumulative Preference Shares, *The North-China Herald*, September 17, 1921, p.870.

③ 《马来橡胶派息》，《申报》1939 年 4 月 5 日，第 4 张第 16 版。

表2 马来橡胶公司普通股与优先股股息统计表（1917—1921）

单位：规元两

年份 \ 类型	普通股			优先股（年股息率8%）		
	股本	股息	股息率（%）	股本	股息	股息率（%）
1917	10.00	无	0.00	10.00	0.40	4.00
1918	10.00	无	0.00	10.00	无	0.00
1919	10.00	无	0.00	10.00	0.40	4.00
1920	10.00	无	0.00	10.00	0.40	4.00
1921	10.00	无	0.00	10.00	无	0.00

资料来源：Shanghai Share Market, March 26, 1918., *The North-China Daily News*, March 27, 1918, p.9.

Shanghai Share Market, March 24, 1919., *The North-China Daily News*, March 25, 1919,p.9.

J. P. Bisset & Co's Closing Quotations., *The North-China Herald*, March 27, 1920, pp.858-859.

J. P. Bisset & Co's Closing Quotations, March 24, 1921., *The North-China Herald*, March 26, 1921.

J. P. Bisset & Co's Closing Quotations, March 24, 1922., *The North-China Herald* , March 25, 1922.

    马来橡胶公司的优先股于 1915 年发行，总量为 3 万股，每股股本 10 两，为累积优先股，年股息率为 8%。[1] 由马来橡胶公司 1917—1921 年间的股息数据可知：首先，优先股的股息分配顺序位列普通股之前。由于公司在这 5 年间的盈利能力微弱，1917 年、1919 年、1920 年的优先股股息只能发放规定额度的 50%，普通股则无机会发放股息。其次，无论是优先股还是普通股，其股息均来源于公司利润，如果公司当年亏损，则不发放股息；如果公司盈利不足以发放全额股息，则只发放部分股息；最后，橡胶种植业"两头在外"的运营模式以及略带投机的行业特性，在很大程度上导致了橡胶公司羸弱的盈利能力，并直接导致公司普通股基本没有股息、优先股只在盈利年份发放部分股息的惨淡局面。到 1923 年，马来橡胶公司已累计拖欠优先股股息 4 万规元两。[2] 优先股尚且如此境遇，遑论普通股！

---

[1] Shanghai-Malay Rubber Estates., *The North-China Herald*, January 9, 1915, pp.100-101.

[2] Shanghai-Malay Rubber Estates., *The North-China Herald*, February 3, 1923, p.320.

由马来橡胶公司和王呢斯橡胶公司优先股的主要特征，可进一步归纳出橡胶种植业中优先股的基本特征有：1. 股息来源于公司利润，不盈利则不发放；2. 先于普通股分配股息；3. 享受固定股息，不参与公司剩余利润分配；4. 公司清算时享有优先求偿权，但不享有资产溢价分配权；5. 只在直接涉及其利益的股东常会上有议决权。

（五）金融业：以汇源银行为例

金融行业中，发行优先股的企业主要是外商在华保险公司，[①] 外商在华银行发行优先股的并不多见。汇源银行是由 1864 年创设的英国宝信银行改组而成的，总行设在纽约，资本为 100 万英镑。上海分行于 1902 年开业，1920 年停业清理。汇源银行虽然在《字林报行名录》中被冠名为"银行"，但该行在华经营业务期间，《字林西报》刊登的"上海股市"（Shanghai Share Market）一直将之列入信托业。而且由汇源银行股东会记录来看，该行业务似乎更侧重股票买卖等投资活动，[②] 因此，汇源银行实质上与信托公司更为接近。

汇源银行在 1910 年 5 月召开的临时股东会上，对公司章程的第六条作出如下修改：[③]

> 6. 公司的初始资本分为优先股 100 万股，每股 18 先令，普通股 100 万股，每股 2 先令。优先股自缴付资本日起，即获得每年 6% 的可累积股息，且在股息和资本方面相对于普通股享有优先权，但并不享有进一步参与公司利润或资产的分配权。公司享有日后增资时，发行新股并附带优先权、后配权或其他特权的自由。优先股所附带的权利，经四分之三该类股东同意后可予变更。

由此可归纳出汇源银行此次发行优先股的基本特征有：1. 先于普通股分配股息；2. 年股息率固定为 6%，但不参与公司剩余利润分配；3. 优先股股息若当年不能支付，可累积至下年发放；4. 在公司清算时享有优先求偿权，但不享有资产溢价

---

① 由于保险公司股东会记录中，关于优先股基本特征的记载较少，故这里未以保险公司的优先股为分析对象。

② The Cathay Trust, Ld., *The North-China Herald*, July 4, 1914, p.34.

③ The Cathay Trust, Ld. Extraordinary General Meeting, *The North-China Herald*, May 13, 1910, pp.385-386.

分配权。另外，本次股东会还有一个重要的目的，就是应股东要求，将优先股每年6%的股息附加"可累积条款"，以便替代之前的不可累积条款。[①] 可见，在1910年修改公司章程之前，该公司的优先股为不可累积优先股，即若公司当年利润不足以支付优先股股息，积欠股息将不予补发。下面，选取汇源银行1910—1915年间的股息数据，对其优先股的特点作进一步分析。

表3 汇源银行普通股与优先股股息统计表（1910—1915）[②]

单位：%

类型 年份	普通股			优先股		
	股息率	红利	总收益	股息率	红利	总收益
1910	10.00	50.00	60.00	6.00	无	6.00
1911	10.00	50.00	60.00	6.00	无	6.00
1912	10.00	52.00	62.00	6.00	无	6.00
1914	无	无	0.00	6.00	无	6.00
1915	3.47	无	3.47	6.00	无	6.00

资料来源：J. P. Bisset & Co's Closing Quotations, March 29, 1912., *The North-China Herald*, March 30, 1912.

J. P. Bisset & Co's Closing Quotations, April 18, 1913., *The North-China Herald*, April 19, 1913.

J. P. Bisset & Co's Closing Quotations, April 16, 1915., *The North-China Herald*, April 17, 1915.

Cathay Trust, *The North-China Herald*, May 29, 1915, pp.614-615.

Cathay Trust. Ld., *The North-China Herald*, May 20, 1916, pp.405-406.

由表3中的股息数据可见：首先，优先股的股息分配顺序位列普通股之前。如1914年，该公司分派优先股股息后，由于剩余利润不足，并未分派普通股股息。其次，红利的发放需要满足"低水平稳定股息"这一必要前提。如1920年，尽管怡和纱厂发放了180%的超高股息，但未有红利分派。而汇源银行则将普通股股息限定在最高10%的水平，每股收益高于10%时，就以红利形式分配剩余利润；低于10%时，只发放股息。再次，优先股只获得固定股息，不参与公司剩余利润的

---

① The Cathay Trust, Ld. Extraordinary General Meeting, *The North-China Herald*, May 13, 1910, pp.385-386.

② 汇源银行1913年股息数据缺失。

分配。因此，1910—1912 年间，普通股股息不仅高于优先股股息，而且还有巨额红利分派，每股总收益为优先股的 10 倍之多。优先股股息则被固定在 6% 的水平，所以不可能发放红利。最后，优先股每年可获得 6% 的固定股息，而普通股收益的波动较大（最高时达到 62%，最低时则停发股息）。

据此可知，汇源银行的优先股具有如下几个特征：1. 股息来源于公司利润；2. 先于普通股分配股息；3. 享受每年 6% 的固定股息，不参与公司剩余利润的分配；4. 公司清算时享有优先求偿权，但不享有资产溢价分配权。

综合上文对以船舶修造及航运业、棉纺业、公用事业、橡胶种植业、金融业等行业为代表的外商在华企业优先股的分析，我们可将近代外商在华企业优先股的基本特征归纳如下：1. 先于普通股分配股息；2. 享受规定额度之股息，不参与企业剩余利润分配；3. 企业清算时享有优先求偿权，但不享有资产溢价分配权；4. 无议决权，或只在直接涉及自身利益的股东常会上有议决权。

另外，在本文列举的 6 家代表性外商在华企业中，虽然只有瑞镕船厂、马来橡胶公司和汇源银行有直接证据表明，优先股股息必须源于企业利润，但上海自来水公司、王呢斯橡胶公司、汇源银行的优先股所附带的"股息可累积"条款，也蕴含了股息必须源于企业利润的深意。假如外商在华企业也可以像晚清华商企业那样"移本"发放股息的话，那么，至少在企业破产清算之前，不会出现拖欠优先股股息的现象。相反，正是基于优先股股息必须源于企业利润的分配原则，企业才会在利润不足或亏损的年份，不派发当年的优先股股息，优先股股息可累积的概念也就应运而生了。如截至 1923 年，马来橡胶公司已累计拖欠优先股股息 4 万规元两，就是优先股股息可累积的一个代表性案例。[1] 因此，外商在华企业优先股亦应具有"股息必须来源于企业利润"之特征。

这又涉及优先股的另一个理论问题，即上述五个特征只是优先股最基本的特征，企业会根据自身的实际情况对优先股附加限制条款，如股息可累积条款（积欠股息可累积至下年补发，如瑞镕船厂、马来橡胶公司）、可收回条款（企业可在一定期限内回购优先股，如上海自来水公司）等。此外，同一种优先股也可同时附加数种条款，如上海自来水公司的优先股，即同时附加了上述两个条款，称为可收回累积优先股（股息可累积、企业可在一定期限内回购优先股）。因此，附加有限制

---

① Shanghai-Malay Rubber Estates., *The North-China Herald*, February 3, 1923, p.320.

条款的优先股除具备优先股的五个基本特征外，还应具备附加条款所限定的特征。

通过对比西方股份制企业中优先股的基本特征及相关限制条款，我们不难发现，近代外商在华企业至少在优先股制度方面，承袭了当时的西方企业制度。

二、近代外商在华企业与华商企业优先股之对比分析

通过前文对近代外商在华企业优先股的综合分析，再结合近代华商企业优先股的基本特征，我们可以得出如下结论：第一，近代外商在华企业的优先股全面承袭了当时西方企业制度中优先股的基本特征，与现代企业制度中的优先股是一脉相承的关系；第二，近代华商企业的优先股与外商在华企业的优先股并非同一概念，而是一种在股份权益方面（相对于普通股）处于"全面优先"地位的特种股份。下面，对近代中国并存的两种优先股做进一步的对比分析。

表4 外商在华企业优先股与华商企业优先股对比 ①

类别	股息来源	分配顺序	股份收益	企业剩余资产分配	议决权
外商在华企业	源于企业利润，无盈利则停发	在普通股之前	享受固定股息，不参与企业剩余利润分配	企业清算时享有优先求偿权，但不享有资产溢价分配权	无议决权或只在直接涉及自身利益的股东常会上有议决权
华商企业	晚清，源于企业利润、股本或借款，无论企业盈亏均应给付；民国，多数企业转为源于企业利润，无盈利则停发	多数企业与普通股同时分配官利和红利，少数企业可先提取优先股特别报酬	除派发官利外，绝大多数还享有红利及其他特别收益	多数企业无相关条款，少部分企业规定清算时享有优先求偿权	与普通股享有同等的选举权、表决权和被选举权

由表4可知，外商在华企业优先股和华商企业优先股存在以下几个方面的不同。首先，二者的股份权益不同。外商在华企业的优先股相对于普通股是一种"权利限制与特权附加并存"的关系，华商企业的优先股相对于普通股则是一种"特权附加"的关系。外商在华企业的优先股在享有股息优先分派权、稳定股息、清算时的优先求偿权三个特权的同时，失去了企业剩余利润的分配权、企业资产溢价的分享权以及参与企业经营管理的议决权。因此，外商在华企业的普通股与企业是风险

共担、利益共享的利益共同体，而优先股与企业则是一种类似借贷性质的契约关系。[①]

与之形成鲜明对照的是，绝大多数华商企业的优先股除享有普通股的一切权益（官利和红利分派权、议决权）外，还享有额外的特别收益。这些特别收益主要包括：多分派官利、红利，缴纳股款时给予一定折扣（如《中华民报》优先股以九折缴纳股款、上海机器造船厂优先股以八折缴纳股款），[②]加赠红股（如安徽泾县煤矿铜官山铜矿公司、沪太长途汽车公司）[③]等。而在分配顺序上，多数华商企业的优先股与普通股同时分配官利和红利，少数企业可先提取优先股特别报酬。在企业剩余资产分配方面，尽管多数华商企业并无相关条款，但从企业破产清算的相关条款来看，优先股在企业清算时亦享有优先求偿权。由此可见，外商在华企业优先股"权利限制与特权附加条款"并存，是基于投资收益稳定性保障的权利博弈与制衡之结果；华商企业优先股的权益相对于普通股，则是一种"特权附加"的地位。二者的股份权益之所以存在如此巨大的差异，主要是因为二者的招股难度不同。

其次，二者的招股难度不同。外商在华企业由于享有不平等条约规定的诸多特权，加之资金技术实力雄厚，在招股集资过程中具有很大优势，中国商民亦多附股其中。[④]因此，外商在华企业在扩大再生产或有其他资金需求时，能够发行承袭西方企业制度的优先股，不仅能够足额认购，甚至还会出台限购措施或溢价发行（时称"升水"）。如1932年，上海自来水公司发行年股息率为7%的可收回累积优先股时，就仅限公司债券持有者和老股东认购。[⑤]1913年，瑞镕船厂发行2万股新股时，每股票面价值5规元两，溢价5规元两，故认购价为10规元两；[⑥]1921年，怡和纱厂发行10万股新股时，每股票面价值5规元两，亦溢价一倍，故认购价为10

---

① 郭岩伟：《论近代中国华商企业的优先股》，《安徽史学》2013年第5期，第41页。

② 《创办〈中华民报〉通告书》，《申报》1912年2月23日，第7版；《上海机器造船厂之发起》，《申报》1922年7月22日，第4张第13版。

③ 《安徽矿务总局创办泾县煤矿铜官山铜矿股份有限公司招股简章》，《申报》1910年7月27日，第2张后幅第2版；《沪太长途汽车公司添招资本公告》，《申报》1923年4月30日，第1张第2版。

④ 汪敬虞：《十九世纪外国侵华企业中的华商附股活动》，《历史研究》1965年第4期，第39—69页。

⑤ The Shanghai Waterworks Co., Ltd., *The North-China Herald*, May 3, 1932, pp.180-181.

⑥ New Engineering & Shipbuilding Works, Ld. Annual Meeting., *The North-China Herald*, April 4, 1914, pp.45-46.

规元两，且仅限老股东八股得认购一股。[①] 而发行新股的溢价一般纳入企业公积金
账目，用于企业应对各种风险。

与外商在华企业相比，华商企业由于处在相对弱势地位，往往存在招股困难的
情况，尤其在路矿公司开办的晚清，风气未开，商民互相观望，利用优先股来鼓励
认股非常必要。[②] 及至民国，多数华商企业相对于外商在华企业的弱势地位并无根
本性改变，因此，上海炼钢厂、蒙藏银行和浦东纱厂等华商企业在招股时，均规定
先期认股或发起人股为优先股，并享受特别权益。[③] 而将新募股份作为优先股和负
债转化而来的优先股之发行，更折射出华商企业筹资招股之艰难。另外，汉冶萍公
司商办时，将老股作为头等优先股的做法并非说明上述情况大为改观，更多的是对
老股东之前认股行为的肯定，进而对公司将来的招股产生积极的示范效应。如其章
程所载："（公司将来）再行续招新股，则此次所集普通股届时亦应照优待之例。"[④]
而且将老股作为优先股的情况，多存在于有官方背景且关系国家利权的企业（如汉
冶萍、闸北水电），其商办过程多杂有民众挽回利权的民族情绪和对企业前景的美
好预期。与此同时，这些企业本身亦为优质资产及具备稀缺资源，如汉冶萍公司
"兼采矿、炼铁、开煤三大端，创地球东半面未有之局"。[⑤] 但是，这类企业在当时
并不多见。即便如此，汉冶萍公司在此次招股中，亦将其中的 700 万元（总共新招
1700 万元）列为二等优先股，并赋予其特别权益以鼓励认购的现象。[⑥] 这也从侧面
反映了其招股之不易。

可见，外商在华企业的股份不但能足额认购，还经常限定股份的认购范围，甚
至享受溢价等额外收益。与之相反，华商企业由于招股困难，为了鼓励认股，往往
需要附加特权条款或给予一定优惠。因此，华商企业发行相对于普通股是"特权附
加"关系的优先股也就顺理成章了。

再次，二者发行的初衷不同。外商在华企业的优先股多为企业扩大再生产（怡

---

① Ewo Cotton Mills, Ld. The Annual Meeting. *The North—China Herald*, February 25, 1922, pp.535-536.

② 《商办浙省铁路有限公司暂定章程》，《申报》1906 年 3 月 3 日，第 3 版。

③ 《苏当局核准炼钢厂公司章程》，《申报》1926 年 7 月 25 日，第 4 张第 13、14 版；《劝业银行
筹备处广告》，《政府公报》第 1448 号，1920 年 2 月 25 日；《浦东纱厂之草章》，《申报》1919 年 1 月 7
日，第 3 张第 10 版。

④ 湖北省档案馆编：《汉冶萍公司档案史料选编（上册）》，中国社会科学出版社，1992，第
236—237 页。

⑤ 苑书义、孙华峰、李秉新主编：《张之洞全集》第二册，河北人民出版社，1998，第 1167 页。

⑥ 《商办汉冶萍煤铁厂矿有限公司详细章程》，上海档案馆藏，档号：Q92-1-132-63。

和纱厂）或优化企业资产负债结构（上海自来水公司）的产物，侧重保护老股东收益或保证企业的控制权。只有少数为解决资金困局而发行（王呢斯橡胶公司）。而瑞镕船厂以发放红利的方式向股东发行优先股的例子，则颇为少见。因此，外商在华企业优先股绝大多数发行于企业发展的过程中，是近代西方企业制度中的优先股。

而华商企业优先股主要有六种类型，多数优先股（优先缴款或一次性缴款的优先股、将老股、发起人股作为优先股和以红股形式存在的优先股）可看作是发起人股及发起人股概念的延伸（如优先缴款或一次性缴款的股份、老股），其主要目的是鼓励优先认股、优待老股东或表彰企业发起人的贡献，发行于企业发展初期；而少数优先股（将新募股份作为优先股和负债转化而来的优先股）的发行，则多出于解决资金危局的目的（与外商在华企业优先股的发行初衷不同）。[1]

最后，二者的差异体现了它们处于企业制度演进过程中的不同阶段。六种类型的华商企业优先股中，前四种（优先缴款或一次性缴款的优先股、将老股、发起人股作为优先股和以红股形式存在的优先股）可看作是发起人股及发起人股概念的延伸（如优先缴款或一次性缴款的股份、老股）；后两种（将新募股份作为优先股和负债转化而来的优先股）虽然在发行时机上与西方企业制度下的优先股颇为类似，但由于华商企业当时的经营状况和股份收益，并不具备在资本市场上进行股票条款博弈的条件，便异化为"特权附加"形式的优先股。[2] 因此，近代华商企业的优先股实为广义的发起人股和异化的优先股之杂合体；外商在华企业的优先股则是典型西方企业制度下的优先股（Preference Share）。需要说明的是，当时的西方在华企业有专门的发起人股（Founders' Share）。如祥生洋行（Boyd & Co.）和汇中洋行（Central Stores, Ld.）[3]，均有发起人股的交易信息刊登在《字林西报》上。

因此，从企业制度发展的层面来看，近代华商企业制度的不成熟，在表面上表现为优先股包罗颇杂，而实质上反映了其优先股远未发育成熟，发起人股亦未从中完全分化。而外商在华企业不仅有优先股、发起人股之完全分化，其优先股制度亦

---

[1] 郭岩伟：《近代中国中外企业制度对比研究——以股权分配制度为中心的考察》，博士学位论文，复旦大学，2014，第104页。

[2] 郭岩伟：《近代中国中外企业制度对比研究——以股权分配制度为中心的考察》，博士学位论文，复旦大学，2014，第104页。

[3] Shanghai Share Market, *The North-China Daily News*, January 4, 1897, p.2. Shanghai Share Market, January 5, 1910., *The North—China Daily News*, January 6, 1910, p.10.

完全承袭西方企业制度。因此，外商在华企业和华商企业在优先股方面的差异，还可理解为外商在华企业在企业制度层面要比华商企业更为完善成熟。

究其原因，外商在华企业（至少在特种股份发行方面）全面承袭了西方成熟的企业制度；而华商企业的企业制度则在借镜西方的同时，融合了传统的投融资理念（如官利），且只有数十年的发展历程。因此，与外商在华企业相比，华商企业在特种股份方面不够成熟，也就不难理解了。此外，在近代中国的大部分时期内，外商在华企业在税收（如厘金）、融资（如股票溢价）、法律（如租界）等方面拥有诸多特权，而华商企业则处于弱势地位，这种地位上的不平等不仅迟滞了华商企业制度演进的进程，还使得近代中国的两种形态迥异的优先股制度呈现出长期并存、差异演进的历史状态。

三、结论

综上所述，近代外商在华企业的优先股与华商企业的优先股并非同一概念，前者全面承袭了近代西方企业制度中的优先股制度，与现代企业制度中的优先股是一脉相承的关系；而后者则异化为多种类型，并融合了本土特色。整体来看，二者的差异主要体现在股份权益方面，外商在华企业的优先股与普通股是一种"权利限制与特权附加并存"的关系，而华商企业的优先股相对于普通股则是单纯的"特权附加"关系。造成上述差异的主要原因是二者的招股难度不同。近代外商在华企业由于享有多项特权，其优先股不仅能足额认购，还常常出台限购措施，甚至溢价发行。与之相反，近代华商企业由于处在弱势地位，加上当时风气未开，为了鼓励商民认股，需要附加特权条款或给予一定优惠。民国后，多数华商企业仍通过给予优惠条件的方式来鼓励认购。此外，二者的发行初衷亦不相同，外商在华企业的优先股多为企业扩大再生产或优化企业资产负债结构的产物，且多在企业发展过程中发行；华商企业的优先股多为优先认购之股份，且多发行于企业创立初期。从企业制度层面来看，上述差异充分体现了与外商在华企业相比，近代华商企业尚处于企业制度演进的初级阶段。究其根本，则主要源于二者在发展阶段和所处地位上的差异。

清至民国美洲作物生产指标估计 *

李昕升　王思明 **

内容提要：作物生产指标是判断其在农业生产结构中地位与作用的指示器，然而由于历史资料的缺乏、数据统计的混乱，学术界对于清至民国时期美洲作物实际生产情况众说纷纭，莫衷一是，直接影响到对此期美洲作物在农业生产和社会经济中地位与作用的判断。本文在对大量第一手历史数据进行辨伪、比勘、修正的基础上，利用传统约简式统计方法，对玉米、番薯两种美洲粮食作物的播种面积、总产、单产等进行了细致估算，分析了美洲作物对农业生产的深远影响，厘清了学术界对清至民国时期美洲作物在农业生产中地位和影响的一些争议和模糊认识。

关键词：美洲作物；生产指标；玉米；番薯；量化历史

"哥伦布大交换"（Columbian Exchange）改变了旧大陆尤其是中国的面相，美洲作物很快遍及中国，中国人从口腹到舌尖，成了早期全球化的最大受益者。我们在探讨美洲作物史时，一般首先想到的就是美洲粮食作物——玉米、番薯、马铃薯，又首推玉米，一直以来都为学界所重视。[①] 近年来，经济史界研究玉米的热潮有增无减，此乃关乎人口增长、环境变迁的大问题，他们已经不能满足于仅通过描

---

* 本书是国家社会科学基金青年项目"明清以来美洲粮食作物经济地理研究"（18CZS072）的阶段性成果。

** 李昕升，南京农业大学中华农业文明研究院副教授，研究方向为农业史；王思明，南京农业大学中华农业文明研究院院长、教授、博士生导师，研究方向为农业史。

① 曹玲：《明清美洲粮食作物传入中国研究综述》，《古今农业》，2004 年第 2 期；李昕升、王思明：《近十年来美洲作物史研究综述（2004—2015）》，《中国社会经济史研究》2016 年第 1 期。

述性分析来阐述玉米的巨大影响，成为量化历史研究的热点之一。[①] 本文通过传统约简式统计方法，对美洲作物的生产指标进行测算，这是大数据时代历史研究无法回避的命题之一。前人唯有吴慧进行过清代美洲作物的指标匡估，[②] 现行研究均是援引吴慧的结论，而未作进一步的疑古。笔者拟进行更系统、更深入的研究，只有厘清美洲作物的生产指标，才能更好地谈其种种影响，摆脱空中楼阁的问题指向。本文在充分利用研究数据的基础上，以梳理和辨析清至民国时期关于玉米、番薯生产关键指标（面积、产量、单产、对亩产增加的影响、供养人口数等）及学术界在认知方面产生分歧的原因为旨趣，并在此基础上分析玉米、番薯对农业生产和适应民食需求方面的重要性，提出自己的浅见，不当之处，尚祈方家指正。

一、一些说明

无论是农业生产指标还是美洲作物的生产指标，最关键的风向标都只有三个，即作物面积（或播种面积）、亩产量（包括总产量）、总产值。本文暂不叙述产值，另作专论。本文所述美洲作物，主要关注玉米和番薯的理由有二：一是此两种作物影响最大，已有研究（包括量化历史研究）多围绕二者展开；二是相对于其他美洲作物，历史时期对它们的记载更为丰富，能够支持进行一定的指标估算研究。此外，马铃薯确实有作为粮食作物的特质，但是很遗憾，其在中国更多时候是作为菜粮兼用作物，由于其"退化现象"等因素，并未产生巨大影响，故无法与玉米、番薯和传统粮食作物相颉颃。

此外，本文关注的时段是清至民国时期，较吴慧研究美洲作物的时间维度更长，除了民国数据更为丰富（笔者在"中研院"近代史研究所档案馆获得了珍贵的

---

① Nunn N，Qian N. The Columbian exchange: A history of disease，food，and ideas. *The Journal of Economic Perspectives*，2010: 163—188；Jia R. Weather shocks，sweet potatoes and peasant revolts in historical China. *The Economic Journal*，2014，124(575)，pp.92-118；Chen S, Kung K S. Of maize and men: the effect of a New World crop on population and economic growth in China. *Journal of Economic Growth*, 2013, 21(1),pp.1-29；陈永伟、黄英伟、周羿：《"哥伦布大交换"终结了"气候—治乱循环"吗？——对玉米在中国引种和农民起义发生率的一项历史考察》，《经济学（季刊）》2014年第3期；何祚宇，代谦：《雾霾中的历史阴影——美洲作物引入、清代人口爆炸与生态环境的长期退化》，载陈一飞、郭永钦等：《第四届量化历史研究国际年会论文集》，北京大学经济学院，2015，第571—614页。

② 吴慧：《中国历代粮食亩产研究》，农业出版社，1985，第182—193页。赵冈等合著的《清代粮食亩产量研究》（中国农业出版社，1995），关于玉米、番薯的亩产增长的论述，因吴慧亦是作者之一，基本与前书同。需特别说明两点：一、因本文出现作者较多，故统一略去"先生"，并非不含敬意。二、本文虽然与吴慧先生略有分歧，但丝毫不影响笔者对先生的敬意。

一手资料）之外，通过长时段、大范围时空视角的整合，能够更宏观、更客观地反映玉米和番薯的生产指标。作为"数据史学"的研究成果，有别于传统的叙述方式，更加强调理论视野和实证的结合，倚重历史学、农学等的分析框架、分析视角和社会科学的多样化方法，笔者对搜集到的美洲作物的全部数据进行解读，从不同角度切入分析，以求实现突破。

仅就美洲作物来说，清至民国是一脉相承的，由于各种原因，美洲作物并不是近代农学的关注重点，民国时期仍以沿革清代的生产技术为主，即使有技术革新，也没有大范围地推广，美洲作物仍保持了在传统社会的生存态势。相比之下，明代处于美洲作物的局部引种时期，除个别省份的个别作物有所推广外，基本处在萌芽阶段；除了闽、粤之番薯推广还有可圈可点之处外，意义不甚明显，直到清中期，美洲作物才可以称为方兴未艾。总之，清中后期是美洲作物的狂飙式推广时期，民国时期已经奠定了分布基础，从这个意义上来讨论美洲作物时，清代与民国并非可以分割。

本文度量衡，"亩"如未加专门说明，均是"市亩"；"石"如未加专门说明，均是"清石"；"斤"如未加专门说明，均是"清斤"。

二、产量与面积

（一）民国时期玉米、番薯的产量与面积

民国时期，全国耕地面积的峰值，很可能是在 1929—1933 年国民政府统计局统计的 1416956300 亩（14.17 亿亩），[①] 此数据包括了全国所有行政区，是经过三次校订后得出的结论，相当审慎，而其他年份（1914—1946）的数据要么低估，要么夸大，但均接近 14 亿亩。

吴宝华指出，1936 年中国耕地面积为 13.5 亿亩，复种指数为 1.23，[②] 作物面

---

① 章有义：《中国近代农业史资料：第三辑（1927—1937）》，生活·读书·新知三联书店，1957，第 921 页。

② 笔者认为，该复种指数是较为合理的，张心一也认同此指数。1952 年，全国平均水平才到达 130.9%，直到 1987 年进一步提高到 151.2%，而卜凯估计的 149% 似乎偏高。此外，单论玉米、番薯融入种植制度相对较晚，且就全国来说，以旱地一季为主（尤其是番薯生产期更长），应该略低于 123% 的全国平均水平。

积则为 16.6 亿亩，其中，玉米占 6%，为 0.996 亿亩，全国产量不及 1.8 亿市担；1931—1934 年番薯栽培面积为 0.32 亿亩，占作物面积的 2%，番薯总产量为 3.2 亿市担。[①]

据吴传钧推算，20 世纪 30 年代的玉米平均种植面积为 0.8524 亿亩，番薯为 0.33275 亿亩。[②] 吴传钧转引 Trewartha（1938）的研究结论，即玉米占作物面积的 6%，[③] 但未提及番薯，估计比例较低。但根据番薯面积推测，其占比亦应为 2%。虽然玉米总面积与吴宝华的结论略有差距，但番薯面积较为接近，最为重要的是，两者均认为玉米占作物面积的 6%，番薯占 2%。吴传钧推算，20 世纪 30 年代的玉米年度平均总产量为 1.78252 亿市担，番薯为 3.75435 亿市担。[④] 也就是说，玉米在当时的粮食总产量（26.29638 亿市担）中的占比为 6.78%，番薯为 14.28%。但由于番薯水分含量高，折合原粮为 4 折 1，故其在民食中所占比例要除以 4。因为两人一为点的研究、一为面的研究，存在差异在所难免，只是两人对耕地面积的估算都过于保守。

冯和法认为，玉米常年种植面积与产量分别为 0.92 亿亩、1.4778 亿市担，番薯常年种植面积与产量分别为 0.27 亿亩、2.6809 亿市担，[⑤] 分别占当时粮食作物总产量的 6.03% 与 10.94%。他似以 20 世纪 30 年代为样本依据。然而，"常年"作物面积与总产量只能反映新常态，无法一直向前延伸，代表过去的实际，还要结合一连串的具体数字进行分析。（见表 1）

表 1 1914—1937 年间玉米、番薯历年产量统计

单位：千市担

年份　类型	1914	1915	1916	1917	1918	1919	1920	
玉米	63274	69432	56394	46987	82852	78697	94474	
番薯				3322	4058	5432	575	

---

① 方显廷：《中国经济研究》上册，商务印书馆，1938，第 150—154 页。
② 吴传钧：《中国粮食地理》，商务印书馆，1947，第 32 页。
③ 吴传钧：《中国粮食地理》，商务印书馆，1947，第 35 页。
④ 吴传钧：《中国粮食地理》，商务印书馆，1947，第 28—29 页。
⑤ 冯和法：《中国农村经济资料》，黎明书局，1933，第 171—176 页。

续表

类型＼年份	1931	1932	1933	1934	1935	1936	1937	1946
玉米 [1]	127744	139495	114988	111184	136889	122602	131222	230301
番薯 [1]	79134	90175	92010	80158	92903	85449	109362	121378
玉米 [2]	168215	176354	158240	149259	178781	170455	175587	
番薯 [2]	82468	93509	95344	83492	96223	88769	109524	

资料来源：① 1914—1920 年数据源自农商部总务厅统计科编印：《第九次农商统计表》，1924，第 67、69 页。

② 1931—1937 年数据源自主计处统计局：《中华民国统计年鉴》，中国文化事业公司，1948，第 75—76 页；

③ 1931—1937 年数据源自章有义：《中国近代农业史资料：第三辑（1927—1937）》，生活·读书·新知三联书店，1957，第 922 页。数据均已换算为千市担，1 清石 =1.0355 市石，1 旧斤 =1.19 市斤，番薯已折算为成品粮（薯干）。

　　众所周知，北洋政府农商部所编《农商统计表》错讹甚多，虽然弥足珍贵，但不堪大用，此处仅援引作为参考。玉米产量统计可能偏低，然番薯肯定偏低，历史时期番薯产量（原粮）从来不可能与玉米相差数十倍，到了 1920 年，产量更是突然下降十分之一，总产量只为马铃薯的四分之一，低于所有粮食作物，降到与大麻一个水平，这是不可能的。民国时期，在番薯主要分布区域稳定的前提下（由表 2 可见，1920 年较 1919 年的种植面积还有所增加），稳步发展的增长模式才是符合客观规律的。即使在 1919—1920 年番薯平均播种面积仅为 20000 千市亩① 的情况下，除非亩产在 1919 年（20 世纪前 20 年的统计最高值）为 110 斤鲜薯，在 1920 年仅为 12 斤鲜薯，才可能得到如此数据。《农商统计表》显然是由于统计不全所致，② 故可信度极低。1931—1937 年数据源于中农所农情调查结果以及章有义根据

---

① 1930 年番薯播种面积的保守水平为 30000 千市亩，1920 年最低水平也不会低于 20000 千市亩。

② 以 1920 年为例，番薯就缺失奉天、黑龙江、江西、福建、浙江、湖北、湖南、甘肃、新疆、四川、广东、广西、云南、贵州、热河、绥远。即使已统计省份，也存在部分州县的缺失。

多方数据整理，参考价值较高。

再说表 1 中 1931—1937 年的数据，笔者认为，章有义的统计更准确，因为《中华民国统计年鉴》（以下简称《年鉴》）并不包括东三省，导致产量偏低，《年鉴》仅仅出现了 1946 年的番薯产量。鉴于东三省种植番薯较少，是以《年鉴》和章有义的番薯产量几无差别，1946 年番薯产量可信。因此，我们根据章有义1931—1937 年的数据测度其产量几何增长率，而摈弃算数增长率的研究方法，得出 1931—1946 年番薯产量年增长率为 2.6%。20 世纪 30 年代，番薯产量时高时低，并非几何增长，故 2.6% 只反映增长的大趋势，以此作为基准向前回溯，1914 年 [1]接近 52000 千市担薯干（或 208000 千市担鲜薯）。因为各种作物产量均被低估，所以粮食总产量仍然按照《第九次农商统计表》的原额修正数据（以农商统计表记载的 1914 年粮食总产量为标准），1914 年番薯产量占粮食作物总产量的比例不过 2%。毕竟缺乏 1931 年之前的数据，作物产量的增长很难按照一个固定的比例，笔者猜测，也无更科学的方法。毕竟一般来说，新作物产量、面积的增长会遵循稳步增长的趋势。就美洲作物来说，通过清代、民国、新中国成立后的描述性介绍，均可见这一态势；通过民国以降的数据展示，民国较清代，新中国较民国，更具说服力地论证了这一情况。

十四年抗战对后方十五省之外的农业生产破坏颇大，北方对玉米这样的救荒作物需求量尤大，民国时期本身也是北方玉米、番薯增长最快的时期，玉米尤其适应了开发东北的需求，产量一再飙升，所以 1937 年之后的增长方式已非平稳增长，加之缺乏 20 世纪 40 年代的全国范围统计数据，1946 年的孤立玉米数据虽具有一定价值，然不可作为产量增长数据的测算终端。因此，我们退而求其次，以 1937 年的玉米产量为标准，可知 1931—1937 年的玉米年增长率为 0.7%。1914—1920 年统计混乱，1920 年玉米统计尽管缺失全国半数省份，然其总产量依然高于仅缺个别省份的 1914 年，可知 1914—1920 年的玉米年增长率为 6.9%。报送缺漏加之基数过低，该增长率固然不足为信，但也在一定程度上反映了全国总产量增加不可逆的趋势，因此 0.7% 的增长率未免过低。设定 1914—1920 年的增长率只占权重的10%，1931—1937 年占影响大局的 90%，进行加权平均后得出的增长率为 1.3%，则 1914 年玉米产量约为 130000 千市担，玉米产量在粮食作物中的占比不过 5%。

---

[1] 之所以选择 1914 年作为统计节点，而不是 1912 年，是因为民国三年（1914）是《农商统计表》中有美洲作物统计之始。

表2 1931—1937年间玉米、番薯历年面积统计

单位：千市亩

年份\类型	1914	1915	1916	1917	1918	1919	1920	
玉米	47689	48378	42253	38907	53634	46502	50172	
番薯				2968	3224	3377	3942	
年份\类型	1931	1932	1933	1934	1935	1936	1937	1946
玉米	69354	71913	64510	63028	70665	69845	73028	86163
玉米 [1]	85644	88593	79210	79873	89475	89540	94313	
番薯	30748	30931	34764	32351	33220	35540	39098	50161

资料来源：1914—1920年数据源自农商部总务厅统计科编印：《第九次农商统计表》，1924，第67、69页。主计处统计局：《中华民国统计年鉴》，中国文化事业公司，1948，第74页。

说明：[1]为《年鉴》加上东北地区玉米面积后得出的修正值，而1931—1937年东北地区数据来自许道夫：《中国近代农业生产及贸易统计资料》，上海人民出版社，1983，第87页。数据均已换算为千市亩，按1清亩=0.9216市亩换算。

已知全国耕地面积为14.17亿亩，全国作物面积则为14.17×1.23（复种指数）=17.43亿亩，可知，20世纪30年代玉米在作物面积中的占比从5%增加到5.5%，番薯从1.8%到2.3%再到1946年的2.9%，虽然平均水平较前述研究略低，但增长率可作为重要参考。则1931—1937年番薯面积年几何增长率为3.3%，玉米为1.6%（依然选择1937年的玉米数据、1946年的番薯数据作为运算终端，推算几何增长率，理由同上）。1914—1920年玉米增长率为0.8%，进行加权平均后得出的玉米增长率为1.5%。回推到1914年，番薯约为18000千市亩，玉米约为67000千市亩，分别占作物面积的1%和3.9%。

就全国来说，民国时期美洲粮食作物的地位并没有想象中那么高，诚如珀金斯（Dwight H Perkins）指出，1914—1918年的玉米播种面积是很小的，只占谷物播种总面积的5.5%，番薯则是1.7%；1931—1937年，玉米、番薯分别为6.6%、3.5%。[①]珀金斯的数据反映出1914—1918年，玉米的平均总产量是1.468亿市担，占全国粮食总产量的5.18%，1931—1937年，玉米的平均总产量是2.044亿市担，占全国

---

① （美）德·希·珀金斯著：《中国农业的发展：1368—1968》，宋海文等译，上海译文出版社，1984，第59页。

粮食总产量的 6.39%；番薯折为原粮后，1914—1918 年的总产量为 0.706 亿市担，占全国粮食总产量的 2.49%；1931—1937 年的总产量为 1.528 亿市担，占全国粮食总产量的 4.78%。[①] 珀金斯的估算和笔者存在颇多共通点，一是我们均认为，民国初年的玉米、番薯产量占粮食总产量的比例低于民国中后期，也就自然低于吴宝华、吴传钧匡估的 20 世纪 30 年代的指标，尤其是我们估算的民国初年的玉米产量极为接近，番薯产量却是笔者的估算更低；二是我们同样肯定，玉米、番薯在民国初年的种植面积并不大，有一个缓慢增加的过程，结果就是随着种植规模的扩大，总产量随之上升，在粮食总产量（民食）中所占比例也随之上升。

要之，笔者对民国初年玉米、番薯产量和面积的匡估值分别为：民国初年的产量分别为 130000 千市担（5%）和 52000 千市担（2%），占作物总面积的 4%（67000 千市亩）和 1%（18000 千市亩）。

该值并不是最低值，玉米 130000 千市担仅略低于冯和法的估值，玉米面积也高于《年鉴》20 世纪 30 年代的统计，占作物总面积的比例低于前述研究 6% 的普遍标准，其原因在于笔者认定的总作物面积标准（17.43 亿亩）略高。事实上，民国时期由于天灾人祸频繁，大量耕地被抛荒，抗日战争结束后的垦殖事业也多为耕地复垦，总的趋势是，民国时期的耕地面积还略有下降。此外，笔者将民国初年的复种指数定为 1.23，已是较高估计，即使是传统观点上较为发达的多熟种植农区——江南，已有研究发现，清至民国一年两熟并不占有支配地位。[②] 如张心一就调查发现 20 世纪 20 年代末，苏州和上海的复种指数仅为 1.59。[③]

（二）清代玉米、番薯的产量与面积

我们知道了民国初年玉米、番薯的指标，再来剖析清代的情况。本研究借鉴史志宏的划分方法[④]，选定清代的四个时间节点——乾隆三十一年（1766）、嘉庆十七年（1812）、道光三十年（1850）、光绪十三年（1887）。除了史志宏所叙述的原因（统计意义和历史意义）之外，还在于这些节点均能代表美洲作物推广的几何增长

---

① （美）德·希·珀金斯著：《中国农业的发展：1368—1968》，宋海文等译，上海译文出版社，1984，第 372—373 页。

② 王加华：《一年两作制江南地区普及问题再探讨——兼评李伯重先生之明清江南农业经济发展论》，《中国社会经济史研究》2009 年第 4 期。

③ 张心一：《江苏省农业概况统计》，《统计月报》1930 年第 2 卷第 7 期。

④ 史志宏：《清代农业生产指标的估计》，《中国经济史研究》2015 年第 5 期。

点。玉米、番薯虽然引种较早，然而除了番薯在闽粤一带效果颇佳外，总体上直到乾隆年间均并非强势。玉米的大规模推广是在 18 世纪中期到 19 世纪初期，也就是兴于乾隆中期，至迟于道光年间在南方推广完成，形成稳定分布区——西部玉米种植带，一跃从零星种植的消遣（或蔬菜）作物转型为救荒作物，再到粮食作物。可见，晚清是玉米的地位上升期和进一步扩展期，在南方从一般粮食作物上升到主要粮食作物，在北方也得到进一步扩展，在华北平原、西北地区、东北平原开始大放异彩，并逐步赶超南方。番薯虽然起步较早，然推广模式与玉米殊途同归。明后期的福建、广东，清前期的浙江，番薯尚值得一书，然在其他地区并无优势，即使有所引种，也是长期"引而不种"。直到乾隆时，地方政府认识到广种番薯可减灾救荒后，极力劝民"依法种植"。尤其是乾隆五十一年（1786），乾隆"敕下直省广劝栽种甘薯，以为救荒之备"以后，番薯才得以在南方迅速推广，并在嘉道年间形成东南丘陵种植带。晚清时期，番薯在南方进一步普及，同时在北方也有所发展。因此，1766 年是二者的大范围推广初期，1812 年是如火如荼推广期，1850 年是南方推广完成期，1887 年是北方进一步推广期。

1914—1915 年，南方玉米尚且占到全国玉米面积的 40%，[1]1931 年下降到 36%，[2]1947 年则降至 28%，[3] 今天，南方玉米种植面积大约占全国的 25%。由此可知，民国以降，玉米在北方平川地带迅速普及开来。换句话说，清代是南方玉米的优势时期，民国是北方玉米的强势时期。因此，设定每一个时间段内，南方玉米的比重下降 10%，晚清之前，南方玉米尚能保持绝对优势，故比例不变。（见表 3）

① 农商部总务厅统计科：《第四次农商统计表》，中华书局，1917，第 78—90 页。

② "中研院"近代史研究所档案馆：农林部：《20 至 37 年各省历年农作物面积、产量统计表》，档号：20-07-065-01。《年鉴》很可能也以本档为资料来源。本档的优势在于，每年每个省的数据均可查询。缺失的东北地区数据，笔者根据许道夫《中国近代农业生产及贸易统计资料》（上海人民出版社，1983）中的相关数据自行修正。

③ "中研院"近代史研究所档案馆：农林部：《20 至 37 年各省历年农作物面积、产量统计表》，档号：20-07-065-01。缺失的东北地区数据，笔者根据《黑龙江省志 农业志》《吉林省志 农业志》《辽宁省志 农业志》自行修正。

表3 清代玉米、番薯南北方种植面积比例估计

单位：%

年份\类型	玉米南方	玉米北方	番薯南方	番薯北方
1766	60	40	78	22
1812	60	40	78	22
1850	60	40	78	22
1887	50	50	73	27
1914	40	60	68	32

又，1850 年，南方玉米已经基本推广完成，种植面积与 1914 年应该相差不大，事实上，1931—1947 年南方玉米面积基本没有增加。[①]1914 年南方玉米面积为 67000×0.4=26800 千市亩，则 1850 年、1887 年均为 26800 千市亩。可推知，1887 年北方玉米面积（50%）为 26800 千市亩，1850 年同理。相比于 19 世纪中叶玉米在北方开始发展，19 世纪中叶后的一百年间，是玉米发展最快的时期，可说每半个世纪上一个台阶（翻一番）。姑且认为，1766 年和 1812 年代表这一个时期的分割，单纯作为节点的话，时间略晚（1750 年、1800 年更为合适）。可推知，1812 年南方玉米面积是 1850 年南方玉米面积的三分之二，1766 年是三分之一，则 1812 年南方玉米面积为 17867 千市亩，1766 年为 8933 千市亩，进而可推知全国玉米面积。（见表4）

表4 清代玉米产量、面积估计

年份\类型	作物总面积（亿亩）	面积比（%）	面积（千市亩）	粮食总产量（亿担）	产量（千市担）	产量比（%）
1766	13.17	1.13	14889	29.88	28888	0.97
1812	14.48	2.06	29778	33.45	57779	1.73
1850	16.24	2.75	44667	37.46	86667	2.31
1887	17.09	3.12	53600	36.60	104000	2.84
1914	17.43	3.84	67000	36.60	130000	3.55

① "中研院"近代史研究所档案馆：农林部：《20 至 37 年各省历年农作物面积、产量统计表》，档号：20-07-065-01。

资料来源：耕地面积、粮食总产量数据来自史志宏：《清代农业生产指标的估计》，《中国经济史研究》2015年第5期。作物面积＝耕地面积×1.23（复种指数）。18世纪中期，多熟种植已经较为发达，所以指数不变。传统社会的美洲作物单产基本稳定，下文再述，所以根据面积变化来推知产量。也就是说，不同年代产量与面积的比值相等。

　　1931年南方番薯面积占全国番薯总面积的68%，到1947年，南方番薯面积依然占全国的68%。[①] 可见，相较于北方，南方一直占据绝对优势，这与番薯的生态适应性息息相关。而北方能够保持住32%的占比，则是晚清以降发展的结果。假设1914年南方番薯面积依然占68%，每一个时间段南方番薯的比重下降5%，则晚清之前，南方番薯尚能保持绝对优势，故比例不变。（见表3）

　　同样，1850年南方番薯分布区业已基本定型，但是，1931—1947年南方番薯面积增加了0.42倍。[②] 保守估计，1914年是1887年的0.42倍。然而，清代不可能达到民国时期的增长速度，尤其是长达14年的太平天国运动，造成大量的土地抛荒无法耕种，故设定1850年和1887年的番薯种植面积相同。1914年南方番薯种植面积为18000×0.68=12240千市亩，是故1850（1887）年南方番薯种植面积为12240/1.42=8620千市亩。可推知，1887（1850）年北方番薯面积（27%）为3188千市亩。与玉米相同，18世纪中叶后的一百年也是番薯发展的黄金一百年，1812年南方番薯面积是1850年南方番薯面积的三分之二，1766年是三分之一，则1812年南方番薯面积为5747千市亩，1766年为2873千市亩。（见表5）

表5　清代番薯产量、面积估计

年份 \ 类型	作物总面积（亿亩）	面积比（%）	面积（千市亩）	粮食总产量（亿担）	产量（千市担）	产量比（%）
1766	13.17	0.28	3684	29.88	10641	0.36
1812	14.48	0.51	7369	33.45	21285	0.64
1850	16.24	0.67	10830	37.46	31287	0.84
1887	17.09	0.69	11808	36.60	34112	0.93

---

① "中研院"近代史研究所档案馆：农林部：《20至37年各省历年农作物面积、产量统计表》，档号：20-07-065-01。

② "中研院"近代史研究所档案馆：农林部：《20至37年各省历年农作物面积、产量统计表》，档号：20-07-065-01。

| 1914 | 17.43 | 1.03 | 18000 | 36.60 | 52000 | 1.42 |

资料来源与表 4 相同。番薯产量占粮食总产量的比例可除以 70%，这是因为番薯产量已折算为成品粮，作为原粮的话，产量折算会有一定的上升。

表 4 和表 5 直观反映了有清一代，玉米、番薯开始大规模推广后的数据常态。随着玉米、番薯推广力度的不断加大，二者的种植面积和产量都在稳定增加，在杂粮中逐渐占据重要地位。但就全国范围而言，在笔者较高估计的前提下，清代的大部分时间里，玉米、番薯无论是在作物总面积中还是在粮食总产量中的占比都不高，其中，玉米在 3% 下游荡，番薯在 1% 下徘徊，不要说与稻、麦、豆等主要粮食作物相比，就是与高粱、谷子等一般粮食作物相比，都还有一定的差距。总之，有清一代，玉米、番薯尽管在局部地区可能发挥了仅次于稻、麦的作用，但就全国而言，还是不能作过高评估。

三、单产

这里单独讨论玉米、番薯的单产问题，而没有将其放在产量和面积的框架下讨论，主要是出于三个方面的考量：一是根据单产的文本书写，印证总产与面积的假设是否成立；二是进一步研究玉米、番薯对南北方耕地亩产增加的影响；三是探讨玉米、番薯究竟能供养多少人口。

（一）清至民国时期玉米、番薯单产

明清时期，虽然关于玉米、番薯单产的文献记载较少，但仍可寻到蛛丝马迹。为便于论述，笔者将搜集到的史料编制成表 6 和表 7，挂一漏万之处，在所难免。

表 6 清代玉米单产记载个例

时间	内容	出处
1814	双溪种苞谷，"每亩得子可六七石"	陈经《双溪物产疏》
1897	一亩……收苞谷二百二十斤……可得银一两七八钱	《黔蜀种鸦片法》，《农学报》第 15 期

续表

1898	（淮安）常二石，丰三石	《各省农事述·淮安》，《农学报》第 57 期
1904	南阳县"熟年每亩约收四斗，每斗三十一斤"	《南阳府南阳县户口地土物产畜牧表图说》
1904	（章丘）一般佃农 120—250 斤，地主 110—320 斤	景甦、罗仑《清代山东经营地主底社会性质》，山东人民出版社，1959
1909	（产额）八斗	清宣统《昌图府志》
1909	（镇安）每亩产量二点五斗	《奉天全省农业调查书》第 1 期第 2 册
1911	亩收七斗至八斗	清宣统《西安县志略》卷十一

由于各地区的度量衡存在差异，无法根据"石""斗"等量齐观，如南阳县每斗 31 斤，奉天则是 450 斤为一石。[①] 事实上，一市石玉米平均折合 140 市斤，基本等同于一市石小麦。[②] 在传统社会，玉米基本不可能达到陈经所述的亩产六七石的水平，有夸大成分。即使地主家玉米，也有低产的时候；东北地区条件较好，一向高于全国平均水平。就全国而言，玉米亩产在 200 市斤以内徘徊居多，不同地区的差异不甚明显。

表7 清代番薯单产记载个例

时间	内容	出处
1644—1911	亩收数十石／一亩可收数十石	《授时通考》卷六十、《救荒简易书》卷一、《广群芳谱》卷十六、杨巩《中外农学合编》卷六、清同治《沅州府志》卷二十、清光绪《黎平府志》卷三、清乾隆《沅州府志》卷二十，等等
1644—1911	亩可数石	清乾隆《岳州府志》卷十二、清乾隆《湘潭县志》卷十二、清嘉庆《郴州总志》卷四十，等等
18 世纪中	一亩地可获千斤	〔清〕黄可润《畿辅见闻录》
1768	番薯上地一亩，约收万余斤，中地约收七八千斤，下地约收五六千斤	〔清〕陈世元《金薯传习录》

---

① 民国《双山县乡土志》载："苞米四百五十斤为一石。"转引自辽宁省档案馆选编：《编修地方志档案选编》，辽沈书社，1983，第 570 页。

② 华中农学院《农业技术手册》编写组编：《农业技术手册》，湖北人民出版社，1975，第 202 页；湖南农业厅编：《农业技术手册》，湖南科学技术出版社，1981，第 489 页；农垦部生产局编：《国营农场农业技术手册》，上海科学技术出版社，1982，第 860 页。

1821—1861	一亩之地收可十余石	杨澜《临汀汇考》卷四
1897	山农广种，收多至三四十石	清光绪《平越直隶州志》卷二十二
1899	每亩收两千斤，每斤售钱三文	韩国钧《永城土产表》
1900	每亩约收两千余斤，每斤值钱五六文	〔清〕杜韶音《武陟土产表》
1900	以担量，有收至数百担，贫户倚为半岁之粮	清光绪《井研县志》
1902	上田可收薯一千两百斤，瘠田五六百斤……薯百斤值钱六百，薯粉百斤值钱三千，薯粉皮百斤值钱九千	何刚德《抚郡农产考略》卷下，《草类二薯》
1904	熟年每亩约收四百斤	《南阳府南阳县户口地土物产畜牧表图说》
1904	六月种者为正薯……每田六十方丈，统计得薯多者四千余斤，少者千五六百斤；十月种者曰雪薯，每田六十方丈，得薯多者，自七百斤至千四五百斤	赵天锡《调查广州府新宁县实业情形报告》

与玉米相比，番薯亩产的上限与下限波动较大，从数石到数十石不等。有清一代，番薯一直是官方和民间的重点劝种作物，在朝野上下的积极推广下，番薯的种植面积迅速扩大。关于其亩产，同为福建人的陈世元和黄可润的统计数据就相差十倍之多。事实上，亩产数十石或万余斤，在清代是很难达到的。如果番薯真的这么高产，也不至于长期在北方多数地区"引而不种"，但大体上来说，番薯还是比玉米高产的，平均亩产数石或千余斤，还是比较常见的。此外，南方由于气候温暖湿润，更适宜番薯的生长，故南方番薯的单产普遍比北方高些。

民国时期的数据更能反映清代的单产。民国时期，玉米、番薯新品种并未大面积推广，品种改良也是以稻麦为主，玉米、番薯仍沿用以往的农家种，在外部生产环境没有显著改变的前提下，民国的统计数字完全可见清代的一般水平。如吴宝华的统计简单运算后，可知玉米亩产为 180 市斤、番薯亩产为 1000 市斤；吴传钧的为玉米 209 市斤、番薯 1128 市斤；冯和法的为玉米 161 市斤、番薯 993 市斤；均能代表清代玉米、番薯一般亩产水平。更加客观的统计则请参见表 8。可见，清与民国保持了同一水平。

表8 历年重要农作物单位面积产量单位（全国）

单位：每市亩市斤

年份 类型	1931	1932	1933	1934	1935	1936	1937
玉米	188	192	184	176	189	181	180
番薯	990	1117	1022	957	1076	932	1093

资料来源：章有义：《中国近代农业史资料：第三辑（1927—1937）》，生活·读书·新知三联书店，1957，第926页。

就玉米而言，另有专门统计后方十五省每市亩产量，1931—1937年平均亩产为205市斤，1940年减为197市斤，1941年再减为189市斤。[①]总之，清至民国时期，玉米亩产在190市斤左右，番薯在1000市斤左右。根据笔者推算的清至民国美洲作物的产量和面积，可知玉米亩产为194市斤，番薯亩产为1156市斤，从数据意义上来说，笔者匡估的美洲作物产量、面积完全符合逻辑，因为二者是分别独立进行的演绎。因此，笔者就为清至民国时期美洲作物指标提供了一种新的历史叙述和解释。

（二）19世纪中期玉米、番薯对亩产增加的影响

本研究以19世纪中期为基点，该基点可以说是传统农业的最高峰，不单养活了帝制时代的峰值人口，也是学界公认的清代单产、总产、产值的最高峰，之后便是席卷全国的太平天国运动和外国势力的全面入侵，堪称近代起点。

吴慧研究指出，北方有玉米纳入种植制度的亩产2.475石，比未种玉米的亩产2石，增产23.75%；南方总产3.85石，比未种玉米的亩产3石，增产28.33%；北方番薯地（3石）比未种番薯（2石）的增产50%，南方番薯地（5.59石）比未种番薯（3石）的增产86.33%。[②]笔者认为，吴慧的研究方法没有问题，但数值上可能略有夸大。首先，吴慧折合玉米平均亩产180市斤为粟（原粮）2石。笔者认为，可能在折算过程中对玉米有所高估，导致后面一系列运算的夸大化。史志宏根据1000余个亩产数据制成表9，这样看来，北方旱作平均亩产1石，玉米平均亩产是旱作平均亩产的两倍。事实上，玉米的单产优势并没有那么大，仅略高于大麦、高

[①] 《各省玉米产量及其种植面积》，《中农经济统计》1942年第2卷第10期。

[②] 吴慧：《中国历代粮食亩产研究》，农业出版社，1985，第184—187页。

梁。出现误差的原因有二：第一，吴慧认为，180 市斤玉米相当于 279 市斤粟。实际上，民国时期，各种数据在统计原粮时，并未进行如此折算。郭松义在计算清代粮食亩产时，也是将高粱、粟、黄豆、玉米等统一以每市石 140 市斤折算，[①] 虽然每石重量各有高低，但差距并不大，未曾考虑原粮折成品粮的比率。否则，每一种作物的原粮与成品粮的折算比例均不相同，非要一一比对方可；第二，吴慧对北方旱作的估算本来就偏高，达到亩产 2 石，在这种情况下，玉米亩产 2 石也就不奇怪了。

表 9 清代粮食亩产估计

农作方式	北方		南方		
	旱作	水田	旱作	水旱轮作	水田
亩产（石 / 亩）	1	2.25	2.75（1.5）	3.65	3.4
占耕地（%）	52.7	0.5	23.4	9.4	14

资料来源：史志宏：《清代农业生产指标的估计》，《中国经济史研究》2015 年第 5 期。笔者取中值。

说明：南方旱作括号内数据源自郭松义：《明清时期的粮食生产与农民生活水平》，载中国社会科学院历史研究所学刊编委会：《中国社会科学院历史研究所学刊（第一集）》，2001。笔者认为，史志宏的估值可能略高，同是旱作，南方是北方的 1.75 倍，南北方旱作差距过大，故笔者取二者的平均值，即为 2.125 石。

除折算方式外，笔者对清代美洲作物面积的合理估计要低于传统观点。吴慧认为，清中叶玉米占耕地面积的 6%，由表 2 可知，到了 1937 年，玉米也不过占作物面积的 5.5%，吴慧如此高估玉米的种植面积，笔者无法认同。总之，笔者对玉米和玉米之外的粮食产量进行了适当修正，玉米平均亩产 190 市斤折合清制 1.21 石。一年一熟玉米亩产 1.32 石，[②] 一年两熟夏玉米亩产 1.13 石，加上 1 石小麦，共计 2.13 石。二年三熟玉米亩产 1.13 石，加上小麦、春谷（或高粱）2 石，平均每年 1.07 石。各种农作方式按照占北方玉米总面积的比例，加权平均，得出玉米纳入北方种植制度亩产 1.4 石，比不种玉米的旱作亩产 1 石增产了 40%。南

[①] 郭松义：《清代北方旱作区的粮食生产》，《中国经济史研究》1995 年第 1 期。

[②] 山东省农业科学院：《中国玉米栽培》，上海科学技术出版社，1962，第 7 页。按照各地区玉米亩产高（低）于 2 石的幅度，以不同地区玉米面积的比重，进行加权平均。以下计算同。

方玉米平均亩产 1.13 石，一年两作则 2.26 石（如果按照史志宏的旱作亩产 2.75 石，则玉米在旱地毫无优势），春玉米和中晚稻／早稻和秋玉米，亩产为稻旱轮作的 130.78%，[①] 也就是 4.77 石，加权平均，得出玉米纳入南方种植制度亩产 2.98 石，比不种玉米的亩产 2.56 石增产了 16.4%。与吴慧的结论相比，北方的增长幅度更大，其原因就在于北方的亩产偏低，而这也解释了清末以降，北方玉米长期后来居上的历史真相。

番薯平均亩产为 1000 市斤，北方亩产相对略低，兹以 800 市斤为平均值，折成品粮 200 市斤，相当于原粮 285 市斤（折算率 70%），折旧制亩产 1.81 石，此是一年一熟；二年三熟是麦 1 石、番薯 1.81 石、春谷（高粱）1 石，相当于每年亩产 1.91 石。不过有清一代，番薯参加复种的两年三熟在北方很难实现，因此，番薯纳入北方种植制度比不种番薯的旱作亩产 1 石增产了 81%。南方番薯亩产仍为 1000 斤，相当于原粮 357 斤，折旧制亩产 2.27 石。南方番薯以一年两熟为主（稻—薯和旱—薯），旱作可达 2.27+1.11=3.38 石，水旱可达 2.27+3=5.27 石，加权平均 3.93 石，比不种番薯的亩产 2.56 石增产了 53.5%。与吴慧的结论相比，番薯因亩产较高，在北方增产更多，然番薯在北方的生态适应性并不好，因此主要还是集中在南方。

已知道光三十年（1850），北方耕地面积占全国耕地面积的 53.2%，南方为 46.8%，且当时全国的粮食作物面积占耕地面积的 87%。[②] 然而就全国来说，种植玉米、番薯的土地只占一小部分，故只能从这一小部分运算到底增产了多少。玉米占作物面积的 2.75%，则玉米占耕地面积的 2.75%×123%（复种指数）=3.38%，番薯占耕地面积的 0.67%×123%（复种指数）=0.82%。

北方玉米占全国玉米面积的 3.38%×40%=1.35%，占北方作物面积的 1.35%/53.2%=2.54%。玉米占北方粮食面积的 2.54%/87%=2.92%。南方玉米占全国玉米面积的 3.38%×60%=2.03%，占南方作物面积的 2.03%/46.8%=4.33%。玉米占南方粮食面积的 4.33%/87%=4.98%。番薯同理。北方番薯占全国番薯面积的 0.82%×22%=0.18%，占北方作物面积的 0.18%/53.2%=0.34%，番薯占北方粮食面积的 0.34%/87%=0.39%。南方番薯占全国番薯面积的 0.82%×78%=0.64%，占南方作物面积的 0.64%/46.8%=1.37%，番薯占南方粮食面积的 1.37%/87%=1.57%。于是：

① 山东省农业科学院：《中国玉米栽培》，上海科学技术出版社，1962，第 107 页。
② 史志宏：《清代农业生产指标的估计》，《中国经济史研究》2015 年第 5 期。

北方：玉米纳入种植制度 1.4 石 ×2.92%+ 番薯纳入种植制度 1.81 石 ×0.39%+ 不种玉米番薯 1.01 石 ×（1-2.92%-0.39%）=1.024508 石。

南方：玉米纳入种植制度 2.98 石 ×4.33%+ 番薯纳入种植制度 3.93 石 ×1.57%+ 不种玉米番薯 2.81 石 ×（1-4.33%-1.57%）=2.834945 石。

就全国而言：1.024508 石 ×53.2%+2.834945 石 ×46.8%=1.87179251 石。折合今制 294.44 市斤 / 市亩。

如果玉米、番薯未纳入种植制度：1.01×53.2%+2.81 石 ×46.8%=1.8524 石。折合今制 291.39 市斤 / 市亩。玉米、番薯引入后，亩产提高了 1.05%，即亩产提高了 3.05 市斤，低于吴慧的亩产增加了 17 市斤。

四、清代玉米、番薯影响再认识

（一）美洲作物不是刺激人口增长的主要因素

美洲作物的推广并不是刺激人口增长的主要因素，相反，它是积极应对人口压力的措施。吴慧对于清代农业生产指标的估计一向较高（如同吴慧认为，张心一的估计一向较低）。吴慧对清代粮食亩产峰值的估算是 367 市斤 / 市亩，在学界中估值最高。[1] 原因除了本身对个别农作方式估算过高（如北方旱作亩产 2 石）外，还在于以今推古，即在缺少数据的前提下，援引新中国成立后的比例（如认为清中叶，玉米、番薯占耕地面积的 6% 和 2%）。吴慧又进一步推算，双季稻对全国平均亩产的增长不过也就是 1.7 市斤。[2] 很难想象，玉米、番薯的增产效果竟然是双季稻的 10 倍之多。学界普遍认为，清代农业达到传统农业的最高峰，并养活了帝制时代的峰值人口，究其根本原因是双季稻等精耕细作提高了复种指数。根据吴慧的测算，嘉庆十七年（1812），玉米、番薯在粮食消费中的占比是 14.39%。[3] 实际上，1931—1934 年，玉米、番薯在民食消费中的占比分别为 8% 和 1%—2%，[4] 合计不到 10%。1938 年，人均年消费玉米 47.5 市斤，占粮食消费总量的 9.6%；[5] 即使番

---

① 石涛、马国英：《清朝前中期粮食亩产研究述评》，《历史研究》2010 年第 2 期。
② 吴慧：《中国历代粮食亩产研究》，农业出版社，1985，第 181 页。
③ 吴慧：《中国历代粮食亩产研究》，农业出版社，1985，第 192 页。
④ 方显廷：《中国经济研究》上册，商务印书馆，1938，第 150—154 页。
⑤ 《各省玉米产量及其种植面积》，《中农经济统计》1942 年第 2 卷第 10 期。

薯作较高估计，占到粮食消费总量的 3%，二者的占比加起来也不过 12.6%。故笔者很难认同，清中叶，玉米、番薯在粮食消费中的地位已经甚于民国后期，更别提玉米、番薯所占比重也有一个上升的过程。

笔者与吴慧的根本差异，或者说估计过程中起决定性作用的变量，并不是亩产的多少，而是玉米、番薯的种植面积。正是因为吴慧假定的清中叶玉米、番薯分别占耕地面积的 6% 和 2%（民国中后期的指数），恐怕无法以"假定情况相去不远"一笔带过，才造成二者面积的偏大。而笔者仅为 3.38% 和 0.82%，由于考量了清后期二者的大发展，所以更加符合历史现实。在清代峰值人口时期，如果玉米、番薯只使得亩产增加 1.05%，那么，我们就要对"美洲作物造成了清代的人口爆炸"这一传统论点产生怀疑了，对"康乾盛世"与美洲作物之间的关系也需重新认识了。毕竟在人口最大化时期，美洲作物的影响不足的话，即使之后其影响有所增加，但由于人口下降，其影响无法估量，至少太平天国运动之前的人口压力，并非主要源自美洲作物。从理论上来说，把清代人口压力算到美洲作物的头上，也是缺乏理论支撑的。清代人口主要集中在平原地区，而平原地区人口仍然靠传统粮食作物养活，"湖广熟，天下足"，说的就是湖广水稻种植承载了人口密集的长江中下游地区的生存态势，而美洲作物主要促进的是人口基数较低的山区人口的增长。

需要指出的是，本文既不是一味弱化玉米、番薯的影响，与美洲粮食作物对人口增长影响的传统论调并不相悖，与何炳棣提出的"人口爆炸—粮食短缺—美洲作物推广"三位一体的理论并无背离，与此相反，是生齿日繁在先，作物应对在后，并进一步成为马尔萨斯人口容量的缓冲剂。笔者认为，对美洲作物的研究需要再出发，作出更精准的判断，即使玉米、番薯亩产没有吴慧等经济学家想象的那么高，其贡献率没有那么大，但是其影响依然不容小觑，需要我们再认识。

（二）美洲作物价值研究再出发

亩产的提高仅是玉米、番薯巨大影响的一个面相，虽然无法与民国时期对粮食生产的作用相提并论，但其对民食的弥补作用不仅仅体现在单产上，因其扩大了耕地面积，也就增加了人均粮食占有数量（详见下文）。美洲作物充分利用了不适合栽种传统粮食作物或利用率很低的边际土地，增加了耕地面积，从这个意义上来说，它们功不可没。如果没有玉米、番薯，这些边际土地将无法得到有效的利用。在非平原地区，玉米、番薯的土地边际替代作用更加明显。正是由于它们的比较优势，一些原本种植传统粮食作物的土地才会改种玉米、番薯，这更是一个潜移默化的过程。但由于这些新垦辟和新改种的土地数据的缺失，所以很难对玉米、番薯的影响力作出正确的评估。此外，美洲作物在院前屋后、田边地角种植得也不少，"凡有隙地，悉可种薯"。① 而这些零星土地的面积根本无法丈量，所以很难评估美洲作物对民食的弥补作用。要之，我们无法单纯从亩产增加 3.05 市斤的角度，得出二者影响力不足的结论。

有人提出，中国历史就是中国灾荒史，于是便要求农作物品种的多样化，因时因地制宜，一方面力求增产，另一方面防止减产，这就构成了中国传统农业的二重性。以玉米、番薯为代表的美洲作物的高产已无需赘言，更难得的是其抗逆性强、产量稳定，这是水稻等传统粮食作物无法比拟的。在荒年凶岁，虽然不会"大有"，但亦能保证一定的产量，这是救荒作物的共性，也是我国主要粮食作物所没有的特性。如以荞麦为代表的我国传统救荒作物的产量，根本无法与美洲粮食作物相埒。番薯除耐旱耐瘠外，还具有"十三胜"（具有高产益人、防灾救饥、繁殖快速、可以久藏、生熟可食、不妨农功、可避蝗虫等优点），故乾隆帝才会多次谕令各省："番薯既可充食，兼能耐旱，必使民间共知其利，广为栽种，接济民食，亦属备荒之一法，将此传谕知之。"② 地方官员认识到番薯可减灾救荒的优势后，劝民"依法种植"者更是如恒河沙数。如山东等灾害频仍的省份，在晚清之前，番薯仅在灾荒年份被引种，并未融入当地种植制度，故灾荒过后，其种植面积就会减少，出现长时期的"引而不种"。③ 从这个意义上来说，番薯与灾荒是"伴生"的。玉米虽无番薯的高产优势，但因耐寒性强，可向高纬度和高海拔地区扩展，故在不宜稻麦的山区和气候较冷的黄河以北地区都很有市场。关于玉米的诸多优势，在邓林的《苞谷谣》、吴世贤的《苞谷行》、萧琴的《苞谷吟》等文学作品中均有生动的描述。具体来说，玉米的生长周期短，最短只需 70 天左右；生熟均可食用，在夏秋之交、青黄不接之时最受民人青睐；早熟玉米可避开夏季水患；玉米穗可随处存放，无需专门粮仓贮藏，等等。尤为难得的是，玉米还耐饥，"山民言包谷米耐饥，胜于甜饭也"。④ 要之，玉米、番薯最大限度地降低了灾荒的消极影响，保持了"平年"

---

① 〔明〕徐光启：《农政全书》卷 27《树艺·蓏部》，中华书局，1956，第 545 页。

② 陈振汉等：《清实录经济史资料·农业编》，北京大学出版社，2012，第 716 页。

③ 王保宁：《乾隆年间山东的灾荒与番薯引种——对番薯种植史的再讨论》，《中国农史》2013 年第 3 期。

④ 〔清〕严如熤：《三省边防备览》卷 8《民食》。

的产量。诚如夏明方曾对笔者所言，"救荒作物的价值要看灾年，而不是丰年的锦上添花，雪中送炭往往能挽救被最后一根稻草压死的骆驼"，正是"岁视此为丰歉，此丰，稻不大熟亦无损"。①

玉米、番薯不争肥、不费人工，无形间降低了生产成本。再加上它们早期主要在山地种植，"山价之高下，各视土之厚薄为衡……山之粮税，约较田税十分之一"，②故可廉价租得山场。玉米、番薯"初价颇廉，后与谷价不相上下"。③由表6、表7可知，它们的价值并没有想象中的那么低。虽然一季玉米的价值不及水稻，但玉米折成品粮时的损失率较低（子粒不易脱落、脱粒加工方便等）；番薯折成品粮时的损失率更低，且进行深加工后，其附加值也会大大增加。乾隆以降的粮价数据资料虽然较为齐全，但在清代的绝大多数时间里，玉米、番薯都未能纳入全国的粮价统计体系。根据现有资料可知，直到清末时，湖南才对玉米、番薯作过统计，新疆才统计过玉米的价格。④由这些弥足珍贵的资料可知，种植玉米、番薯是有利可图的。因此，新疆半数以上的地区自有粮价统计之始，便见有玉米记载，而且玉米价格高于除大米、小麦之外的其他粮食作物。清朝最后几年，湖南对全省玉米、番薯价格均有记载，其中，玉米价格尚可与小麦一较高下，而番薯价格与大米相比也不遑多让。⑤

笔者认为，是人口增长在先，各方力量在资源争夺中催生了美洲作物的推广（或是上层劝种，或是下层自主选择）。美洲作物反作用于人口的进一步增长，主要发生于19世纪之后。那么，美洲作物到底能增加多少人均粮食占有量呢？我们再进一步追问，美洲作物到底能养活多少人口呢？这是本文需要解决的最后一个问题。

19世纪中期，全国耕地面积为132042.2万市亩，粮田面积为114876.7万市亩，人口为43608.7万，⑥则人均粮田为2.63市亩。刨除美洲作物的全国平均亩产为

---

① 道光二十一年《遵义府志》卷17《物产》。

② 〔清〕汪元方：《请禁棚民开山阻水以杜后患疏》（道光三十年），载〔清〕盛康：《皇朝经世文续编》卷39《户政》11《屯垦》，文海出版社，1966，第4153—4154页。

③ 道光二十年《宣平县志》卷10《物产》。

④ 或可反映，就全国而言，清末才开始确立玉米、番薯的主粮地位。其他省份并无二者价格的记载，更加佐证了本文这一观点。

⑤ 中国社会科学院经济研究所：《清代道光至宣统间粮价表》，广西师范大学出版社，2009，第9、16、17册。

⑥ 曹树基：《中国人口史》第5卷下，复旦大学出版社，2005，第704页。

1.8546 石，换算为市制是 287.57 市斤；加上美洲作物的 3.05 市斤后，就是 290.62 市斤。也就是说，笔者和郭松义的亩产 289 市斤最为接近。故可推知，当时的人均粮食占有量为：2.63 市亩 ×290.62 市斤 =764.33 市斤。

当时人均占有玉米、番薯的面积是（4466.7 万亩 +1083 万亩）/43608.7 万人 =0.1273 市亩，即当时人均粮田 2.63 市亩中，有将近 5% 是栽种玉米和番薯的。除美洲作物以外的人均粮食占有量为（2.63 – 0.1273）×287.57=719.7 市斤。所以 764.32 – 719.7=44.62 市斤，就是玉米、番薯所提供的人均粮食占有量。该数值并不低，如果不种植玉米、番薯，那么，这人均 0.1273 亩的土地将会由于贫瘠、高寒等因素，而无法栽种其他粮食作物。

每人 44.62 市斤，43608.7 万人就是 194.58 亿市斤，按人均 764.32 市斤的占有量，就能供养 2545 万多人，而这就是玉米、番薯在 19 世纪中期承载的人口数。这绝对不是一个小数目，故我们不能小觑美洲粮食作物亩产 3.05 市斤的增加值。下面，我们采用第二种计算方式，即用美洲粮食作物产量 ÷ 人均生存的最低粮食需求量来验证这个结论。19 世纪中期，美洲粮食作物成品粮产量 31287+86667 × 0.93（玉米折成品粮率）千市担 =111887.31 千市担。清人日耗粮的常见概念是日食米一升，一年 3.65 石就是 491.34 市斤成品粮。但实际上，农民为了俭省粮食，经常以菜当饭，故民间历来有"园菜果瓜助米粮""糠（瓜）菜半年粮"的说法。截至目前，学界对清人最低粮食需求量尚无统一认识。如石涛、马国英认为是 400 市斤，郭松义认为是 350 市斤。鉴于还需要 20% 的必要种子消费、饲料和加工损耗等，故笔者认为，最低标准应为 400 市斤。可推知，玉米、番薯可养活的最高人口是 2797 万多人。这个最高值与第一种计算方法得出的最低值，相差并不悬殊。因此，2545 万人至 2797 万人就是 19 世纪中期，美洲粮食作物所容纳的人口区间。

综上所述，至迟到 19 世纪中期，玉米、番薯提供的人均粮食占有量为 44.62 市斤，供养人口数量在 2545 万—2797 万之间。此后，其重要性日益凸显。众所周知，粮食作物的推广和本土化是一个非常缓慢的过程。中国历史上，小麦确立主粮地位差不多用了几千年，而玉米、番薯仅仅用了几百年，还没有哪种作物可以在这么短时间内，有如此迅速的发展和如此巨大的影响。美洲作物在中国土地利用和民食中的替代作用及总体发展趋势是一个不断演进的过程，就玉米来说，从清初在粮食中的占比微乎其微，到清末已占据重要一席，再到如今已取代稻麦成为中国第一大作物，其背后的发展逻辑也从民食需求扩展到畜牧产业的推动，这又是另外一个话题了。

政府行为是否促进了中国传统市场的发展？

——来自 1776—1840 年华北小麦市场的证据

胡　鹏　李　军　黄英伟[*]

内容提要： 本文在重建政府行为序列的基础上，结合清代粮价数据，以 1776—1840 年华北小麦市场为例，运用 Johansen 协整分析法和固定效应模型，探讨政府行为对中国传统市场发展的影响。数理分析结果表明，政府行为对市场整合具有显著的积极作用，促进了中国传统市场的发展。进一步分析发现，在中国传统社会中，成熟的制度设置为政府行为提供了保障，政府行为对市场的影响多以灾害应对的形式展现，政府的"强势"并不意味对市场主体的压制。

关键词： 政府行为；传统市场；市场整合

一、引言与文献回顾

作为市场发展的重要指标，"市场整合"是中国经济史研究的重要主题之一。现有研究表明，市场整合对资源优化配置和经济增长具有促进作用，是西方现代经济发展的重要条件之一。（Unger，1983；Allen 和 Unger，1990；Studer，2008）换言之，历史时期的市场整合不但是经济长期发展的基础，亦是理解当代经济社会发展的重要途径。正因为如此，很早便有学者关注中国历史时期市场整合问题。Chuan 和 Kraus（1975）最早对 18 世纪中国国内市场整合情况进行了统计分析，此后，以王业键、薛华（Shiue, C. H.）、颜色等学者为代表的许多学者为中国历史时

---

[*] 胡鹏，陕西师范大学西北历史环境与经济社会发展研究院，助理研究员、博士后；李军，中国农业大学经济管理学院教授；黄英伟，中国社会科学院经济研究所研究员。

期市场整合研究做出了巨大贡献。近年来，探讨政府行为与中国历史时期市场整合关系的研究不断增多。[①] 多数学者认为，政府行为对中国历史时期市场整合进程具有促进作用。如许檀（2000）和彭凯翔（2006）通过发掘相关史料，认为政府行为有助于改善和维护经济制度，促进市场发展；李明珠（2007）通过对直隶省内粮价的分析，认为仓储和漕运制度促进了直隶省内市场整合进程；赵留彦、赵岩、窦志强（2011）和冯颖杰（2012）通过对上海、芜湖和天津等地粮价的考察，指出"财厘改统"促进了民国时期的市场整合；颜色和徐萌（2015）通过对 1881—1911 年中国铁路建设浪潮时期的小麦价格进行考察，发现铁路建设对清末中国国内小麦市场整合进程具有促进作用。也有学者认为，政府行为阻碍了中国传统市场的整合进程。如张瑞威（2010）通过探讨 18 世纪中国北方沿运河地区的稻米供应情况，认为漕运制度导致华北和江南两大区域的大米长程贸易无法发展，阻碍了区域间的市场整合进程。此外，还有学者认为，在中国传统社会中，政府行为不会对市场整合造成影响。如魏丕信（2006）认为，清代政府的出粜行为对价格的影响并不显著，所以其对市场整合的影响亦非常有限。

通过对相关文献的梳理，我们发现涉及中国传统社会中政府行为与市场整合关系的研究存在两方面的局限。其一，许多学者虽然已认识到政府行为在中国历史时期市场整合问题研究中的重要作用，但更多的是针对某一具体的政府行为的分析，缺乏对各类政府行为的整体性考察。如在分析 19 世纪前的中国市场整合情况时，多聚焦于依托于仓储和漕运制度的政府行为。其二，虽然个别研究在量化分析方面取得了突出成果，但整体而言，仍以理论分析居多。而单从理论层面，并不能完全证实或证伪政府行为对市场整合的影响。如魏丕信（2006）认为，地方在实施粮食出粜的政府行为时，由于出粜的比例不能超过仓储比例的十分之三，而且降价幅度仅能略低于市价，所以他得出的结论是，政府的出粜行为对价格的影响非常有限。但是，如果换一种逻辑思路来分析，则会得出完全相反的结论。如根据同治《钦定户部则例·直省常平仓额储表》记载，清代华北 44 府州的 369 个州县卫所内，共

---

① 除了政府行为因素外，还有学者从交通条件、气候变化和战争等因素，来探讨中国传统市场整合情况。如王业键和黄莹珏（1999）、陈仁义等（2002）、Shiue（2002）、Keller 和 Shiue（2007）、Yu（2010）、颜色和刘丛（2011）等学者均发现，交通条件对中国传统市场整合进程有显著影响；李中清（2012）和 Perdue（1992）认为，市场、气候和战争等因素对中国传统市场整合进程有较大影响；Brandt（1985）和 Bessler（1990）还考虑到了货币因素，他们均发现金银比价对 1870—1930 年的中国与东南亚间大米市场整合有正向影响。

设有常平仓 368 个，额定储粮量 786.8 万石，以每年春秋两季籴粜 3/10 的最低标准计算，[①] 超过 470 万石的籴粜总量对华北小麦市场的影响不可忽视。对于出粜价格，清代定制为：丰年照市价减 0.05 两 / 石、歉岁减 0.10 两 / 石；岁歉粮价过高，需加大力度者，不得超过 0.30 两 / 石。[②] 根据 1776—1840 年华北 44 府州小麦价格情况，以丰岁 1.5 两 / 石、歉岁 3.0 两 / 石的水平计算，政府的出粜价格与市场价格有 3%—10% 的价差，其对粮食市场的影响亦不可忽视。

现有研究的局限，可归因于政府行为序列的重建难度较大。重建量化指标序列是中国经济史所有研究主题的共同难题，亦是量化历史研究的基础。幸运的是，大量的清代历史文献资料被比较完整地存留至今，其中，不但可以通过《清会典》等文献确定政府行为的种类构成和实施方式，而且可以通过《清实录》重建相应政府行为的高频时间序列。

由此，为进一步推动中国传统市场的发展研究，实现对政府行为和市场整合之间关系的定量判断，我们在重建政府行为时间序列的基础上，结合清代粮价数据资料，运用数理分析法，探讨政府行为对中国传统市场整合的影响。

此外，选取 1776—1840 年的华北小麦市场为例，[③] 主要是基于以下三点考虑：第一，时间方面，乾隆四十一年（1776）是清代中期的开端，至 1840 年鸦片战争爆发前的 65 年间，不但是中国传统经济社会独立发展的最后阶段，还是中国传统经济社会向现代转型的萌芽期，是探讨中国现代化进程问题的重要节点。第二，空间方面，华北自 13 世纪以来逐渐确立了在中国的政治核心地位，政府与市场的关系具有典型性和代表性，同时，亦能为当前的"京津冀协同发展"国家战略提供历史借鉴。第三，对象方面，小麦不但是清代华北种植和消费的最主要粮食品种，还是市场中重要的商品，且其商品化率较其他粮食品种高。（吴承明，1983；王业键、黄翔瑜、谢美娥，2003；彭凯翔，2006；李明珠，2016；李秋芳，2016）

---

① 《钦定户部则例·直省各仓平粜》载，3/10 是地方常平仓籴粜的最低标准。常年平粜，华北 44 府州中，除泗州、凤阳府的寿州和凤台县、颍州府的亳州和蒙城县等地实施存五粜五外，其他地方均以存七粜三为率；如遇岁歉价昂或岁稔价平，存粜则无比例限制。

② 出粜平减的最高限制是 0.3 两 / 石，但在粮价过高时亦会被突破。如 1785 年，安徽省平减限额在 0.3—0.5 两 / 石之间，1823—1824 年京师平减限额均超过 0.5 两 / 石，甚至达到 1.0 两 / 石。参见《高宗实录》卷 1243、《宣宗实录》卷 55、65。

③ 本文所谓"华北"，指华北平原地区，在清代行政建制上包括长城以南直隶地区、山东全省、河南中东部、安徽北部和江苏北部的 44 个府级行政单位。

二、数理分析方法

从逻辑层面来讲，评价政府行为对市场整合的影响，首先需要确定是否存在整合的市场，然后在具有整合关系的市场范围内探讨政府行为的作用。因此，我们在回答政府行为是否对中国传统市场发展具有推动作用时，分为市场整合关系检验和政府行为影响评价两步进行。

（一）市场整合关系检验

价格关系是市场整合研究的核心。古诺（Augustin Cournot）最早在其1838年出版的《财富理论的数学原理的研究》一书中，从价格的角度定义了"市场整合"："是一整个疆域，其中的各个部分，因商业关系不受限制而联合在一起，市场内的价格能方便而迅速地调节为同样的水平。"[①] 由此可知，"市场整合"包含两层含义：其一，长期层面，市场价格间存在均衡关系；其二，短期层面，市场价格会偏离长期均衡水平，但能够及时而迅速地调整恢复。只要市场间价格满足这两个层面的约束性条件，即可判断相应市场存在整合关系。

在通过价格判断是否存在市场整合方面，Johansen 协整分析法具有较大优势。该方法不但可以判断变量间是否存在长期协整关系，还能有效反映变量间的短期调整情况。Persson（1999）最早将该方法运用于历史时期市场整合研究，此后，在国外历史时期市场整合研究中得到广泛推广。[②] 遗憾的是，在清代市场整合研究方面，笔者尚未见到有该方法的运用。

对于 Johansen 协整分析法，我们通过以下三个步骤实现。

第一步，平稳性检验。

协整检验要求变量为同阶单整序列，所以首先对序列进行平稳性检验。本文采用 ADF 检验法确定待分析序列的平稳性，判断小麦价格时间序列 P 是否为 I(1) 序列。

在进行 ADF 检验时，分别将各府州粮价时间序列带入仅有差分滞后项、带截

---

① 参见（法）奥古斯丹·古诺著：《财富理论的数学原理的研究》，陈尚霖译，商务印书馆，1994，第56页脚注"①"。

② 主要代表性研究成果有：Baten 和 Wallusch（2003）、Jacks（2005）、Klovland（2005）、Marks（2010）、Brunt 和 Cannon（2014）等。

距项和带趋势项的方程中进行估算。若其中任一检验结果为不存在单位根,则认为该序列为平稳序列。[①]

第二步,协整关系检验。

对于具有 I(1) 序列特征的粮价时间序列,进一步展开协整检验。

首先,假设价格序列 P 的数据生成过程(DGP)是一个 m 阶 VAR 模型,即:

$$P_t = A_1 P_{t-1} + \cdots + A_m P_{t-m} + B x_t + D G_t + \varepsilon_t$$

式 1

式 1 中,P_t 为价格的(2×1)向量,所含 2 个价格变量为 I(1) 序列,x_t 为 P_t 生成过程中包含的确定性成分,G_t 为政府行为虚拟变量,ε_t 是随机扰动项。

其次,将式 1 改写为:

$$\Delta P_t = C z_t + \Pi P_{t-1} + \sum_{n=1}^{m-1} \Gamma_n \Delta P_{t-n} + D G_t + \varepsilon_t$$

式 2

式 2 中,$\Pi = \alpha \beta'$,$\Pi = -\left(I - \sum_{n=1}^{m} A_n \right)$,$\Gamma_n = -\sum_{r=n+1}^{m} A_r$,$z_t$ 是价格序列 P_t 和协整方程中的确定性成分,G_t 是政府行为虚拟变量,如果两府州在同一时序均有政府行为的实施,则记作 1,否则记作 0。[②]

最后,通过最大似然估计法(MLE),根据特征根最大值统计量 λ_{max}($-T\ln(1-\lambda)$)和迹统计量 λ_{trace}($\lambda_{max}=-T\ln(1-\lambda)$,$\lambda_{trace}=-T\sum\ln(1-\lambda)$,$T$ 为样本数,为 λ 特征根),以 MacKinnon-Haug-Michelis(1999)给出的临界值为标准,确定 Π 的秩。当且仅当 rank(Π)=1 时,认为价格序列间存在协整关系。[③]

第三步,向量误差修正模型分析。

对于存在协整关系的变量,可以建立向量误差修正模型(VEC),通过对系数各变量系数的显著性考察,进一步分析价格间的关系。将式 2 展开,可得到如下表达式:

[①] 在确定滞后期时,采用 AIC 准则(Akaike Information Criterion)进行确定,检验结果根据 MacKinnon (1996) 提供的单尾统计量临界值进行判断。

[②] 参考卢峰和彭凯翔(2002)的方法,对于协整方程形式,选取"无确定性趋势,并且协整方程带截距项"的模型;对于滞后期,考虑到是季度数据,并借鉴卢峰和彭凯翔处理月度数据的方法,选取 4 阶滞后项估计 VAR 模型。

[③] 对于结论的判断,当出现 λ_{max} 和 λ_{trace} 结果不一致时,根据 Enders(2014)的建议,选择二者结果共同支持的结论,且采用 5% 显著水平标准。

$$\Delta P_{i,t} = c_1 + \alpha_1 E_{t-1} + \beta_1 \Delta P_{i,t-1} + \gamma_1 \Delta P_{i,t-2} + \delta_1 \Delta P_{i,t-3}$$

$$+ \rho_1 \Delta P_{j,t-1} + \tau_1 \Delta P_{j,t-2} + \upsilon_1 \Delta P_{j,t-3} + \psi_1 G_{ij,t} + \varepsilon_t$$

式 3a

$$\Delta P_{j,t} = c_2 + \alpha_2 E_{t-1} + \beta_1 \Delta P_{j,t-1} + \gamma_1 \Delta P_{j,t-2} + \delta_1 \Delta P_{j,t-3}$$

$$+ \rho_1 \Delta P_{i,t-1} + \tau_1 \Delta P_{i,t-2} + \upsilon_1 \Delta P_{i,t-3} + \psi_2 G_{ij,t} + \varepsilon_t$$

式 3b

式 3 中，P_i 和 P_j 是相应府州的粮食价格，E_{t-1} 是滞后一期的误差修正项，Δ 是一阶差分，t 是时期，G_{ij} 是政府行为虚拟变量，ε 和 μ 是估计方程的残差。

此处进行 VEC 模型分析的主要目的有二：其一，通过对误差修正项系数 α，以及价格滞后期系数 β、γ、δ 和 ρ、τ、υ 的显著性的考察，分析价格间长期和短期层面的格兰杰因果关系，进而判断市场间的价格变动是否满足古诺有关"市场整合"概念的界定。其二，通过政府行为变量系数 ψ 的显著性，分析政府行为对清代华北粮食市场整合的影响。[①]

在判断是否为整合市场时，我们认为，具有协整关系的变量在两种情形下不能满足市场整合的约束条件：其一，长期关系上，不具有格兰杰因果关系，即误差修正项系数 α_1 和 α_2 均不显著；其二，短期关系上，仅与变量自身的滞后期具有格兰杰因果关系，即价格滞后期系数 β_2、γ_2、δ_2 和 ρ_1、τ_1、υ_1，以及政府行为变量系数 ψ_1 和 ψ_2 均不呈显著性。

（二）政府行为影响评价

凭借 Johansen 协整分析法，可以有效地确定市场整合的范围，亦可判断政府行为是否影响了市场整合关系，但是难以准确地评价政府行为对市场整合的作用是积极的还是消极的。对此，我们参考颜色和徐萌（2015）的方法，在具有整合关系的市场价格的基础上，建立时间个体固定效应模型（Time and Entity Fixed Regression Model），评价政府行为对中国传统市场发展的影响。

$$\Delta P_{ijt} = a + \theta_{ij} + \gamma_t + \delta_k + b G_{ijt} + \mu_{ijt}$$

式 4

---

① 考虑到实际情况和分析需要，在 VEC 模型估算时，统一采用 10% 显著水平。

式 4 中，ΔP_{ijt} 代表 i 府州与 j 府州对数形式的差的绝对值序列，用于代表市场整合效应指标。a 是截距项。θ_{ij} 代表个体固定效应，γ_t 代表年度固定效应，δ_k 代表季节固定效应。G_{ij} 是政府行为虚拟变量。

评价政府行为的影响时，如果政府行为变量 G 的系数 b 的符号为正，则认为政府行为对市场发展具有消极作用；反之，b 的符号为负，则认为政府行为对市场发展具有消极作用。

三、数据说明

（一）小麦价格数据说明

在传统重农政治理念影响下，清政府十分重视对粮价变动的监控，在全国范围内建立了完善的粮价奏报制度。目前，以原始粮价单为基础，形成了"清代粮价资料库"和《清代道光至宣统间粮价表》两套清代粮价数据资料。胡鹏和李军（2016a，2016b）的研究表明，两套清代粮价数据资料可以综合使用，且宜采用农历形式。本文采纳这一建议，并由此形成乾隆四十一年正月（1776 年 2 月）至道光二十年十二月（1841 年 1 月），共计 803 个农历月的月度数据，并在此基础上建立季度频率时间序列。

在建立季度时间序列时，考虑到清代粮价数据的形成特点，我们以立春、立夏、立秋、立冬四个节气所在的农历月为基础，取该月与其前后各 1 个月（共计 3 个月）粮价的算术平均值作为代表。这种取值方式具备两个优势：其一，避免了"四立"节气对应农历日期为月初或月末等极端情况下造成的数据采样有偏的问题；其二，在保证时序样本时间价格一致的基础上，避免农历月可能造成的计量不变问题。此外，由于小麦是一种典型的农产品，市场供给存在显著的季节性，其价格变动通常亦会呈现出季节性特征。所以，我们运用比率移动平均法，通过季节因子对粮价数据进行季节调整，[①] 调整后的价格数据统计特征见表 1。[②]

---

① 在估算季节因子时，考虑到原始价格序列存在数据缺失值，以及数理模型的约束性条件限制，我们选取连续 20 个季度（5 年）没有缺失值的时段，运用比率移动平均法计算季节因子，然后以各时间段所跨季度数量的比例作为权数，通过加权平均估算 1776—1840 年全时期的季节因子。

② 限于篇幅，我们略去了 44 府州的小麦价格季度数据详细的统计特征，读者可向笔者索取。

表1 华北 44 府州 1776—1840 年小麦价格季度数据（季节调整后）统计特征

	观测值个数	价格平均值（两/石）	价格最小值（两/石）	价格最大值（两/石）	价格标准差
各府平均	229	1.85	1.11	3.66	0.46
全部府州	10080	1.84	0.73	7.31	0.68

（二）政府行为变量说明

根据乾隆《钦定大清会典》、同治《钦定户部则例》、光绪《钦定大清会典事例》和光绪《钦定大清会典》等文献记载，以性质为标准，清代的政府行为可分为灾伤赈济和价格调控两类。

第一类，灾伤赈济，指政府在发生自然灾害或市场正常运行受阻后，赈济受影响地区及当地贫困民众的行为。具体包括赏给、缓征、减免、借贷和改征 5 种具体行为。[①]其中，赏给，指政府无偿给予民众口粮；减免，指部分或全部免除民众应缴的地丁税赋；缓征，指对民众应缴、应还钱粮租赋予以暂缓征收；借贷，指政府借给民众口粮和农资；改征，指政府将额定应征的粮食品种改为其他品种的粮食。第二类，价格调控，指在粮食市场出现异常变动，可能对普通社会民众正常生活产生负面影响时，政府采取的粮食籴粜行为，即粮食市场价格较低时根据市价买入粮食，粮食市场价格较高时在市价的基础上减价卖出粮食。在古代中国的农本社会性质的历史背景下，这些政府行为或直接或间接地与粮食市场发生关联，从供给和需求两个层面同时对粮食市场的运行发生作用，影响市场的发展。[②]

在以上清代政府行为类别的基础上，可通过《清实录》相关记载，重建1776—1840 年政府行为时间序列。我们从《清实录》中整理出其间华北 44 府州直接涉及灾伤赈济和价格调控的政府行为的记载共 1458 条。其中，涉及赏给条目487 条，减免条目 331 条，缓征条目 679 条，改征条目 15 条，借贷条目 198 条，籴粜条目 111 条；另有 318 条记载同时涉及两类及以上的具体政府行为。

从统计学层面来看，1776—1840 年华北 44 府州的政府行为样本具有两个特点：其一，样本在时序频度上为日度（逐日）样本；其二，样本在单位范围上有州

---

① 此处所谓的发生"市场正常运行受阻"是指：为最大限度地降低谒陵祭祖、木兰围猎、巡幸游历和兵丁贼匪滋扰等事件对相关地方市场的影响，而实施的政府干预行为的情形。

② 国家施行的截留和调运，也会对粮食市场的价格产生影响，但通常情况下，所截留和调运的粮食或是源于各地常平仓所存粮食，或是源于他地采买。也就是说，截留和调运粮食在本质上或为延时籴粜，或为即时籴粜，其最终仍落脚于国家的籴粜行为，故未再单列。

县级、府州级和省级 3 种。即根据《清实录》可有效地建立起县级日度政府行为序列，但考虑到建立县级日度的高频政府行为序列对本文的分析目标和内容助益不大，所以，参照小麦价格数据序列，建立 1776—1840 年府级季度政府行为序列。

我们通过两个步骤重建 1776—1840 年华北 44 府州的政府行为序列：第一步，建立县级样本单位的月度数据，若一州县当月有政府行为实施，则记作"1"，反之则记作"0"；第二步，以县级月度政府行为统计为基础，建立府级样本单位季度数据，若一府州下属州县中在某季度有政府行为实施，则记作"1"，反之则记作"0"。

从政府行为的数量构成上来看，1776—1840 年间，各类政府行为累计实施5403 府次。如图 1 所示，缓征实施次数最多，共计 2355 府次；赏给和减免次之，分别为 1008 府次和 823 府次；借贷和籴粜再次之，分别为 595 府次和 554 府次；改证最少，只实施了 68 府次。

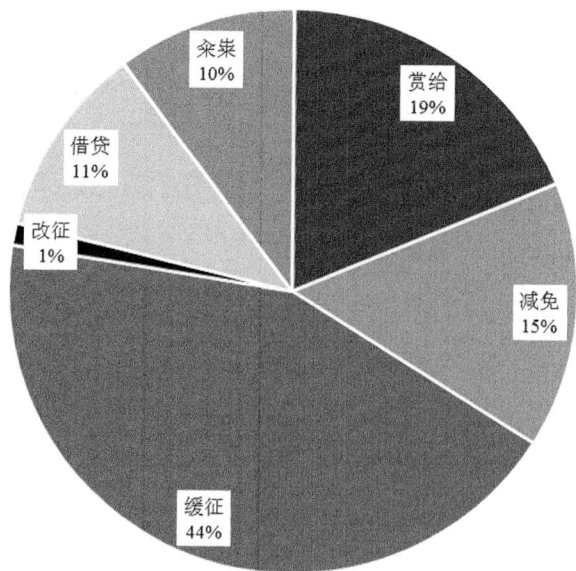

图 1 清代中期华北 44 府州政府行为季度累计数量构成

从政府行为的整体实施频次上来看，如图 2 所示，在 1776—1840 年间，不分种类，政府行为共实施 3916 府次，季均约 15.1 府次。其中，乾隆朝 1234 府次，季均约 15.4 府次；嘉庆朝 1337 府次，季均约 13.5 府次；道光朝 1345 府次，季均约 16.8 府次。

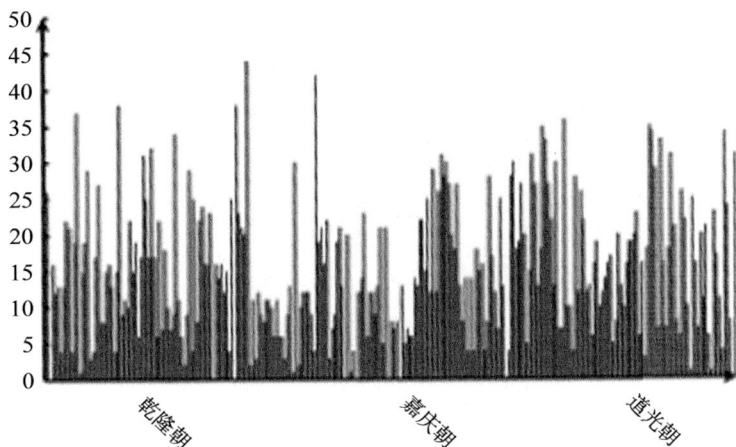

图 2 1776—1840 年华北 44 府州政府行为数量季度变动情况

四、数理分析结果

平稳性检验结果显示，海州小麦价格的水平序列为平稳序列，除凤阳府外的其他府州小麦价格的一阶序列均为平稳序列。由此，可对华北 44 个府州中的 42 个府州、861 组序列进行双变量协整检验。协整检验结果显示，有 409 组的配组具有协整关系。VEC 模型估计结果显示，有 399 组的配组满足市场整合的约束性条件。[①]

通过对满足市场整合约束性条件的 399 组 VEC 模型估计结果的统计分析，可以得出以下两点结论。

第一，1776—1840 年的华北地区已经初步形成了整合的粮食市场。虽然存在整合关系的府州配组在数量上仅占总量的 46%，但如图 3 所示，在空间分布上，数理分析的所有 42 个府州的小麦市场均与其他府州间存在不同程度的整合关系。所以，可以认为，鸦片战争前的华北地区已经初步形成了统一的整合市场。当然，必须承认，与当代中国市场发展水平相比，当时的市场整合程度还处于较低的水

---

① 限于篇幅，我们略去了平稳性检验和 Johansen 协整检验的结果，以及 VEC 模型的估算结果，读者可向笔者索取。

平，但在工业革命前的传统社会中确属"杰出"。[1]

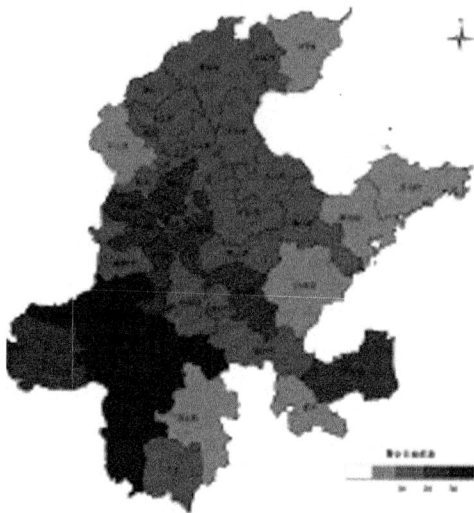

图 3 1776—1840 年华北地区分府市场整合情况[2]

　　第二，政府行为变量对 1776—1840 年华北市场整合情况存在显著影响。在
399 组整合市场配组中，有 264 组、超过 66% 受到了政府行为变量的影响。因此，
可以认为，鸦片战争前的中国传统市场虽然在"市场力量"的作用下已取得了长足
发展，甚至已经形成了全国性的统一市场（李伯重，1999），但政府行为的作用仍
不容忽视，其亦是中国传统市场发展的重要驱动力。而且，如图 4 所示，从空间分
布上来看，除永平府外，其他 41 个府州的整合市场均受到了政府行为变量的影响。

---

　　① 根据 Persson（1999）对 18、19 世纪欧洲 14 个城市小麦价格的分析可知，当时欧洲各地市场
亦均未存在整合关系。
　　② 使用 ArcGis 软件工具制作；底图数据来自 CHGIS V5。

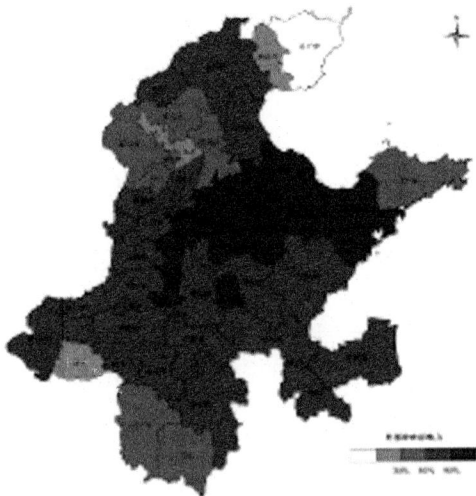

图 4 1776—1840 年华北地区政府行为对各府整合市场的影响 [①]

在 Johansen 协整分析结果的基础上，我们分为三组展开进一步分析：第一组，"整合市场组"，包括所有存在整合关系的 399 组配组；第二组，"政府行为组"，包括政府行为变量显著的 264 组配组；第三组，"非政府组"，包括政府行为变量不显著的 135 组配组。

时点个体固定效应模型的估计结果如表 2 所示，由时点个体固定效应模型的估计结果可以得出以下两点结论：第一，验证了前文数理分析的结论。政府行为变量对 1776—1840 年华北小麦市场整合整体情况有显著的影响；政府行为变量在"政府行为组"和"非政府组"的显著性与前文 Johansen 协整分析的结果一致。第二，政府行为变量 G 的系数的符号表明，政府行为对 1776—1840 年华北小麦市场的发展具有积极作用。

[①] 本图使用 ArcGis 软件工具制作；底图数据来自 CHGIS V5。

表2　1776—1840 年华北小麦市场整合效应数理分析结果

	整合市场组	政府行为组	非政府组
常数项（α）	0.4423***	0.4088***	0.5105***
	（0.0007）	（0.0008）	（0.0010）
政府行为（G）	-0.0101***	-0.0219***	-0.0019
	（0.0020）	（0.0025）	（-0.0037）
观测值	89255	58945	30310
R2	0.70	0.67	0.76

说明：括号中数值表示标准误；* 表示在 10% 水平下显著，** 表示在 5% 水平下显著，*** 表示在 1% 水平下显著。

因此，我们通过数理分析可以得出结论：在中国传统社会中，政府行为不但影响了市场整合，而且具有显著的积极作用，促进了中国传统市场的发展。

五、进一步讨论

对于政府行为在中国传统社会中的重要地位，及其对市场发展的积极意义，我们可以从政府行为的制度保障、政府行为与自然灾害的关系、政府与市场主体的关系等方面加以理解。

（一）政府行为的制度保障

成熟的制度设置为中国传统市场中的政府调控提供了坚实的基础，是政府行为影响市场整合的重要保障。

首先，完善的漕运和仓储制度为政府行为提供了物质保障，保证了政府介入市场的力度。虽然乾隆中期以后，漕运制度和仓储制度由于政治腐败、官吏贪污等原因逐渐衰落（江太新、李文治，2008），但根据《清实录》中的相关史料记载来看，至少在 1840 年鸦片战争前，漕运、仓储制度的运行仍十分顺畅，在保障华北地区政府行为实施方面发挥了巨大的作用。如乾隆五十年（1785），河南省卫辉府一带遭遇旱灾，先后截留河南省和山东省粮谷 30 万石，调解运库银 100 万两，以资赈恤之用。（《高宗实录》卷 1226）嘉庆十八年（1813），拨奉天官仓粟米 20 万石，并截留湖广漕船稜米 5 万石，备赈直隶省顺德府、广平府和大名府被旱灾民。

（《仁宗实录》卷 270）道光十三年（1833），直隶省粮价因灾有激增趋势，从奉天、河南和山东调拨粮食 40 万石备用。（《宣宗实录》卷 238）另外，《清实录》中每年岁末均有"会计天下谷数"一项，记录当年全国直隶各省存仓米谷数量。如图 5 所示，乾隆中后期，全国存仓米谷在 4.1 亿石水平上下；嘉庆前期，急速降至 3 亿石水平；嘉庆末年，逐渐恢复至 3.7 亿石水平；道光朝，则基本保持在 3.2 亿石水平。由此可见，清代中期，虽然全国粮仓存贮粮确有大幅下降，但就其整体规模而言，仍有较大体量。

图 5 1776—1840 年全国各省存仓米谷年度变动情况 [①]

其次，高效的奏报制度为政府行为的实施提供了市场信息，保证了政府介入市场的及时性和精准性。根据同治《钦定户部则例·蠲恤》、光绪《钦定大清会典事例·蠲恤》的记载可知，收成奏报方面，全国各省督抚需奏报年岁收成分数，除随时具折奏报外，还需将通省夏收、秋收分数根据各地实际种植周期据实奏报，还需在题报实收分数前 1—2 个月，预估当地收成分数（约收分数）上报。灾伤奏报方面，对灾伤上报规定了详细而严格的期限。清朝立国之初，便对灾伤奏报事项进行了规定。如雍正六年（1782）规定，需在 45 日内上报灾情。乾隆十二年（1747），对连续多次受灾的上报期限进行了细化规定：若新灾距原报情形之日未过 15 日，奏报期限不变，仍为 45 日；若新灾距原报情形之日大于 15 日，上报期限可增加

---

① 湖南省、湖北省和福建省福州府，嘉庆八年湖北省、陕西省和福建省，道光三年直隶省武清县等 31 州县、江苏省、福建省台湾府，道光四年江苏省和福建省，道光十二年福建省，道光十六年福建省和湖南省，道光十九年湖南省、福建省和台湾府，当年册报未到，据笔者判断，应是按上年数额计算的。

20 日（共计 65 日）；若新灾发生于原灾 45 日期限以外者，重计奏报期限。

最后，覆盖全国的驿道—铺道路网体系，为政府行为的实施提供了信息和人员的便捷通道。为实现对全国的有效统治，便于人员和公文往来，在继承前代的基础上，清代在全国范围内建立了以驿站和铺站为枢纽的驿道—铺道交通网络。其中，驿道主要用于府州间的人员和公文往来，特别是京师与各府州治所所在地间的交通；铺道主要用于州县间的人员和公文往来，特别是各府州治所所在地与下辖各州县治所所在地间的交通。根据光绪《钦定大清会典事例·兵部》中的相关记载可知，在本文涉及的华北 44 府州范围内，共设有驿站 414 个，覆盖所有 348 个县级行政单位中的 330 个；设有铺道 3035 个，覆盖所有县级行政单位，仅铺道里程就超过 2.9 万公里。（见图 6）

图 6 清代华北驿道—铺道网络示意图 [①]

---

① 加粗线段为驿道；驿道与铺道存在部分重合；底图数据来自 CHGIS V5。

（二）政府行为与自然灾害的关系

在中国传统社会中，政府行为在一定程度上可以说是源于自然灾害的应对。古代中国灾害频仍，"从公元前 18 世纪，直到公元 20 世纪的今日，将近四千年间，几乎无年不灾，也几乎无年不荒"，灾史之长、灾域之广、灾种之多、灾情之重，皆为世所罕见。（邓云特，2011）面对恶劣的自然环境，中国很早便形成了以"荒政"和"保息"为核心的政治文化，这一独特的政治文化正是清代各类政府行为的思想基础和逻辑前提。从数量构成方面来看，《清实录》中记载的 1776—1840 年华北地区的 5403 府次各类政府行为中，有 5005 府次涉及自然灾害及其相关事宜，即在各类政府行为中，有 92.6% 的行为与自然灾害存在直接或间接关系。

为进一步说明政府行为和自然灾害的关系，我们通过《中国三千年气象记录总集》重建了 1776—1840 年华北 44 府州的自然灾害序列，并将之与政府行为序列进行对比。[①]统计结果显示，政府行为与自然灾害有比较显著的正向相关关系——受灾程度（范围）越大，政府行为的实施数量越会成倍增加。（见图 7）

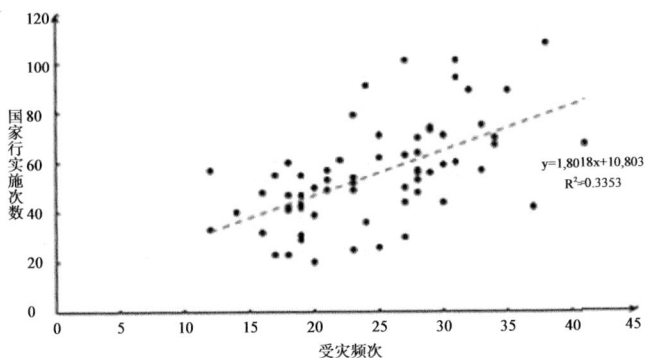

图 7 1776—1840 年华北 44 府州自然灾害与政府行为的关系

鉴于自然灾害亦会从农业生产的环节影响价格的变动，我们可以认为，政府行为对中国传统市场整合所展现出的影响力，在很大程度上是政府行为与自然灾害的综合效应。

---

① 由于提取的 4545 条各类自然灾害记载中，有 1529 条（约合 33.6%）的记载难以确定发生的季节或月份，因此，这里重建的自然灾害序列为府级年度时间序列。与之相应，我们再用相同的方法，重建政府行为的府级年度时间序列。

（三）政府与市场主体的关系

在中国传统市场中，政府虽然常以"强者"的身份出现，但政府的这种"强势"并不意味着对市场力量的压制。虽然中国传统政治文化中存在重农抑商的理念，但若对《清实录》中涉及粮食市场的史料细加梳理便不难发现，清代统治者的重农思想固然浓厚，不但没有明显的抑商倾向，反而对粮商的贩运行为有所鼓励和支持，在实施相关的政府行为时，国家亦非常注重对市场和市场重要主体——商人的影响。兹举三例予以说明。

事例一，商人贩粮与漕粮起拨在船只和水道使用上发生冲突时，政府往往更倾向于支持粮商。如乾隆五十二年（1787），山东省和河南省粮商运 20 万石小麦至京师地区贩卖，时值京师粮价高昂、官方漕粮急于起拨，时任工部尚书金简奏请雇用当地商船运输漕粮。乾隆帝认为，"将商民船只一并封雇，于民食大有关系"，予以否决，并调天津官船赴山东省和河南省运输漕粮，使"商贩更无阻碍"。（《高宗实录》卷 1279）

事例二，处理农户和商人之间的矛盾时，统治者不会偏袒农户、打压商人，而是以居中持正的态度加以调解。如乾隆五十一年（1786），山西省"豪强富户"趁河南省受灾贫民青黄不接之时，"越境放债"，"贱买贵卖"农户田地。乾隆帝认为，"此等贱买贵卖之田，核其原价，勒限听原主收赎"，土地孳息"仍令原主收回刈割，除原价归还外，酌量给与一二分利息"。无力赎回农户，"先令退还一半，余俟陆续赎回"。可见，乾隆帝在处理此事时，尽量照顾双方的利益，并未刻意打压任何一方。此外，乾隆帝考虑更多的是，防止胥吏借端勒索，从中渔利。"至地方官查办地亩，倘有不肖书役、吏胥从中借端勒索，滋扰闾阎，以致富户、贫民两受其累，则是该抚等办理不善，一经发觉，除将本人严行惩治外，必将该抚藩等一并治罪"。（《高宗实录》卷 1255）

事例三，处理商人遇市价高昂而囤积粮食时，国家对商人的态度亦比较"温和"。如乾隆四十三年（1778），时任直隶总督周元理奏请查处通州粮商"囤积"的 20 万石小麦时，乾隆帝不是直接予以没收，而是先派官员实地考察情况。"如果系贩户囤积图利，观望居奇，自应查明入官，以示惩儆。若系外来商贩陆续运通，止宜令其比市价稍平，速行出粜"。（《高宗实录》卷 1058）嘉庆二十三年（1818），在查明东安县铺户"囤积粮食，数至六七万石之多"的实情后，嘉庆帝也只是"除各铺所囤粮食，准其每种酌留一百六十石外，余俱押令流通粜卖，以平市价"；即使官仓采买，也要"照该铺原买价值，公平发价采买，不得抑勒克扣"。（《仁宗实录》卷 352）

六、结论

市场整合是市场发展水平的重要指标，是传统经济向现代经济过渡的前提和基础，也是中国经济史研究的重要主题。在涉及政府行为与中国传统市场发展关系的现有研究中，由于缺乏政府行为的量化指标，更多的是针对某一具体政府行为类别的分析，且以理论层面的讨论为主。针对这一局限，本文在重建政府行为时间序列的基础上，结合清代粮价数据，以 1776—1840 年华北 44 府州的小麦市场为例，运用 Johansen 协整分析法和固定效应模型，探讨了政府行为对中国传统市场发展的影响。

通过对相关历史文献的梳理，我们建立了清代政府行为的量化指标。根据乾隆《钦定大清会典》、同治《钦定户部则例》、光绪《钦定大清会典事例》和光绪《钦定大清会典》等文献记载，先将清代的政府行为分为灾伤赈济和价格调控两大类，再进一步细分为赏给、缓征、减免、借贷、改征和籴粜 6 类具体行为。在此基础上，通过对《清实录》的梳理，重建了 1776—1840 年华北地区政府行为时间序列。

通过分步运用 Johansen 协整分析法和固定效应模型，我们实现了对政府行为与中国传统市场发展关系的定量分析。数理分析结果表明，鸦片战争前的华北已经初步形成了统一的整合市场，而且政府行为对市场整合具有显著的积极作用，促进了市场的发展。

通过对政府行为在中国传统社会中的地位与作用的进一步讨论，我们还发现：成熟的制度设置为政府行为提供了重要保障，完善的漕运和仓储制度、高效的奏报制度以及覆盖全国的驿道—铺道路网体系，均是清代政府行为得以实施的坚实后盾；政府行为对中国传统市场整合所展现出的影响力，在很大程度上是政府行为与自然灾害的综合效应；政府的"强势"并不意味着对市场主体的压制，清代统治者的重农思想固然浓厚，却没有明显的抑商倾向，反而对粮商的贩运行为有所鼓励和支持。

总之，数理分析的结果表明，鸦片战争前的中国传统社会已经初步形成了整合的市场，而政府行为在其中发挥了显著的积极作用。除市场自身力量外，政府在中国传统市场的发展进程中亦扮演了重要角色，这种政府与市场关系的"积淀"，或许正是当代中国经济社会高速发展路径的历史逻辑。

"良币胜出"

——银元在近代中国市场上主币地位的确立

熊昌锟 [*]

内容提要： 16 世纪以来，美洲等地生产的机制标准化银元大量流入中国。起初，使用银元不仅需秤量计算，与银锭、制钱汇兑时也常需贴水。然而，银元在与银锭、制钱的长期竞争中，优势日益明显，流通数量和区域均有大幅增长及扩张，进而成为东南沿海、长江下游流域通商口岸的主币，市场偏好银元也使得上海、广州等地洋厘常年居高不下。光绪十六年以来，各省根据鹰洋形制及成色仿铸的银元，逐渐成为市场流通中的主要货币。清季民初的币制改革，均以银元为国币，并建立了"元""角""分"的货币体系，"废两改元"则实现了银元对银锭的"货币取代"。银元胜出的理论依据主要有两个方面：一方面，由于银元形制统一、价值稳定，节省了一定的检验费用，从而降低了交易成本，形成了对传统秤量货币的优势；另一方面，清季民初，各省和中央政府的推动也是银元胜出的重要原因。银元是从秤量货币到信用货币的重要过渡，以银元为准备金的纸币发行对 1935 年的法币改革也有直接的影响。

关键词： 近代中国；货币体系；银元；主币

16 世纪以来，从美洲、日本等地进入中国的外国银元种类繁多，主要有西班牙银元（Carolus Dollar）、墨西哥银元（Mexican Dollar）、香港银元（Hongkong Dollar）、美国贸易银元（America Dollar）、日本银元（Japanese Silver Yen）。此外，还有西贡银元（Saigon Piastre）、秘鲁银元（Peruvian Dollar）、智利银元（Chilean

---

* 熊昌锟，历史学博士，理论经济学博士后，中国社会科学院经济研究所助理研究员。

Dollar）等较为少见的银元。其中，西班牙银元和墨西哥银元先后在中国市场上占据重要份额，成为东南沿海和长江流域通商口岸的主要货币。光绪十六年（1890）以后，广东、湖北等十余个省份均依据外国银元形制铸造了大量的机制银元，而民初的袁世凯银元也流通渐广，逐渐成为流通中的主币。

关于银元在近代中国货币体系中的地位和作用，目前学界主要有以下研究。彭信威认为，清代的用银主要经历了三个阶段：从银锭到外国银元进入，再到中国实现自铸银元。[①] 王业键认为，银元的普及是 18 世纪以来的整体趋势，并总结了咸丰年间以后银元流通的三种趋向。[②] 百濑弘对清代西班牙银元在中国的流通线路、数量以及对中国经济、社会等层面产生的影响进行了全面探讨。[③] 万志英（Richard Von Glahn）探讨了 19 世纪中国市场上外国银元的流通特点。[④] 何汉威考察了清季新式货币的发行及影响，并以清末民初港、粤的银辅币的竞争为视角，分析了香港领土型币制的演进与形成。[⑤] 朱嘉明则认为，乾隆中期时，银元已经走出了"银两制度"的框架，形成了与"银两制度"平行的"银元体系"。[⑥] 岸本美绪结合刑科题本、契约文书等资料，对清中期东南诸省的货币使用情况进行了考察。[⑦] 而银元如何在与银锭、制钱的竞争中胜出，成为近代中国市场上的主币，至今鲜有学者涉及。因此，本文拟从银元在近代中国货币市场上的份额、长时段的洋厘变化情形、银元相对银锭和制钱的优点、政府推动等几个方面，探讨银元在与银锭、制钱竞争的过程中取得优势，并最终成为国币的原因。

本文所指的"良币"，是相对于手工打造的银锭以及历朝形制均有差异的各式制钱而言的，是指由大机器生产的形制统一、价值稳定的银元检验方便、信誉良好。而"主币"则有两层含义，一是指银元在近代中国市场上的流通份额，根据彭

---

① 彭信威：《中国货币史》，上海人民出版社，2007，第 575 页。

② 参见王业键：《中国近代货币与银行的演进（1644—1937）》，载氏著：《清代经济史论文集（一）》，稻乡出版社，2003。

③ 参见（日）百濑弘：《清代西班牙元的流通》，载刘俊文：《日本学者研究中国史论著选译》第六卷，中华书局，1993。

④ Richard Von Glahn, "Foreign silver coins in the market culture of nineteenth century China", *International Journal of Asian Studies*, 4,1 (2007), pp.51-78.

⑤ 何汉威：《从银贱钱荒到铜元泛滥：清末新货币的发行及其影响》，《"中央研究院"历史语言研究所集刊》第 62 本第 3 分，1993。《香港领土型币制的演进：以清末民初港、粤的银辅币角力为中心》，《"中央研究院"历史语言研究所集刊》第 86 本第 1 分，2015。

⑥ 朱嘉明：《从自由到垄断：中国货币经济两千年（上）》，远流出版公司，2012，第 227 页。

⑦ （日）岸本美绪：《清代中期中国的货币使用情况——以东南诸省为中心》，载陈慈玉：《承先启后：王业键院士纪念论文集》，万卷楼图书股份有限公司，2016，第 195—216 页。

信威、阿特韦尔、霍曼、萧亮林等的统计，外国银元以及中国自铸银元占到近代中国货币总量的一半以上。据宣统二年（1910）度支部的调查，外国银元在中国流通的总量大约有 11 亿元。而民国二年（1913）的调查显示，广东、湖北、江苏等省铸造的银元数量也达到 2 亿 602 万元以上。[①]二是指银元流通对清季民初币制改革的直接影响。宣统二年（1910）颁布的《币制则例》以及民国三年（1914）颁布的《国币条例》均规定，以银元为国币，并确立了"元""角""分"的货币体系，而1933 年的"废两改元"则实现了银元对传统银锭的取代，银元成为本位货币。

一、外国银元流入与晚清自铸银元的开展

15 世纪以来，随着新航路的开辟，国际贸易急剧增长，葡萄牙、西班牙等国商人先后到达中国。其中，最先与中国联系的是葡萄牙人。明正德十二年（1517），啡瑙·比利·特·安剌德（Fernao Perez de Andrade）率葡萄牙船和马来船各四艘出航，在上川岛（Shang Chuen）下碇，被允许率船两艘前往广州。[②]继葡萄牙人之后，万历三年（1575），来自马尼拉的两个西班牙使节来到广州，遂被送往水兴谒见总督，受到礼遇。[③]自此，葡萄牙、西班牙商人拉开了西方与中国展开大规模贸易的序幕。两国除将货物运往中国外，也向中国输入西班牙银元，每年达到 200 万元以上。[④]荷兰商人到达中国的时间稍晚于葡、西两国商人。万历三十二年（1604），荷兰人瓦尔维克（Wybrand van Warwick）率船到达广州。[⑤]崇祯十年（1637），英国商人首次抵达广州进行贸易。其后不久，英国通过东印度公司取得在广州开设商馆的权利。[⑥]17 世纪中叶以来，荷兰、英国与中国的贸易规模日渐扩大，最终超过了西班牙、葡萄牙。

随着中国对外贸易的扩大和商业的蓬勃发展，作为通货的白银严重依赖对外贸易的补充。法国人到达中国的时间在顺治十七年（1660）以后，其商馆于雍正六年

---

① 张辑颜：《中国金融论》，商务印书馆，1930，第 29—30 页。
② （美）马士著：《中华帝国对外关系史》第一卷，张汇文等译，商务印书馆，1963，第 45 页。
③ （美）马士著：《中华帝国对外关系史》第一卷，张汇文等译，商务印书馆，1963，第 51 页。
④ （日）百濑弘：《清代西班牙元的流通》，载刘俊文：《日本学者研究中国史论著选译》第六卷，中华书局，1993，第 449 页。
⑤ （美）马士著：《中华帝国对外关系史》第一卷，张汇文等译，商务印书馆，1963，第 52 页。
⑥ 李木妙：《明清之际中国的海外贸易发展》，《新亚学报》1997 年第 18 卷，第 99—149 页。

（1728）设立，但整个18世纪，法国与中国的贸易仅限于很小的规模。[①] 美国人进入中国的时间更迟一些，乾隆四十九年（1784），方有第一艘商船到达中国。在此之前，美国人通过东印度公司同中国进行茶叶贸易。但其依靠向广东输送阿拉斯加的毛皮和夏威夷的檀香来巩固对华贸易，则是在数年之后。[②] 上述国家不仅将欧美的货物运入中国，也运来了大量的银条、银元，以换取中国的生丝、茶叶。五口通商以后，国际贸易规模空前扩大，巨额的外国银元流入中国市场。[③]

较早流入中国的是西班牙银元，有双柱、查理、加罗拉四世和费迪南七世银元等多种形制，其中，印有西班牙国王头像的人像银元被称为佛头，[④] 亦有 "Three-Gong"（三工）、"Four-Gong"（四工）、"Large Robe"（大衣）之称。[⑤] 嘉庆十九年（1814），户部左侍郎苏楞额奏称："近年以来，竟有夷商贿连洋行商人……将外洋低潮银两，制造洋钱，又名番饼，又名花边，每个重七钱三分五厘。始则带进内地，补色易换纹银。沿海愚民，私相授受，渐渐流行。逐年居然两广、楚汉、江、浙、闽省畅行无忌。"[⑥] 此处的"花边"，即西班牙银元，最初在广东、福建沿海一带使用，成色达90.278%。[⑦] 作为当时中国市场上流通最广的外国银元，西班牙银元多在江苏、浙江、安徽、直隶等省使用。至咸丰六年（1856），凡沿长江各地以及上海，皆见其踪迹，交易多用此币。银行所开汇价，皆以此为依据。[⑧]

虽然早在道光年间，西班牙银元即已停止铸造，但其仍深受市场欢迎。光绪十六年（1890），西班牙银元在安徽、河南等地畅行，并未因停铸而消失。[⑨] 光绪三十年（1904），在安徽滁州等地市场上，仍可见到西班牙银元，且有较高的升水。[⑩] 直至民国八年（1919），西班牙银元仍与鹰洋、龙洋、袁世凯银元一同在浙江、安

① （美）马士著：《中华帝国对外关系史》第一卷，张汇文等译，商务印书馆，1963，第64页。
② （日）百濑弘：《清代西班牙元的流通》，载刘俊文：《日本学者研究中国史论著选译》第六卷，中华书局，1993，第464页。
③ *Millard's Review of the Far East*, Aug 4,1917.
④ 彭信威：《中国货币史》，上海人民出版社，2007，第579页。
⑤ Richard Von Glahn, "Foreign silver coins in the market culture of nineteenth century china", *International Journal of Asian Studies*, 4, 1 (2007), pp.54-56.
⑥ 《户部左侍郎苏楞额奏请严禁洋商私运内地纹银及贩进洋钱折》，载中国第一历史档案馆：《鸦片战争档案史料》（第1卷），上海人民出版社，1987，第8页。
⑦ （日）百濑弘：《清代西班牙元的流通》，载刘俊文：《日本学者研究中国史论著选译》第六卷，中华书局，1993，第449页。
⑧ （奥）耿爱德：《中国货币论》，蔡受百译，商务印书馆，1929，第138页。
⑨ *The North - China Herald and Supreme Court & Consular Gazette*, Feb 14, 1890, p.125.
⑩ *The North - China Herald and Supreme Court & Consular Gazette*, Apr 22, 1904, p.76.

徽等地区流通。

取代西班牙银元成为流通中主币的是墨西哥银元，其又有鹰洋、英洋之称。1821年墨西哥独立后，开始独立铸造银币。[①] 随着西班牙银元的停铸，流入中国的西班牙银元日益稀少，价格也越来越高，于是，重量和纯度都略胜一筹的墨西哥银元便逐步从广州北上，流通至福建、浙江、上海、江苏，乃至天津、东北和西南的广西、云南等地，成为继西班牙银元之后，行销最广的外国银元。据彭信威估算，自光绪三年至宣统二年（1877—1910），墨西哥共输出银元46800多万元，其中一大部分流入中国。[②]

由于洋银的广泛流通，光绪年间，广东、湖北等省开始自铸银元，以图抵制外国银元。据统计，外国银元与中国自铸银元占到1840—1911年货币总量的一半以上。（见表1）

表1 1840—1911 年中国货币形式和数量

单位：百万

货币形式	数量	以元计值	百分率
中国银元	240 元	240	9.6
外国银元	1 080 元	1 080	43.4
铜元	200 000 枚	149	5.9
银两票	30 两	42	1.7
银元票	50 元	50	2
铜钱票	134 串	100	4
外国钞票	110 元	110	4.4
银锭	250 两	347	14
铜钱	500 000 枚	373	15
总数		2491	100

资料来源：（美）郝延平：《中国近代商业革命》，上海人民出版社，2001，第76页。具体包括阿特韦尔的《白银札记》，霍曼的《统计说明》，萧亮林的《中国对外贸易统计》，王业键的《中国近代货币与银行的演进》以及郝延平的估算数据。

由表1可知，在1840—1911年间的中国货币市场上，占据最重要地位的是外

---

① （奥）耿爱德：《中国货币论》，蔡受百译，商务印书馆，1929，第150页。
② 彭信威：《中国货币史》，上海人民出版社，2007，第579页。

国银元，其市场份额达到 43.4%；其次是铜钱，占 15%；银锭占 14%。换言之，中国传统货币——银锭、铜钱的市场份额加起来，也没有外国银元的市场份额多。与此同时，深受外国银元影响的中国自铸银元则占到 9.6%，所以，外国银元和中国自铸银元的市场份额之和为 53%，由此可见，晚清的货币市场上，银元已成为流通中的主要货币。[1]

晚清，各省铸造的各式银元亦不在少数。光绪十六年（1890），广东开始设局铸造银元。据《美国铸币厂报告》（"U.S. Mint Report"）载，1890—1899 年间，粤局铸造的银元总数为 52 310 760.15 元，[2] 其中，1898 年铸造的银元总数为 7 977 926 元，[3] 1899 年铸造的银元总数为 7 854 960 元。[4] 截至 1899 年，直隶铸造的银元总数为 5 860 905 元，福建铸造的银元总数为 1 910 236 元，江宁铸造的银元总数为 12 826 547 元，湖北铸造的银元总数为 23 353 124 元，加上其他各省所铸银元，全国自铸银元总数应在 1.2 亿元上下。[5] 1908 年，眼见各省铸造银元卓有成效，度支部通电各省督抚收回生银、银锭，改用银元，并筹流通行用之法。同时在天津设立造币总厂，以期统一铸造银元。[6] 但未过多久，清廷覆亡。鼎革的民国政府继续铸造机制银元，正面镌刻袁世凯像。袁像银元由于品质良好，无论在商埠、城镇还是农村市场，均流通甚广，行用无阻。[7] 而自民国三年（1914）规定以银元为国币以来，库平七钱二分，成色八九之银元逐渐通行全国，而一切税收亦皆以银元为本位。[8] 此后，袁像银元逐渐成为市场上的主币。

二、市场偏好银元的表现

实际上，无论是前期盛行的西班牙银元，还是中后期流通甚广的墨西哥银元、美国贸易银元等，均具有较高的升水。西班牙银元在福建、广东、江西、江苏、浙

---

[1] 张公权曾根据度支部在宣统二年（1910）的统计数据，提出晚清市场上的外国银元为 11 亿元。参见张公权：《论英洋龙洋之消长及英洋之自然消灭》，《银行周报》1917 年第 1 卷第 8 期。

[2] Wen-pin Wei, *The Currency Problem in China*, Taipei: Cheng-wen Publishing Company, 1971, p.48.

[3] R.W.Mansfield to Sir Claude M. MacDonald, Canton, March 18. 1899, FO 228/1321, p.125.

[4] B.C.S. Scott to Sir Claude M. MacDonald, Canton, April 30, 1900, FO 228/1358, p.99.

[5] 何汉威：《从银贱钱荒到铜元泛滥——清末新货币的发行及其影响》，《"中央研究院"历史语言研究所集刊》第 62 本第 3 分，1993。

[6] 《改易银锭为银元》，《大同报》（上海）1908 年第 16 期。

[7] 徐裕孙：《国币条例公布后之银元进化观》，《银行周报》1924 年第 8 卷第 9 期。

[8] 《海关税政征银元提案》，《全国财政会议日刊》1928 年第 6 期。

江等省，价格均超过同等重量的银锭。鸦片战争后，英国站洋、日本龙洋、法国贸易银元，在不同时期和不同地区均有一定的升水。[①]"1848年至1856年，西班牙银元每元兑换的铜钱从1 150文上升至1 500文"。1850年以前，西班牙银元的镑价（对英镑的汇率）一直在4先令至5先令6便士之间波动。太平天国运动爆发后，太平军对民众造成的巨大恐慌，使西班牙银元成为最具价值的货币被加以收藏，从而导致其市场价格远远超过其本身的实际价值。"自1854年初到1855年末，徘徊于6先令与6先令3便士之间，升水区间为44%—56%"。[②]

五口通商后，墨西哥银元开始进入中国市场。在起初的十多年间，因中国商民对西班牙银元的特殊偏好，墨西哥银元只能折价使用。但西班牙银元停铸后，流入中国的西班牙银元日益减少，墨西哥银元趁势崛起，其在广州等地的价格逐渐与西班牙银元持平。由于墨西哥银元的升水在中国南部比在长江流域更高，这一差额就促使怡和洋行的A.G.达拉斯时常在上海购进墨西哥银元，然后运到广州和香港出售。[③]在1856年的广州，墨西哥银元的价格已同旧的西班牙银元相差无几了。[④]1863年，香港殖民地总督赫卡利斯·鲁滨逊爵士指出，墨西哥银元不仅是香港唯一的法偿货币，也在中国广泛流通。它们既在广州、上海等沿海港口大量通行，而且在中国中部的产丝区付款，必须用没有磨损的墨西哥银元，伴随很高的升水。[⑤]19世纪60年代，由于墨西哥银元成色好且便于携带，其升水有时高出其实际价值的15%。上海商人原来偏好西班牙银元，现在已经转而爱好整洁的墨西哥银元了。[⑥]此外，在清中后期进入中国的美国贸易银元，也有较高的升水。"它们以可观的升水，有时甚至高于墨西哥银元的升水通行。这种银元经过正式鉴定后，通常得到中国官方的认可。广东、广西、福建和浙江当局在（19世纪）70年代中期，都曾出告示保护这种铸币，禁止赝造"。[⑦]

---

① 魏建猷：《中国近代货币史》，群联出版社，1955，第104页。

② （美）马士著：《中华帝国对外关系史》第1卷，张汇文等译，商务印书馆，1963，第468—469页。

③ 达拉斯（上海）致戴维·贾丁（香港），1851年5月3日，怡和档案。转引自（美）郝延平：《近代中国的商业革命》，上海人民出版社，1991，第45页。

④ British Parliamentary Papers: China. V.6, Embassy and Consular Commercial Reports 1854—66. Dublin: Irish University Press, 1972, pp.44-45.

⑤ （美）郝延平：《中国近代商业革命》，上海人民出版社，1991，第44页。

⑥ S.W.Williams, *The Chinese Commercial Guide*, Hong Kong: A. Shortrede,1863, pp.198-199.

⑦ Frank H.H.King, *Money and Monetary policy in China,1845—1895*, Mass. Harvard University press,1965,p.179.

从地域上来看，无论是东南沿海的广东、福建两省，还是长江下游的上海、江苏等地，洋银均存在一定的升水。18世纪，西班牙银元已在广州极为流行，在与银锭汇兑时具有较高的升水，这种状况一直持续到1815年。东印度公司的档案表明，纹银的时价非常低，可以按折扣银元7%或8%购得。此外，由于纹银的纯度比银元高出8%，[①] 所以将从广州购得的纹银运到加尔各答出售时，纹银与银元的差额达到15%或16%。换言之，银元能交换到高于其实际价值的银两。1845—1848年间，银元的升水在4.5%—10%之间波动。[②]

上海洋银的价格情形，与广州存在一定的差异。19世纪40年代，上海的货币与度量衡十分混乱，银钱往来普遍使用名为"细丝纹银"的银锭及外国银元，而市场上流通的银元主要是"老板洋"，相比其他银元有5%—10%的升水。光板鹰洋100元兑换光板老板洋95元、老板或新板毛洋93元。同时，每两纹银折合铜钱1 720文，每元老板洋折合铜钱1 280文。[③] 到1850年左右，每元西班牙银元可兑换1 300—1 400文铜钱。[④] 五口通商以后，上海取代广州成为中国对外贸易的中心，丝、茶等大宗贸易主要使用银元结算，尤其偏好西班牙银元。一般情况下，上海市场上的西班牙银元能兑换4先令6便士至4先令10便士，有八厘到一分六厘的升水，而在因战乱而银根吃紧之时，升水更高，[⑤] 远超其实际价值。

尽管上海早在咸丰七年（1857）已采用九八规元作为记账单位，但在实际交易中，须将银元折合成银两，此谓之"洋厘"。洋厘行市成为上海市场的重要交易规则，无论中外商号，均须探知当日洋厘市价，以之作为交易中银价计算的标准。[⑥] 下面，通过对《北华捷报》记录数据的整理，来看一下1867—1872年间上海市场上的洋厘情形。

---

① （美）马士：《东印度公司对华贸易编年史》第3卷，中山大学出版社，1991，第230页。需要澄清的是，纹银的含银量在93.5%左右，而银元的含银量多为90%，因此，纹银的含银量比银元高出3%，而不是8%。

② "Returns of Trade of the Various Ports of China, for the years 1847-1848", p.13. 哈佛大学图书馆馆藏未刊中国旧海关史料。

③ *Chinese Repository*, Vol. XV, Sep.,1846, p.471.

④ British Parliamentary papers : China. V. 40 , Statistical returns, accounts and other papers respecting the trade between Great Britain and China 1802-88, p.725.

⑤ H.B.Morse, *The International Relations of the Chinese Empire*, Vols.3, pp.468-469.

⑥ 中国人民银行上海市分行：《上海钱庄史料》，上海人民出版社，1960，第554—555页。

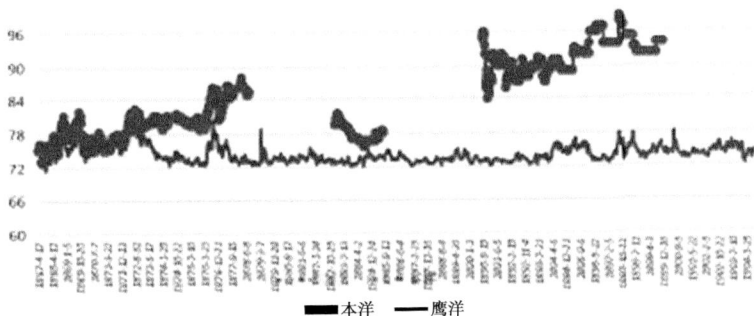

图1 1867—1872年间的上海洋厘行市

《北华捷报》和《申报》均记录了1867—1912年间每周洋厘的比价，其中，鹰洋行市的比价十分完整，本洋行市的比价中间年份缺漏。从图1可以看出，本洋和鹰洋的升水都很明显（清政府规定，100元银元汇兑72两海关两），而本洋的升水十分高昂，后期更是远超其本身的实际价值。究其原因有二：一是商民对本洋的偏好，二是本洋停铸后引起的价格暴涨。鹰洋的升水虽然不如本洋，但其价格均超过了72海关两。

除了对外贸易最为集中的广州、上海两地外，江苏等市场上的洋银亦有很高的升水。道光十三年（1833），陶澍、林则徐奏称："即如洋钱一项，江苏商贾辐辏，行使最多，民间每洋钱一枚大概可作漕平纹银七钱三分。当价昂时，并有作至七钱六七分以上者。"[①]道光十六年（1836），林则徐在《漕费禁给洋钱折》中指出："近日苏松一带，洋银每元概换至漕纹八钱一二分以上，比较三四年前，每元价值实已抬高一钱，即兑换制钱，亦比纹银多至一百文以外。"时人范锴也在《华笑顾杂笔》"番钱"部分指出："海夷所来之番钱，昔有马剑、双烛、佛头诸名。四十年来，惟见佛头而已……市平重七钱三分有奇，银色仅九五。忆幼时，每一枚易钱六百余文……近数年来，每一枚可易钱一千三百文。"而长江下游的重要商埠芜湖，也格外偏好洋银。18世纪末至19世纪初，芜湖地区存在着约40万元没有加戳的本洋光板，其交换价值要高出实际价值的30%—40%，流通区域也迅速从广州扩展至长江流域，可谓空前绝后的现象。[②]

洋银虽然在华南以及长江流域的商埠或通商口岸具有较高的升水，但华北的天

---

① 中国人民银行总行参事室金融史料组：《中国近代货币史资料（二）》，文海出版社，1974，第726页。

② H.B. Morse，*Trade and Administration of China*，Kelly & Walsh，1913，pp.164-165。

津和牛庄等通商口岸则是根据银元的含银量，与纹银进行汇兑。大致标准为，100元银元汇兑 70 两纹银，接近等价交换。[1] 随着直隶等省先后铸造龙元，银元在华北地区也日渐盛行。

三、银元胜出的原因

外国银元流入中国后，迅速在东南沿海和长江流域各商埠广泛流通，逐渐成为最重要的结算货币。尤其是大宗的丝、茶出口贸易以及鸦片进口贸易，多以银元进行结算。而清季民初铸造的银元，不仅成为流通中的主要货币，也最终成为法律和制度层面的国币。

（一）丝、茶、鸦片等大宗贸易的结算货币

16 世纪后，美洲白银大量流入欧洲，故欧洲商人在广州的商业贸易主要用本洋和鹰洋结算。18 世纪以来，外国商人携带外国银元赴浙江购买生丝，已逐渐成为习惯。如美商琼记洋行（Augustine Heard & Co.）行东何德二世（Augustine Heard, Jr.）指出，本洋不但享誉沪上，而且在内地的生丝产地也炙手可热。[2] 可见，不只是洋商单方面使用洋银，华商以及产丝的农户均偏好洋银。道光二十三年（1843）上海开放通商时，其与宁波、苏州、杭州一样，早已通行西班牙银元了。大多数做小买卖的店铺都以银元交易。银钱业使用银元的进展比较迅速而且较有决心——市面上流通的钞券大部分都指明为银元。在广东、福建等近海省区，凿过的和破烂的银元，与银锭一样通用；这种银元也通用于南部山脉两边的红茶主要产区，同时以河口为主要贸易中心。外商发现银元在此处通用后，便以银元为记账单位，于是，日益增多的银元逐渐流入邻近的产丝区和绿茶产区。[3] 咸丰五年（1855），由于欧洲对华丝的需求量迅速上升，导致华丝出口畅旺。咸丰三年（1853）以前，华丝每年的最大输出量从未超过 21 500 包，而 1853 年上半年只输出了 7 971 包。虽然茶叶出口减少，但生丝出口大幅增加，因此，单是大英轮船公司船只装运的白

---

① *The Chinese Commercial Guide*, p.268.

② 琼记洋行档案，Augustine Heard, Jr. "Old China and New", GQ-2, p.33, 转引自郝延平：《晚清沿海的新货币及其影响》，《中国经济发展史论文选集》下，联经出版事业公司，1980，第 1581 页。

③ *The North-China Herald (1850-1867)*, Apr 19,1856, p.150.

银（私人船只运载的白银未计算在内），当年就达到 14 401 062 鹰洋。[①] 咸丰七年（1857），由于生丝交易引发了对现金的需求，使得一元本洋值一两白银。此后，随着生丝交易量的剧增以及本洋供给量的减少，本洋价格持续攀升，故外国商人逐渐用鹰洋替代本洋，用于生丝结算。[②] 民国初年铸造袁世凯银元后，江南无锡、绍兴等处，丝茧用款原用鹰洋，近则改为新币，其他如天津、汉口等处，本为通用龙洋之地，故推行新币尤为容易。"自新币发生，推测目下情形，大有取英洋而代之势……自津、宁两厂开铸之后，渐渐流通及于上海"。[③]

茶叶同样是出口的大宗商品。咸丰元年（1851），怡和洋行计划在中国内地大规模收购丝茶，与此同时，其他外国洋行和中国商人也有同样的计划。为了在竞争中占得先机，颠地洋行和广隆洋行分别预付了 30 万元和 80 万元的茶款给泰记。怡和在无奈之下，也给了泰记 15 万元的预付款。怡和的达拉斯曾在一封信中指出："泰记非常自信能得到第一批茶叶，我鼓励其在内地以上述价格或接近此价格签订合同。基于此种想法，在已经预付或答应预付的 10 万元外，我正逐步给它更多的资金，到 50 万元为止。"[④]

中国最大宗的进口商品是鸦片，最初从土耳其、波斯一带进口。19 世纪后，英国东印度公司从印度输入的鸦片占到进口总量的大多数。尽管早在 1780 年，清政府就已严令禁止吸食和贩卖鸦片，但 1781 年，仍有行商新官以每箱 210 元本洋的价格，从东印度公司"诺萨奇"号商船购得公班土 1 601 箱。[⑤] 咸丰六年（1856），上海共进口鸦片 33 570 箱，白皮土每箱 376 元本洋，公班土每箱 310 元本洋，共值约 1 200 万元。[⑥]

大宗商品的交易量庞大、价格波动明显、交易金额高，往往依赖于更为简便的结算货币。而银锭检验烦琐、铜钱形制过小，所以银元就成为最理想的选择。

① *The North - China Herald (1850-1867)*, Jan 3, 1857, p.90.

② Six Essays on the Trade of Shanghai, pp.64-65.

③ 张公权：《论英洋龙洋之消长及英洋之自然消灭》，《银行周报》1917 年第 1 卷第 6 期。

④ （上海）致戴维·贾丁（香港），1851 年 5 月 20 日，怡和档案。转引自郝延平：《中国近代商业革命》，第 193－194 页。

⑤ David Edward Owen, *British Opium Policy in China and India*, New Haven: Yale University Press, 1934, pp. 53-58.（美）马士：《东印度公司对华贸易编年史》第 3 卷，中山大学出版社，1991，第 358 页。

⑥ *The North - China Herald (1850—1867)*, Jan 3, 1857, p.90.

(二) 政府及银钱公会的推动

外国银元自 16 世纪中后期流入福建、广东等沿海商埠后，在农村地区也有广泛使用。康熙末年，因纹银、制钱缺乏，福建德化等县奏请以番银（西班牙银元）纳税。如时人庄享阳《禁洋私议》云："福建僻在海隅，人满财乏，惟恃贩洋番银，上以输正供，下以济民用。"[①] 到了乾隆年间，"在福建省，用外国银元而非银锭缴纳赋税"。[②] 如乾隆三十四年（1769），德化知县上奏说："因德邑地处山僻，纹银难觅，投税甚少，请将番银照收钱粮之例，每番银一员折纹银六钱二分。如有不足尾数，仍照时价交钱补凑。"[③] 该议得到了福建布政使的同意。道光九年（1829），道光帝曾在给大臣的上谕中说："自闽广、江西、浙江、江苏渐至黄河以南各省洋钱盛行，凡完纳钱粮及商贾交易，无一不用洋钱。"[④]

而在上海，本洋停铸后导致升水异常，外商纷纷要求上海道台推动鹰洋在市面流通。在英美等国领事的强烈要求下，咸丰六年（1856）十月二十八日，上海道台发布了一份措辞极为严厉的公告，谴责收账员和钱庄主们窨藏加罗拉银元（本洋）和拒收鹰洋的做法，并指定一些地点按市价收兑鹰洋。[⑤]《北华捷报》曾详细披露此种情形：本月初，上海道台要求各银行拟定鹰洋在本地流通的计划，为此成立了三家钱店，要求他们接收鹰洋，并按其与纹银的相对价值兑换铜钱。商民也乐于接受新式货币，因为它的价值得到了官方保证。同时，又安排各布店兑换鹰洋，当农民持棉布到布店出售时，农民也就不可避免地收下银元。当鹰洋完全流通后，满足了本地区对它的需要。[⑥]

清末，无论是饷银还是赋税，均可搭解银元。如宣统二年（1910），江西地丁漕粮改征银元，计每地丁一两折收银元二元三角五分三厘，每漕米一石折收银元二元八角五分，漕粮脚耗加价屯粮余租之属，按钱价一千八百文折合银元。照此定

① 同治《福建通志》第八十七卷《海防·海禁》。

② （日）百濑弘：《清朝の异民族统治に于おける财政经济政策》，《东亚研究所报》1943 年第 20号，第 47 页。

③ 台湾省文献委员会：《福建省例》第六卷《税课例·行用番银税契章程》，大通书局，1984，第 234 页。

④ 中国人民银行总行参事室金融史料组：《中国近代货币史资料（1822—1911）》，文海出版社，1974，第 42 页。

⑤ 《领事罗伯逊 1856 年度上海港贸易报告》，载李必樟译编：《英国驻上海领事贸易报告汇编》，上海社会科学院出版社，1993，第 41 页。

⑥ *The North - China Herald (1850-1867)*, Nov 29,1856, p.79.

律，实征实解，并匀公费，共计地丁每岁收银一百九十二万七千余两，漕米九十万零七千余两。按本案所规定核算，约计地丁可收银元三百四十六万四千余元，漕米可收银元一百七十一万余元，合计可赢余银元九十余万元。①

至民国初年，财政部和上海钱业公会等亦积极推动新式银元的使用。盐课为清季民初重要的财税来源，民国二年（1913）十二月二十五日，财政部发布命令，要求盐课统一征收银元："盐务收款各处不同，或收银两，或收钱文，错杂参差，莫可究诘，非特核算为难，抑且易滋弊窦。现在整顿伊始，应将各项盐务收款，无论向用银两或系钱文，一律按照各处市价折合银圆收缴，以树划一之基础。其商民卖买盐斤，亦须按照市价折用银圆。此后，无论官局商民，一体遵照。"②随后，长芦盐场发布了折收银元的八条章程，明确规定以后盐税，一律按照市价征收银元。③民国八年（1919）六月十一日，上海钱业公会发布通告，要求各业接受、使用各种新式银元，"自今日为始，无论鹰洋、龙洋及各种新币，一律并用，无分轩轾"。④同年七月五日，又规定市场上流通的银元种类有：一、新币；二、大清银币；三、江南龙洋；四、湖北龙洋；五、广东龙洋；六、鹰洋。以上六种银元，一律通用。⑤

除了清政府、民国政府外，英、日、美等国也极力推动本国银元在中国的流通。同治五年（1866），英国在香港设立铸币厂，并认为香港银元有着标准的成色和重量，将成为事实上完美和可靠的货币，很快被市场接受，并将取代本洋和鹰洋。⑥与此同时，英国领事官通过粤海关监督照会督办潮州关税务司，要求以香港新银一百十一两一钱一分抵海关纹银一百两，不准伪造。⑦此外，英国还利用舆论造势，声称"大量的墨西哥银元涌入中国，将会是更加严重的问题，然而一个明显和不争的事实是，如果确立以白银为国家货币，既不利于贸易，同时会使北京政府丢尽颜面"。⑧不难看出，英国希望通过打击鹰洋，来促使中国当局接受香港银元。

同治十年（1871），日本开始铸造贸易银元（俗称"日本龙洋"）。"此币经创行

---

① 《赣省改征丁漕银元之变相》，《国风报》1910 年第 32 期。
② 《财政部盐款折收银元训令》，《长芦盐务公报》1913 年第 1 期。
③ 《长芦折收银元暂行章程》，《长芦盐务公报》1913 年第 1 期。
④ 《上海银钱公会通告取消鹰洋行市》，《申报》1919 年 6 月 13 日，第 5 版。
⑤ 《上海银行公会通告六种洋元一律通用》，《申报》1919 年 7 月 5 日，第 1 版。
⑥ *The North- China Herald and Market Report (1867-1869)*, Apr 24, 1868, p.184.
⑦ Reports of the Haikwan Banking System and Local Currency at the Treaty Ports, p.213.
⑧ *The North - China Herald and Supreme Court & Consular Gazette (1870-1941)*, Apr 22, 1876, p.389.

数年后，在中国各主要商埠以及朝鲜、安南、暹罗等处流通，亦与墨币有分庭抗礼之概"。[1] 同时，日本与中国作战时，从本国输出大部分的日本龙洋，用于支付军费，并在满洲、远东与山东的战场上使用。这部分银元不用在海关报册上登记，直接转到中国人的手中，以后还在中国流通。[2] 此外，日本政府还禁止本国商人使用鹰洋。"日本龙洋运入后，按含银量与鹰洋汇兑。不过兑换时出现了一些情况，银库每天从与政府签有合约的欧洲人手上仅能收到 30 元银元，而中国人和其他人则什么也没得到，日本商人无论如何也不会接受鹰洋"。[3]

同治十二年（1873），美国正式铸造贸易银元，以与鹰洋在远东的货币市场上逐利。"（美国）贸易银元投入使用，是为了同东方国家进行国际贸易的清算，其设计初衷是为了替代墨西哥银元。墨西哥银元含有 377.25 格令纯银，和中国进行贸易的美国商人通常从美国银行以溢价买入，将其用于对远东的汇款支付"。[4] 由此可知，美国政府试图用贸易银元抢占和瓜分墨西哥银元在中国的市场。而美国最初的设想是，贸易银元运至中国的费用，由墨西哥政府征收白银出口税 8% 所提供的余额偿付。[5]

此外，19 世纪末，国际银价下跌，大量白银涌入中国，为中国确立银元的国币地位和银本位制提供了条件。19 世纪 70 年代以来，随着英国等欧美国家先后放弃金银复本位制或银本位制，改采用金本位制，国际市场对白银的需求剧减，白银价格大幅下跌。自同治十年到民国二年（1871—1913），输入中国的白银数量高达2.41 亿两。[6]

（三）舆论的呼吁

早在嘉庆年间，时人丁履恒就建议政府铸造银元。他认为，此举既可收回货币铸造权，又可抵制外国银元。[7] 道光年间，两江总督陶澍及江苏巡抚林则徐也奏请

---

① （奥）耿爱德：《中国货币论》，蔡受百译，商务印书馆，1929，第 145 页。

② *The North - China Herald and Supreme Court & Consular Gazette (1870-1941)*, Sep 12, 1898, p.26.

③ *The North - China Herald (1850—1867)*, Aug 27, 1879, p.15.

④ J. Laurence Laughlin, *The History of Bimetallism in the United States*, New York: Appleton,1901, pp.102-105.

⑤ *China Mail*, May 31,1872.

⑥ C.F. Remer, *The Foreign Trade of China, Shanghai*, Commercial Press,1926, p.215.

⑦ 《钱币议》，载〔清〕盛康：《皇朝经世文续编》卷五十八《户政》三十《钱币》，文海出版社，1966。

铸造银币，以抑洋钱，但未被旨准。①此后，魏源、周腾虎、郑观应等纷纷上书或著文，提出自铸银币的主张。光绪二十年（1894），广东、湖北等省均已设厂，自铸镌写省名的"光绪元宝"银元。由于各省自铸银元以至各自为政，加之所铸银元成色、重量不一，且以省名互相抵制，从而造成流通不畅的局面。当时，《字林西报》上有文章对此情形评论道："中国国家不设一大银元局，鼓铸银元，通行各省，而于各省零星分设，使其权不归一，隐隐有相竞之意，举措紊乱，未有甚于此事者也。"因此，文章得出的结论是：北京政府只有约束各省，统一铸造通行之银元，才能达到兴银元之利而除其弊的目的。②

虽然多省均已开铸银元，但银锭仍在普遍使用。民国六年（1917），上海商董苏本炎在致总商会的公函中说，市场交易向用银锭，而平时所用全为银元，商界久受其累。上年，厦门已改用银元，奉天亦已改大洋为本位。因此，上海一埠尚无不可更改之理。"自海禁开通，洋元流入，人民使用，咸乐其便，以致西班牙、墨西哥、日本等国之银元，充斥全国。前清政府知银元之利用，通饬鼓铸，以广流通。民国成立以来，凡国家预算及完粮纳税，皆改用银元"。"华人对外人交易，定价以金计，买金以银计，卖货以元计，金与银价有起落，而元价又时有上下"。以丝业、花业为例，"凡丝、花新货登场之际，元价必起，此又明受其亏"。有鉴于此，上海商界拟请自民国七年（1918）正月一日起，一律改用银元。③

民国八年（1919），有学者呼吁革除银两制度，励行银元制度。该学者称，虽然除少数地区外，中国市场上已普遍使用银元，但计算之单位，仍沿用银两制，结果造成折算困难，于商民均有窒碍。在商业方面，少数商人利用银两和银元之间复杂的折算方式，从中盘剥渔利。在征税方面，一些奸胥猾吏也利用银两和银元折算困难的弊端，加重百姓的赋税负担。为谋计算简易、减少各地商业之阻碍，应革除银两制度，励行银元制度，以使全国有划一之标准。④1920年，全国银行公会联合会、上海总商会以及上海英国商会等再次陈请废除银两制度，采用银元制度，以统一币制。

---

① 中国人民银行总行参事室金融史料组：《中国近代货币史资料》，文海出版社，1974，第17—18页。
② 《英文报译：论中国银圆局》，《时务报》1897年第44期。
③ 《贸易一律用银元之请议》，《银行周报》1917年第14期。
④ 《革除银两单位 励行银元单位之可缓》，《银行周报》1919年第46期。

（四）传统银锭及制钱的局限性

为何东南沿海地区及长江流域的商埠偏好银元呢？究其原因，一方面在于银元计枚核值、检验方便，另一方面在于银锭的检验工序复杂且费用高昂，各地银两种类繁多且互不通用。由于各地银两的成色、重量互不一致，全国没有统一标准，所以，新铸银锭在进入流通领域前，必须送到公估局（由各地钱庄及商会委派）批定重量和成色。估定的具体步骤如下：凡银锭初出银炉，即首由公估局伤人察验，先权其重量，用墨笔批明于锭面，然后由精于鉴别之专家，用试金石或凭银锭之光泽及其外形，估定其成色，亦用墨笔批明。[①] 需要指出的是，公估局只批估一两以上的银锭，而一两以下的碎银和散银，则不予批估。因此，散碎银两的重量、成色皆无一定规范，需要秤量。在秤量的过程中，民众深受暗亏。虽然银锭上批定有重量，但一些不法商民的人为切割，往往造成实际重量比批定重量要轻。此外，银锭在使用过程中产生的磨损，也造成其形状和重量发生一定的变化，从而影响到银锭在市场上的使用和信誉。

当时的银两又有虚实之分。一般来说，凡是在市面上充当支付手段的银两均是实银两，如宝银以及各地使用的银锭、碎银。而只作为计值单位，并不具备支付功能的银两均为虚银两，如上海的九八规元、汉口的洋例银等。银锭、碎银并非由国家统一铸造，而是由各省设厂自铸。各省所铸银两之重量、成色，多由当地商会、公会或其他类似之机关自行批定。明清时期的中国，大宗交易及缴纳税款时，多以银两计值。而所用之银两，大都为约五十两重之宝银。宝银由民间设立之炉房铸造，表面镌有铸者之店号、所在地及银炉号码，以便稽查。各地宝银形制重量不一，北京及四川等处，多见重约十两之银块，而上海、汉口、天津等地宝银，大都重五十两。[②] 各地银两种类繁多，互不通用，给商业贸易带来极大的不便。商人每到一处，须先将自身携带的宝银兑换成当地宝银，但由于各地平砝标准不同，银两之间的兑换便成为一件非常复杂的事情。

近代中国，各地银两的平砝名称多达百余种，其中，主要城市的平砝名称亦有几十种。（见表2）

---

① （奥）耿爱德：《中国货币论》，蔡受百译，商务印书馆，1929，第70页。
② （奥）耿爱德：《中国货币论》，蔡受百译，商务印书馆，1929，第69页。

表2 各地银两的平砝名称

地名	平砝名称	地名	平砝名称	地名	平砝名称	地名	平砝名称
上 海	九八规元	南 京	二七陵平	镇 江	镇二七平	扬 州	扬二七平
杭 州	司库平	赣 州	九七二平	北 京	京公码平	天 津	行 平
保 定	保市平	张家口	口钱平	济 南	济 平	济 宁	宁 平
太 原	库 平	大 同	同 平	沈 阳	藩 平	安 东	镇 平
营 口	营 平	长 春	宽 平	汉 口	洋 例	沙 市	沙 平
宜 昌	宜 平	开 封	二六汴平	洛 阳	洛 平	许 州	许 平
信 阳	漕 平	西 安	陕议平	三 原	泾布平	重 庆	九七平
香 港	九九八平	汕 头	九九三五直平	福 州	台新议平	贵 阳	公估平

资料来源:(奥)耿爱德:《中国货币论》,蔡受百译,商务印书馆,1929,第78—80页。

从表2可知,这32个城市均有自己的平砝名称,即使是同一省份的城市,亦有差别。而在具体使用时,缴纳赋税的库平银与民间使用的低潮银也有本质差别。"在中国,虽然以改铸成库平两的高成色银单位纳税,而在民间使用的银单位种类繁多,在17世纪,称为低银的低成色白银广泛流通"。[1]

其至在同一省份内,也有各种名目的平、色。如湖南省,除库平和关平两类官平外,其市面上还有长平、市平、湘平、醴平、益平等27种名目。而同一名目之下,轻重又因县而异,故实际上不止27种。此外,作为官平的库平也不一致,藩库收入为四二平,合长沙省平一百零四两二两;粮库收入为四两平,合长沙省平一百零四两。支出之平又有四二平、四两平、三九平、三六平等诸色名目。[2]由于各埠银两平、色不一,结算时须进行繁复的换算,再加上兑换成本高昂,所以埠际之间的大宗贸易虽以银两计算,实际支付却用银元。当时,对外贸易以及国内往来,无一不以银两计算价格,而各地外国汇兑之行市,亦须以当地银两为标准通货,不过仅存其名,并无其实。实际交易,则按当地洋厘折合银元计算。[3]因此,秤量烦琐的银锭,已不适应高度发展的商品经济对于标准货币的要求。

制钱在中国沿用已久,在商品经济不甚发达的时期,尚能满足贸易结算的需

---

[1] (日)足立启二:《明清时期钱经济的发展》,《中国专制国家与社会统合》,文理阁,1990,第69页。

[2] 湖南清理财政局编印:《湖南财政说明书》,1911,第12页。

[3] 裴锡恒:《中国改行金本位制之先决问题》,《钱业月报》1932年第12卷第2期,第36—37页。

要。近代以来，随着对外贸易规模的不断扩大，币值过小的制钱已不能满足贸易结算的需要。由于铸钱技术粗劣和货币法规难以有效执行，制钱流通受到"钱重则私销，钱轻则私铸"这一经济法则的支配，因此，私铸和私销的问题一直无法得到解决。①

一方面，制钱因以贱金属（铜）为币材，铜自身存在的天然缺陷，易加剧银钱比价的波动。另一方面，清代前期，中国的矿冶业不景气，原铜严重不足，便从邻近国家（主要是日本）大量进口"洋铜"。18世纪初期，日本因铜矿日益减产而限制铜料出口，造成中国铜价飞涨，许多铸钱局因缺乏铜料而减产或停铸，使得制钱的供应量严重不足。②到19世纪中后期，由于铜料紧张、外国白银大量流入等原因，中国各地市场上均出现了"银贱钱贵""银贱钱荒"等现象。如1892年的天津，制钱在市面上几近绝迹。③汉口因制钱短缺，私铸的小钱反而成为日常使用的主要通货。④宁波因制钱稀缺，市面上出现了"凡值十不能当五"的情形。⑤

为了应对日益严重的钱荒问题，咸丰时曾铸造当十、当百甚至当千当万的大钱。但随着制钱币值的下跌，制钱的分量常有变动，使得大小错出，轻重倒置，当五十的大于当百，当百的重于当千。⑥铸行大钱不仅造成钱币流通的混乱不堪，还造成私铸、盗铸制钱之风屡禁不止。与此同时，尽管清政府规定，制钱以文为单位，但在实际使用时却是以重量计值，不法商民为了牟取暴利，常常通过掺入锡、铅等金属来增加制钱重量，这就使得制钱虽为清代的法定货币，其信用却日益式微。在上述因素的综合作用下，银元在与银锭、制钱的竞争中，逐渐占据优势地位。

四、银元胜出的理论依据

早期在中国流通的外国银元，并不是计枚核值，而是按照检验银锭的办法，加戳印、验成色。由于这一检验过程易造成银元形制的变化，所以从清中期开始，计

---

① 王业键：《中国近代货币与银行的演进（1644—1937）》，载氏著：《清代经济史论文集（一）》，稻乡出版社，2003。

② 陈昭南：《雍正乾隆年间的银钱比价变动》，台湾商务印书馆，1966，第42—43、65页。

③ Returns of Trade and Trade Report for the year 1892, p.22.

④ North China Herald and Supreme Court and Consular Gazette, May 1, 1899, p.765.

⑤ 《宁郡市面》，《申报》1896年12月10日，第3版。

⑥ 彭信威：《中国货币史》，上海人民出版社，2007，第561页。

枚核值逐渐通行。① 与易遭到切割、破坏的银锭相比，银元具有成色形制规范、携带方便、按枚计值等优势，受到商民的普遍欢迎。道光十三年（1833）四月，两江总督陶澍、江苏巡抚林则徐奏称："盖民情图省图便，寻常交接应用银一两者，易用洋钱一枚，自觉节省，而且无须弹兑，又便取携，是以不胫而走，价虽浮而人乐用。"② 奏文中的"洋钱"，即指外国银元。这段史料说明了外国银元因无须秤量、检验成色，且便于携带、使用，虽然具有一定的价格升水，但民众仍乐于使用。为了抵制洋银，道光帝发布上谕说："洋钱平价，民间折耗滋多，惟当设法以截其流。洋钱行用内地，既非始自近年，势难骤禁，要于听从民便之中，示以限制。其价值一以纹银为准，不得浮于纹银，庶不致愈行愈广。至官局议请改铸银钱，大变成法，不成事体，且银洋钱方禁之不暇，岂有内地亦铸银钱之理耶？"③ 道光帝只是一味要求各省应对洋银升水，但是反对仿铸洋银。殊不知洋银与银锭、制钱汇兑所产生的升水，是市场的选择所致，仅凭一道行政命令是无法改变的。道光十五年（1835）六月，两广总督卢坤奏称："臣等伏查洋银来自夷船，内地因其计枚定价，既不必较银色之高低，又无须称分量之轻重，远行服贾，便于携带，是以东南沿海各省市面通行。而粤东为夷人贸易之所，行用尤广，大商小贩无不以洋银交易。"④ 由此可知，道光年间，洋银在江苏、广东等地已是计枚核值，而非按秤量计值。

如前所述，中国的银锭需要十分复杂的检验工序，以批定其成色与重量，而制钱在使用时必须秤量计算。银元进入中国的早期，虽然也要按照检验银锭的办法，加戳印、验成色，但经过一段时间后，按其面额价值使用越来越普遍，其单位"元"也逐渐被市场接受。因此，相对于检验烦琐、秤量繁复的银锭与制钱，银元因节省了检验、秤量的时间和费用，极大地降低了交易成本。这也成为银元与银锭汇兑时常有升水，且与银锭、制钱在竞争中保持优势的重要原因。

交易成本，又称交易费用，最早由美国经济学家罗纳德·科斯提出。但科斯讨

---

① 王业键称，在太平天国运动的冲击下，晚清银元流通主要呈现出以下几种倾向：一为流通区域从南方扩展至北方。一为银锭、制钱等逐渐被银元驱逐。一为流通银元有逐渐统一的倾向。一为作为货币单位的元，和传统的银两互相角逐，越来越占据优势。参见王业键：《中国近代货币与银行的演进（1644—1937）》，载氏著：《清代经济史论文集（一）》，稻乡出版社，2003。

② 中国人民银行总行参事室金融史料组：《中国近代货币史资料（一）》，文海出版社，1974，第14页。

③ 中国第一历史档案馆编：《道光朝上谕档》，道光十三年四月初六，中国第一历史档案馆馆藏档案，盒号980，册号2。

④ 中国人民银行总行参事室金融史料组：《中国近代货币史资料（一）》，文海出版社，1974，第43页。

论交易成本，主要是针对企业而言的。他认为："建立企业有利可图的主要原因似乎是，利用价格机制是有成本的。通过价格机制组织生产活动的最明显的成本就是所有发现相对价格的工作。随着出售这类信息的专业人员的出现，这种成本有可能减少，但不可能消除。市场上发生的每一笔交易的谈判费用和签约费用也必须考虑在内。"[①] 因此，企业必须通过降低交易成本，来达到盈利最大化的目的。"企业作为契约的集合，必然带来交易成本的减少。但是减少的并非生产要素之间的交易成本，而是组织者与其所使用的生产要素之间的交易成本"。[②] 将交易成本理论引入货币检验过程，也同样适用。货币检验所产生的费用，会引起货币价格的变动。具体来说，银锭、制钱的检验费用过高，造成二者的交易成本随之增高，竞争力因之下降，价格也随之下降。而银元因检验费用较低甚至免于检验，节省了检验费用，故其交易成本随之降低，价格也随之上升。

阿尔钦（Alchian）曾解释过货币交易费用降低的机制。他指出，货币本身不足以降低交易费用，还需有中间人专门经营一种商品。他们所经营商品的检验成本低于他人，且能保证出售的商品无质量问题。只有配合这些中间人，货币才能降低交易费用，尤其是检验商品质量的费用。[③] 如果将此理论应用于对银元的检验，那么，中间人即为检验成色、重量的验银师。银元统一的形制，容易引起检验人员的信任感，造成质检过程相对简易甚至免于检验，节省检验的时间和人力，从而降低检验费用，减少交易成本。也就是说，作为通货的银元因获取自身品质的边际成本较低，所以具有较理想的价格。

一方面，根据交易成本理论，检验工序简易甚至免于检验的银元，因交易成本较低，故其价格优势及竞争力较高；相对而言，检验工序繁复的银锭因质检费用较高，交易成本有所增加，故其价格优势及竞争力随之下降。这就造成银元在东南沿海及长江流域市场上的价格普遍高于本身的价值，从而形成一定的价格升水。另一方面，按照现代金融学的经典释义，货币主要具有三种基本职能：一是商品交换的媒介（支付手段），二是价值的衡量工具（计价单位），三是价值的储存手段。而同时满足这三种基本职能的货币，可称为"完全货币"（Full-bodied Money）；而缺

① （美）奥利弗·E.威廉姆森、（美）西德尼·G.温特：《企业的性质——起源、演变和发展》，姚海鑫、邢源源译，商务印书馆，2010，第25页。

② （美）奥利弗·E.威廉姆森、（美）西德尼·G.温特：《企业的性质——起源、演变和发展》，姚海鑫、邢源源译，商务印书馆，2010，第85页。

③ Armen A. Alchian, "Why money", *Journal of Money, Credit and Banking*, Vol.9, 1977, pp.133-140.

少某种基本职能的货币，则称为"不完全货币"（Partial Money）。[1]"完全货币"与"不完全货币"的差异主要在于，是否能履行"计价单位"的职能。货币本身并不天然具备"计价单位"的职能，但"计价单位"可视为对货币的描述。[2]透过这一理论来观察银两与银元的差异便可发现，因为银两是按秤量计值的，"两"指的是重量，所以不能成为计价单位。"元"因计枚核值，一个银元称为一元，故"元"又可执行价值尺度的职能。因此，与银两相比，银元更符合货币的三种基本职能。事实上，银两虽然在中国行用的历史十分久远，但其一直未能完全从计重货币抽象蜕化成"货币中的货币"。银两虽然也曾经历过虚银两这种记账单位的抽取过程，但从整体上来看，由于虚银两始终存在着地域差异，也未能完成从重量单位向货币单位的转变。[3]换言之，"两"并不能成为天然的价值尺度，而"元"能执行价值尺度的职能，成为"货币中的货币"。[4]因此，从货币本身的属性来看，银元也更胜一筹。

五、结语

由于明清商品经济的发展以及明中后期实施的"赋役征银"，中国对白银的需求持续了几个世纪。因中国产银有限，所需白银主要来自美洲、日本等地。起初，运入中国的白银以银条为主，这些银条由中国各地的银炉、银楼加工成银锭后，再投放市场。由于各地银锭的成色、重量不同，进入市场前，须先估定其成色、重量。检验工序繁复，费用不菲。大约在万历年间，形制统一的西班牙银元开始大量流入中国。起初，外国银元主要在粤、闽等东南沿海商埠流通，五口通商以后，逐渐流入长江流域以及北方、内陆地区。在进入中国市场的初期，外国银元并非按其单位"元"核算，而是按照银锭的方式，秤量核算。由于外国银元的成色固定、重量一致、形制统一、便于携带，深受市场欢迎，逐步计枚核值。与此同时，外国银元在同银锭、制钱汇兑时，也由原来的贴水转变为具有一定的升水，其市场信用也

---

[1]　公一兵：《试论清代福建的白银货币结构》，载刘秋根：《中国工商业、金融史的传统与变迁：十至二十世纪中国工商业、金融史国际学术研讨会论文集》，河北大学出版社，2009，第93页。

[2]　（英）凯恩斯：《货币论》，何瑞英译，商务印书馆，2009，第7页。

[3]　戴建兵：《中国近代的白银核心型货币体系（1890—1935）》，《中国社会科学》2012年第9期，第203页。

[4]　（美）查尔斯·金德尔伯格：《西欧金融史》，徐子健等译，中国金融出版社，2010，第31页。

日渐提高。

明清时期，因为对白银有着巨大的需求，所以政府对外来白银几乎不加干涉。清初，部分官员以外国银元的含银量低于纹银为由，建议禁止使用银元，该建议因受到沿江督抚的反对，并未被采纳。鸦片战争后，英国等国为扫清洋银在中国流通的政策障碍，在《中英通商章程善后条约》中明确要求，通商各口"凡有金银，外国各等银钱、面粟、米粉……以上各物进出口，通商各口皆准免税。除金银、外国银钱、行李毋庸议外，其余该船装载无论浅满，虽无别货，亦应完纳船钞"。[①] 此后，英商等运入金银及各等银钱因有了条约保障，更加有恃无恐，洋银进入中国的数量在此前的基础上大幅增多。而在上海等地的市场上，银元因具有较高的升水，所以，它除了具有计价和结算的职能外，还被视为"套利资本"。

银元与白银本身具有物理关系的凭证，银元之所以检验简略甚至免于检验，是因为其成色和重量得到了市场的广泛认可。也就是说，银元提供的交易服务，高度依赖于自身品质的可靠性。因此，本洋、鹰洋才先后成为中国市场上最受欢迎的两种洋银，而香港银元、日本银元、美国贸易银元等洋银虽有一定流通，但影响力和流通范围均无法与本洋、鹰洋相提并论。清末，在东南沿海和长江流域的通商口岸，银元逐步在与银锭和制钱的竞争中占据优势，并最终引发了省自铸银元的浪潮。外国银元和中国自铸银元的广泛流通，对清季民初以银元为国币的币制改革，起到了直接的促进作用。宣统二年（1910）四月十六日颁布的《币制条例》中规定："中国国币单位，著即定名曰圆，暂就银为本位。以一元为主币，重库平七钱二分。"[②] 民国三年（1914）颁布的《国币条例》规定，以七钱二分银元为国币，同时开始大量铸造袁世凯银元。袁像银元由于制作精美、质量上乘，加之鹰洋停铸，逐渐成为流通中的主币，但始终未能取代银锭。梁启超对此评价道："此事从表面上看来，总说商民习惯一时不易改革，其实最重要的原因，乃是海关不愿取消……关税是财政上的大宗收入……它既不愿废两改元，困难于是就多了。关税的存放，本在汇丰、汇理、德华、正金、道胜五行，五银行团恐改元后不能以银两操纵金融，所以连接海关及外交界的要人来反抗我们的政策。"[③]

然而，银元、银锭并行流通的局面，对近代中国社会经济产生了很大的负面影

① 《中英通商章程善后条约》，载王铁崖：《中外旧约章汇编》第 1 册，生活·读书·新知三联书店，1957，第 427—429 页。

② 中国第一历史档案馆编：《宣统朝上谕档（二）》，广西师范大学出版社，2008，第 105—106 页。

③ 梁启超：《民国初年之币制改革》，《饮冰室合集》之四十三，中华书局出版社，1989，第 12 页。

响。为统一币制，国民政府在 1933 年推行"废两改元"，规定全国所有公私款项收付与订立契约票据及一切交易，一律改用银币，不得再用银两，从而真正实现了银元对传统银锭的"货币取代"。[①] 虽然，1935 年法币改革后，银元失去了国币地位，但其在农村仍有广阔市场，一直到 20 世纪 50 年代才被人民币彻底取代。

---

① 最早提出"货币取代"概念的是美国经济学家 V. Karuppan Chetty，参见 V. Karuppan Chetty,
"On Measuring the Nearness of Near-Moneys"，*The American Economic Review,* Vol.59, No.3, 1969.
pp.270-281.

清末铁路厘局的税收征管实态
——以浙丝运宁被扣案为视点

岳鹏星 *

内容提要：晚清时期，铁路厘金产生之后，对区域社会经济产生了重要影响，其中，在税政领域尤为凸显。由于铁路较多运输商货，因此对于货主而言，利用制度初设的不完善，设法规避新出现的税收对于自身可能造成的负担，便成为一种趋向。铁路厘金的使用者，即地方督抚和厘局则极力维护自己的利益，并确定法定征收的事实。就浙江硖丝运宁被苏州铁路厘局扣留案而言，表面上是因为浙江省与江苏省度量衡的不同，实际上反映了铁路厘局自身对于税收的稽征能力。在铁路运营事业中，铁路厘局作为征收铁路厘金的税政机构，已经显示出自身独有的社会影响力。

关键词：清末；铁路厘局；税收征管；浙丝运宁被扣案

近代丝织业作为传统的手工业和市场商品经济的重要组成部分，既是中国传统社会的资本主义萌芽问题中的重要研究对象，也是近代中国民族资产阶级工商业的重要组成部分。学界围绕丝织业的研究成果相当丰硕。徐新吾探讨了近代江南的丝织业。[①] 王翔探讨了近代中国传统丝绸业的转型问题。[②] 严中平从棉纺织工业史的角度，思考了中国资本主义的发展。[③] 李明珠则专门对中国近代的蚕丝业进行了研

---

* 岳鹏星，河南大学经济学院讲师，河南大学历史文化学院中国史博士后流动站在站研究人员，主要从事中国近代铁路史、慈善史的研究。

① 徐新吾：《近代江南丝织工业史》，上海社会科学院出版社，1991。
② 王翔：《近代中国传统丝绸业转型研究》，南开大学出版社，2005。
③ 严中平：《中国棉纺织史稿（1289—1937）——从棉纺织工业史看中国资本主义的发生与发展过程》，科学出版社，1955。

究。[①] 彭雨新探讨了清代前期，苏松地区的丝织业与资本主义萌芽问题。[②] 晚清时期，铁路兴建、运营之后，新式交通方式对丝织业也产生了重要的影响。不过，针对清末铁路运营对丝织业造成的影响，学界却鲜有论及。而晚清，铁路厘金产生之后，铁路厘局作为征管铁路厘金的执行部门，逐渐成为所在地区的税政机构之一。已有的晚清财税史研究领域中，[③] 关于清末丝织业领域内铁路厘捐的研究，还没有专论。笔者试以浙江硖丝运宁被苏州铁路厘局扣留案为中心，以铁路厘局的征管为视角，以近代江南丝织业领域为突破口，进而窥探铁路运营过程中，铁路厘局的征管情况。

一、浙丝运宁被扣问题的出现

丝织业是江南地区传统的经济产业类型。"明清时期的江南地区已经无可争辩地成为中国蚕桑丝绸生产的中心"。[④] 江南的蚕丝产区，"以太湖周边的湖州、杭州、嘉兴、苏州等府为最"。[⑤] 晚清时期，南京的丝织业也比较活跃。"光绪末年，南京需要丝的数量很大，最高数字达年销两万几千担。其中，江宁城乡出丝五百担，玄武湖年出丝七十担，浙江硖石进货上万石"。[⑥] 可见，该时期南京的丝织业原料主要靠浙江硖石的出产。浙江硖石出产的原丝在铁路未开通之前，主要通过水运走南浔，经太湖水域然后运至南京。自从沪杭甬、沪宁铁路通行之后，南京的丝织业商人采购浙江硖石的原丝，通过铁路运输至上海，然后再依靠沪宁铁路运至南京加工成织品，就成为一种相对便捷的路径。截至 1911 年，此种运输方式逐渐成为南京丝织业商人原丝来源的主要路径。不过，由此造成的大量硖丝运输，使得硖丝成为沪宁铁路线上的铁路厘捐局所垂涎的对象。其中，以硖丝运宁被苏州铁路厘捐局扣留事件最为典型。

宣统三年五月二十一日（1911 年 6 月 17 日）上午，"江宁缎业公所职董"张

---

① （美）李明珠：《中国近代蚕丝业及外销（1842—1937）》，上海社会科学院出版社，1996。

② 彭雨新：《从清代前期苏松地区丝棉手工业的生产来看资本主义萌芽》，《武汉大学学报（人文科学版）》1959 年第 8 期。

③ 学界较有代表性的研究成果主要有：陈锋：《20 世纪的晚清财政史研究》，《近代史研究》2004年第 1 期，廖声丰、胡晓红：《近年来厘金制度研究综述》，《大庆师范学院学报》2009 年第 2 期。

④ 王翔：《中国近代手工业史稿》，上海人民出版社，2012，第 13 页。

⑤ 王翔：《中国近代手工业史稿》，上海人民出版社，2012，第 11 页。

⑥ 庄建平：《近代史资料文库》第 8 卷，上海书店出版社，2009，第 131 页。

子林、魏家骥等致函硖石镇丝业公所，称接到本业装丝船户由苏州的来电，说丝品在苏州被铁路稽查委员会复秤，"以为分量不符，当将所有丝斤五百四十余包，并连运丝护照一并扣留，饬令补捐"。① 硖石镇丝业公所鉴于情况紧急，迅速向硖石商务分会禀报了此事，并提出硖石镇丝业自太平天国运动之后，凡属丝斤运销内地各省，"沿用十七两六钱公秤，上年十一月（1910 年 12 月）间，奉浙江藩宪行查，经敝公所牒覆硖厘局转详在案"。"所有绳索包皮，每丝一包，均扣六勉，迄今垂数十年，风俗习惯，从无错误"。何况此项公秤，丝业公所尚未奉到"改革明文，是以仍用公秤，以安习惯"。硖石商务分会也认为，"硖镇丝业公秤，确系沿用已久"。宣统三年五月二十三日（1911 年 6 月 19 日），为运丝度量权衡差异被扣事，一方面，硖石商务分会致牒苏州商务总会，除陈述事件始末外，明确提出："苏路总稽查未明丝业公秤理由，遽将丝斤五百四十余包，并连护照一起扣留，似于商务前途，大有妨碍。"因此，硖石商务分会希望苏州商务总会能"迅即转呈苏藩宪，速饬苏站铁路稽查委员会迅将所扣丝斤、护照一并放行，以维商业，实为德便"。② 另一方面，硖石商务分会还致函浙江巡抚和藩司，就运赴南京的硖丝被苏站稽查误扣之事提出正式交涉，"全浙沿用公秤十七两六钱已五十年，曾奉商部饬查度量权衡，业经据复，并经硖厘局申复浙藩各在案"。且此批硖丝"资本数十万，悬险在途，群情惶恐，乞赐恤商放行，以维实业"。由于硖丝在苏州被扣，宣统三年五月二十四日（1911 年 6 月 20 日），旅硖南京缎商张子林等亦直接向苏州商会致函，对于五百四十余包硖丝被苏州火车站"稽查误扣"事件表示抗议，"商等至浙买丝数十年，遵照浙江公秤十七两六钱，从无错误。此次忽被误扣，资本数十万，阻隔中途，群情惶骇，恳请转禀藩司，速赐放行"。③

接到硖石商务分会和旅硖南京缎商张子林等的来电后，苏州商务总会致函江苏省藩司陆申甫，④ 除说明硖丝被扣情况外，还表示"新丝上市，机织待用之际"，"准予放行"。⑤ 宣统三年五月二十五日（1911 年 6 月 21 日），苏州商务总会为运宁硖

① 江苏省博物馆：《江苏省明清以来碑刻资料选集》，生活·读书·新知三联书店，1959，第 471 页。
② 苏州市档案馆：《苏州丝绸档案资料汇编》下册，江苏古籍出版社，1995，第 1045 页。
③ 苏州市档案馆：《苏州丝绸档案资料汇编》下册，江苏古籍出版社，1995，第 1046 页。
④ 高拜石：《古春风楼琐记》第 1 集，台湾新生报社，1979，第 225 页。
⑤ 苏州市档案馆：《苏州丝绸档案资料汇编》下册，江苏古籍出版社，1995，第 1046 页。

丝被扣事移请"度支公所"①，一方面表示，浙丝"沿用十七两六钱公秤，所有绳索包皮，每丝一包，均扣六勆"；另一方面表示，"询诸苏地缎商，金谓硖镇丝业公秤确系沿用已久"。鉴于苏、浙商人普遍认同公秤，苏州总商会提出："此次江宁缎商赴硖购丝，硖镇捐局早已逐包秤验、封贴印花，方肯填给护照。况由硖到苏，沿途经过水卡不少，均已照验放行。可见并无弊窦，乃铁路旱卡未明丝业公秤，无端忽被扣留。恐苏地缎商赴硖运丝，群情亦将惶惧"，故希望度支公所能够"准予放行，至为公便"。②

硖石商务分会、苏州商务总会、旅硖南京缎商等各方的诉求，使得苏藩司陆申甫对此事予以高度重视。因事关浙江省，陆申甫致函浙藩司，询问浙江省丝捐的征抽比率。浙藩司已从硖石商务分会的电文中知晓此事，故在捐秤问题上，站在了硖石商务分会，也即丝商的一面。浙省藩司表示，"丝捐秤库平十六两八钱为一勆，习惯十七两六钱"，并希望苏省藩司能够"电请饬放"。宣统三年五月二十九日（1911年6月25日），陆申甫在接到浙藩司的回复后，照会苏州总商会，明确表示："捐秤苏、浙一律，习惯系属商秤，安能作准。历来经过各卡，往往因免验货物，并不覆秤，被其隐漏，不知凡几。今即查出，不得不将溢丝补捐加罚示惩。若再含糊验放，则苏丝官秤亦因而高下，实于两省厘务有碍。兹奉浙江抚院电请饬放，亦以此答复矣。"因此，陆申甫的解决办法是："札饬铁路厘局转谕丝商，迅遵荷批，缴清捐罚，以便即日放行，毋再观望自误。"③可见，陆申甫也赞成苏州铁路

① 1909年5月，清廷发布上谕称，"各省财政头绪纷繁，自非统一事权，不足以资整理"。嗣后，"各省出纳款目，除盐、粮、关各司道经管各项，按月造册送藩司或度支司查核外，其余关涉财政一切局所，著各该督抚体察情形，限予一年次第裁撤，统归藩司或度支司经管。所有款目，由司库存储，分别支领。即由各督抚饬该藩司等，将全省财政通盘筹划，认真整顿"。（《申报》1909年5月2日，第1张第2版。）由于苏抚人事不定，江苏省统一财政之事一拖再拖，直到1910年8月，江苏巡抚程德全才遵照上谕，将江苏省财政基本划归统一。其中，"苏省厘局、淞沪厘局、善后局、房捐局四局，其岁出岁入款项纷繁"，"一律裁撤，统归藩司职掌"，并在"藩署西偏隙地建筑房屋，设立度支公所"。"所中分设五科，曰总务，曰田赋，曰莞榷，曰典用，曰主计。五科以下分设十三课，曰机要，曰文书，曰库藏，曰庶务，曰稽征，曰勘核，曰苏厘，曰沪厘，曰税捐，曰经理，曰支放，曰稽核，曰编制，分委科长、科员"，"统由藩司董率各员分任其事"。程德全还与藩司陆钟琦（陆申甫）反复筹划，"定议于六月十一日为公所开办之始，即以七月初一日为公所成立之期，分委办事人员，切实奉行"。〔《江苏巡抚程德全奏同意财政开办度支公所情形折》，《政治官报》宣统二年七月十三日（1910年8月17日）第1006号，"奏折类"，第8—10页。又见《江苏巡抚程德全奏统一财政开办度支公所情形折》，《申报》1910年8月25日，第2张第2版。〕由于苏州厘捐事宜归属度支公所管辖，故运宁硖丝被扣所涉及之厘捐问题，苏州总商会需向度支公所进行交涉。
② 苏州市档案馆：《苏州丝绸档案资料汇编》下册，江苏古籍出版社，1995，第1047页。
③ 苏州市档案馆：《苏州丝绸档案资料汇编》下册，江苏古籍出版社，1995，第1048页。

厘局的做法，要求丝商缴纳捐罚。陆申甫的这一处理意见，使得浙丝运宁被扣事件得以持续发酵。

苏州铁路厘局扣留浙丝运宁的理由是漏捐。而漏捐的原因在于，浙江与江苏的丝秤所有不同，商人习惯与官方标准产生了抵牾。换言之，正是各地度量衡的不同，才造成了货物实际重量与运货凭单上所载数量的不同。苏州铁路厘局以江苏省的度量衡为准，要求丝商对超出的浙丝部分缴纳税捐。于是，围绕缴捐与否，相关各方展开了利益博弈。

二、相关利益者的聚焦

随着硖丝运宁被苏站扣留事件的发展，各利益相关方聚焦于各自的立场，展开了一场迁延数月之久的博弈，基本上形成了以苏藩司和苏州铁路厘局为一方、以商会和浙藩司为一方的二元博弈格局。

浙藩司在致苏藩司陆申甫的电文中，明确提出放行所扣浙丝的请求。浙藩司认为，丝捐秤习惯沿用以库平十七两六钱为一斤，每包向除包皮六斤，部局有案可查。至于该缎商所运之丝并无蒙蔽，而苏站铁路厘局遽将大宗丝包禀请扣留，长时间不予放行。"虽系出于误会，未免藉故留难，有心蒙蔽"。且浙章丝秤以库平十七两六钱为一斤，"苏厘局所据系十六两八钱，所争为苏浙捐章之异点。宁商何辜？致今数十万资本购运浙丝久滞苏站，担莫大之危险损失"。"司权大吏，兼筹并顾，当亦有所不安"。[①] 可见，浙藩司维护的是丝商的利益，甚至认为苏州铁路厘局乃"藉故留难，有心蒙蔽"，希望陆申甫能够给予"同情"，稳妥处理。

苏州铁路厘捐局扣留浙丝的做法，虽然得到陆申甫的明确肯定，但受到各相关商会的强烈反对。如对硖石商务分会而言，征税就意味着硖丝成本的增加。因事关硖石商人的切身利益，硖石商务分会最开始的反应尤为迅速。从苏州商会获悉陆申甫的处理意见后，硖石商务分会总理徐光溥致函杭州商务总会，称"硖丝运宁至苏站误被扣留一案"，对于陆申甫"捐秤苏、浙一律，习惯系属商秤，安能作准等"情况的"覆文"，硖石商务分会等"奉读之下，不胜惶骇"。并明确表示"浙省所用十六两八钱，系货厘捐秤，又系库平。苏省所用十六两八钱，系用漕平。浙库平

---

① 苏州市档案馆：《苏州丝绸档案资料汇编》下册，江苏古籍出版社，1995，第1052页。

十六两八钱，作苏漕平十七两三钱，即将库、漕分别算之，分两所差只三钱耳"。①
对于陆申甫"商秤安能作准"等言，硖石商务分会则表示，浙省丝秤十七两六钱由来已久。自同治初年，左宗棠规定丝捐章程之时，即就商秤习惯作算，"凡起捐官员、过秤验捐、官员覆秤，数十年来并无异词。即苏、浙两省上级官厅，亦无不洞知其底蕴，其蒲包、绳索、布袋、糙捆每八十觔一包，除皮六觔。新丝经雨发潮细微分两，其中间有参差之处，此皆系的确实情"。至于度支部规定的"度量权衡，曾以十七两六钱由分会牒册上详劝业道宪，名为行秤，实与官秤无异"。并进一步指出，政府"既未以新器颁行，又未指斥旧器之讹错，在商人，若不沿用旧器，试问何所适从？盖十七两六钱不特为商习惯，并且为官习惯矣"。由此可知，硖石商务分会坚持认为，浙江省使用的十七两六钱公秤是官商通用的度量标准，而不仅仅是陆申甫说的商秤而已。对于陆申甫"历来经过各卡，往往因免验货物，并不覆秤，被其隐漏不知凡几"的说法，硖石商务分会认为，"此则尤为数十年来官商习惯之明证"，并明确表示："国家之有捐者，税于民之政也。施于民有罚者，无形之刑也。君子平其政，政者所以平吾民之情也。齐之以刑，刑者所以齐吾民之志也。十七两六钱行之垂数十年矣，在前者不追捐追罚，在后者特别捐罚之，刑之不齐甚矣。十七两六钱运苏、运沪等处，行之毫无窒碍矣。别处不捐罚，而运宁独格外捐罚之，政之不平甚矣。同罪异罚，犹为司法官诟病，而况赦罪悬殊若是乎？"可见，硖石商务分会的要求十分明确，即政府不可以行"同罪异罚"的不公平之举。对于陆申甫"苏丝官秤亦因而高下"之言，硖石商务分会"尤有未解"："苏秤十六两八钱，漕平也；浙货秤十六两八钱，库平也。吾国之秤，即一郡一邑、一乡一镇，尚各不同，亦何至因而高下？若谓甲省之秤可以视乙省之秤为转移，则不待部颁划一之规，而同律度量衡，尤为事理所必无者也。"最后，硖石商务分会还指出了苏州铁路厘局扣留浙丝所造成的不利影响："现在宁工停办，硖市解约，商情惶急、大局危险，后患实不堪言。"因此，硖石商务分会希望杭州商务总会将该函"迅即转呈抚宪，并移藩宪，劝业道宪暨苏州商会，转请苏藩抚宪，悯恤商艰，速赐验放，以安商业"。②

除硖石商务分会为此案积极奔走呼吁外，江宁商务总会也十分关注此案。身为江宁缎业公所职董的张子林，曾向江宁商务总会致函求助："宁垣缎业需用肥细

① 苏州市档案馆：《苏州丝绸档案资料汇编》下册，江苏古籍出版社，1995，第1053页。
② 苏州市档案馆：《苏州丝绸档案资料汇编》下册，江苏古籍出版社，1995，第1053页。

丝件，每年出新时，均赴浙省之硖石各镇采办装运来宁。惟浙省丝斤向章系用公秤，以十七两六钱为一斤，报捐亦按公秤计算，每丝一件，除去绳索、包袋、糙捆六斤，纳缴统捐，请领护照，沿途验收，历经遵办无异。"而且，"苏、沪采办浙丝者，亦系照此章程办理"。而此次宁垣各号赴浙购丝，"共计五百四十包，讵料运至苏省，忽被铁路厘局暨陆路稽查，不谙浙章，竟以斤两不符，瞒禀扣留"。就浙丝被扣的严重后果，张子林无不痛心地说："刻下缎业正值新陈不接之时，机匠停工日久，立盼新丝运到，始有工作。今忽无故被留，当此米珠薪桂之秋，数十万工人徒手坐食，岌岌可危。且资本数十万之巨，阴雨霉烂，在在堪虞。设有损失，谁能当此重咎？外关大局，内关商本，实属可虑。""群情惶恐"之际，张子林希望江宁商务总会能"电禀藩司，立饬厘局先行查验放行，一面咨查浙省定章。如有违章，希图漏捐之处，自当照章罚办"。宣统三年五月二十九日（1911 年 6 月 25 日），为提升张子林的话语权重，江宁商务总会照会苏州商务总会："特公举张君子林赴苏代表，仍请总会照会苏州商会一体维持，不胜迫切之至。"此外，江宁商务总会还明确表示，张子林等商对于浙丝被扣事宜的说法"自属可信"，[1]并就此事专门开会公议，已经"据情电达苏藩司，并由该商等径禀江宁劝业道，电禀苏抚宪，转饬苏藩司，立饬厘局先行查验放行"。结果，"江督、浙抚电苏均无效"，苏州铁路厘局仍拒不放行。

江宁商务总会在"江督、浙抚电苏均无效"的情况下，转而谋求与苏州商务总会加强合作。宣统三年六月六日（1911 年 7 月 1 日），江宁商务总会为硖丝被扣事致苏州商务总会"鱼电"："硖丝被扣，江督、浙抚电苏均无效，群情惶恐，防兹事端，拟联合浙、苏、沪总会电部力争。"[2]可见，江宁商务总会的诉求更加坚定。苏州商务总会于次日回复江宁商务总会"虞电"，表示对于"电部力争"，甚感"同情"。此外，为解决硖丝被扣事宜，苏州商务总会还"嘱邀各议董于今日上午准时到会共商，务祈早临，勿迟为盼"。各议董经商议后一致同意，就硖丝被扣事宜郑重致呈苏抚。呈文中援引了硖石商务分会总理徐光溥的说法，即"浙省丝秤十七两六钱，由来已久。同治初年，左文襄公规定，丝捐章程即就商秤习惯作算，数十年来并无异词。蒲包、索袋，每包除皮六觔。上年奉部饬查度量权衡，曾以十七两六钱报明，有案可查。此数十年来官商习惯之明证。现在宁工停办，硖市解约，商情

---

① 苏州市档案馆：《苏州丝绸档案资料汇编》下册，江苏古籍出版社，1995，第 1049 页。
② 苏州市档案馆：《苏州丝绸档案资料汇编》下册，江苏古籍出版社，1995，第 1050 页。

惶急"，故浼请杭州商务总会转移苏州商务总会"转请苏抚宪悯恤商艰，速赐验放，以安商业"。此外，该呈文还指出："宁商采运浙省碛丝，被沪宁铁路苏站厘局委员扣留一案，前于五月二十四日接碛石商会及宁商代表张子林等公电，即经抄电，函送藩司，特呈宪台鉴核饬放。旋准江宁商会移称，缎商运丝过苏，以斤两不符被扣，已由该商等径禀劝业道，电禀抚宪，转饬放行。"①因此，苏州商务总会呈请陆申甫，希望"将宁商被扣浙丝迅予放行，以恤商艰"。②

因事关碛石商民的切身利益，杭州商务总会以"浙丝久扣，商情惶急等情，移请转呈验放"。③除向苏州商务总会表明自己支持碛石商务分会的意见外，还希望苏州商务总会能积极解决此事。由于碛丝涉及整个江南地区的丝织业，且被扣碛丝中有一部分归属镇江丝业，所以镇江丝商亦极为关注此事。宣统三年六月初十日（1911年7月5日），镇江商务分会为碛丝被扣事致牒苏州商务总会，陈述了丝绸行号陶魁记、陶复记、吴炳记、王大森、吴耀记、杨恒源、曹生茂、恒顺林、源泰祥、吴义通、吴兼丰、锦裕恒、陶乾记、陈恒顺、张鸿泰、曹恒丰、森和、胡恒泰等的意见："通商惠工，政垂久远，抽厘助饷，事出权宜。自奉筹备立宪以来，屡言加税裁捐，而迄今未果，商情之困已臻极点，然未有如前月，运宁碛丝至苏站误被扣留久未解决，以致商货被羁，织工延盼之变本加厉者也。"各职商还明确表示，"碛丝以库平十七两六钱为准，自同治初年，左文襄公规定，大部有案可稽，厘局有章可守"。"浙藩之电，碛石商会之略，宁省商会之据理力争，固已不遗余力，复何待职商等之赘言。然职等即在同业，又表同情，正有不能已于言者"。可见，镇江的丝绸行号从在商言商的立场出发，也要求苏州铁路厘局将扣押碛丝放行。此外，镇江丝商还讲述了赴碛买丝的情形："镇地自同治五年起，赴碛买丝，均由河运。自开办铁路后，亦曾由旱运载。习惯已久，从未违章，每年购丝约数百包不等。"只是近年来，"因客帮生意不旺，江货为之减销"。"此届第一次丝货，镇地止有四包，第二次之货，镇地计有二十九包，前后共计三十三包，同业共十八户。然在浙省等府购而未运者，约计二三百包之谱，现在被扣留之丝虽少，但购而未运者尚多"。此外，他们还从丝织品生产工艺流程的角度，说明了原丝被扣的严重后果："此项丝货专为摇经之用，车工、机工纷纷延盼。际此米珠薪桂，物力维艰，

① 苏州市档案馆：《苏州丝绸档案资料汇编》下册，江苏古籍出版社，1995，第1051页。
② 苏州市档案馆：《苏州丝绸档案资料汇编》下册，江苏古籍出版社，1995，第1052页。
③ 苏州市档案馆：《苏州丝绸档案资料汇编》下册，江苏古籍出版社，1995，第1052页。

设不急放行，致生他变，则宁省之受亏固巨，即镇地之受累，抑亦无穷也。"①镇江丝绸商号的这些意见，得到了镇江商务分会的。在牒文最后，镇江商务分会希望苏州商务总会能出面协调此事，镇江商众等"敬当骥尾是附，足纫公谊"。②

截至该年六月，浙藩司、硖石商务分会、江宁商务总会、杭州商务总会、镇江商务分会等均对浙丝被扣之事极为关注，它们的基本诉求是希望苏藩司陆申甫和苏州铁路厘局能"将宁商被扣浙丝迅予放行，以恤商艰"。各商会的加入，极大增强了丝商的力量，其中，江宁商务总会和苏州商务总会的支持，对于浙丝被扣事件的解决起到了至关重要的作用。

三、力量的博弈与问题的解决

各商会的联合以及苏州总商会的积极斡旋，使得苏藩司陆申甫和苏州铁路厘局一方不得不慎重处理浙丝被扣事宜。这样一来，以丝商和商会为一方，以苏藩司陆申甫和苏州铁路厘局为另一方，双方的博弈进一步升级。

为进一步了解硖丝运宁被苏州铁路厘局扣留事件的始末，苏州总商会曾致函度支公所询问情况。度支公所在给苏州总商会的复函中说："据苏州铁路厘局崔守、旱卡总稽查卢守会禀，该守等于二十一日在车站查获由浙江硖石运来白丝五百四十包，在苏装车运宁。呈验浙丝护照七十二张，计重四万四千一百七十四觔。当按旧章，用司马秤逐包称验，除去包皮，实溢出白丝三千七百八十斤。又由苏运镇白丝四包，护照二张，计重三百八十一觔，除去包皮，亦多二十八觔。两共溢出三千八百八觔之多。"度支公所明确表示，此次浙丝被扣"实非寻常偷漏可比，因念其成本较巨，不能不体恤商艰，由司批饬从宽"。可见，度支公所也认同苏州铁路厘局的做法，并要求该批浙丝的货主"补完正捐外，加罚五倍，以儆将来"。至于"其照货相符之丝，先予放行"。同时，硖石商务分会在给度支公所的电文中称，"苏省丝捐所用官秤，名为司马秤，系照江海关砝码，以漕平十六两八钱为一觔。遵用已久，各商从无异言"。而"浙省买丝沿用公秤，系十七两六钱为一觔。各省之秤虽有不同，万无以行秤混同官秤之理。且即以十七两六钱之秤计算，货亦所浮尚多"。关于浙省、苏省捐秤的度量差异，度支公所在给苏州总商会的复函中称，此事"业

---

① 苏州市档案馆：《苏州丝绸档案资料汇编》下册，江苏古籍出版社，1995，第1054页。
② 苏州市档案馆：《苏州丝绸档案资料汇编》下册，江苏古籍出版社，1995，第1055页。

已特饬崔、卢两守查明禀复。旋奉抚宪交阅原电，亦即以此陈复矣"。[①] 由此可见，度支公所完全站在苏州铁路厘局的一面，不仅认定该批浙丝存在"漏捐"逃税问题，还要求其货主缴纳税捐和罚款。

面对苏州总商会的不断质询，宣统三年五月二十九日（1911 年 6 月 25 日），陆申甫照会苏州商务总会，除就浙丝被扣的相关事宜进行回复说明外，还表示自己已经"饬派卢守懋善赴浙调查，究竟碛丝捐秤若干，因何与浔丝（湖丝）[②] 捐秤歧异，并咨浙藩司查明见复"。宣统三年六月九日（1911 年 7 月 4 日），卢懋善在"回浙藩司复文"内指出："浙省库平每百两较市平弱一两……各卡捐秤率有旧章，无如卡员各顾考成，即有此疆彼界之分，难保无习惯招徕之事。遂使持卡委员有词可藉，需索留难，百弊丛生，不独有损公帑，抑亦累及商旅。迭经有司再三告诫，悬为厉禁。第原砠在数十斤、百斤以上者，执秤员司无论如何持平，总不能毫无轩轾，于情理上，实有难以针孔相符者。此浔丝与碛丝分量参差之原因也。"可见，捐秤歧异主要是由各卡员司均按本卡旧章核计重量造成的。因此，湖州、碛石虽然同属浙江省域，但二者的捐秤却不相同。对于浙省内部捐秤不一的情况，浙藩司表示，"碛秤、浔秤因何歧异，业经札查，并通饬各卡，嗣后大小各秤均须赴司请领。以库平十六两八钱为准，统省一律，不得参差"。又，丝勂、包皮，"碛丝此次每包暂按六勂核计，嗣后与别卡一律，仍照旧章除皮，并一面通饬核议，另文咨达"。此外，浙藩司还表示："苏浙属唇齿相依，稽查严切，深表同情。惟此次碛丝留苏，已逾旬日，霖雨霉变，甚属可虞，且商情瞬息千变，其损失之处，谅必不免。"因此，浙藩司建议将被扣碛丝"照浙秤库平十六两八钱核计，并每包除皮六勂，浮多之数，从宽补捐免罚。于慎重捐务之中，仍寓体恤商艰之意"。对于浙藩司的建议，陆申甫表示，"浙省之丝秤能否改作库平，尚须饬查核议。此次所运碛丝经再三磋商允定，照浙秤库平十六两八钱计算，并每包除皮六斤，其余浮多之数，从宽补捐免罚。应即暂行通融照办，以恤商情"，并"札饬苏州铁路厘局崔守等遵照办理"。[③]在陆申甫看来，"从宽补捐免罚"，已属"恤商"之举。

为了让南京的丝缎商人补捐，陆申甫一方面委派苏州铁路厘局卢懋善赴宁，另

---

① 苏州市档案馆编：《苏州丝绸档案资料汇编》下册，江苏古籍出版社，1995，第 1060 页。

② 关于浔丝的具体情况，可参见陈学文：《明清时期湖州的丝织业》，《浙江学刊》1993 年第 3 期，第 41—49 页；屠鹤龄：《清末、民初南浔镇的专业丝市》，《丝绸史研究》1990 年第 1 期，第 26—28 页。

③ 苏州市档案馆编：《苏州丝绸档案资料汇编》下册，江苏古籍出版社，1995，第 1056 页。

一方面请两江总督出面斡旋此事。两江总督面谕江宁劝业道:"苏省委卢守懋善来宁,厘局扣丝之事当与接洽。传知该商,妥速办理。"于是,江宁劝业道乃"会同卢守,传知江宁商会派员邀同丝缎两业各商,来道商议"。宣统三年六月十五日(1911年7月10日),各方"齐集道署会议"。"丝缎两业代表张子林等仍执前说"。江宁商务总会则表示,既然督抚已同意"将其余丝包,一律放行",故应"由商会先行派员,带领丝缎两业人等,随同卢守赴苏","将扣存之丝,先行一律领回,以免损失"。卢懋善也明确表示:"补捐洋三百元左右,应俟此项丝秤由苏浙两省藩台切实查明,究系误在何处。如与宁商无涉,自应免议。若果误在宁商,则此项补捐之数,即由商会担其责任。"①可见,经过一天的协商,商人、商会、苏州铁路厘局三方达成了初步协议。宣统三年六月十六日(1911年7月11日),江宁商务总会致函苏州商务总会,将三方协商结果概述如下:"议定办法,先由敝会派员,带领丝缎两业人等,来苏领丝。至应否补捐,俟苏浙两省长官查明,此项丝秤究系误在何处。如与宁商无涉,自应免议。若误在宁商,则补捐之数即由敝会担其责任。业经和平议决,两面均各允许。"宣统三年六月二十九日(1911年7月24日),江苏巡抚也为浙丝被扣事,复江宁劝业道"艳电",明确表示:"据藩司复称,丝秤十六两八钱由来已久,苏浙一律,未便以习惯作准。向因验免货物并不复秤,被其隐漏不知凡几。今即查出,若不示罚,于两省厘务有碍……除电复浙抚外,查货照相符之丝,已饬放行。机匠何得以停工要挟。仰即传谕缎业转相晓谕,此系丝商浮运,与机匠无干,无得听唆取咎。"②可见,江苏巡抚在机匠停工的压力下,才将货照相符的部分碤丝放行。

在江宁商务总会看来,苏藩司陆申甫派苏州铁路厘局委员卢懋善来南京,协商碤丝被扣事宜,是征税者示弱的表现。江宁商务总会表示,此次商议,本应与该卡员合力交涉,"无奈商人成本达数十万,留滞中途,关系过巨,且该卡员嗣知错误,颇有悔心,来宁就商,始予通融办理"。就具体的办结情形,江宁商务总会认为:"当风潮剧烈时,苏藩司以此事系由稽查卢守懋善所酿成,责令来宁妥为理结。该守到宁,即禀求劝业道,函请敝会转约缎商公举代表,同赴劝业公所当场集议。旋经议定,所有被扣之丝先行给领,应补捐数多少,俟查明核办。当由劝业道照会敝会遴员,率同缎业商人前赴苏州请领丝件。"事实上,江宁商务总会和南京丝缎商

---

① 苏州市档案馆:《苏州丝绸档案资料汇编》下册,江苏古籍出版社,1995,第1057页。
② 苏州市档案馆:《苏州丝绸档案资料汇编》下册,江苏古籍出版社,1995,第1058页。

人去苏州领丝并不顺利。"不料抵苏后，卢守复悔前议，猝传苏藩司谕，必欲该商等先行补捐后再领丝"，从而使得"该商等骇异万状。群以在江宁道署商议时，并无先行补捐之说，此时若欲补捐，商等虽死不从"。为防止局面失控，江宁商务总会再三开导，"又由岳守福出为调停，以商本过巨，似此霖雨经旬，堆积车栈，霉变堪虞。卢守已深悔前此觊功挑衅之非，若再决裂，必至追原祸始，于卢守实有不利，遂一再婉商。谓不补捐，于藩台面子有关；补捐，商人又不承认，求一两全之法，莫若捐款，责令卢守措缴，只假敝会名义禀复，俾得敷衍了结"。江宁商务总会筹思再三，认为"卢委固咎有应得，惟在商人一方面，商本值数十万，亦不能不急为保全。况此次领丝商人有一百数十人团聚在苏，若不委曲求全，必致酿成大事，不得已权宜照办"。①

宣统三年闰六月二十一日（1911 年 8 月 15 日），江宁商务总会为运宁碛丝被扣事到苏州商务总会"移会"，表示卢懋善"事前妄施压制，临场巧于弥缝，诡计多端，令人切齿"。更令人愤慨的是，"现在丝件领回拆用，已有霉损之件。该缎商等尚拟赓续上诉，正不知效果如何。往事已矣，来日方长，实业前途，何堪设想"！此外，江宁商务总会还表示，"应如何联合，藉资应付之处"，还望苏州商务总会"随时指示，俾有遵循"。②

面对江宁商务总会和领丝商人，陆申甫转而向浙藩司寻求支持。宣统三年七月四日（1911 年 8 月 27 日），为说明运宁碛丝被扣事件始末，陆申甫致浙江布政使吴引孙"支电"，表示："浙丝官秤库平十六两八钱为一觔，较诸苏章，既有库平、漕平之别；碛丝包皮，每包向系六觔，自当通融照办，派员复称验放，以恤商情。如再觔两不符，所多之丝理应捐罚示惩。俾归核实，并祈转谕该商遵照。"次日，吴引孙致陆申甫"印电"称："浙丝捐秤以库平十七两六钱为一斤，系数十年来官厅认可之事，并非商人蒙蔽，贵省若遽捐罚，敝省实无以对商人。特请体恤商艰，速饬验放。此后尊处拟如何整顿，请电示，无不遵办。"

毕竟，浙丝扣留在苏州火车站的货栈内并非长久之计，一方面，商会坚决不按苏州铁路厘局的要求缴纳补捐；另一方面，苏州铁路厘局坚持先行补捐后领丝，双方一度陷入僵持状态。宣统三年七月十一日（1911 年 9 月 3 日），两江总督张人骏为运宁碛丝被苏站扣留事致电苏抚程德全，表示："由劝业道转据缎商张子林等禀

① 苏州市档案馆：《苏州丝绸档案资料汇编》下册，江苏古籍出版社，1995，第 1059 页。
② 苏州市档案馆：《苏州丝绸档案资料汇编》下册，江苏古籍出版社，1995，第 1060 页。

以丝包被扣一节，陈词迫切，另行录咨。鄙意十七两六钱硤秤，即有浙藩电为剖断，该商即非无据。霉污堪虞，似应先将运宁丝货验放，一面再行彻查，分别办理，较为平允。"①次日，张人骏再次致电程德全，宁垣丝缎业商全体来辕具禀联称，"硤丝被扣，霉污堪虞，请饬放行，愿以商等送苏待质等语。查浙秤十七两六钱，既有浙抚、藩之电可凭，商情□垣厘卡员役不尽可信。希陆申翁分别查明，立饬将丝包另行一律验放。如有弊混确据，该商等自有身家，不患无从根究。"②张人骏的处理意见，为硤丝运宁被扣问题的最终解决提供了基本保障。

宣统三年七月二十日（1911 年 9 月 12 日），江宁商务总会为运宁硤丝被扣事复陆申甫"文电"，表示"浙藩江、微两电，以十七两六钱为一斤，原来电谓库平十六两八钱，殊觉歧异。总之新□未颁，浙丝应遵浙例。即更新章，应早晓谕，骤行被扣，毋怪不甘。至蒙将照货相符之丝先予放行，询称若照浙例，件件皆符；若照苏章，件件不符。况此丝乃百数十家零购凑运，谁扣谁放，碍难照卡委笼统算法分别起运……仍恳立予放行，免生他虑"。③与此同时，浙抚也明确要求苏州方面速赐验放被扣硤丝，以安商业。宣统三年七月二十八日（1911 年 9 月 20 日），浙抚增韫致电苏抚程德全和藩司陆申甫，称"宁工停办，硤市解约，霖雨霉变，商情惶急，飞请电速放行等情。查浙丝本为吾国一线生机，保护本有同情。所称十七两六钱，据卡员面称，逐包分称，斤两相符。即长安、塘栖等局，亦系一律，足见并非偷漏。我国权衡参差不齐，目下新□未颁，商人只得沿用习惯，情节实有可原。尚祈垂察，速饬验放"。④

如此一来，陆申甫和苏州铁路厘局便陷入空前孤立的境地。在两江总督的敦促下，苏州铁路厘局只好暂将被扣硤丝放行。不久，辛亥革命爆发，该案也就无疾而终了。就该案的影响力而言，民国初年，新设的苏城税务公所将该案作为处理类似问题的判例，所谓"既有案可稽，自应循旧章办理"。⑤

---

① 苏州市档案馆：《苏州丝绸档案资料汇编》下册，江苏古籍出版社，1995，第 1061—1062 页。
② 苏州市档案馆：《苏州丝绸档案资料汇编》下册，江苏古籍出版社，1995，第 1062 页。
③ 苏州市档案馆：《苏州丝绸档案资料汇编》下册，江苏古籍出版社，1995，第 1063 页。
④ 苏州市档案馆：《苏州丝绸档案资料汇编》下册，江苏古籍出版社，1995，第 1062 页。
⑤ 苏州市档案馆：《苏州丝绸档案资料汇编》下册，江苏古籍出版社，1995，第 1063 页。

四、结语

综上所述，从表面看，碳丝运宁之所以被苏州铁路厘局扣留，是因为浙省与苏省的度量权衡不同，实际上则反映了铁路厘局的税政稽征能力。该事件迁延数月之久，牵连甚广，其中，商人作为被征税者，铁路厘局作为税捐稽征者，商会作为商人利益的代表者，地方督抚作为税收的直接使用者，各方基于不同的利益诉求，面对碳丝运宁被苏站扣留事件时，均表现出了不同的面相，集中反映了清末铁路厘局税政稽征的实态。换言之，铁路厘局的税政征管效力并不是由自身单方面决定的，而是主要取决于自身与商人群体博弈的结果，其间也折射出地方保护的迹象。清末，商会作为商人利益的代言人，正式登上了历史舞台。在税政领域，商人群体一方面通过商会联合起来，合力对抗清政府的沉重税负；另一方面，商人群体亦利用原有税收制度的弊端和不完善之处，如利用各地度量权衡不统一的弊端，谋求利益。在铁路运营方面，铁路厘局作为征管铁路厘金的税政机构，其税政实践对晚清社会产生了深远的影响，从而构成了晚清税制变动的重要内容之一。

晚清澳门军火走私贸易述论 *

宋 纤 魏明孔 **

内容提要： 晚清时期，由于内地政局动荡不安，盗匪、改良派、革命党人等各种社会力量均对军火有着很大的需求。而相对宽松自由的军火交易环境以及界址未定等因素相互交织，使得澳门成为这一时期外洋军火走私内地，特别是广东地区的主要来源地。通过火药承充的专营制度，澳门华商基本控制了从火药原料到相关行业的军火买卖，充当了澳门军火走私运入内地的重要桥梁。总体来看，澳门军火走私的社会影响是复杂的，其最突出表现就是使得华南地区，尤其是广东地区的局势更加动荡，增加了社会的不稳定性。

关键词： 澳门；军火走私；澳门华商；"二辰丸案"

早在鸦片战争之前，澳门的军火走私就已经存在。嘉庆九年（1804），澳门同知叶惠业命令澳门理事官严禁在澳蕃人与普通老百姓私下交易硝磺军器时指出："近日澳夷辄将违禁货物私相买卖，不论硝磺、军器，惟图牟利，不问来历，尽皆卖给，其中难保无奸民勾通贩运之事。"[①] 嘉庆十四年（1809），署理澳门同知奉令追查船户梁顺和等向蕃人购买炮位的情况时了解到，梁顺和等人的炮位、火药，"俱系从前海运时，在澳门向夷人购买，以备防盗之用"。同知唯恐盗匪假扮船户

* 本文是国家社科基金重大招标项目"鸦片战争后港澳对外贸易文献整理与研究"（项目批准号：16ZDA30）的阶段性成果之一。

** 宋纤，中国社会科学院研究生院博士研究生；魏明孔，中国社会科学院经济研究所研究员、中国经济史学会会长。

① 《摄理澳门同知叶惠业为饬严禁蕃人向民人私卖及多卖硝磺军器事下理事官谕》（嘉庆九年三月十一日），载刘芳辑，章文钦校：《葡萄牙东波塔档案馆藏清代澳门中文档案汇编》上册，澳门基金会，1999，第163页。

向夷人购买，认为应该清源绝流，"除以往不究外，嗣后严禁该夷人，毋许擅卖军器，查出加等治罪"。[①] 道光十五年（1835），两广总督卢坤称："嗣后各国夷人，概不准将枪炮军械以及蕃妇等运带省城。"[②] 道光二十五年（1845），葡萄牙女王玛利亚二世（Maria Ⅱ）擅自宣布澳门为自由港。光绪十三年（1887），中葡签订《中葡和好通商条约》，使葡萄牙"合法"占据澳门。特别是清末社会动荡不安时，军火走私渐趋严重。光绪三十四年正月初四日（1908年2月5日），发生了涉及中日军火走私问题以及中葡海权问题的"二辰丸案"。《申报》《北华捷报》（The North-China Herald and Supreme Court & Consular Gazette）[③] 和《教务杂志》（The Chinese Recorder and Missionary Journal）[④] 等中外报纸纷纷追踪报道这一事件，也使得澳门的军火走私问题受到了国内外的广泛关注。

有关澳门军火走私贸易问题，邱捷、何文平等学者已有论述，[⑤] 但碍于他们主要的关注对象都不是澳门，故对这一问题的梳理讨论并不系统。本文拟在已有研究的基础上，以当时的报纸档案为中心，从澳门军火走私概况、走私兴盛的原因、澳门华商在军火走私中充当的角色及其社会影响等方面，对澳门军火走私贸易问题进行较系统的论述，以期加深对这一问题的认识。

一、澳门军火走私情形

澳门位于珠江三角洲的最南端，而珠江三角洲河网密布，地理环境十分复杂，这为澳门军火走私内地，尤其是广东地区提供了便利条件。晚清时期，澳门军火走私内地十分猖獗，且数目巨大。同治四年三月二十二日（1865年4月18日），清政府厦门守备巡海轮船在镇海澳抓捕美国烟那儿香们夹板船一艘，"搜看船中，并

---

① 《署澳门同知朱为奉宪牌饬查船户梁顺和等向蕃人购买炮位火药事行理事官牌》（嘉庆十四年十二月初七日），载刘芳辑，章文钦校：《葡萄牙东波塔档案馆藏清代澳门中文档案汇编》上册，澳门基金会，1999，第178页。

② 〔清〕卢坤等主编：《广东海防汇览》卷37《方略》26《驭夷》2，道光刻本。

③ 相关的报道，《北华捷报》上有很多，比如，"The Tatsu Maru"，Mar. 13, 1908, p.594；"the Tatsu Maru Case"，Apr. 10, 1908, P.67；"The Tatsu Maru"，Apr. 3,1908, p.35；"Full Terms of the Settle-ment"，Mar. 20, 1908, p.658；"The British Minister's Mediation"，Mar. 20, 1908, p.559；"Hong Kong: The Revolution in the South the Arrest of the Tastu Marcu"，Feb. 28,1908,P.224.

④ "The Month"，The Chinese Recorder and Missionary Journal, Apr. 1, 1908, P.234.

⑤ 邱捷、何文平：《民国初年广东的民间武器》，《中国社会科学》2005年第1期，第178—190页；何文平：《全球化的挑战：清末澳门军火与华南社会动乱》，《学术研究》2010年第4期，第129—135页；邱捷：《近代中国民间武器》，社会科学文献出版社，2012。

无货物，止有洋枪六百三十杆、洋硝五包、火药三桶、吗铁二箱、洋炮五尊、飘刀二十把"。①审讯后得知，该船是澳门葡人呷啥在澳门贩运枪炮来福建贩卖。光绪二十七年（1901），关艇"龙清"在上妈阁查获一艘叫"广胜利"号的民船，船上载有大米1500包，军火武器25件（子弹2万多发，手枪60支），同时抓获走私主犯黄锐。②类似的军火走私案件，详见后文各处。下面，分别从军火走私的利润、路线和方式等方面展开阐述。

军火走私系有暴利可图的生意。军火走私的利润到底有多高，从一些散见的历史资料中可以窥其大概。咸丰三年（1853）十月，署理江苏巡抚许乃钊、两江总督怡良奏称："向来夷人火药，每桶卖洋银三元者，今增长至二十五六元不等。"③光绪三十四年（1908），两广总督张人骏在给外务部的电报中称，"寻常毛瑟、拗兰短枪，值仅数元，购来资盗资匪，动辄十余元、数十元不等，利市十倍，奸商设肆，倚澳门以为薮"。④"香港快枪每枝银价不过七元之谱，而专卖与内地匪徒，每枝可得银价二十余元。大利所在，群争趋之"。⑤民国二年（1913），《香港华字日报》报道，驳壳枪"在洋界私卖，每枝不过用银四十余两，一入内地，可售一百余元"。⑥民国十三年（1924），臧志平在厦门兵败时，林滚曾以"驳壳"枪一支20元、来复枪一支10元的价格，收买其败兵一整连的武器，转手以"驳壳"枪一支一百多元的价格，卖给土匪头子叶定国，获取暴利。⑦民国十三年六月二十一日（1924年6月21日），《北华捷报》报道，在马赛，一支左轮及百粒子弹值8法郎，走私到上海则售价156法郎，售价是原价的19.5倍。⑧从表1中可以看出，民国初年，步枪（及子弹）价格上涨的幅度很大。况且军火走私易受各种因素的影响，比如列强对华的武器禁运，黑市价格通常是毫无准则，变动很大。

---

① 《闽浙总督左宗棠等奏请奖励拿获贩运军火洋船之陈士荣等均予补用折》，载中国第一历史档案馆等主编：《明清时期澳门问题档案文献汇编》第2册，人民出版社，1999，第760—761页。

② 中华人民共和国拱北海关编著：《拱北海关志》，海洋出版社，1993，第16—17页。

③ 〔清〕贾桢等编：《筹办夷务始末（咸丰朝）》第1册，中华书局，1979，第233页。

④ 《两广总督张人骏为释放日船事宴约章成废盼设法主持事致外务部电文》，光绪三十四年二月初二日（1908年3月4日），载中国第一历史档案馆等：《明清时期澳门问题档案文献汇编》第4册，人民出版社，1999，第56页。

⑤ 《粤海关档案》，广东省档案馆藏，第504号。

⑥ 《私运驳壳者纷纷不绝》，《香港华字日报》1913年6月14日。

⑦ 齐春风：《评近代日本对华军火走私活动》，《安徽史学》2002年第3期，第58—63页。

⑧ 陈存恭著：《列强对中国的军火禁运：民国八年——十八年》，"中研院"近代史研究所，1983，第179页。

表1 民初步枪（及子弹）价格比较表

价格单位：海关两

年份\种类	民国元年（上海关）		六年十二月（泰平公司售予北京政府）		七年十二月（三菱公司售予海军部）		九年（青岛黑市）		十二年（义旧械售予北京政府）		十三年（义械黑市）	
	基准价格	基准百分比（%）	价格	百分比（%）	价格	百分比（%）	价格	百分比（%）	价格	百分比（%）	价格	百分比（%）
步枪（带刺刀）	10	100	23.04	230.4	29.325	293.35	—	—	22.67	226.7	53.333	533.3
子弹	0.028	100	0.0466	166.43	0.043	153.57	0.633	2560.71	—	—	—	—

资料来源：陈存恭：《列强对中国的军火禁运：民国八年—十八年》，"中研院"近代史研究所，1983，第179页。

　　澳门军火走私进入内地，主要分为水路和陆路两种路线。水路方面的军火走私路线主要有：从澳门黑沙湾到水湾头（今珠海）；从澳门黑沙湾偷越九洲分卡到香洲；从澳门沿内港向北偷越前山分卡到内地；从澳门内港经马骝洲河道越分卡到内地；从澳门凼仔岛经大、小横琴岛之间的下涝水道、磨刀门往内地；从澳门绕过路环岛，经大、小横琴岛东南角的阿婆湾尾，向西经磨刀门、崖山、斗山转入内地；从澳门凼仔岛东南的鸡颈角进入大海，向西直达崖门、阳江等地。陆路方面的军火走私路线主要有：从关闸口以东的边界线偷运进来，经海边进入水湾头到吉大，转香洲，再去内地；由青州渡河到关闸围，沿基围小路到夏湾，去白石、前山、翠微，再往香山石岐；从澳门渡江，在湾仔或银坑登岸，由湾仔向北循将军山小路，偷运石角分卡到沙尾、南屏，再装船运往内地；或由银坑向西南，经摩罗下，绕道洪湾，装船运往石岐。①

　　澳门军火走私进入内地的途径以水路为主，而水路又以华船走私为最盛，此外还有轮船走私和兵轮走私等。

　　在广东，华船利用自身可直接往返于香港、澳门和内地市场的便利，进行走私。在拱北海关未建立之前，清政府对于澳门民船贸易的管理收效甚微，以致民船

---

① 赵殿川：《晚清十年间广东地区军火缉私研究（1901—1911）》，硕士学位论文，中山大学，2006。

走私贸易严重，走私物品自然包括清政府明令禁止私相买卖的火药和军火。① 利用华船进行军火走私的方式，主要有以下四种。

其一，利用商船可以配备军火的规定进行走私。晚清，盗匪猖獗，商船在官府领取船照并从海关领取"军火器械单照"后，即可配备一定数量的军火器械以自卫。即每门炮可携带 20 斤火药，每支步枪可携带 20 发子弹，每名船员可持枪一杆，按船上每两名乘客增加一杆枪递增，还可添足弹药。② 加之，光绪十六年（1890）七月以前，官府对牌照的管理比较松散，③ 利用华船走私军火非常方便。近代拱北海关报告也称："经调查证实，商船利用可以配备一定军火的规定，在内地私售军火，然后返回澳门补充，这种情况已经发生。"④

其二，渔船利用其过关时不用报验的便利，进行军火走私。光绪二十七年（1901）的拱北海关报告就揭示了用渔船进行军火走私的情形："近来各关既已实力查缉，仍时有军火私入内地，使盗匪得恃利器，遂其劫掠之谋，此则由各渔船之暗为接济也。"⑤ 光绪三十四年十二月初二日（1908 年 12 月 24 日）的《申报》报道，海内外渔船甚多，应该严密稽查，以防军火走私，"前山界连澳门，交涉繁多，海内外渔船千百成群，有无私藏军火偷运入口，向由拱北关编号稽查。惟自前次葡人干涉后，其驶泊湾仔之附近船只，如由中国派人搜查，则渔船多遁入澳界，殊难防范"。⑥

其三，拖船、货船和渔船等华船采用"藏匿"的方式，进行走私。两广总督周馥曾指出："匪徒私贩枪枝，偷运进口，常有用渔船、石船转载，甚或装置船底夹板内。种种弊端，不胜枚举。"⑦ 光绪三十三年七月三十日（1907 年 9 月 7 日），九龙关侦察得知，来自港澳的私运军品均由装石、装粪之帆船运载，海关扦手往

---

① 戴一峰：《赫德与澳门：晚清时期澳门民船贸易的管理》，《中国经济史研究》1995 年第 3 期，第 83—90 页。

② 莫世祥、虞和平等编译：《近代拱北海关报告汇编》，澳门基金会，1998，第 22 页。

③ 光绪十六年（1890）七月之前，这项规定并未严格执行。比如，船照虽然有期限（一年到七年不等），但是并没有采取措施严格执行。再比如，船照上极少填写各类船员的名字，也不注明航线，只是标注该船可去"所有沿海口岸"或"所有内河口岸"。此外，船只携带船照出航也成为例外，并非常规。自该年七月以后，官府才下令稽查所发之军械单照，以及核对单照规定的所持军械件数，防止军械私售内地。

④ 莫世祥、虞和平等编译：《近代拱北海关报告汇编》，澳门基金会，1998，第 22 页。

⑤ 莫世祥、虞和平等编译：《近代拱北海关报告汇编》，澳门基金会，1998，第 211 页。

⑥ 《前山同知条陈稽查广东渔船》，《申报》（上海）1908 年 12 月 24 日。

⑦ 《周馥致函九龙关税务司》，广东省档案馆藏海关档案第 504 号。

往因其笨重、臭秽而不愿清仓查验，常使军品走私成功。① 宣统元年闰二月初五日（1909 年 3 月 26 日），粤海关洋员查获一艘私带火药、炸药的小艇并一名疑犯。艇内搜出竹箩一具，箩内上面贮咸鱼数尾，下面装载火药 25 斤，炸药 68 筒，每筒 4 寸余长，铜帽两罐，药引两捆，铜帽子 15 罐，连人一并逮案。昨经问官严讯，据供：吴章，25 岁，粤平人，在澳门朱昌记雇工……② 因澳门界务问题，清廷曾派多艘兵轮在前山、香山、澳门附近海面巡查。宣统三年七月初三日（1911 年 8 月 26 日），"龙清"号兵轮在巡查时："突见拖船一艘张帆驶走，形迹可疑，龙清轮即悬旗饬令停止，该船不理，龙清当即跟追。追追及时，船中水手皆凫水逃生。管驾过船查验，见舱面堆有面粉、白糖等物，下藏鸦片烟十八箱，其舱底则有军火硝药甚多。"③

其四，华船船主和乘客携带。据拱北海关报告透露，"港澳地区不受限制的军械买卖"，使得"华船船主和乘客能够很容易地补充到军火"。④ 另外，由于每年来往于澳门和内地的人数不断增加（见表 2），"不可能对所有乘客都进行盘查，可观的走私收入则使他们甘冒各种风险"，所以"仍有乘客将左轮手枪和拆散的威切斯特步枪藏在行李中，大量走私运入内地"。⑤

除华船外，轮船也是澳门军火走私的重要交通工具。轮船包括海轮和江轮，前者经常沿海岸航行，后者经常在粤港澳三地往来，江轮就成为澳门军火走私的主要交通工具。从目前掌握的资料来看，轮船走私的方式主要为旅客夹带和藏匿。宣统元年十月十四日（1909 年 11 月 26 日）的《申报》称，南海县张令"乃近日以来迭获运炸药者，经知县访查，此项军火均由澳门等处贩运而来，此次又在江通轮船截获。查江通轮船系来往省澳……"⑥ 光绪三十四年（1908），两广总督张人骏接到线报，有澳门军装店欲用木桶暗装军械，附往来内河之长江小轮船运入内地。⑦ 江轮之所以成为澳门军火走私的重要运输工具，主要原因有两个：其一，因轮船上多

---

① 《为访闻粪船石船偷运军火情事应饬认真查拏事》，九龙关档案第 504 卷，广东省档案馆藏粤海关档案第 95 全宗。

② 《严讯私带军火炸药》，《申报》（上海）1909 年 3 月 28 日。

③ 《龙清兵轮辑获军火》，《申报》（上海）1911 年 8 月 27 日。

④ 莫世祥、虞和平等编译：《近代拱北海关报告汇编》，澳门基金会 1988，第 25 页。

⑤ 莫世祥、虞和平等编译：《近代拱北海关报告汇编》，澳门基金会，1988，第 22、24 页。

⑥ 《查明私运军火出入通路广东》，《申报》（上海）1909 年 11 月 26 日。

⑦ 《两广总督张人骏为怡盛店私运军火致葡总领事穆礼时照会》，载澳门基金会等编：《葡萄牙外交部藏葡国驻广州总领事馆档案：清代部分》第 4 册，广东教育出版社，2009，第 130 页。

有外国人，故海关稽查人员登船捉拿走私者，需持有外国领事馆发放的搜捕差票。但海关缉私人员向外国领事馆索要差票时，领事官往往借故推托。[①]其二，按照条约规定，凡是洋轮每次进入粤省都需经过海关查验，但是因为从港澳来的这些轮船几乎日日往返于广州与港澳两地，故中国海关给予其不必每次都来广州查验的特惠权，使得这些轮船免却了不少例行查验手续，[②]从而为往返于广州与港澳两地的轮船走私军火提供了极大的便利。前引《申报》的报道中出现的"迭""又"等词，充分表明江通轮船从澳门走私军火进入内地是相当频繁的。

利用兵轮走私。宣统三年（1911），澳门同盟分会组织、策划香山起义时，就曾在同情革命的"安香"兵轮管带的帮助下，将起义所需的大量军械装上"安香"等兵轮，巧妙避过海关检查，最终安全送达香山。此外，澳门同盟分会还成功策反了来往于前山一带的"广福"兵轮管带等人，利用这艘兵轮掩护同盟会的一些行动。目前，虽然没有直接证据表明，这艘兵轮也参与了澳门军火的走私，但鉴于利用兵轮走私军火具有其他方式不可比拟的便利性，革命党人很可能利用其进行军火走私。

表2 1890—1911 年从澳门前往内地的旅客人次统计

单位：人

年份	从澳门前往内地的旅客数	年份	从澳门前往内地的旅客数
1889	163 000	1900	97 498
1890	125 000	1901	116 798
1891	126 000	1902	124 407
1892	123 000	1903	127 351
1893	132 000	1904	134 616
1894	123 191	1905	561 486
1895	123 015	1906	617 765
1896	120 060	1907	580 626
1897	121 048	1908	295 020

---

① "No. 43 of 1873. Reporting Seizure of Opium on s. s. Spark, the British Consul Intervening," Reports on Smuggling at Canton: Commissioners Despatches, Etc. ,1871-85, p.11. 转引自马光：《1858—1911 年珠三角地区鸦片走私与缉私》，《近代史研究》2014 年第 6 期，第 101—123 页。

② "No. 43 of 1873. Reporting Seizure of Opium on s. s. Spark，the British Consul Intervening," Reports on Smuggling at Canton: Commissioners Despatches, Etc. ,1871-85, p.9. 转引自马光：《1858—1911 年珠三角地区鸦片走私与缉私》，《近代史研究》2014 年第 6 期，第 101—123 页。

续表

1898	102 076	1909	532 769
1899	100 296	1910	567 988
		1911	水路：650 562，陆路：546 909

资料来源：根据莫世祥、虞和平等编译《近代拱北海关报告汇编》（澳门基金会，1988）中的相关内容整理制成。

说明：① 1905 年，旅客人次大幅度增加的原因是，本年记载之法较为详慎，兼之渡轮日盛，客脚日廉，乡民乘其利便，可出入游玩或贩货者日见其多也。

② 1911 年以前，经陆路前往内地的旅客皆未注册，从 1911 年开始记载。因此，1905 年、1906 年、1907 年、1909 年以及 1910 年的数据，均是经水路前往内地的旅客人次。

二、澳门军火走私兴盛的原因分析

澳门军火走私的兴盛，是各种因素交织在一起的结果。既和内地局势动荡、澳门军火贸易与军火管理体制的"自由度"有关，也和澳门界址未定等原因有关。下面，对澳门军火走私兴盛的原因进行粗浅分析。

澳门军火走私兴盛的一个重要原因是，晚清时期，由于内地政局动荡，除政府外，盗匪、资产阶级改良派和资产阶级革命派等各种力量，都对军火有着很大的需求。凭借毗邻广东的地理优势，澳门自然成为军火购买的首选地。

清末，广东的匪患极为严重。光绪十一年（1885），两广总督张之洞就曾指出："粤东山海交错，民情犷悍，盗匪之炽，甲于他省。"[1] 光绪三十二年（1906），两广总督岑春煊亦奏称："窃照广东盗风之炽，甲于他省，小则抢劫掳赎，大则纠党置械，显著逆谋。"[2] 光绪二十五（1899）十月，澳门《知新报》刊登了一篇题为《纪粤盗愤言》的文章。该文称："地球各国，盗贼之多，以中国为最；中国盗贼之多，以广东为最。粤盗之案，其不报不详者且勿论，即如报章所载，几于无日不书，无地不有，墨为之罄，笔为之秃，已令人可惊可骇。"[3] 这种论述虽然有些夸张，但其所反映的粤省盗匪严重，却是不争的事实。

晚清时期，粤省盗匪不仅拥有各种新式枪械，并且其武器配备率也很高。"粤

---

① 苑书义等主编：《张之洞全集》第 1 册，河北人民出版社，1998，第 372—374 页。

② 《署两广总督岑春煊奏广东历年办理清乡情形折》，载中国第一历史档案馆、北京师范大学历史系编选：辛亥革命前十年间民变档案史料》下册，中华书局，1985，第 453 页。

③ 《纪粤盗愤言》，《知新报》（澳门）1899 年 11 月 23 日。

省盗匪无一案非纠伙、无一盗不持械，所持之械无非洋枪洋炮"，"即如内河外海各盗，驾船列炮，大伙横行，劫杀拒捕，是广东艇匪一项，较之北省马贼骑止一人、人止一枪，尤为凶悍，实为土匪之尤"。① 《两广官报》也称："凡七响十响、无烟手枪、无烟马枪，匪党无一不备。"② 光绪三十一年（1905）七月，署两广总督岑春煊等在奏报剿办广州府属沙所堂众详细情况时称："总计剿捕格毙获办著要各匪不下千余名，夺获船只、枪械、旗帜、号衣无算，起出被掳人民百余名。"③ 宣统二年（1910）正月，署理两广总督袁树勋奏称："粤中盗匪，无不身藏利器。"④

那么，粤省的盗匪到底有多少呢？一些零散的历史资料，可以帮助我们了解粤匪的大概规模。光绪二十七年八月十九日（1901 年 10 月 1 日），两广总督陶模在致西安行在军机处的电文中奏称："兴宁县会匪于十一日聚众起事，焚抢德国教堂，攻扑县城。营县拒守，毙匪百余。"⑤ 同年九月初四，陶模又致电西安行在军机处，称"毙匪四百余"。⑥ 光绪三十二年五月二十八日（1906 年 7 月 19 日），署两广总督岑春煊在奏报广东历年办理清乡的情况时称："现计三年以来，中路获办著匪二千九百余名，南、北两路获办一百六十余名，东路一千四百余名，西路五千四百五十余名。"⑦ 19 世纪末，孙中山在与日本友人交谈时称："在广地（广东），一月之内必可集山林彪悍之徒三四十万。"⑧ 民国二年（1913），《时报》估计"粤省盗贼约 20 万人"。⑨ 民国四年（1915），中国机器总会估计，广东的绿林有 30 万之多。⑩ 晚清以来，广东盗匪之多由此可见一斑。

盗匪的武器配备率较高和人数的众多，导致他们对枪械的需求量是巨大的。晚

① 〔清〕朱寿朋编，张静庐等校点：《光绪朝东华录》（二），中华书局，1958，总第 2065 页。
② 《两广官报》，辛亥年第 12 期，"军政"。
③ 《署两广总督岑春煊等奏剿办广州府属沙所堂众详细情形折》，载中国第一历史档案馆、北京师范大学历史系编选：《辛亥革命前十年间档案史料》下册，中华书局，1985，第 452 页。
④ 《署两广总督袁树勋奏广东会党日众现拟办理情形片》，载中国第一历史档案馆、北京师范大学历史系编选：《辛亥革命前十年间档案史料》下册，中华书局，1985，第 478 页。
⑤ 《两广总督陶模等为兴宁会党攻扑县城事致西安行在军机处电》，载中国第一历史档案馆、北京师范大学历史系编选：《辛亥革命前十年间民变档案史料》下册，中华书局，1985，第 433 页。
⑥ 《两广总督陶模等为拿获兴宁会党首要事致西安行在军机处电》，载中国第一历史档案馆、北京师范大学历史系编选：《辛亥革命前十年间民变档案史料》下册，中华书局，1985，第 433 页。
⑦ 《两广总督岑春煊奏广东历年办理清乡情形折》，载中国第一历史档案馆、北京师范大学历史系编选：《辛亥革命前十年间民变档案史料》下册，中华书局，1985，第 455 页。
⑧ 孙中山著：《孙中山全集》第 1 卷，中华书局，1981，第 183 页。
⑨ 《广州香港专电》，《时报》1913 年 5 月 9 日。
⑩ 蕙：《广东之兴业弭盗问题》，《香港华字日报》1915 年 4 月 6 日。

清以来，盗匪使用的枪械基本上都是快枪，而澳门是走私快枪的一个很重要的渠道。当时的报纸就称，"澳门向为私运军火渊薮"，① 盗匪"恃港澳为逋逃之薮，一经劫得巨资，购买洋枪，甚为便捷"。② 据当时的外国报纸估计，20 世纪前 10 年，通过澳门走私到内地的枪械就达 50 万支以上。这些枪支中，仅有少数为革命党人购得，绝大部分落入盗匪之手。③《申报》也有类似的报道："此 10 年间，澳中销售之枪不下 50 万，大都入匪掌握。"④

除此之外，资产阶级改良派和资产阶级革命派都曾在澳门积极活动，多次组织、策划与领导武装起义，故双方对澳门军火的需求量都很大。

晚清时期，澳门成为资产阶级改良派最重要的活动基地。光绪二十五年（1899），康有为在加拿大创立了"保救大清皇帝会"（以下简称"保皇会"）。次年，康有为等决定起兵勤王，发动大规模的武装起义。这次武装起义以长江流域和两广地区为重点，而澳门保皇总会的主要任务有两项，一是接受、经营捐助款项，二是购买并运送枪械到中国内地。经过康有为、梁启超等人的积极努力，共募集 40 万元，其中的大部分资金都被用来购买枪械。光绪二十六年四月初十日（1900 年 5月 8 日），报纸称："澳门来信称，自去岁至今，一年之内，匪党之由澳门私运洋枪入中国者多至二万杆。日前，又有德人运到洋枪六千杆。此外，未及查知者，更不知凡几。"⑤ 从时间、背景来看，这批枪支跟保皇会的武装勤王有着密切的关系。

与资产阶级改良派一样，资产阶级革命派也在澳门积极开展活动。革命派虽然在很长的一段时间内，都将香港作为华南的活动中心，但在组织、策划与领导武装起义时，也会充分利用澳门的特殊地位，积极配合香港的各项行动。孙中山先生自创立兴中会至辛亥革命成功的 18 年间，历次武装起义所需的绝大部分武器都是从澳门走私的。清光绪二十一年（1895），孙中山等以香港为基地，策划了乙未广州起义。"据香港警官士丹顿（Stanton）截获的线报得知，革命党人已招募大概 400人，将于 10 月 27 日晚从香港乘保安轮往广州。第二天，他得到更详细的消息，到

① 《龙清兵轮缉获军火》，《申报》（上海），1909 年 3 月 28 日。
② 《署两广总督袁树勋奏广东会党日众现拟办理情形片》，载中国第一历史档案馆、北京师范大学历史系编选：《辛亥革命前十年间档案史料》下册，中华书局，1985，第 478 页。
③ 费成康：《澳门四百年》，上海人民出版社，1988，第 364 页。
④ 《再志葡军大战海盗详情》，《申报》（上海）1910 年 7 月 23 日。
⑤ 《私枪宜禁》，《申报》（上海）1900 年 5 月 8 日。1900 年 3 月 30 日，粤绅刘学询在澳门报告，由澳门前后运入内地快枪 26000 杆，另有弹药战具。各处盗匪、会匪皆得利器，现已另行设法查禁。刘学询与《申报》所指应为同一件事。

时会有 3000 人在广州作内应，而另一批为数 2000 的同志，将会从澳门进发会合，小洋枪正藏在保安轮运省城途中"。① 而乙未广州起义的支持者日本人梅屋庄吉曾派人前往澳门、新加坡、厦门等地购买武器。光绪二十六年（1900 年），为了配合惠州三洲田起义，兴中会员史坚如等人先是购买了 29 箱（每箱重 50 磅）炸药，准备轰炸清朝重要官署和军营。这批炸药被清朝官兵查去后，史坚如又从澳门购买了 200 磅火药，挖地道通到广东巡抚德寿官署，放入炸药引爆。因为所放雷管太少，只是炸塌了抚署的围墙。② 后来，德寿在为缉获史坚如有功人员的请奖文中称："在省港轮船码头将史经（坚）如拿获，炸药由澳门运来，令宋少东埋放屋内，冀成大事。"③ 光绪二十九年（1903）发动的洪全福广州之役中："起义者藏在城外各处的武器也被查获，洪全福、梁慕光从澳门、沙面购买的武器也在运送途中被截走。仅于番禺县大墩头乡起获洋枪百余枝，增城县属新塘河面截获枪码万余粒。讯据匪供：港、澳禁运军火，付银定购，一时不能交足。"④ 宣统三年（1911）十月，由澳门同盟分会组织、策划的香山起义，所用军械就是在同情革命的"安香"兵轮管带的帮助下，输送到起义地点的。光绪三十四年三月十六日（1908 年 4 月 16 日），拱北海关根据情报，在白石角卡通往前山的小道上设伏，共查获 90 支步枪的零部件和 3000 发子弹。据称，这批军火弹药就是革命党人为香山起义而准备的。⑤

综上所述，无论是盗匪、资产阶级改良派，还是资产阶级革命派，都对军火有着迫切而巨大的需求，再加上港英当局多次积极配合清政府查缉军火走私的行动，使得从香港走私军火的难度越来越大，各方力量不得不将澳门视为走私军火的重要基地。张人骏在致外务部的电文中称："盖以港澳外附，政令不及，水陆交通，匪党倚为购械运济之地。今英人已于香港严禁购济，并断其由港运澳转济之谋，匪党始不得不专以澳为根据地，另图往东洋购运，避香港往达澳门。证以本案探报之

① 霍启昌：《港澳档案中的辛亥革命》，商务印书馆，2011，第 17—18 页。

② 邓慕韩：《史坚如事略》，载《中国近代史资料丛刊》编委会等编：《辛亥革命（一）》，上海人民出版社、上海书店出版社，2000，第 246—248 页。

③ 陈锡祺主编：《孙中山年谱长编》上册，中华书局，1991，第 253 页；濠江客：《澳门昔日生活》，2002 年 1 月 15 日。

④ 《署两广总督德寿等为省港破获图谋举事会党聚集之所致军机处电》，载中国第一历史档案馆、北京师范大学历史系选：《辛亥革命前十年间民变档案史料》下册，中华书局，1985，第 436 页。

⑤ 中华人民共和国拱北海关编：《拱北海关志》，广东人民出版社，1997，第 160 页。

言，实已信而有征。"①

澳葡方面的原因。澳葡政府不仅视军火买卖为合法贸易，还颁布一系列章程对其进行管理。这些章程主要包括：1877 年 10 月 18 日颁布的《国家火药仓贮顿商人火药章程》、1891 年 10 月 22 日颁布的《香港及东便外国属地军器出口章程》、1892 年 8 月 24 日颁布的《澳门贮顿及访查商人所贮军装器械章程》、1902 年 8 月 30 日颁布的《准将火药硝磺军器入口出口发卖及制造火药火器之章程》、1907 年 7 月 18 日颁布的《贩卖枪炮军器并制造炮竹章程》。(为方便起见，下文分别简称为 1877 年章程、1891 年章程、1892 年章程、1902 年章程和 1907 年章程)

这里以 1902 年章程为例，就澳葡政府对于军火贸易的管理情形进行概述。该章程共包括领照、领照规银、存贮军器、杂款、责罚及查核之例、暂定事款，共 6 章 98 款，各章主要内容如下。

领照。领有总督牌照，即可将火药、硝磺、军器入口、出口、发卖并制造火药火器。关于军器售卖对象，该章程规定，"除在中国口岸挂号之渡船、拖船外，其余船只均可向船政厅领取准照"。"所定律例所定职分，准带军器及领有执照可带军器之人，均可购带军器入口，以为自己所独用"，"请领准带军器执照之人，倘系素认识而又无实在缘故思疑其将军器作犯禁之事者，即准发执照"。

领照规银。该章程规定："领牌照者，除应缴纳规银外，并要缴纳戳费及议事局各费。"其中，不同牌照类型的规银，详见表 3。

表 3 1902 年章程各类牌照规费

牌照类型	规费
a. 开设爆竹、火器厂，并将硝磺入口、制造火药之牌照	每年 1000 元
b. 准将硝磺入口、出口、发卖之牌照	每年 360 元
c. 开设店铺，不卖本章程第十款所论之军器，只系发卖鸟枪、长短枪、五六响枪	每年 60 元
d. 开设店铺，发卖不论何项军器之牌照	每年 600 元
e. 开设店铺，发卖旧枪	每年 12 元

---

① 《两广总督张人骏为二辰丸案事关大局请设法维持事致外务部电文》，光绪三十四年二月初三日 (1908 年 3 月 5 日)，载中国第一历史档案馆等主编：《明清时期澳门问题档案文献汇编》第 4 册，人民出版社，1999，第 61 页。

存贮军器。该章程规定，"国家按照本章程所定事理专设厂所……其未设厂之军器，系爆炸可虞之物，则暂存在妈阁炮台；系各项枪支，则暂贮在军器局"。"商民之军器入国家厂所存贮者"，应缴纳厂费以及入厂准单单费。（见表4）

表4 1902年章程厂费和入厂准单单费

单位	厂费	单位	入厂准单单费
散火药及爆炸可虞之物	一仙/每月每磅	1—5桶（每桶重30磅）	二毫半
长枪及手枪所用码子	三仙/每月每五百粒	1—5罐（每罐重25磅）	
长枪	一毫/每月每枝	每50磅重爆炸之物或不及50磅	
五、六响手枪、单响手枪	五仙/每月每枝	每5支长枪或手枪，或不及5支	
		每2500粒码子或不及2500粒	

说明：①各项存厂，虽不及一个月，亦要纳足一个月的厂费。

②倘火药之桶及罐，或大于或小于以上所定者，单费及厂费则照其重数核计，加减缴纳。

③1毫=10仙。

杂款。火药必须在督宪批准之处制造，不准夜晚开工，并规定了所制造火药的贮存；所有开往别处、道经澳门载有军器、火药及爆炸可虞之物的船只，必须赴船政厅报明并查核；对店铺所存炮位以及一切爆炸可虞之物的规定；对华人渡船、拖船、货船准带军器数量的规定等。

责罚及查核之例。巡捕员弁可对有嫌疑的厂、船等进行搜查；水师兵负责查核其汛守地方之各铺店、船只；对违章充公之货的处理；对有违本章程各条款，视情节处以罚银。

暂定事款。将现存火药、硝磺、军器若干之数报明；所有炮竹厂、铺户、船只、民人，限十日内领取牌照；所有违犯章程的爆炸之物，须交入国家所设厂内贮存；政务厅负责查验各炮竹厂的资产以及是否有碍于居民；未满期的牌照，不必换领新牌照，但需依规定缴纳规银。

从上述各章程可知，澳门的军火买卖存在一定的自由度，军装器械都比较容易获取。《近代拱北海关报告汇编》就指出，港澳地区的军火买卖不受限制。① 此外，澳葡当局招标买卖军装、军械和军用品的告示也时常出现在《澳门宪报》上，招标数量有时很大。如光绪五年七月廿八日（1879 年 9 月 13 日），澳门管理军器公物会招人承办英国产枪（British Bull-dog）三百枝，以取价低者准其承办；② 光绪七年正月十四日（1881 年 2 月 12 日），澳门管理军器公物会招人出投承办粗火药三千磅，谁出价最低者得。③ 除了招人承卖的告示外，也有招人承买的告示。如："光绪十三年四月十三日（1887 年 5 月 5 日），招人承买，谁出价最高者得。其各军火列后。计开：炸炮码，八十二美利味度，十六枚；圆炮码，九十五美利味度，三十七枚；咸士得郎（Armstrong）炮，九十五美利味度，一架；FLSP 炮，一百六十五美利味度，一架；全上样炮，一百三十六美利味度，二架；全上样炮，十一磅，十架；全上样炮，十磅，一架；全上样炮，九磅，二架；BLP 短炮，十七磅，一架；BLSP 短炮，十五磅，一架。"④ 类似的告示，在当时经常见诸《澳门宪报》。⑤

澳门军火买卖具有一定的自由度，究其原因，可能是澳葡政府出于财政收入方面的考量。澳门的经济以转口贸易为主体，在苦力贸易和鸦片贸易相继衰落、江门成为通商口岸等诸多因素的综合作用下，澳门的转口贸易逐渐衰落，财政也日渐拮据。"澳门商务之疲，日堪一日"。⑥ "澳门虽属商埠，近年商务已有江河日下之势"。⑦ 《澳门历史》第六章载："工业、商业不发达，自然资源欠丰富，使澳门经济畸形发展，成为一座消费城市。唯有赌博、娼妓和鸦片烟业等特种行业异常活跃，

---

① 莫世祥、虞和平等编译：《近代拱北海关报告汇编》，澳门基金会，1998，第 25 页。

② 《澳门宪报》1879 年 9 月 13 日（第 37 号）。

③ 《澳门宪报》1881 年 2 月 12 日（第 7 号）。

④ 《澳门宪报》1887 年 5 月 5 日（第 18 号）。

⑤ 招人承卖的告示有：1879 年 12 月 20 日，公物会招人承办铁床五十张，褥五十张，枕头五十个，并哑哩味你（Albini）鸟枪三十七枝。1881 年 6 月 4 日，"招人出投承办火枪壹百枝"。1881 年 11 月 26 日，"招人承办兵营所用军衣之料，计开：黑色绒一千一百二十五码……红绒壹百码……白藏布二百五十码……杂色绒一千三百五十码……"1881 年 11 月 26 日，招人承办粗火药 25 担，谁价低者得。1881 年 12 月 31 日，招人出投承办 Synder 火枪一百枝，谁出价低者得。1882 年 7 月 1 日，招人出投承办 Synder 鸟枪一百枝。1882 年 12 月 9 日，招人承办搓发火炮引一千三百廿二条，并木炮引一千零五十六条，谁出价最低者得。1882 年 12 月 9 日，招人承办兵枪一百枝，谁出价低者得。招人承买的告示有：1882 年 3 月 25 日，招人承买铁炮拾壹条，谁出价高者得。1886 年 4 月 15 日，华政门通知，张北控告船主郭？云欠银一案，在船政厅署将该船并其船上架撑什物及军器，另有十二磅炮两尊、八磅炮一尊、火药桶六个，并有弹子等，招人出投发卖，谁出价高者得。

⑥ 澳门基金会等编：《镜海丛报》（影印本），上海社会科学院出版社，2000，第 2 页。

⑦ 澳门基金会等编：《镜海丛报》（影印本），上海社会科学院出版社，2000，第 81 页。

成为澳门社会繁荣与经济生活的支柱。"① 两广总督张人骏也曾指出："澳门水浅地僻，商务不旺，几同村落。恃娼寮赌馆为命脉，娼赌之薮，盗匪之窟，小者为劫贼之逋逃，大者即为匪党之外府。该处除制熟烟膏出口外，别无出产。平时只有来往广州、香港轮渡数艘，及小轮出入捕鱼，拖船、小船麇集，附泊内地，良少莠多，向无外海大轮到澳，与香港情形迥不相同。"② 在澳门经济从转口贸易向博彩业转型的艰难时期，由于财政收入常常没有保障，故对澳葡政府来说，凡是能增加财政收入的行业，均可加以发展。因此，利润十分可观的军火贸易就成为澳葡政府重要的财政和税收来源。那么，澳葡政府从军火买卖中获取的财政收入究竟有多少呢？换句话说，军火贸易对澳葡政府的财政收入究竟有多重要呢？

下面，拟就澳葡政府的军火收入进行粗略估算。这些收入主要包括牌费、厂费、入厂准单单费、戳费、议事公局各费等。

牌费。牌费包括两个部分，军器店铺缴纳的牌费以及炮竹厂缴纳的牌费。就军器店铺缴纳的牌费而言，光绪二十年十月十七日（1894 年 11 月 14 日），《镜海丛报》登载了洋货军装行捐助同善堂的店铺名单，参与捐助的共有 51③ 家店铺。④ 根据 1902 年章程对各类牌照的规定，这 51 家店铺应属于后三类。由于无法逐一确定这些店铺所需缴纳的牌费数目，故暂取 4 类店铺的平均牌费 224 元作为这 51 家店铺的平均牌费。那么，这 51 家店铺需要缴纳的牌费约为 11424 元。1902 年，开设一家炮竹厂，需要缴纳的牌费是 1360 元，根据汤开建先生的估计，1902 年共有炮竹厂 4 家，⑤ 而这 4 家炮竹厂需要缴纳的牌费约为 5440 元。综上所述，澳葡政府一年的牌费总收入约为 16864 元。

---

① 邓开颂：《澳门历史（1840—1949）》，珠海出版社，1999，第 189 页。
② 《两广总督张人骏为二辰丸案事关大局请设法维持事致外务部电文》，光绪三十四年二月初三日（1908 年 3 月 5 日），载中国第一历史档案馆等主编：《明清时期澳门问题档案文献汇编》第 2 册，人民出版社，1999，第 61 页。
③ 这 51 家军器店铺分别是：新记号、骏德号、泰昌号、顺泰号、大安号、益昌号、广纶新、德昌号、美利号、瑞生隆、永安隆、晋昌号、美利号、广集号、干丰号、广丰号、元亨号、欢盛号、和安号、美南号、和章号、德盛号、合盛号、同盛号、和源栈、顺利号、裕隆号、大生号、仁茂号、兴栈号、泰生号、广泰号、升昌号、遂益号、刘伦记、昌与号、利丰号、广裕号、遂隆栈、永发祥、泰兴号、广兴和、顺利号、南亨号、永升隆、利生号、恒泰号、同泰号、金亨号、广益号、胜隆号。说明：上述 51 家军器店铺中，有两家店铺都称"美利号"，但二者所捐助的药剂数量不同，一个捐了 15 剂药，一个捐了 10 剂药，故应为两家店铺。
④ 澳门基金会等编：《镜海丛报》（影印本），上海社会科学院出版社，2000，第 70 页。
⑤ 汤开建：《清末民国澳门爆竹业的发展及其兴衰（1863—1941）》，《中国经济史研究》2015 年第 6 期，第 5—21、143 页。

厂费和入厂准单单费。如前所述，据外国报纸估计，20世纪的前10年，澳门走私到内地的枪械有50万支。这就意味着，平均每年有5万支枪进入澳门。根据1902年章程第58款的规定，每支枪可配备火药1磅、码子100粒，那么，澳门每年需要贮存5万磅火药、500万颗码子。下面，根据表4的收费标准，对澳葡政府一年的厂费和入厂准单单费分别进行估算。（见表5）

表5 厂费和入厂准单单费

单位：元

数量	厂费 每单位价格		入厂准单单费 每单位价格	
枪5万支	0.075	3750	0.25/5	2500
火药5万磅	0.01	500	0.25/125	100
码子500万颗	0.03/500	30000	0.25/2500	500
	总计	34250	总计	3100

说明：①1元=10毫，1毫=10仙。

②由于无法逐一确定这5万枪支的类型，故取表4中第三项和第四项的平均厂费0.075作为每支枪的厂费价格。

③1902年章程中虽然规定了贮存在店铺的军火数量，但数量并不多，故忽略不计。

由表5可知，光绪二十八年（1902），澳葡政府在牌费、厂费和入厂准单单费方面的总收入为54214元。[①] 当年，澳葡政府的财政总收入为1024985.94元（655991000厘士），其中，中式彩票专营收益为134900元（86336000厘士），番摊专营收益为347915.63元（222666000厘士），煮卖鸦片收益为130000元（83200000厘士），氹仔财政收入16000元（10240000厘士）。与此同时，当年的财政总支出为696385.94元（445687000厘士）。[②] 因此，1902年，军火贸易的财政收入占澳葡政府当年财政总收入的比重为5.3%。

光绪九年（1883），广州刺史李燕奏称："举凡奸淫邪盗之事，悉萃于澳，澳葡

---

① 一方面，店铺统计不完全，戳费、议事公局各费则由于资料缺乏，也无法进行估算，故表5估算的厂费和入厂准单单费会偏小。另一方面，由于一部分军火是贮存店铺内的，故表5估算的厂费和入厂准单单费会偏大。两方面综合起来，误差会缩小。

② 1875年至1910年澳门财政收支表，Província de Macau, Relatório do Governo 1911，第16页附表。

悉倚以为利，岁收摊规、白鸽票规又数十万。其他贩土、私盐、私硝、私矿、火药洋枪者，各纳其规，合之又三万至数十万。"①可见，火药洋枪等专营收益每年就在三万到数十万之间，而这也从侧面印证了笔者的估算具有一定的参考价值。此外，1892年章程就曾直言不讳地指出，修改1877年章程的目的在于对国课有益："照得查本澳门生意之情形，及视国课之景势，足见所有一千八百七十七年十月十八日在国家火药仓贮顿商人火药之章程，殊应更改，俾得生意、国课裨益相关。"

在配合清政府查缉走私军火方面，澳葡政府的表现可谓差强人意。究其原因，可能在于军火收入是澳葡政府财政收入的重要来源之一。光绪十七年（1891），应港英政府协助查缉军火走私的请求，澳葡政府于当年九月十五日（1891年10月17日）发布第154号札谕："限六个月内，严禁由澳门运载军器火药等械出口，前往中国各埠等处。"②5日后，澳葡政府又颁布《香港及东便外国属地军器出口章程》，严禁"藉往外埠为名，私运至中国内地，致生弊端"。③光绪十八年三月二十日（1892年4月16日），即6个月的禁运期满之日，澳葡政府应清政府的请求，禁运军火"再限六个月"。④光绪十八年七月十一日（1892年9月1日），为禁止军火走私之事，清政府再次照会澳葡政府，并明确请求："嗣后所有外洋军火一项，除海军衙门、南北洋大臣、各省将军、督抚、都统、府尹派员采办，由关道发给护照知照税务司，换给英文单为凭者，方准运售外，其民间私购军火，一概不得发售。洋船不得装运入口，违者全货入官。其洋行中如有故违条约，不问来历，私自售卖者，应请贵国治以应得之罪，以示惩儆。"⑤但澳葡政府并未积极回应。光绪二十二年十二月初七日（1897年1月9日），应两广总督"请将由澳门运入中国各口之军火设法暂行示禁"的请求，澳葡政府颁布葡萄牙君主的谕旨，明确规定："定自本年本日起，限五个月内，严禁由澳门载运军器、弹码等出口前往中国各内地。"⑥受义和团运动的严重影响，澳葡政府于光绪二十六年（1900）多次下令，"禁止澳门暨属地等处所有各项军装、火药，概不准带入"，⑦"不拘日夜，亦无论何时，均

① 厉式金：《香山县志续编》卷6《海防》，引自金武祥：《粟香随笔》。
② 《澳门宪报》1891年10月17日（第42号附报）。
③ 《澳门宪报》1891年10月22日（第43号）。
④ 《澳门宪报》1892年4月16日（第15号）。
⑤ 《澳门宪报》1892年9月1日（第35号）。
⑥ 《澳门宪报》1897年1月9日（第2号）。
⑦ 《澳门宪报》1900年8月25日（第34号）。

仍须懔遵前札，照旧办理"。①对于澳葡政府的三令五申，社会各界还是相当配合的，并在1902年章程第11款中规定："西纪一千九百年八月十一日之上谕，如未收回成命，则所有军器均不准运入中国口岸发卖。"此外，还在第88款中规定："倘有违犯本章程第十一款者，即罚银五百元至一千元不等。"②需要指出的是，这一罚款金额也是1902年章程中最高的罚款金额。因为上述对中国内地禁运军火的规定，并未直接触动澳葡政府的经济利益，故澳葡政府还算配合。但是光绪三十四年（1908）"二辰丸事件"发生之后，对于清政府协助查缉军火走私的请求，澳葡政府或是借故推托，或是添加种种附件条件。光绪三十四年三月廿八日（1908年4月28日），外务部拟定了《澳门禁止私运军火办法》三条，其中一条规定："凡枪弹炮件、一切爆裂药子，除系澳门官用，应由葡驻粤领事先期照会粤督查照，转饬海关查验，准其经由中国海面运往澳门外，无论华商、洋商，如向澳门政厅请领运贩军火执照，一概不得发给。"③由于牌费收入是澳葡政府财政收入的重要来源之一，该条办法"不得给发军火执照"的规定，无疑直接触动了澳葡政府的经济利益，因此，澳葡政府答应该条办法的可能性非常小。

总体来看，在配合清政府查缉军火走私方面，澳葡政府的表现确实不如港英政府："由港严禁军火运澳，即法人于查匪搜械，亦竭力允助，即如驱逐孙逆，按章交犯等事，是其明证。数月以来，各属各江劫掳之案虽未尽绝，已减少十之六七。钦防一带，前经缉获军火两船，以后匪事渐就弭平。年内各处探报，遂有由东洋购济匪械之说，现在案经缉获，确系居澳华商私贩。征诸已事，证以探闻，显系遁饰。"④宣统三年三月廿日（1911年4月18日），香港总督陆押（F.Lugard）也称："本港取缔进出口之军火章程，防范之法极为森严，乃系专为协助中国治安起见。查定章，当军火入港之时，必须报明船政道署，违者查出重罚。若售出口，如系运往中国地方，非领有中国督抚护照者，一向概不准运。纵有护照，一面缮给出口准单外，一面又函至贵关，告以此项军火运往何处。至于零星售卖之店，本港现亦不过两三家而已，而买者均须禀准巡警道署发给准买单照方可。该署亦非任意发给，

①《澳门宪报》1900年9月8日（第36号）。

②《澳门宪报》1902年8月30日（第15号）。

③《澳门禁止私运军火办法》（节略），光绪三十四年三月二十八日（1908年4月28日），载中国第一历史档案馆等主编：《明清时期澳门问题档案文献汇编》第4册，人民出版社，1999，第98页。

④《两广总督张人骏为释放日船事关约章成废盼设法主持事致外务部电文》，光绪三十四年二月初二日（1908年3月4日），载中国第一历史档案馆等主编：《明清时期澳门问题档案文献汇编》第4册，人民出版社，1999，第56页。

随时会同抚华道署，核名可发，然后发之。凡所准买之数，警署必须按季申报本督查核。似此截缉防范，可谓至周且密。"[1]

综上所述，无论是澳葡政府视军火买卖为正常合法贸易，还是在协助清政府查缉军火走私时，特别是提出"不得给发军火执照"时，表现得不如港英政府那样积极，均与军火收入是澳葡政府财政收入的重要来源之一密切相关。

澳门军火走私兴盛的又一重要原因，是澳门界址未定。澳门界务问题由来已久，早在中葡签署《里斯本草约》之前，中葡双方就曾围绕澳门的界址问题展开了多个回合的谈判。谈判期间，英人赫德、金登干与葡人相互勾结，擅自在"永驻管理澳门"一款后面，加进了"及属澳门之地"等内容，为以后借口划定"澳门属地"埋下了隐患。《里斯本草约》签订后，立即遭到两广总督张之洞、广东巡抚吴大澂的极力反对。无奈草约已经签署，他们转而坚定地主张，划定澳门界址以后，才能正式签约。为了划定澳门的界址，他们不但积极收集相关资料，还提出了具体的处理办法。但遗憾的是，他们的意见和处理办法均未被总理衙门采纳。总理衙门的主张是："于约内言明澳门界址，俟勘明再定，并声明未经定界之前，不得有增减改变之事。"[2] 光绪十三年十月十七日（1887年12月1日），中葡正式签订了《和好通商条约》。这一条约签订之后，葡萄牙继续在澳门附近从事扩张活动，百姓苦不堪言。光绪三十四年正月初四日（1908年2月5日），日商船"第二辰丸"（The Tastu Maru）装有枪2000余支，码4万，在澳门附近的九洲洋海面卸货。正在卸货时，中国水师巡船和拱北海关将船械扣留，并将日本国旗卸下，由此引发中日葡之间的一场纷争，澳门的界务问题再次被提上日程。在中日交涉的过程中，双方争论的焦点主要集中在领海、走私、换旗三个问题上，其中，领海问题和走私问题是紧密联系在一起的。两广总督张人骏的态度比较强硬："惟所载军火仍须扣留在广州以待审查。现在两粤盗匪充斥，接济匪械多由外洋转运，此案倘被狡脱，日后商轮畅运军火，势必不敢查缉，为患无穷。"[3] 清外务部也认为，"二辰丸"的下锚地点在中国领海内，故中国水师的缉私行动是合法合规的。日本驻华公使林权助向清

① 中国近代经济史资料丛刊编辑委员会主编：《中国海关与辛亥革命》第9编，中华书局，1983，第226页。

② 王彦威纂辑、王亮编：《清季外交史料》卷73，转引自黄鸿钊：《澳门史纲要》，福建人民出版社，1990，第191页。

③ 《两广总督张人骏为须照章会讯辰丸日船事致外务部电文》，光绪三十四年正月十七日（1908年2月18日），载中国第一历史档案馆等主编：《明清时期澳门问题档案文献汇编》第4册，人民出版社，1999，第43—44页。

外务部发出抗议照会，称"二辰丸"的卸货地点属于澳葡领海，故该船并未在中国领海卸货。葡萄牙公使也照会清外务部称："现知有中国海关兵船，于本月初六日在葡领海面喀罗湾捕获日本轮船辰丸号一艘……查该船系装载枪枝运卸澳门，该船被拿，有违葡国所领沿海权，并有碍葡国主权，阻害澳门商务。"① 在中外各种因素的综合作用下，"二辰丸案"以清政府全部接受日本提出的条件而结束。澳门界址不清，的确给缉私军火造成诸多不便。清末学者就称："澳门一处，贩运军火，向无禁令，该处中国海关，每遇有搜查军火，无论外轮、华轮及渔船等，亦皆在查办之列。惟因海权纠葛之故，匪特轮船难以稽查，即应由海关编管之渔船，亦每恃澳界为逋逃薮，致海关查察管理所不及。实于中外治安，均有妨碍。"②

澳门军火走私兴盛的其他原因，还包括澳门外附，政令不及。19 世纪末、20 世纪初，枪炮类火器在主要资本主义国家获得了迅猛发展，英国、德国、日本、法国等列强都对中国这个庞大的军火市场展开了激烈争夺。③ 列强对中国军火市场的争夺，除了明争外，还有暗斗，而军火走私就属于暗斗了。某些列强向中国走私军火，除了经济原因外，还有重要的政治目的。如日本，就企图分裂中国。④ 此外，地方官员的包庇也是澳门军火走私兴盛的一个重要原因。如管理澳门事务的同知萧炳堃，就利用手中的澳门水陆两路缉私之权，为鸦片、军火走私商充当保护伞，大发横财。光绪三十年（1904），广东官府为平定广西会党起事、清缴民间非法枪械，曾出高价收购民间枪械。⑤ 由于收购价格远远高于当时的市场价格，买枪冒领赏银的事件层出不穷，从而进一步刺激了枪械的走私。

三、华商在澳门军火走私中充当的角色

鸦片战争以前，居澳葡人在转口贸易中获得巨额利润，在澳华商主要通过为在

---

① 《署葡国公使柏德罗为中国兵船捕获赴澳日轮请饬释放事致总理外务部事务奕劻照会》，光绪三十四年正月十七日（1908 年 2 月 18 日），载中国第一历史档案馆等主编：《明清时期澳门问题档案文献汇编》第 4 册，人民出版社，1999，第 45 页。

② 黄鸿钊编：《澳门史料拾遗——〈香山旬报〉资料选编》，澳门历史文化研究会，2003，第 157 页。

③ 藤德永：《清末新政期间列强对中国军火市场的争夺》，《军事历史研究》2013 年第 1 期，第 107—112 页。

④ 齐春风：《评近代日本对华军火走私活动》，《安徽史学》2002 年第 3 期，第 58—63 页。

⑤ 邱捷：《近代中国民间武器》，社会科学文献出版社，2012，第 165 页。

澳葡人提供服务，来赚取微薄利润。嘉庆年间，"华人在澳开铺落业者，男、妇共有三千一百余口，因夷人止知来往贸易，凡百工所备，皆需仰给于华人，而贫民亦可藉此稍沾余利。历久相安，从无竞争"。① 鸦片战争以后，随着香港以及内地多个通商口岸的陆续开埠，澳门对外贸易急剧衰落。同治十三年（1874），由于持续10 年之久、贩卖华工 20 余万的苦力贸易的正式终结，澳门出现了严重的经济危机。在严重的经济困境中，"博彩业"却在一系列契机之下逐渐兴盛起来。随着在澳葡人的处境日益窘迫，在澳华人的经济实力逐渐超过了葡人。从 19 世纪 50 年代中后期开始，澳门的大部分对外贸易已逐渐为华人所掌握，到了 60 年代，澳门的绝大部分店铺均是由华商开办的。从此以后，中国商民在澳门的正当经济活动中一直占据主导地位。② 汤开建等对《澳门宪报》中文资料进行整理统计后发现，截至光绪十六年（1890），不但澳门的博彩业全被华商垄断，鸦片、鱼盐、火药、煤油及牛、猪肉等的承充权也都掌握在华人手中。从华商资本来看，到宣统三年（1911），澳门近代工业共有 32 家，除 3 家之外，③ 其余 29 家均为华资企业。④ 法国历史学家布朗科就曾在著作中这样描述 19 世纪的澳门经济状态："澳门的经济活动掌握在不同民族的人们手里，不过，却不掌握在葡萄牙人手里。水泥厂是英国人的，最好的酒店是中国人的。中国人还控制着烟草业、茶业、鲜鱼业、鸦片业、赌场等。"⑤

晚清以来，由于社会局势动荡不安，各种社会力量对军火的需求都非常旺盛，而澳门因其相对宽松自由的军火贸易环境以及界址不清等因素，成为当时军火走私内地的主要来源地。加之那些经济实力雄厚的在澳华商对内地非常熟悉，出于经济利益的考量，他们自然不会错过军火走私这一获利丰厚的生意。如前所述，光绪二十年十月十七日（1894 年 11 月 14 日）的《镜海丛报》上刊载了洋货军装行捐助同善堂的店铺名单，参与此次捐助的店铺就有 51 家之多，两广总督张人骏就此感

① 《广东巡抚韩崶奏报查阅澳门夷民安谧并酌筹控制事宜前山寨关闸仍旧防守折》，载中国第一历史档案馆等主编：《明清时期澳门问题档案文献汇编》第 1 册，人民出版社，1999，第 725 页。

② 费成康：《澳门四百年》，上海人民出版社，1988，第 322 页。

③ 这 3 家外资企业分别是：1884 年，香港旗昌洋行在妈阁建立的一家玻璃厂；1886 年，英国商人在青州建立的水泥厂；1906 年，法国人投资兴建的远东发电厂。

④ （葡）施白蒂：《澳门编年史（19 世纪）》，姚京明译，澳门基金会，1999，第 235、242 页；（葡）施白蒂：《澳门编年史（20 世纪）》，姚京明译，澳门基金会，1999，第 49 页。

⑤ （法）布朗科：《19 世纪最后一年的澳门》，载邓开颂等主编：《粤澳关系史》，中国书店，1999，第 277 页。

概说，"卖枪之店皆是华人"，"奸商设肆，倚澳门以为薮"。①再如，在引起巨大外交风波的"二辰丸案"中，日轮"二辰丸"就是为澳门广和店华商谭壁理偷运枪支弹药的。除此之外，从光绪二十年（1894）起，澳门开始实行火药承充专营制度，而其承充权也都掌握在华商手中。从光绪二十年五月廿八日（1894 年 7 月 1 日）到二十二年五月二十日（1896 年 6 月 30 日），所有澳门、凼仔、过路湾及其属地出入口制卖火药硝及硫黄生意，由华商叶瑞卿承充。②从光绪二十二年十一月廿八日（1897 年 1 月 1 日）至二十五年五月廿三（1899 年 6 月 30 日），所有澳门、凼仔、过路湾及其属地出入口制卖火药硝及硫黄生意由华商李镜荃承充。③

此外，火药不仅价格昂贵，而且是违禁品，对走私者的刑罚极为严厉。《大清律例·兵律》"私藏应禁军器"下有处置的条例，对"内地私贩硫黄五十斤、焰硝一百斤以上者，杖一百、徒三年"，"如合成火药与盐徒者，发近边充军"。④宣统元年（1909）修订的《大清现行新律例》规定："内地奸民煎挖、窝囤、兴贩硫黄十斤以下，处十等罚；十斤以上，徒一年，每十斤加一等；六十斤以上，流两千里；八十斤以上，流二千五百里；一百斤，流三千里；百斤以上，发极边足四千里安置……如合成火药卖与匪徒，不问斤数多寡，发极边足四千里安置。"⑤而在澳门，火药的价格低廉且容易获得，因此，在澳华商大量从内地购进炮竹纸壳，然后在澳门生产炮竹，由此促进了澳门炮竹业的繁荣。光绪七年至三十一年间（1881—1905），在澳华商投资的炮竹厂就多达 20 余家。⑥

由此可知，在澳华商不但通过火药承充的专营制度，牢牢控制了火药原料，还开设了大量军火店铺，充当了澳门军火走私运入内地的重要桥梁。海关报告资料显示，清政府一般从香港进口军火。（见表 5）相关资料也表明，由于清政府不与在澳华商进行军火交易，所以澳门军火要想进入内地，唯有通过走私。"澳门葡兵不及二百人，卖枪之店皆是华人，华官订购枪械向在香港，与澳门华商从无交

---

① 《两广总督张人骏为二辰丸案事关大局请设法维持事致外务部电文》，光绪三十四年二月初三日（1908 年 3 月 5 日），载中国第一历史档案馆等主编：《明清时期澳门问题档案文献汇编》第 4 册，人民出版社，1999，第 61 页。

② 《澳门宪报》1894 年 6 月 2 日（第 22 号）。

③ 《澳门宪报》1897 年 1 月 23 日（第 2 号）。

④ 《大清律例》卷 19《兵律·军政》，第 214 条。

⑤ 《大清现行新律例》卷 16《军政》，载怀效锋主编，李俊等点校：《清末法制变革史料》，中国政法大学出版社，2010，第 336—337 页。

⑥ 林广志：《晚清澳门华商与华人社会研究》，博士学位论文，暨南大学，2005。

易"。① "况寓居澳门不安分之华商，专以私济匪械为事，尽人皆知"，"粤官从来不与交易，其销路只有济匪资盗一项"。② "澳门一埠接近广东，中国奸商以转贩军火为名，时有影射，向澳门政厅领取执照，由他国私运军火，转贩中国内地匪徒。迭经粤督查悉，只以澳门政厅可发给执照，致办理诸多为难"。③ 光绪二十八年七月十一日（1902 年 8 月 24 日）的《申报》也称："各种军火之由外洋运至澳门者为数甚多，然非澳官购以颁给防兵者，故疑其转运入中国内地也。"④

表6 1909—1911 年从港澳出口到内地的军火值

单位：海关银两

年份	香港	澳门
1909	751 741	—
1910	744 494	—
1911	113 000	245

数据来源：历年海关报告原始资料（China, Maritime Customs, Decennial Reports, 1909-1930。转引自陈存恭：《列强对中国的军火禁运：民国八年—十八年》附录一，"中研院"近代史研究所，1983。

澳门华商与资产阶级维新派的关系十分密切。如澳门赌商、鸦片烟商和实业家何廷光就与康有为关系匪浅。光绪二十三年（1897），以何廷光、康广仁为总理，以梁启超、徐勤、吴恒炜、刘桢麟等为撰述者的《知新报》，在澳门正式创刊。该报在宣传维新派思想方面发挥了重要作用。光绪二十五年六月十三日（1899 年 7 月 20 日），康有为等人在加拿大创立了保皇会，何廷光出任澳门分会会长。不久，康有为又将保皇会总会迁至澳门。光绪二十六年（1900），康有为等决定武装勤王。

---

① 《两广总督张人骏为二辰丸案事关大局请设法维持事致外务部电文》，光绪三十四年二月初三日（1908 年 3 月 5 日），载中国第一历史档案馆等主编：《明清时期澳门问题档案文献汇编》第 4 册，人民出版社，1999，第 62 页。

② 《两广总督张人骏为详驳日使节略各款事致外务部电文》，光绪三十四年二月十一日（1908 年 3 月 13 日），载中国第一历史档案馆等主编：《明清时期澳门问题档案文献汇编》第 4 册，人民出版社，1999，第 78 页。

③ 《外务部为商请澳门政厅嗣后不得给发军火执照事致葡国公使柏德罗照会稿》，光绪三十四年二月十九日（1908 年 3 月 21 日），载中国第一历史档案馆等主编：《明清时期澳门问题档案文献汇编》第 4 册，人民出版社，1999，第 90 页。

④ 《军火可疑》，《申报》（上海）1902 年 8 月 24 日。

由于武装勤王需要大量武器，所以利用捐款购买和运送枪械到中国内地，就成为澳门保皇总会的主要任务之一。何廷光既是保皇会的负责人之一，又在澳门拥有两家炮竹厂，掌握着大量的火药原料，故极有可能参与了澳门军火走私内地的活动。"新正初三日，有数华官由羊城乘小轮船至澳，访查某富商，盖疑此商管理香山一带乱党所谋之事也。然访诸澳中，各富商皆不知情，深为惊讶。有某甲者，为壕镜著名豪富，当西历一千八百九十八年康、梁肇事时，人咸疑为同党，现在寄居羊石。询之，则谓并不与闻。既而华官闻有逆党寄迹石峡，遂派令线人往缉。初三日，轮船到港稍迟，人情异常惊骇，后访悉因在某洋搁浅，致滞行程。初五日，汉口轮船抵港，述及初三晚有大渡船二艘迫近沙面，华官在其中一艘渡船内搜出六响手枪甚多及火药三箱，盖亦叛党暗中贩运者也。"[①] 从种种迹象来看，上述史料中的"壕镜著名豪富"，极有可能就是保皇总会负责人何廷光。

澳门华商与资产阶级革命派的关系也很密切。如澳门华商卢怡若，就是同盟会澳门支部的主要负责人之一。他利用绅商身份向澳葡当局申请立案，在白马行街钓鱼台的一座三层楼房内，设立壕镜阅书报社，作为同盟会宣传革命、秘密发展会员的重要据点。宣统三年（1911），同盟会发动香山起义时，澳门富商陈芳之孙陈永安不仅自己加入了同盟会，还为同盟会提供了大量的活动经费。

此外，由于与内地存在着千丝万缕的联系，所以澳门华商的军火走私，有的是为了经济利益，有的是为了政治利益。总而言之，在澳门军火走私中，在澳华商占据着非常重要的地位，甚至可以进一步认为，澳门军火走私就是澳门华商的军火走私。

四、澳门军火走私的社会影响

军火走私的社会影响是极为复杂的，如果军火输入的目的在于国防、治安或革命救国，可被视为正常的良性输入；如为制造动乱或发动内战，则属于不正常的输入。以这样的标准来衡量，各类军火走私就不应一概被视为只有负面影响的输入。比如，革命党人的军火走私，就是为了革命救国，与劫资置械、为害乡里的盗匪有着本质的区别。因此，在探讨澳门军火走私的影响时，我们也应注意加以区分。晚清时期，盗匪和革命党人的军火走私及其持械所进行的活动，无疑都进一步加剧了

---

① 《港澳缉匪记》，《申报》（上海）1903 年 2 月 16 日。

社会的动荡。下面以广东为例，对晚清澳门军火走私的社会影响展开论述。

广东的盗匪问题与澳门军火走私有着密切的关系。澳门因其宽松自由的军火交易环境以及界址不清等因素，成为广东盗匪获取枪械的主要来源。凭恃手中的枪械装备，盗匪更加肆无忌惮，对社会的危害也越来越大。光绪十九年十二月廿六日（1894 年 2 月 1 日），《申报》上刊载的一篇评论文章称："顾何以广东之盗乃肆无忌惮一至于此？则以广东之盗党亦有军火，足以与官军抗衡故也！"①"粤东地处海滨，夙称多盗。自通商以后，轮船往来，外洋快枪购置便易，匪徒恃其利器，凶焰益张"。②"匪盗专恃枪械，得械则张，失械则伏"。③"曩由香港、澳门两处私贩军火至内地者，源源不绝，实繁有徒，以臻今日盗风猖獗，地方不靖"。④"查察两粤匪情，澳门接济匪械之路不断，盗匪必无清日，揭竿蜂起，仓卒可成，虽有善者，不知其可"。⑤"粤东盗匪充斥，水陆屡见劫案，为中外商旅之累，加以钦廉等处余孽未清，探原其故，实因外洋接济军器，致匪势益加蔓延"。⑥盗匪活动的危害甚大：其一，妨碍正常的农业生产活动，"香山县属素多沙田，贼匪利其膏腴，勒收行水，否则焚抢掳杀，耕农苦之"。⑦其二，阻断地区间的贸易往来，"内地盗匪愈多，商贾每虞裹足，近兼金价迭贵，银价迭贱，洋货亦因之价昂，以致内地销流日滞"。⑧其三，造成港澳地区的物价上涨，"海盗对航行华船的勒索，造成港澳两地的食物及其他商品的价格大幅上涨"。⑨

资产阶级革命派的革命救国运动与澳门军火走私也关系匪浅。辛亥革命之前，

① 《论广东多盗》，《申报》（上海）1894 年 2 月 1 日。

② 《署两广总督岑春煊等奏遵旨整顿捕务办理搜剿情形折》，载中国第一历史档案馆、北京师范大学历史系编选：《辛亥革命前十年间民变档案史料》，中华书局，1985，第 444 页。

③ 《两广总督张人骏为释放日船事关约章成废盼设法主持事致外务部电文》，光绪三十四年二月初二日（1908 年 3 月 4 日），载中国第一历史档案馆等主编：《明清时期澳门问题档案文献汇编》第 4 册，人民出版社，1999，第 56 页。

④ 莫世祥、虞和平等编译：《近代拱北海关报告汇编》，澳门基金会，1998，第 211 页。

⑤ 《两广总督张人骏为二辰丸案事关大局请设法维持事致外务部电文》，光绪三十四年二月初三日（1908 年 3 月 5 日），载中国第一历史档案馆等主编：《明清时期澳门问题档案文献汇编》第 4 册，人民出版社，1999，第 62 页。

⑥ 《外务部为二辰丸案仍请照章会审事致日本公使林权助节略》，光绪三十四年二月初五日（1908 年 3 月 7 日），载中国第一历史档案馆等主编：《明清时期澳门问题档案文献汇编》第 4 册，人民出版社，1999，第 67 页。

⑦ 《署两广总督岑春煊等奏遵旨整顿捕务办理搜剿情形折》，载中国第一历史档案馆、北京师范大学历史系编选：《辛亥革命前十年间民变档案史料》，中华书局，1985，第 444 页。

⑧ 莫世祥、虞和平等编译：《近代拱北海关报告汇编》，澳门基金会，1998，第 218 页。

⑨ 莫世祥、虞和平等编译：《近代拱北海关报告汇编》，澳门基金会，1998，第 70 页。

革命党人发动的历次武装起义，几乎都是以港澳为指导中心和策源地的。其中，"香港既是指挥和策划中心，又是经费筹集与转汇中心、军火购制与转运中心，海内外革命同志的联络与招募中心，也是每次起义失败后革命党人的避难场所"。[①]在乙未广州起义、庚子闰八月惠州三洲田起义、壬寅除夕洪全福起义等数次武装起义中，革命党人都曾从澳门偷运大量军火至广东，但因清政府的拦截，部分军火未能成功运达起义地点。晚清广东，加入革命党人队伍的盗匪不在少数，革命党人也常常借助会党的力量来发动武装起义。"三合会者，盗贼之母也。凡欲作盗，必先入会。既已入会，便思作歹"。由于广东会党与盗匪之间呈现的是一种"你中有我，我中有你"的复杂局面，故二者经常被清政府合称为"会匪"。革命党人对盗匪的发动和利用，也使得一部分盗匪卷入革命运动。例如，光绪二十六年（1900）发动的惠州三洲田起义，其基本力量之一就是嘉应州一带的三合会。但不可否认的是，盗匪参加革命活动的动机十分复杂，这就一方面造成了社会的更大动荡，另一方面则构成了直接威胁清政府统治的危机因素。

综上所述，无论是盗匪的军火走私，还是革命党人的军火走私，无疑都使得广东地区的社会局势更加动荡不安。但我们更应该看到，晚清广东的盗匪活动猖獗，各种社会力量此起彼伏，其根源都在于社会矛盾的加剧，而澳门的军火走私只不过是一种加速剂、一种表象而已。

五、结语

晚清以来，政府不断积贫积弱，内忧外患频仍。一方面，清政府对内控制力减弱，逐渐对地方失去控制。另一方面，西方列强在中国攫取大量权利，如领事裁判权、协定关税、设置租界等，更甚者割地赔款。根据《中葡和好通商条约》，葡萄牙获得了"永驻管理澳门以及属澳之地"的权利，而中国则丧失了对澳门的管辖权。澳门"外附"是澳门军火走私问题的关键前提。澳门未"外附"之前，澳门的军火贸易一直受到清政府的严密监控，虽然也有走私的情况，但并不严重。《葡萄牙东波塔档案馆藏清代澳门中文档案汇编》上册第五章《对外贸易》第六节《硝磺炮位》中，就记载了清政府官员对澳门火药原料、炮位的管理情形，其中明确指出，清政府官员对进入澳门的火药原料拥有稽查权。比如，乾嘉之际澳门海疆危机

---

① 吴明刚：《港澳与辛亥革命》，《福建党史月刊》2001 年第 10 期，第 6—8 页。

时，澳门同知彭昭麟就曾严格控制军器火药的进出口。[①] 澳门"外附"后，清政府不仅失去了对澳门的管辖权，也失去了对澳门军火的控制权。因此，我们可以这样认为，澳门军火走私就是澳门主权被葡萄牙政府攫取所造成的客观结果。鉴于军火买卖的利润丰厚，澳葡政府视其为正常合法的贸易，并制定一系列章程对其进行管理。在澳商人领取牌照后，即可按照相关章程规定从事军火买卖。

清末，内地动荡不安的局势，使各种社会力量对军火的需求量都很大。澳门因其自由宽松的军火贸易环境、界址未定等原因，成为外洋军火走私内地，尤其是广东地区的主要来源地。在澳华商凭借雄厚的经济实力，逐渐控制了澳门的军火买卖，他们或受丰厚利润的驱使，或出于政治考量，成为澳门军火走私内地的重要桥梁。清末，澳门走私到内地的军火数量非常庞大，这些军火或落入盗匪手中，或落入革命党人手中，但是无论落入何人之手，都使内地的局势更加动荡不安。而动荡不安的社会局势，又加剧了各种社会力量对军火的需求，澳门军火走私又进一步加剧了社会的不稳定性，社会的不稳定性又刺激了各种社会力量对军火的需求。

---

① 汤开建、张中鹏：《彭昭麟与乾嘉之际澳门海疆危机》，《中国边疆史地研究》2011 年第 1 期，第 56—67 页。

人口视阈下的城市公共交通演变

——以近代上海中外商电车企业为例 *

李沛霖 **

内容提要："七七事变"前夕，上海作为中国第一大都市和经济中心，人口辐辏且交通繁复。作为彼时城市化进程重要动因和公共交通力源中心的电车事业，不仅保证了上海城市功能的正常运转，更与城市人口之间存在着密切联系。有见及此，电车企业持力满足于城市人口增长的需求，并对纾缓人口压力作出因应，进而助力于人口的频密流动。由此可见，电车事业与城市人口的覆合共存、相依发展，不仅使近代上海城市化的进程更形加速，亦从侧面投射出近代中国城市向现代递嬗的独特掠影。

关键词：近代公共交通；上海电车企业；人口压力；人口流动

城市人口是指常年居住在城市中的、与城市活动有关系的人口，其是城市经济发展的动力和物质生产的重要条件。[①]纵览世界，"洎乎十八世纪末叶，城市人口日趋膨胀，市政成为专门之学，公用事业亦为研究市政者所重视"。[②]"七七事变"前夕，上海成为近代中国第一大城市，"良以上海市人口之稠密，工商百业之繁兴，超乎国中任何都市之上，非先设法解决交通问题，不足以言复兴建设"。[③]在此背景下，上海城市公共交通嚆矢并发展迅速，作为其中典型代表的电车事业，成为市

---

* 本文系中国博士后科学基金一等资助项目"抗战前新式公共交通与京沪城市社会变迁研究"（项目编号：2015M580284）、南京邮电大学"1311 人才计划"阶段性成果。

** 李沛霖，复旦大学历史学系博士后，南京邮电大学马克思主义学院副教授。

① 张钟汝、章友德等编著：《城市社会学》，上海大学出版社，2001，第 148、112 页。
② 上海市公用局编印：《十年来上海市公用事业之演进》，1937，"弁言"第 1 页。
③ 赵曾珏：《上海之公用事业》，商务印书馆（上海），1949，第 184—185 页。

民出行最主要的公共交通工具，即"本埠公众交通，首赖电车"。[①]"电车为公众交通机关，上中下各级市民利用之"。[②] 从而，电车事业与城市人口覆合共存、共生共长，对于城市化进程的赓续起到关键助力。回溯往祀，既往学界虽对相关论题有所涉猎，但专事论述二者关系者，尚不足见。[③] 鉴于此，本文拟作初探，阙失之处，尚祈补正。

一、人口增长与电车需求

"七七事变"前的上海电车企业，"中、英、法三国，各就本界设有路线，因有上海制造电气公司（简称'英电公司'）、上海法商电车电灯公司（简称'法电公司'）、上海华商电气股份有限公司（简称'华电公司'）之别"。[④]1908 年 3 月，上海第一条有轨电车线路由英电公司辟于公共租界，两个月后，法电公司在法租界开办电车，即"英法商有轨电车相继开办，是为上海有电车之始"。1913 年 8 月，华电公司电车运行，"是为上海（华界）南市有电车之始"。[⑤]

（一）人口引致需求

1845 年 11 月，上海道台宫慕久同英国领事巴富尔谈判后，成立租界协定：东到黄浦江，南到洋泾浜，西到界路，北到李家庄，全部面积约计 830 亩，此为上海租界辟始。至 1848 年 11 月，面积增至 2820 亩。[⑥]1863 年，英美租界合并为公共租界，总面积达到 10676 亩。"中国以太平军之乱，举凡缙绅巨贾、负贩细民，

---

① 毅：《论本埠通行公共汽车》，《申报》1923 年 6 月 16 日，第 21 版。

② 养志：《上海电车急应改良之点》，《申报》1924 年 7 月 5 日，第 27 版。

③ 相关研究可参见廖大伟：《华界陆上公交的发展与上海城市现代化的演进（1927—1937）》，《档案与史学》2003 年第 3 期。何益忠：《近代中国早期的城市交通与社会冲突——以上海为例》，《史林》2005 年第 4 期。刘椿：《20 世纪初上海城市客运业与官商互动模式的嬗变》，《深圳大学学报（人文社会科学版）》2005 年第 5 期。陈文彬：《城市节奏的演进与近代上海公共交通的结构变迁》，《学术月刊》2005 年第 7 期；《近代上海租界公共交通专营制度述评》，《社会科学》2008 年第 1 期；《近代城市公共交通与市民生活：1908—1937 年的上海》，《江西社会科学》2008 年第 3 期。张松等：《上海租界公共交通发展演进的历史分析》，《城市规划》2014 年第 1 期等。已有研究多从公共交通的发展轨迹及其对城市化的影响等方面进行考察，然专事本题研究，以笔者目力所及，学界尚未呈现。

④ 沙公超：《中国各埠电车交通概况》，《东方杂志》第 23 卷第 14 号，1926 年 7 月 25 日发行，第 51 页。

⑤ 赵曾珏著：《上海之公用事业》，商务印书馆（上海），1949，第 53 页。

⑥ 蒯世勋等编著：《上海公共租界史稿》，上海人民出版社，1980，第 316—317 页。

亦莫不视上海为乐土，而相率迁入于租界"。① 由此，1899 年 5 月，公共租界工部局（以下简称"工部局"）以界内华人剧增，要求继续拓界，此次扩张使总面积达到 33503 亩。②1890—1910 年间，英租界之外人由 3821 人增为 13526 人，华人由 168129 人增为 488005 人。③ 再至 1936 年，其人口达到 118.1 万，较 1865 年增长近 12 倍。（见表 1）再如法租界，其最初范围为南至护城河，北至洋泾浜，西至关帝庙诸家桥，东至广东潮州会馆沿河至洋泾浜东角，面积共约 986 亩。1899 年 6 月，面积增至 2135 亩。1914 年，沪海道尹与法驻沪总领事签订《上海法租界推广条约》，法界范围扩大到 15150 亩，④ 界内人口因此激增。至 1936 年，其人口达到 47.7 万，较 1865 年增长近 8 倍。（见表 1）华界的情形是，1927 年 7 月 7 日，国民政府成立上海特别市，除原淞沪商埠督办公署所辖的上海县全境和宝山县五乡之地仍归特别市外，另增划大场、杨行两乡及七宝乡、莘庄乡、周浦乡的一部归其管辖，总面积达 494.68 平方公里。⑤ 至 1936 年，华界人口达到 215.6 万，较 1865 年增长近 3 倍。（见表 1）

表1 上海人口统计略表（1865—1936）

单位：人

年份	公共租界	法租界	华界	年份	公共租界	法租界	华界
1865	92884	55925	543110	1930	1007868	434807	1692335
1900	352050	92268	—	1931	1025231	456012	1836189
1910	501541	115946	671866	1932	1074794	478552	1580436
1915	638920	149000	1173653	1933	1007868	434807	1795953
1920	783146	170229	—	1935	1159775	498193	2044014
1925	840226	297072	—	1936	1180969	477629	2155717

---

① 甘作霖：《上海三电车公司之组织》，《东方杂志》第 12 卷第 1 号，1915 年 1 月 15 日发行，第 10 页。

② 上海市档案馆编：《上海租界志》，上海社会科学院出版社，2001，第 3 页。

③ 《上海公共租界及法租界内之中国人数》，《东方杂志》第 13 卷第 3 号，1916 年 3 月 10 日发行，第 2 页。

④ 上海市档案馆编：《上海租界志》，上海社会科学院出版社，2001，第 3—4、117 页。

⑤ 吴景平等著：《抗战时期的上海经济》，上海人民出版社，2015，第 125—126 页。

资料来源：邹依仁：《旧上海人口变迁的研究》，上海人民出版社，1980，第90—91页。上海市公用局电车公司筹备处档案：《上海市各区人口比较表》1930—1934年，上海档案馆藏，档号：Q423-1-3-31。

至"七七事变"前夕，全上海地区总面积为527.50平方公里，其中，华界、公共租界、法租界分别为494.68平方公里、22.60平方公里、10.22平方公里。再看1852—1937年上海三界的总人口数：1852年为544413人，1910年为1289353人，1927年为2641220人，1930年为3144805人，1935年为3701982人，1937年达到3851976人。[1]深究而论，其人口数剧增的主要原因是："上海为缩毂中外之巨埠，其殷繁在全国都市中最具优越之势。一般谋事之人，以其出路较广，机缘易得，即相率为尾闾之泄。甚至原有职业者，亦且舍其所骛，来图别栖。而新置各类机关大都不供膳宿，此大批被雇用阶级自不得不携眷挈孥，别谋赁处，无怪上海人口之日趋于激增也。"[2]至"七七事变"前夕，上海三界总人口数已达385万之巨，成为具有相当规模的国际大都市。

进而言之，交通是因需求而产生的，有需求就必有供给，交通工具就是为满足一定交通需求而产生的。[3]由于"上海人口日增，故交通亦日益复杂"，[4]进而"公共车辆对于市民之需要，既如此其殷迫"。[5]即"电车创设已久，路线如网，搭客称便。故在上海车辆交通中，实占一重要地位"。[6]开埠初，"外国人之居留者为数至微，而租界华人尤寥若晨星。故电车一物，在当日不觉其需要。然自外人之航海东来，栖止沪上者即逐渐增多"。[7]1906年2月，英电公司的伦敦董事会认为，如在上海经营有轨电车，定能获得很大利益，许多当地人和外侨定会购买电车股票，电车能从中国人身上得到很大的收入。[8]同年6月，该公司总理麦考尔再言电车扩张之必要，"上海为实业发达之集中点，故其奇异之发展，已造成迥异寻常之输运需求。如所拟扩张计划皆即实施，仅可应付现有之一部需要"。[9]与此同时，法电公

---

①　邹依仁：《旧上海人口变迁的研究》，上海人民出版社，1980，第90—92页。
②　都：《上海之公共交通问题》，《申报》1935年7月21日，第7版。
③　刘贤腾：《交通方式竞争：论我国城市公共交通的发展》，南京大学出版社，2012，第138页。
④　董修甲：《京沪杭汉四大都市之市政》，大东书局，1931，第66页。
⑤　都：《上海之公共交通问题》，《申报》1935年7月21日，第7版。
⑥　虞：《三十年来上海车辆消长录（续）》，《申报》1932年4月13日，第15版。
⑦　甘作霖：《上海三电车公司之组织》，《东方杂志》第12卷第1号，第10页。
⑧　上海市公用事业管理局编：《上海公用事业（1840—1986）》，上海人民出版社，1991，第333页。
⑨　《上海电车公司之扩张热》，《申报》1922年6月3日，第3版。

司电车最初以十六铺为起点，以公馆马路、霞飞路为主要干线，呈放射状向西延伸，经善钟路、福开森路至中国居民众多的徐家汇；南向，由浙江路经民国路、方斜路至卢家湾。至此，法界内居民所需的公共交通得到解决。① 即便如此，时人仍提出"以法租界之各项（电车）路线局于一隅，几使大部分之居民咸沦于不便利情况中"，故"鉴于公共车辆攸关民生之殷切，为僻区之住户利益计"，向法电公司申请"增辟路线，多放车辆"。②

再如华界，辛亥革命后，"帝制推翻，上海县城（南市）开始有拆城和兴办新式交通之举"。至1922年，"目下各埠已经通行电车之处，其一部或全部皆属于租界或仅限于租界区域以内"，由此华电公司即有建筑闸北电车之议。③ 嗣后，国民党上海市第四区执行委员会再度提议，"华界电车仅限于南一隅"，函请市府在闸北筹办电车，"以利交通"。④ 而自上海特别市成立后，面积扩张、人口增加，因此，1927年11月公布的《市政府公用局行政大纲暨实施办法》中规定，对于老西门、小东门电车应速接轨，在南市开一电车路线接通新西区。⑤ 实因"新西区自市政府在该处成立后，关于交通方面者尚须充分准备，且该处既为市政府及各局所在地点，此后内部职员以及各界人士往还者日众，犹有尽先办理之需要"。由此，市公用局令华电公司筹办由南市直通新西区的电车。⑥ 至1931年3月，上海市政府建设讨论委员会再为振兴新西区申请通行电车，即"将来电车行驶，交通利便，新西区房屋次第建造，铺户繁盛，人口增多"，请该公司"顾全地方，早日实行"。⑦ 继而，又因"本市人口日益繁密，华租界交通实有联络之必要"，1934年10月，公共租界工部局、法租界公董局（以下简称"公董局"）及上海市政府各局还召开华界、租界交通联络会议，商定自南北两火车站间行驶高架电车等。⑧

---

① 上海市公用事业管理局编：《上海公用事业（1840—1986）》，上海人民出版社，1991，第338页。
② 都：《上海之公共交通问题》，《申报》1935年7月21日，第7版。
③ 沙公超：《中国各埠电车交通概况》，《东方杂志》第23卷第14号，第50、60页。
④ 《上海市第四区党部请办闸北电车》，1930.7—1930.8，上海市档案馆藏，档号：Q5-2-836。（本文档案均为上海市档案馆藏，以下不再一一注明。）
⑤ 《上海市公用局拟订1927年度施政大纲》，1927.8—1927.11，档号：Q5-3-908。
⑥ 《上海市公用局令饬华商电车推广路线及增加车辆》，1927.11—1929.4，档号：Q5-2-837。
⑦ 《上海市公用局关于新西区通行电车》，1931.3—1932.5，档号：Q5-2-834。
⑧ 《上海市公用局与租界市政机关讨论全市交通联络问题》，1934.9—1934.11，档号：Q5-2-1151。

（二）电车载人统计

事实上，从 1890 年到 1927 年上海设特别市之前，全市人口数从 82.5 万增到 264.1 万，37 年间增长了 2 倍多，年均递增率为 32‰，超过了现代世界城市人口（1950—1975）增长约 31‰的水平。[①] 尽管如此，"欲解决上海市之交通问题，当以建立有效之公共交通网为唯一要务，吾人昕夕以求者，使本市民众获得四通八达、经济而舒适之公共车辆"。[②] 城市人口的增长，不仅对电车事业产生"派生需求"[③]，且使该业载客人数日增月长。以英电公司为例，"电车发达之证，当更明显"。1908 年，该公司的有轨电车通车，至当年年底行车 166 万公里，运客 5377201 人次。1909—1913 年，其载客量由 11772715 人增至 47686648 人，"观此可知，乘客之递增实有与年俱进之势"。[④]1914—1918 年，该公司有轨、无轨电车的乘客量由 55647238 人增至 78683290 人。（见表 2）1919—1922 年，乘客量分别为 95038701 人、110833311 人、119558769 人、126684226 人，可知该公司"营业状况每年俱有进步，年利约 2 分左右"。1922 年，每日每英里的乘客量达到 19500 人。[⑤] 伴随"租界电车营业日趋发达"，该公司六路、七路电车自 1921 年增添以来，"尚觉不敷"。1922 年、1921 年，两路行车分别为 111587 英里、104518 英里，载客量分别为 2284809 人、2495523 人。[⑥]

表 2 公共租界英电公司电车乘客数及交通意外表（1909—1918）

年份	乘客总数	十万人中遇意外者	十万人中受伤者	年份	乘客总数	十万人中遇意外者	十万人中受伤者
1909	11772715	72219	54	1914	55647238	626	27
1910	18751215	9218	82	1915	59749710	445	16
1911	27257250	1814	60	1916	69089432	493	97

---

① 张开敏主编：《上海人口迁移研究》，上海社会科学院出版社，1989，第 29 页。

② 赵曾珏：《上海之公用事业》，商务印书馆（上海），1949，第 184—185 页。

③ "派生需求"是指对生产要素的需求，它是由对该要素参与生产的产品的需求派生而来。参见（英）马歇尔：《经济学原理》，刘生龙译，江西教育出版社，2014，第 315 页。

④ 甘作霖：《上海三电车公司之组织》，《东方杂志》第 12 卷第 1 号，第 13—14 页。

⑤ 沙公超：《中国各埠电车交通概况》，《东方杂志》第 23 卷第 14 号，第 51—52 页。

⑥ 《电车营业之今昔观》，《申报》1922 年 5 月 28 日，第 15 版。

| 1912 | 40734233 | 2410 | 85 | 1917 | 73461492 | 693 | 98 |
| 1913 | 47686648 | 108 | 3 | 1918 | 78683290 | 183 | 18 |

资料来源：《英人在上海之企业》，《申报》1920 年 1 月 11 日，第 19 版。

具如 1926 年 1 月至 6 月，英电公司在公共租界共有 11 条电车路线，行车 3564828 英里，乘客量为 58352468 人。[①] 1923—1927 年，乘客量分别为 127854000 人、127113790 人、104893221 人、120174130 人、93807726 人。[②] 1930—1934 年，乘客量分别为 128564955 人、139800061 人、108845656 人、119669536 人、119687484 人。[③] 至 1935 年，该公司电车干线已基本布满公共租界各区域，其中，有轨（电车）道线为：杨树浦路终点—百老汇路—白渡桥—洋泾浜；北四川路终点—黄浦滩—南京路—静安寺路；洋泾浜—浙江路—沪宁车站前—黄浦滩；卡德路—新闸路—与第三线浙江路联络。无轨（电车）道线为：福建路—北京路东部；沿河南路自北部达苏州河岸。[④] 1935—1937 年，乘客量分别为 115201428 人、112085248 人、85853047 人。[⑤]

不啻如此，伴随法租界人口的增长，法电公司的电车载客人数亦与日俱增。如该公司 1909 年的乘客量为 4474500 人；1912—1913 年，其行车数分别为 990342 英里、1105000 英里，乘客量分别为 12299708 人、14778000 人，"足证其营业之进步者也"。"法电每日载客之平均数而一为比较，则所谓进步者乃益显见"，1909—1913 年，其日均载客数分别为 12300 人、19760 人、23200 人、33700 人、40290 人。[⑥] 再如，该公司 1915 年、1920 年、1925 年的乘客量分别为 16196552 人、34109295 人、44329853 人；1927—1931 年，其乘客量分别为 47604308 人、53755538 人、61340293 人、55266304 人、63662409 人。至 1936 年，其行车数为 545 万公里，载

---

① 《公共租界电车之半年营业》，《申报》1926 年 7 月 3 日，第 15 版。

② 《公共租界电车去年营业之报告》，《申报》1926 年 1 月 5 日，第 9 版；上海市档案馆编：《上海租界志》，上海社会科学院出版社，2001，第 421 页。

③ 华文处译述：《上海公共租界工部局年报》（中文），1932—1934 年，档号：U1-1-958、959、960。

④ 交通铁道部交通史编纂委员会编印：《交通史·电政编》第 3 集，1936，第 73 页。

⑤ 华文处译述：《上海公共租界工部局年报》（中文），1935，档号：U1-1-961；《上海市公用局关于 1935—1940 年英商上海电车公司会计年报卷》，1946.10，档号：Q5-3-5485。

⑥ 甘作霖：《上海三电车公司之组织（续一号）》，《东方杂志》第 12 卷第 4 号，1915 年 4 月 1 日发行，第 10—11 页。

客量达到 4438 万人次。[①] 与此同时,华界人口的迅速增加,亦使华电公司的电车乘客每年达到千万人次。如 1921 年,该公司的乘客量为 30000000 人,1922 年为 32830455 人,[②]1933 年为 36456888 人,[③]1934 年为 26764813 人,[④]1935 年为 23097524 人。[⑤]

概而言之,"当电车未通行时,此多数乘客正不识其作何状况,而此制之创行,却为一种极相需之投时利器"。[⑥] 如至 1932 年,上海人口由 1852 年的 54 余万增至 300 余万,"综计全上海所有之一切车辆,包括小车、人力车、电车、汽车等而言,其总数不下七万辆"。[⑦] 再据统计,1937 年,上海每天在路上乘各式车辆来往的人数约占总人数的 65%,其中,乘公共车辆者占 45%(电车 25%、公共汽车 20%)。[⑧] 由是,当时市内交通"最足以引人注目者,厥维电车。以电车驰骋之速,载客之多,凡租界中所号为至迅疾而至宽大之各项车辆,举弗之及"。[⑨] 有见及此,近代以来,上海城市人口的增长对电车业产生持续需求,从而为该业提供良性的市场运行环境,并使之日增月长,终达于极盛。

二、人口压力与电车因应

据统计,1920 年,上海公共租界的人口数为 783146 人,超过美国新奥尔良、德国纽伦堡等欧美主要城市。1900—1935 年间,该租界中区每平方公里的人口数由 61364 人增至 64109 人,北区由 44503 人增至 100770 人,东区由 5651 人增至 41777 人,西区由 4864 人增至 45703 人。[⑩]1935 年,公共租界、法租界的人口密度分别为 51317 人 / 每平方公里、48747 人 / 每平方公里。[⑪]1936 年,华界的人口密度为 4302 人 / 每平方公里,其中,30 个警察局所辖人口中,超过万人者有 15

① 上海市地方协会编印:《民国二十二年编·上海市统计》,1933,"公用事业"第 10 页;上海市档案馆编:《上海租界志》,上海社会科学院出版社,2001,第 428 页。

② 沙公超:《中国各埠电车交通概况》,《东方杂志》第 23 卷第 14 号,第 50、52 页。

③ 《上海市公用局调查上海电车公司》,1932.6—1932.7,档号:Q5-2-825。

④ 《上海市公用局关于华商等电车战前状况资料》,1946.1,档号:Q5-3-1044。

⑤ 《上海南市市政厅准许上海华商电车公司行车合同》,1947.3,档号 Q423-1-35-21。

⑥ 甘作霖:《上海三电车公司之组织》,《东方杂志》第 12 卷第 1 号,第 9 页。

⑦ 虞:《三十年来上海车辆消长录》,《申报》1932 年 4 月 6 日,第 15 版。

⑧ 赵曾珏:《上海之公用事业》,商务印书馆(上海),1949,第 176—177 页。

⑨ 甘作霖:《上海三电车公司之组织》,《东方杂志》第 12 卷第 1 号,第 8 页。

⑩ 《上海公共租界工部局总办处关于交通运输委员会第 1 至 14 次会议记录(卷 1)》,1924—1925 年,档号:U1-5-7。

⑪ 上海市地方协会编印:《上海市统计补充材料》,1935,第 3 页。

个。而 1927 年、1937 年，全上海的人口密度分别为 5001 人 / 每平方公里、7230 人 / 每平方公里。其人口密度之高，在当时世界各大城市中实属罕见。[①] "人口膨胀带来人们的交通出行量急剧增大，对城市公共交通的压力不断增大"，[②] 因而，电车需求与其运能供给不足之间的矛盾已逐步显现。再如"公众交通关系于市民安全至深切，而电车搭客拥挤而肇祸事，层见叠出"。[③] "近年来上海人口增多……电车一项虽辆数有加，而乘客仍感拥挤之困苦。长此以往，不独行旅艰难，实亦危险万分"。[④] 电车企业主要采用拓展路线、增设车辆等方式，来缓解城市人口剧增所引致的客运压力。

（一）电车路线拓展

人口演变趋势，是电车企业进行线路布局的基本依据。如英电公司最初根据人口密度大、工厂商业麇集的苏州河北端、静安寺、南京路、外滩、虹口及沪宁、沪杭铁路线等区域的分布特点，规划相应的电车线网。[⑤] 继而，工部局为"统筹全局以图租界之发展，求运输之迅速与便宜，谋各区域之交通相接"，[⑥] 提出"电车应延长现有路线"。[⑦] 如 1909 年，公共租界内的电车每日载客 3 万多人次，但有轨电车线路已不能完全适应界内人口的需要，而"无轨电车扩展，其最令人满意之处在于，它能在人口稠密地区和稀少地区之间提供经常而迅速的交通工具，而不是集中发展人口已经稠密的地区"。[⑧] 由是，1919 年 9 月，英电公司拟定扩充无轨电车路计划，"俾租界中重要实业区域与收聚及分布货物各集中点，得由电车连接并扩张。现有无轨电车路经过至少二十四条马路，达十二或十三英里长"。[⑨] 翌年 3 月，英电公司再向工部局提出三年内扩张电车路计划（第一年：有轨、无轨电车分别扩张一条、四条；第二、三年：无轨电车分别扩张二条、四条）。[⑩] 由于"公共租界

---

① 邹依仁：《旧上海人口变迁的研究》，上海人民出版社，1980，第 92—97 页。
② 闫平、宋瑞：《城市公共交通概论》，机械工业出版社，2011，第 18 页。
③ 毅：《论本埠通行公共汽车》，《申报》1923 年 6 月 16 日，第 21 版。
④ 陶：《解决上海车务问题的我见》，《申报》1922 年 4 月 15 日，第 21 版。
⑤ 上海市公用事业管理局编：《上海公用事业（1840—1986）》，上海人民出版社，1991，第 335—336 页。
⑥ 《添驶无轨电车之复文》，《申报》1919 年 1 月 16 日，第 10 版。
⑦ 《公众运输问题》，《申报》1934 年 8 月 9 日，第 13 版。
⑧ 上海市档案馆编：《工部局董事会会议记录》第 20 册，上海古籍出版社，2001，第 660 页。
⑨ 《扩充无轨电车之计划》，《申报》1919 年 9 月 8 日，第 10 版。
⑩ 《租界电车之大计划》，《申报》1922 年 3 月 9 日，第 14 版。

交通日益发达，乃不得不将无轨电车加以扩充"，该公司计划十条线路：河南路至四川路，西藏路至江西路，北京路至北苏州路，爱多亚路至北京路，北京路至苏州路，爱多亚路至福州路，新闸路至戈登路，北苏州路至岳州路，汉璧礼路至麦海路，西藏路至卡德路。前七路 1923 年春通车，后三路 1923 年夏竣工，"此亦上海之好消息也"。[①]此十条路线"纵横租界全区，故此后居处距城市稍远者，既无跋踄之虞，方且以远避尘嚣为幸。欲谋城乡户口过剩之弊，法莫善乎此矣"。[②]至 1924 年 5 月，该公司伦敦董事会再次提出："今后三年间，预计敷设新路线十五英里，此后公共租界殆为电车路线所布满。"[③]

具体言之，1920 年 1 月，"因营业发达，为利便行人起见"，英电公司于北京路添设无轨电车，其行车路线为天后宫桥至北泥城桥。再将通行新闸的有轨电车路，由单轨增铺双轨，"预备西藏路添设有轨电车时，与之接连"。[④]嗣"以公共租界中区南北交通尚不敏捷"，该公司又于江西路新辟 16 路无轨电车，其行车路线自三洋泾桥江西路口起，至北泥城桥一段为止。[⑤]1926 年 1 月 5 日、1 月 10 日，该公司新设的三洋泾桥至海宁路间、卡德路至叉袋角间的无轨电车先后通车。[⑥]"为促进沪东、沪西间交通便利起见"，1936 年 8 月，该公司新辟无轨电车路线一条，其行车路线为自小沙渡起，至兰路止。[⑦]同年 11 月，再辟 21 路无轨电车，自戈登路与麦根路交叉处起，到平凉路与兰路交叉处止，途经天潼路、汉璧礼路等处。[⑧]20 世纪初，中区和北区是公共租界中人口密度较高的两个地区，故英电公司电车线路 1 路、2 路、4 路、5 路、6 路、7 路皆分布于此。此后，随着东区、西区人口密度的逐年递增，至"七七事变"前夕，该公司开辟的二十多条电车线路中，通往两区的已有 3 路、4 路、7 路、8 路、12 路、16 路、17 路、18 路、19 路、20 路、21 路等十余路之多。

至 1908 年底，公共租界和法租界共有 11 条有轨电车线路。[⑨]起初，由于两界

---

① 《租界电车之大扩充》，《申报》1922 年 11 月 30 日，第 13 版。

② 毅：《论本埠通行公共汽车》，《申报》1923 年 6 月 16 日，第 21 版。

③ 沙公超：《中国各埠电车交通概况》，《东方杂志》第 23 卷第 14 号，第 51—52 页。

④ 《推广无轨电车将次实行》，《申报》1920 年 1 月 11 日，第 10 版。

⑤ 《江西路昨日起行驶无轨电车》，《申报》1924 年 8 月 11 日，第 13 版。

⑥ 《公共租界新添两路无轨电车》，《申报》1926 年 1 月 6 日，第 13 版。

⑦ 《英商电车公司辟新路线自小沙渡起至兰路止》，《申报》1936 年 8 月 13 日，第 13 版。

⑧ 《两租界无轨电车展开》，《申报》1936 年 10 月 31 日，第 16 版。

⑨ 上海市交通运输局公路交通史编写委员会主编：《上海公路运输史》第 1 册《近代部分》，上海社会科学院出版社，1988，第 36—37 页。

的电车线路并不相通，跨区乘客须换车并另行购票，甚为不便。1913 年 8 月 5 日，英电公司、法电公司签订通车合同，规定互通路线、售票结算等，从此以后，跨区乘客无须两次购票，故"公共租界电车与法租界接轨通车，尤足为扩充营业之善策"。[1]1920 年，"为便利大众起见"，工部局致函公董局，建议于两租界交界的爱多亚路，"由两租界电车公司合办无轨电车，从黄浦滩直至长浜路或其他认为适当之马路"。[2]至 1926 年，法租界电车运转已基本覆盖界内的主要区域（见表 3），进而"租界中聚居之地点，有自然展拓之势"。[3]并且，斜贯两租界南北的（法）17 路无轨电车，原系自公共租界昆明路至法租界斜桥，1936 年 11 月，其扩展路线至金神父路底打浦桥止，使"（公共租界）中区与法租界西南区之距离，将因此缩短不少"。[4]"七七事变"前夕，英电公司再"为便利公共租界与法租界间交通起见"，创设一新路线，起自劳勃生路小沙渡路交界处至福煦路，与法电公司新辟的无轨电车路线相接。[5]由是，为应法租界居民来往公共租界的需要，法电线路多通过与英电联运等方式，由居民密集区伸展到外滩、静安寺、北火车站、提篮桥等公共租界工商业区域，即"法租界有轨电车四、五、八各路与公共租界衔接，共同驶行，无轨电车的十七、十八两路亦然"，[6]进而使两租界电车网相互联系。且自"法界电车与公共租界接轨后，成效殊佳"。[7]

表3 1926 年上海法租界法电公司电车运转系统简表

路线	起点	迄点	途经站点
第二路	十六铺	徐家汇	十六铺—洋泾浜—公馆马路—霞飞路—徐家汇
第四路	十六铺	善钟路	十六铺—洋泾浜—公馆马路—霞飞路—善钟路
第五路	斜桥	沪宁车站	斜桥—西门—东新桥—湖北路—浙江路—沪宁车站
第六路	十六铺	斜桥	十六铺—洋泾浜—公馆马路—民国路—方斜路—斜桥
第七路	小东门	西门	小东门—新开河—老北门—东新桥—西门
第十路	十六铺	卢家湾	十六铺—洋泾浜—公馆马路—霞飞路—吕班路—卢家湾

① 甘作霖：《上海三电车公司之组织（续一号）》，《东方杂志》第 12 卷第 4 号，第 9—10 页。
② 《工部局对推广电车路之准驳》，《申报》1920 年 3 月 30 日，第 10 版。
③ 甘作霖：《上海三电车公司之组织》，《东方杂志》第 12 卷第 1 号，第 10 页。
④ 《十七路无轨电车将扩展新路线 下月中旬即可通车》，《申报》1936 年 9 月 22 日，第 12 版。
⑤ 《无轨电车新线》，《申报》1937 年 6 月 3 日，第 15 版。
⑥ 柳培潜编：《大上海指南》，中华书局（上海），1936，第 21 页。
⑦ 甘作霖：《上海三电车公司之组织（续一号）》，《东方杂志》第 12 卷第 4 号，第 12 页。

资料来源：沙公超：《中国各埠电车交通概况》，《东方杂志》第 23 卷第 14 号，1926 年 7 月 25 日发行，第 53—54 页。

除此而外，1911 年，华界当局筹建有轨电车路线时即认为，"这些新的有轨电车路线横贯全市，将为城镇发展提供极大的帮助"。1913 年，华电公司第一条电车路线从法租界东捕房到江南制造局，后来又环城延伸至中华路和民国路，路线大约长达 10 英里。[①] 翌年 8 月 17 日，华电、法电两公司正式签订《民国路华法两公司建设电车轨道合同》，"在民国路（系华法两界合并而成）建筑双轨电车路一条，通行电车，利便交通，振兴两界之市面"。[②] 嗣后，华电公司再行扩充电车路线，从斜土路起，至沪闵长途汽车路第一桥止，"该处南近新龙华车站，电车生意定必发达"。[③] 1931 年 10 月，因"董家渡系轮渡码头，浦东川沙及周浦等处旅客，或乘沪闵南柘长途汽车之线交通，或至租界搭乘电车转至京沪路火车亦甚便利，该处为行旅集中要道"，故华电公司再扩充董家渡电车路线。[④] 1933 年 9 月，其和平路至南阳桥的新电车路线通车，分悬红牌、黑牌两种。[⑤] 1934 年，该公司计划开辟西区交通及贯通中心区，即开辟自南阳桥起，经斜桥、制造局路，朝西由斜土路过徐家汇，再展至土山湾间的有轨电车，全线约 20 里，"以便与市中心区直达"，并"向德国定造新式机车，专充是项新线之用"。[⑥] 1935 年，该公司共行电车 4 路，计长 23.258 公里。[⑦] 华界电车路线的不断拓展，不仅缓解了人口剧增对交通造成的压力，并使上海电车事业由外商资本垄断的局面得以改变。

（二）电车车辆增设

甚至可以说，工部局很早就注意到，"自有电车开始行驶以来，超载就相当严重"。[⑧] 而"现在有轨电车乘客拥挤，电车每英里载客量比英美任何城市高出一倍以

[①] 徐雪筠等译编：《上海近代社会经济发展概况（1882—1931）——海关十年报告译编》，上海社会科学院出版社，1985，第 163、216 页。
[②] 《上海南市市政厅准许上海华商电车公司行车合同》，1947.3，档号：Q423-1-35-21。
[③] 《华商电车扩充路线计划》，《申报》1926 年 2 月 21 日，第 14 版。
[④] 《华商电气公司扩充董家渡电车路线》，《申报》1931 年 10 月 17 日，第 15 版。
[⑤] 《华商电车新路线昨日正式通车》，《申报》1933 年 9 月 21 日，第 11 版。
[⑥] 《华商电气公司发展沪西与市中心区交通》，《申报》1934 年 9 月 24 日，第 10 版。
[⑦] 《上海南市市政厅准许上海华商电车公司行车合同》，1921 年 1 月，档号 Q423-1-35-21。
[⑧] 上海市档案馆编：《工部局董事会会议记录》第 17 册，上海古籍出版社，2001，第 539 页。

上"。① 具如，英电公司 1913 年的载客量较 1912 年多出 700 万人，"可见电车搭客无一星期不大见增加，搭客既多，则车辆自不能不增设"，故该年度所添电车共 15 辆。翌年，乘客"预料当在五千万人以上"。② 1920 年 2 月，该公司总办海氏在工部局会议上建议："电车乘客挤立车中，每抵一站，客之上下必较不拥挤之车需时为多，欲除此弊，须添置车辆。"工部局亦表赞成，"电车宜加改良，俾减拥挤，及可多驻车辆"。③ 是年，该公司从每乘客处所得之利自 4 角 1 分增至 6 角 9 分，"同时乘客之数亦多七倍"。1908—1920 年间，公共租界居民总数由 49 万人增至 68 万人，约增 39%，然电车路轨只增 7%，"故营业甚形发达，且定价低廉，车辆来往频繁，乘者日众。每时每英里乘客之数，较英国各大城市为多。其原因恐系车辆与居民数量之比例，尚相悬绝也"。英电公司创办之初，电车仅 65 辆，而 1919 年时已有：有轨电车机车 90 辆，拖车 70 辆，无轨电车 7 辆；1920 年，再添造拖车 15 辆，无轨电车 7 辆，每车每年约行驶 2500 英里，约载客 5 万人。④

至 1926 年 1 月，英电公司董事部再"以公共租界内居民日益增多，所放车辆时有人满之患"，决议大幅添加无轨电车，"以资应用"。⑤ 1912—1927 年间，其电车总数由 107 辆增至 190 辆，载客量由 40734233 人次增至 119558769 人次。⑥ 继而，"为应付增加之交通需求起见"，1931 年的前 6 年中，该公司将车辆增加 103 辆，仍有"数条路线之行驶车辆数目尚未达饱满之度"。是年底，该公司共有：有轨电车机车 102 辆，拖车 100 辆，无轨机车 98 辆。（见表 4）1932 年底，有轨电车机车、拖车都增至 107 辆。1933 年，无轨机车增至 99 辆。⑦ 再如法租界，1909 年、1921 年，法租界的电车路线分别延长了 9.12 英里、9.87 英里；运行电车数分别为 32 辆、49 辆；电车乘客数分别为 7000000 人、33000000 人。⑧ 即 1909—1921 年的 12 年间，电车增加了 17 辆，乘客量增长了 4 倍以上。至 1926 年 6 月，法电公司

① 徐雪筠等译编：《上海近代社会经济发展概况（1882—1931）——海关十年报告译编》，上海社会科学院出版社，1985，第 216 页。

② 甘作霖：《上海三电车公司之组织（续一号）》，《东方杂志》第 12 卷第 4 号，第 9 页。

③ 《租界电车之大计划》，《申报》1922 年 3 月 9 日，第 14 版。

④ 《英人在上海之企业》，《申报》1920 年 1 月 11 日，第 19 版。

⑤ 《公共租界将添无轨电车二百辆》，《申报》1926 年 1 月 12 日，第 10 版。

⑥ 徐雪筠等译编：《上海近代社会经济发展概况（1882—1931）——海关十年报告译编》，上海社会科学院出版社，1985，第 217 页。

⑦ 华文处译述：《上海公共租界工部局年报》（中文），1931—1933 年，档号：U1-1-957、958、959。

⑧ 沙公超：《中国各埠电车交通概况》，《东方杂志》第 23 卷第 14 号，第 50 页。

为扩充营业，向法国某机厂定造无轨电车 30 辆。[①] 是年，其电车线路约长 18 英里，机车计 50 辆，拖车计 20 辆。[②]1929 年初至是年底，再增加无轨电车 16 辆，走 17 路、18 路两条路线。[③] "七七事变"前，该公司的有轨电车约有百余辆（含拖车），无轨电车则有 38 辆。[④]

表4 英电公司电车统计略表（1930—1937）

项目 \ 年份	1930	1931	1934	1935	1936	1937
电车总路线（英里）	35.135	35.030	35.257	35.257	37.040	37.888
有轨电车机车数（辆）	101	102	107	107	107	107
有轨电车拖车数（辆）	100	100	107	107	107	107
无轨电车数（辆）	98	98	99	99	109	109
车辆行程（英里）	8708937	9739936	10655430	10627132	10720602	8022288
实际收入 $(法币)	4423755	5660881	4606577	4312789	4556130	3581292

资料来源：上海市公用局档案：《上海市公用局调查上海电车公司》，1932.6—1932.7，档号：Q5-2-825；《上海市公用局关于建设委员会等调查外商电车》，1933.7—1937.3，档号：Q5-2-826。

再看华界，"电车营业之发达，远过于当日之预算，乘客往来常极拥挤，而尤以二等为最盛"，[⑤] 由此，1921 年华电公司拟将电车推广至闸北，"加添车辆，以便乘客"。[⑥]1924 年，鉴于"上海新西区市政发展，居户日多"，公司董事会议决，开辟由老西门直达新西区的电车线路，并向外洋订购八轮大车底车厢 12 辆；[⑦]继再议定，增加高昌庙一线车辆。[⑧]1929 年 1 月，上海特别市第一区党务指导委员会"鉴于公司车辆甚少，乘客拥挤"，函公用局转饬该公司"酌添车辆"。该公司随后添备

---

① 《法租界无轨电车之进行讯》，《申报》1926 年 6 月 12 日，第 14 版。
② 沙公超：《中国各埠电车交通概况》，《东方杂志》第 23 卷第 14 号，第 52 页。
③ 《上海各种公用事业概况：上海法商电车电灯公司》，1949.3，档号：Y12-1-78-36。
④ 朱邦兴等编：《上海产业与上海职工》，上海人民出版社，1984，上海人民出版社，1984，第 275 页。
⑤ 甘作霖：《上海三电车公司之组织（续一号）》，《东方杂志》第 12 卷第 4 号，第 16 页。
⑥ 《华商电车增铺双轨之进行讯》，《申报》1921 年 7 月 27 日，第 15 版。
⑦ 《华商电车推广至新西区讯》，《申报》1924 年 8 月 8 日，第 15 版。
⑧ 《上海市公用局整顿并督饬推广华商电车》，1931.1—1931.5，档号：Q5-2-838。

电车 6 辆。[1]1931 年 12 月，"为便利乘客起见"，该公司再将二路电车增加 5 辆（原有 4 辆，共计 9 辆）。嗣因"一路电车小东门至董家渡一段乘客最多，今有二路车之调剂，不致如往日之拥挤，乘客莫不称便"。[2] 不久，二路电车再改驶圆路，"路线放长必须增加车辆，俾维交通"，加之"原有车辆已不敷支配，亟应添置新车，以资应用"。[3] 不仅如此，该公司"比年以来，拆造旧式车，添造新机车，不惜巨款"，[4]"增加拖车，以应急需"。[5]1933 年夏季延长路线后，因"原有车辆不敷分配"，故该公司于是年 12 月，向德国西门子洋行订购电车机车 12 辆，并自制拖车 12 辆，"分配各路应用"。[6] 翌年 11 月，再"以路线加多，所有车辆深感不敷应用"，特仿照法租界新式机车添造 4 辆，走三路圆路；[7] 同月，又添置电车 12 辆，拖车 6 辆。[8]1925 年，该公司有电车 30 辆。[9] 至 1934 年，该公司有电车：四轮机车 40 辆，八轮机车 12 辆，拖车 25 辆。[10] 可知，1913—1935 年，该公司"车辆历年逐渐增加"，电车增至 54 辆，拖车增至 27 辆。[11]

综上以观，至 1927 年底，上海有轨、无轨电车线路共计 32 条，有轨、无轨电车共计 354 辆（其中拖车 124 辆），日均运客量达 46.6 万人次。[12] 至 1935 年，"上海公共交通，不可谓不发达。综计公共租界有：有轨电车十路，无轨电车七路；法租界有：有轨电车七路，无轨电车一路；南市方面有电车四路"。[13] 其时，有轨、无轨电车线网所及：东到外滩、杨树浦，南到高昌庙，西到静安寺、徐家汇，北到北站、虹口公园等诸多地区。"七七事变"前夕，面对上海市人口激增所带来的交通压力，电车企业通过延展路线和增加车辆等方式作出因应，不仅使人口由高度集中于中心区域逐渐向周边地区扩散，还使分散之各区域逐步成为一个紧密联系的整体。

---

① 《上海市公用局令饬华商电车推广路线及增加车辆》，1927.11—1929.4，档号：Q5-2-837。
② 《上海市公用局关于二路华商电车展长路线改驶圆路》，1931.12—1933.9，档号：Q5-2-839。
③ 《上海市公用局关于华商电车公司添置电车》，1933.8—1934.11，档号：Q5-2-832。
④ 《上海市公用局关于华商电车加价及改筑轨道底角工程》，1931.6—1933.3，档号：Q5-2-860。
⑤ 《上海市公用局整顿并督饬推广华商电车》，1931.1—1931.5，档号：Q5-2-838。
⑥ 《华商电车扩充路线 敷改双轨 增购马达车自制拖车》，《申报》1933 年 12 月 3 日，第 15 版。
⑦ 《华商电车公司添造新式机车》，《申报》1934 年 11 月 23 日，第 10 版。
⑧ 《上海市公用局关于华商电车公司添置电车》，1933.8—1934.11，档号：Q5-2-832。
⑨ 《华商电车总数之调查》，《申报》1925 年 9 月 5 日，第 26 版。
⑩ 《上海市公用局关于华商等电车战前状况资料》，1946.1，档号：Q5-3-1044。
⑪ 《上海南市市政厅准许上海华商电车公司行车合同》，1947.3，档号：Q423-1-35-21。
⑫ 上海市公用事业管理局编：《上海公用事业（1840—1986）》，上海人民出版社，1991，第 344 页。
⑬ 都：《上海之公共交通问题》，《申报》1935 年 7 月 21 日，第 7 版。

三、人口流动与电车交互

曾有学者指出，近代以来，"上海就一直维持着城市人口多元化的快速流动"。[①]而交通和通讯、电车和电话——总之，这些促使城市人口既频繁流动又高度集中的一切——正是构成城市生态组织的首要因素。[②] 因之，电车业嚆矢及运行，不仅改变了上海市民静态的生活方式，使城市人口流动愈为频密，并为社会互动率的增加创造出有利条件。

（一）促进职业出行

人们居住地与就业地之间的距离拉大，要求城市公共交通系统必须随着就业空间及时变化，以满足城市产业发展的需要。[③]而构成公共交通稳定乘客群体的则是大规模的职业人口，因其具有规律性的出行需求。具如，近代上海人口"所以增进这样的快"，一个重要原因就是"工商业发达，资本家所需要的劳动者也因之而多，内地一般居民就纷纷到上海来适应这个需要"。[④] 即"工商人实较工商业为多，加之各乡农民就食于上海，日甚一日"。[⑤] 至 1935 年，公共租界（不含界外马路）的职业人口总数达 1149443 人，其中，工业以 207315 人、商业以 186305 人、家庭及其他服务业以 58726 人，位列前三。[⑥] 又如，1930—1936 年间，华界的家庭服务业从业人口由 339824 人增至 480275 人，工业从业人口由 323273 人增至 460906 人，商业从业人口由 174809 人增至 189932 人，此三业人口之和已占职业人口总数的 50% 上下。[⑦]

不难发现，近代上海城市发展对职业人口产生的吸附效应，为电车业存续提供了丰裕客源。即由于工作时间的普遍要求，职业人口日常的出行高低峰时段更为明

---

① （法）白吉尔：《上海史：走向现代之路》，王菊等译，上海社会科学院出版社，2014，第58页。

② （美）R.E. 帕克等：《城市社会学——芝加哥学派城市研究文集》，宋俊岭等译，华夏出版社，1987，第2页。

③ 闫平、宋瑞：《城市公共交通概论》，机械工业出版社，2011，第18页。

④ 徐国桢编著：《上海生活》，世界书局，1930，第13页。

⑤ 董修甲：《京沪杭汉四大都市之市政》，大东书局，1931，第80页。

⑥ 华文处译述：《上海公共租界工部局年报》（中文），1935，档号：U1-1-961。

⑦ 上海市地方协会编印：《民国二十二年编 上海市统计》《上海市统计补充材料》，1935，"人口"第5页；邹依仁：《旧上海人口变迁的研究》，上海人民出版社，1980，第107页。

显。特别在出行高峰期，大量的人口需要在同一时间段出行，且由于城市空间距离的不断扩大，众多人口必须借助公共交通工具，才能按时到达工作场所。由此，"欲使工商各业得以从容发展，自以改进市内交通，使各业从业人员利便往来为第一要义"。① 如 1920 年 2 月，英电公司总办海氏在工部会议上提出，"上海为实业之出产及分配中心点，宜有无限之劳工以助其发展，故廉费之运输，实为与此有关甚重要之点"。"因乘客众，各路（电）车费以划一为宜"。② 二十世纪二三十年代，随着工作时间制度在上海各行业较为普遍地实行，职工日常上下班，如邮政业员工除住在邮局周围的人外，"稍近的固然可以步行，较远的因了时间的关系，就不得不乘电车及公共汽车。假如在内地乡村，没有电汽车之类，也得走，但在交通发达的都市上海，普通人如不坐'稳快价廉'的电车，而宁愿步行，那是没有的事"。③

进一步言之，"七七事变"以前，"上海是国际港埠，也是国内工业中心"，④ "产业劳动者的数目几占全国总数的六分之一以上"。⑤ 如 1914—1928 年间，上海共开设工厂 1229 家。⑥ 再据 1931 年全市工厂及作坊数统计可知，公共租界为 557 家，法租界为 251 家，华界为 879 家，合计 1687 家。⑦ 工业发展促进城市人口就业，并使公交乘客群体不断扩张，即上海"工业区和郊区间的良好、迅速而又廉价的交通设施也十分需要"。⑧ 具如电车初驶时，工部局即认为，"鉴于工资的增长趋势，工厂工人将争相乘坐电车，这一时刻来到大概不会太远"。⑨1920 年，工部局再次指示英电公司，宜扩张极司非而路至小沙渡路的无轨电车，因"该处工厂林立，此路筑成，颇便工人往来"。⑩1934 年，公共租界交通委员会仍讨论延长电车路线，"须视与毗邻两市府当道商洽结果如何，方能计及陆家嘴码头工人"。⑪

且至"八一三"事变前，上海产业工人中的纱厂职工已近 20 万。⑫1920 年代

---

① 赵曾珏：《上海之公用事业》，商务印书馆（上海），1949，第 279 页。

② 《租界电车之大计划》，《申报》1922 年 3 月 9 日，第 14 版。

③ 朱邦兴等编：《上海产业与上海职工》，上海人民出版社，1984，第 468 页。

④ 赵曾珏：《上海之公用事业》，商务印书馆（上海），1949，第 87 页。

⑤ 朱邦兴等编：《上海产业与上海职工》，上海人民出版社，1984，第 1 页。

⑥ 罗志如编：《统计表中之上海》，"中研院"社会科学研究所，1932，第 63 页。

⑦ 上海市地方协会编印：《民国二十二年编 上海市统计》，1933，"工业"第 1 页。

⑧ 徐雪筠译编：《上海近代社会经济发展概况 (1882—1931)——海关十年报告译编》，上海社会科学院出版社，1985，第 158 页。

⑨ 上海市档案馆编：《工部局董事会会议记录》第 21 册，上海古籍出版社，2001，第 558 页。

⑩ 《工部局对推广电车路之准驳》，《申报》1920 年 3 月 30 日，第 10 版。

⑪ 《公众运输问题》，《申报》1934 年 8 月 9 日，第 13 版。

⑫ 朱邦兴等编：《上海产业与上海职工》，上海人民出版社，1984，第 35 页。

末，曾有研究者调查曹家渡一带 230 家纱厂工人家庭的生活程度，其中，185 家有电车费支出；在每家年均花费交通费 3.38（银）元中，也以电车费为最多，每家年均花费约 1 元。如按其家庭每月收入状况分组，每家月均电车费则随着家庭收入的增加而上升。具言之，月收入 20 元以下、20 元—29.99 元、30 元—39.99 元、40 元—49.99 元、50 元以上的家庭，其月均电车费分别为 0.04 元、0.06 元、0.09 元、0.11 元、0.15 元。[①] 再据 1928—1930 年间，华界工人每月收入调查显示，纺织业工资属于中等水平。[②] 该业工人将电车费作为日常基本支出，同理可证，他业工人也应将电车视为职业出行的重要工具。随着"上海市区的扩大，城市居民从家里到办公地点的车费，现已成为所有居民每月极为可观的一项支出"。[③] 当时，许多烟厂工人"住在闸北，每天要到兰路、华德路做工，住在租界中区的工人，到提篮桥一带做工，来回需两个钟头，早上怕迟到不能进厂，有时坐坐电车"。在丝织工人中有一部分是青年，"接受都市文明较为容易，有的西装革履，行坐车（电车、黄包车），吃包饭，类似学生生活"。[④]

所以然者，随着职业人口的持续增加，电车载客量亦逐年上升。如英电公司，1922 年有轨、无轨电车载客分别为 119986752 人、6697474 人次。[⑤]1923 年的 7 个月内，该公司行车 3459379 英里，载客 77838293 人。[⑥]1936 年全年，上海全市市内交通客运量平均每日为 4542074 人次，已超过总人口的 1.5 倍。即是说，每个上海人平均每日乘市内交通工具外出 1.5 次。如以当时的职业人口计，则上海 200 万职业人口人均日乘市内交通工具往返两次。[⑦] 可见，电车业发达促进上海职业人口的规律出行，扩大人际交流的范围及频率，这种重要的承载作用，使得城市人口的流动生生不息。

---

① 杨西孟：《上海工人生活程度的一个研究》第一、第二部分，北平社会调查所，1930，第 81—82、6 页。
② 上海市地方协会编印：《民国二十二年编 上海市统计》，1933，"劳工"第 2 页。
③ 徐雪筠译编：《上海近代社会经济发展概况（1882—1931）——海关十年报告译编》，上海社会科学院出版社，1985，第 230 页。
④ 朱邦兴等编：《上海产业与上海职工》，上海人民出版社，1984，第 591、142 页。
⑤ 上海市档案馆编：《上海租界志》，上海社会科学院出版社，2001，第 421 页。
⑥ 《上月公共租界电车营业统计》，《申报》1923 年 8 月 3 日，第 15 版。
⑦ 忻平：《从上海发现历史：现代化进程中的上海人及其社会生活：1927—1937》，上海大学出版社，2009，第 225 页。

（二）交流商业活动

一般而论，城市交通和通讯的新方法——电车、电话和无线电，是商业密集的沟通手段。[1]"七七事变"前，"上海商业之地位，于全国为重心，于全世界亦居重要位置，居民至数百万，人文极盛，辐辏殷繁"。[2]1928—1931 年间，上海直接对外贸易总值分别为国币 91082803 关平两、988686714 关平两、992409356 关平两、1111044038 关平两、1041830547 关平两、1051978048 关平两，占全国总值的一半左右。[3]"上海因了对内对外贸易上的发展，已变成中国一个最繁荣的都市"，[4]商业规模逐渐扩大，并形成著名的商业区，主要集中在"公共租界、法租界、北部沿浦一带以及引翔之北宝山之南、浦东沿码头一带"。[5]具如公共租界的福州路、西藏路、南京路、四川路，法租界的公馆马路、霞飞路以及静安寺、城隍庙、曹家渡等街区，均是店铺麋集。据 1933 年统计显示，上海共有商店 72858 家，平均每平方公里有商店 136.5 家；公共租界和法租界内有商店 34057 家，平均每平方公里有商店 1939.3 家，其密度为全市平均值的 7.5 倍。[6]另，商业区还开设了诸多银行，如1934 年，上海中外银行资本达 17 亿元。[7]至 1936 年，南京路上的先施、永安、新新、丽华、大新五大百货公司的营业总额达到 2674 万元（法币），较各公司开业初期的营业总额 1375 万元，增长 94%。[8]

商业繁盛及日常商业行为的频密，使城市人口流动性随之增强，并为电车业创设了良好的运营环境。即"沪埠商业日繁，户口日增，若公众交通之设备不能与之相挈并进，非特窒碍上海将来发展，且于市民安全关系至深切"。[9]由此，"商业及人口之发达与修筑电车道路，当必相辅而行"。[10]具如 1901 年 6 月，法国总领事巨

① （美）R.E. 帕克等：《城市社会学——芝加哥学派城市研究文集》，宋俊岭等译，华夏出版社，1987，第 23 页。

② 《上海市公用局拟订 1927 年度施政大纲》，1927.8—1927.11，档号：Q5-3-908。

③ 上海市地方协会编印：《民国二十二年编 上海市统计》《上海市统计补充材料》，1935，"商业"第 1—4、40 页。

④ 王一木：《行路难！行路难！》，《申报》1938 年 10 月 13 日，第 14 版。

⑤ 上海市地方协会编印：《民国二十二年编 上海市统计》，1933，"土地"第 5 页。

⑥ 上海市地方协会编印：《民国二十二年编 上海市统计》，1933，"商业"第 1 页。

⑦ 《上海人口 335 万与统计的疏漏》，1934，档号：D2-2748-67。

⑧ 上海百货公司等编著：《上海近代百货商业史》，上海社会科学院出版社，1988，第 112—113 页。

⑨ 毅：《论本埠通行公共汽车》，《申报》1923 年 6 月 16 日，第 21 版。

⑩ 沙公超：《中国各埠电车交通概况》，《东方杂志》第 23 卷第 14 号，第 47—48 页。

赖达鉴于"发展电车交通是达到租界繁荣的唯一手段",① 敦促公董局加快电车的筹建速度。当时大世界游乐场是商业繁华之地，1921 年 7 月，法电公司加驶无轨电车，即"由斜桥以西，沿菜市路北驶至白克路，折而东，再沿敏体尼荫路北抵大世界"。②1927 年起，由英法联运的 17 路电车亦由岳州路经过大世界，而至斜桥。③再如南京路、静安寺、西藏路及曹家渡等，亦是商业繁华之地，1920 年工部局即指示，无轨电车宜扩张卡德路至西藏路地段，"以减静安寺路与南京路电车乘客之拥挤"。④ 嗣后，英电公司两次向工部局提出三年内扩张电车路计划，申请延长静安寺路、白克路、新闸路、爱多亚路等段路线。⑤1927 年 1 月，英电公司再将 16 路无轨电车，由戈登路延长至曹家渡。⑥ 由此可见，电车企业以人流量大的商业场所作为其运营设线的主要依据，如"七七事变"前，经过南京路、静安寺路等商业区域的电车，已有英电公司的 1 路、2 路、3 路、5 路、6 路、7 路等线；经过大世界游乐场的电车，已有法电公司的 17 路、18 路等线。

至 1933 年，华界的商号已达 30792 家。⑦1936 年 8 月，据界内统计显示，甲、乙两种商业共 36926 家，55 个行业。⑧ 商业之繁盛，亦引致华电公司的电车业务不断拓展，并载客日众。华电公司鉴于"尚文门至老西门地段甚为热闹，乘客较他处为多"，于 1921 年 9 月"加增车辆，以期往返敏捷"。⑨1931 年 3 月，上海市政府建设讨论委员会因"沪西一带以徐家汇镇及龙华较为热闹，为振兴新西区商业"，拟请通行电车。随之，华电公司确定电车路线为：自外马路陆家浜路口起，经斜桥、制造局路、康衢路，再由中山路转入斜土路而达徐家汇镇，以 6 辆无轨电车通行。⑩1933 年 8 月，又因"关系将来本市各区繁荣，极为重大"，华界当局"设法就南市现有电车，经沪西中山路至闸北直通江湾（市中心区）而达吴淞"；⑪再由于"关系于市中心区之繁荣"，进而会商市中心区电车计划，"盖其路线既长，经

---

① 上海市档案馆编：《上海租界志》，上海社会科学院出版社，2001，第 428 页。
② 《法租界开驶无轨电车之进行》，《申报》1926 年 7 月 12 日，第 15 版。
③ 《两租界无轨电车已恢复互驶》，《申报》1927 年 8 月 26 日，第 14 版。
④ 《工部局对推广电车路之准驳》，《申报》1920 年 3 月 30 日，第 10 版。
⑤ 《租界电车之大计划》，《申报》1922 年 3 月 9 日，第 14 版。
⑥ 《无轨电车将直达曹家渡》，《申报》1926 年 12 月 24 日，第 15 版。
⑦ 上海市地方协会编印：《民国二十二年编 上海市统计》，1933，"商业"第 1 页。
⑧ 熊月之主编：《上海通史》第 8 卷《民国经济》，上海人民出版社，1999，第 63 页。
⑨ 《华商电车添设双轨之现状》，《申报》1921 年 9 月 5 日，第 14 版。
⑩ 《上海市公用局关于新西区通行电车》，1931.3—1932.5，档号：Q5-2-834。
⑪ 《本市两大交通计划》，《申报》1933 年 8 月 4 日，第 14 版。

费亦巨，必须求得最经济办法，使能于短期逐步实现"。① 继而，又"鉴于里马路自东门至大码头街一段，市况渐呈繁荣"，该公司电车"第一第二两路本行驶外马路，故拟将小东门至高昌庙行经外马路间之双轨拆除一条，改经里马路行走"，拟于 1935 年 1 月通车。②

此外，20 世纪后，便捷的公众交通条件亦成为沪上中外房地产商进行房产开发的基本依据。如 20 世纪 30 年代初刊行的《上海地产大全》就向房地产投资者建议，"距离公路远近若何，该路上有否公共汽车及有轨无轨电车等通行，或尚未通行，而当局是否在规划中"，是决定房地产价格的关键因素。③ 之所以如此，是因为电车行经之处，房产业、工商业随之繁荣。如公共租界北区的北四川路一带，"民元时，这里一片荒凉，居民稀少，现在房屋栉比，已成繁盛的市肆"。自工部局于 1926 年"把马路放阔成一直线，通行电车到靶子场后，百业荟萃，五光十色，有'神秘街'之称，骎骎直驾南京路，因此地价飞涨，和十年前售价相较，超十数倍"。④ 由于"本埠电车路线大半集中于市，故居民藉电车为往还者，皆卜居于电车附近处，是以，市愈繁而户口愈密"。⑤ 再据 1929—1936 年间，上海市迁入、徙出人数显示，迁入人数分别为 190105 人、254530 人、306712 人、473228 人、458270 人、416077 人、519997 人、414921 人；徙出人数分别 66299 人、148769 人、208706 人、199042 人、295779 人、316605 人、498981 人、326754 人。⑥ 这种频密的人口流动，如阙失大众化的交通工具——电车予以承载，显然是无法实现的。即"旅居上海之人，可资以代步者自为车辆……唯一合于理想条件，只有电车与公共汽车耳，所谓'迅快稳廉、大众可坐'之标语，吾人所心许默认者也"。⑦

综上以观，在大部分公交都市中，起决定作用的设计理念是：城市是为人而建立的，发展高质量的公共交通与这一理念非常符合。⑧ "七七事变"前，"上海在我

---

① 《徐佩璜谈市中心区电车计划》，《申报》1933 年 8 月 15 日，第 16 版。

② 《华商电车辟新线》，《申报》1934 年 7 月 28 日，第 12 版。

③ 陈炎林编著：《上海地产大全》，1933，第 192 页。

④ 王定九、丁燮生：《上海顾问》，中央书店，1934，第 371 页。

⑤ 毅：《论本埠通行公共汽车》，《申报》1923 年 6 月 16 日，第 21 版。

⑥ 上海市地方协会编印：《民国二十二年编 上海市统计》，1933，"人口"第 6 页；上海市地方协会编印：《上海市统计补充材料》，1933，第 5 页；邹依仁：《旧上海人口变迁的研究》，上海人民出版社，1980，第 121 页。

⑦ 都：《上海之公共交通问题》，《申报》1935 年 7 月 21 日，第 7 版。

⑧ （美）罗伯特·瑟夫洛：《公交都市》，宇恒可持续交通研究中心译，中国建筑工业出版社，2007，第 307 页。

们中国是一个工业与商业最繁荣的都市，同时它的各种公用事业的规模在国内亦是第一。因此，工商业的繁荣促进了公用事业的发展，而公用事业的发展亦促进了工商业的繁荣，其间的因果关系亦是相互的"。[①] 近代以来，上海成为中国第一大都市和经济中心，作为城市化进程之重要动因和公共事业核心系统的电车事业，不仅是保证城市功能正常运转的动脉，更与城市人口紧密关联。即电车企业不仅持力满足于人口增长的需求，并对纾缓人口压力作出因应，进而助力于人口的频密流动，使城市活力持续凸显。推广其意，电车业与城市人口的交错共生、相依发展，不仅使近代上海的城市化进程更形加速，亦投射出近代中国城市向现代递嬗的独特掠影。

---

① 赵曾珏：《上海之公用事业》，商务印书馆（上海），1949，"序"第 1 页。

民国山西教育公共化及其溢出效应的经济学分析

李　欢*

内容提要：民国教育近代化变革中，山西凭借其强有力的教育公共化措施，成为当时中国的"义务教育策源地"和"教育模范省"。山西省政府以财政大力支持教育，进行教育实用化、教育大众化、教育财政化变革，使教育逐渐成为公共产品，在一定程度上缓解了私人教育需求和供给不足的问题。其对个人和社会都产生了溢出效应，间接增加了家庭收入，并改善了社会学术、技术和人才环境，提高了民众的教育意识。

关键词：民国；山西教育；公共化

舒尔茨认为，孩子作为一种人力资本，家长对其教育的投资将在未来给家庭带来收益。[1]同样，政府对教育的投资也将在受教育者成长为劳动力之后，为社会发展带来收益。除此之外，教育给家庭和社会带来的溢出效应也会使社会福利增加。因而，当今世界，多把教育作为一种公共产品，由政府出资提供，以使教育所带来的社会福利最大化。在中国古代，政府多以统治者的形象出现，而未形成公共服务意识。虽然也有官办学校，但能够享受公费待遇的人较为少数，且入学资格也极为严格。官贾之家多自费请先生到家中教授子女，平民百姓若家中有闲钱，可将子女送往学馆（私塾），若无闲余就只能望洋兴叹了。简而言之，传统教育具有三个典型特点：教育以社会管理为目的，精英教育模式，以官办教育为主导、以民办教育

---

* 李欢，现就职于中国社会科学院工业经济研究所、北京中海纪元数字技术发展股份有限公司博士后流动站。

[1] T.W. Schultz, *The Value of Children: An Economic Perspective*. Journal of Political Economy 81(2 Pt. 2): s_2-$s_1$3. 1973, 81(2).

为主体。

近代以来，随着洋务运动、戊戌变法等改革思想的推动，教育问题日益得到重视，教育民众、杜绝愚昧的思潮逐渐推广开来，教育对整个社会所产生的正外部效应，乃至推动社会发展进步的溢出效应逐渐得到认可。总体来看，学术界对中国教育近代化的研究多集中在教育史领域，以田正平教授主持的"中国教育近代化研究"丛书为基础，揭示了中国教育近代化的历程。传统观点认为，教育近代化是一个除旧立新的变革过程，故学术界对近代教育的关注点也多集中在除旧立新的变革点上，如女子教育、教会教育、教育体制的改革等。另外，推动近代教育的人物、刊物、学校、团体等，也是学术界的研究热点。除此以外，区域教育近代化也是研究的关注重点之一，特别是上海、两广、两湖等较早开始教育近代化的地区，受到的关注较多。如管汉晖、颜色、林智贤就针对我国教育近代化水平的地区差异及其原因进行了分析，并得出了一个结论：山西得益于当政者的政治倾向和其日本留学背景，成为近代中国教育普及程度最高的省份。[1]

明清时期，晋商兴盛，在市场决定资源配置的观念支配下，晋民追求利润最大化和获得最大效用的特点明显，教育问题也不例外。故晋民多崇商，"在昔民智不开，习于营商，而笃于守旧"[2]。对于家庭而言，将孩子送到商号里做学童学商，不仅能减轻家中负担，还能添补家用，是家庭效用最大化的选择。若孩子天资聪明、勤奋好学，能在商号中做个小掌柜或小领班，甚至能拿到分成干股，则全家都可衣食无忧。相比而言，对于学习文化知识这种成本较高、收益不显著的次优行为，则多不予选择。民国之后，山西省十分重视教育事业，政府直接掌管督办，用财政支出兴办教育，并对民众教育进行了诸多创新和改良，一改明清以来，晋民普遍重商轻文的旧习，并使山西省一跃成为民国时期的"教育模范省"。[3]学术界对于山西近代教育的研究成果主要有：《基督教影响下的山西教育》《阎锡山治理下的山西乡村教育研究》《山西大学与山西近代教育》《谈陶行知与近代山西的义务教育》等。上述研究虽从不同方面分析了山西教育近代化及其主要影响因素，但始终未能脱离中国近代教育研究的关注范围。

① 管汉晖、颜色、林智贤：《经济发展、政治结构与我国近代教育不平衡（1907—1930）》，《经济科学》2014年第2期。
② 周宋康编：《分省地志·山西》，中华书局（上海），1939，第80页。
③ 冯沅君：《晋省学校漫记》，载苏华，何远编：《民国山西读本：考察记》，三晋出版社，2013，第68—91页。

一、山西教育近代化特点

Claudia Goldin 曾将美国教育近代化的特点概括为公共支出、开放和包容、没有性别歧视的"平等主义"。[①] 山西教育近代化的过程中，同样以教育公共化为典型，以教育实用化、大众化、财政化为趋势，逐渐实现平等的教育普及，与中国传统教育具有不同的特点。

（一）教育以实用为目的

不同于传统教育将入仕做官作为接受教育的主要目的，近代教育注重的是教育内容的实用性，一改八股之风，教育的实用化趋势日益明显。民国二十二年（1933）成立的山西省立民众教育馆，就以"广设民众学校，分期肃清文盲"[②] 为己任，不仅负责民众学校的建设，还设置了民众图书馆、体育场、电影院、游戏园等。民国十九年（1930），据教育部统计显示，全省共有体育场 220 座，阅报处 193 个，音乐会 135 场。可见，山西省不仅注重文化教育，还积极践行德智体美四育并重的教育理念。

民国时期，山西教育十分注重教育对个人职业的帮助，在初级教育阶段，就对学生进行因材施教，"中学校学生入学之初，询以是否升学。如尚须升学，则令遵照部章授课，否则即令减少西文钟点，而授农工商实习之课。而教授农工商课教员，则在各县工匠中遴选得之"。[③] 可见，尽管当时的教育已开始教授自然、科学等知识，但山西教育并不是一味追求知识的学习，而是以个人职业为目标，将工农商等职业技能放在与知识同等重要的地位。

另外，山西省还开办甲种、乙种实业学校若干，专门进行实业教育。"晋属各县，因地制宜举办乙种实业学校，为期最早。其中，农工商三类之校共有七十所"。[④] 而从实业学校毕业者，可优先招入专门学校继续攻读本科。当时，山西开办的实业学校和专门学校主要有：法政专门学校、农业专门学校、商业专门学校、工业专门

---

① Claudia Goldin, *The Legacy of U.S. Educational Leadership: Notes on Distribution and Economic Growth in the 20th Century*, American Economic Review, 2001, 91(2), pp.18-23.

② 山西省立民众教育馆编印：《山西省立民众教育馆三周年刊》，1936，第 315 页。

③ 陈希周：《山西调查记》卷上，南京共和书局，1923，第 4 页。

④ 陈希周：《山西调查记》卷上，南京共和书局，1923，第 180 页。

学校以及医学传习所等。这些实业学校和专门学校的设立，为社会经济的发展培养了大批专门技术人才。除开办实业学校和专门学校外，山西省还选派人员留学日本，学习先进的科学技术，这些人员学成归国后，在农业技术的提高、工业技术和管理的发展、商业模式的进步等方面，都做出了巨大贡献，从而提高了整个山西的生产效率。

（二）大力发展大众教育，与精英教育并行

阎锡山曾把初小教育称作国民教育，把中等以上教育称作人才教育，并提出："人才教育，屋之在地上者也；国民教育，屋之在地下者也。"[①] 可见，国民教育是国家的根基，决定了国家的命运和整个民族的前途，人才教育则是社会经济增长的主要推动力，只有二者并行，才能真正发挥教育对社会进步的作用。

与传统的精英教育不同，民国山西十分注重民众教育。阎锡山认为，"今日为列国并立之世界，此人群与彼人群遇，较量优劣，要在多数人民之知识，不在少数优秀之人才"。且"共和国家主体在人民，必人民之智识发达，然后能运用良政治。如其不然，则其政权必将由多数人民移之少数人之手。既移之少数人，则此少数人所运用之政治，必以少数人之利益为利益"。[②] 若要避免此种局面，就要普及大众教育，进行教育大众化改革。"山西社会教育提倡最早，各县均能年输一定的款用，供设立民众学校及各项社会机关之需"。[③] 因此，各县民众学校虽到"七七事变"前有所裁撤，但仅大同一地，仍有430所民众学校。

山西民众教育中，最典型、最有效的当属义务教育的推行。1917年，阎锡山兼任山西省省长后，就开始在山西推行义务教育，他甚至将"受教育"与"当兵""纳税"并列，称之为"国民之三大义务"。《山西省施行义务教育规程》[④] 第3条规定："凡儿童自满六周岁之翌日起，至满十三岁止，共七年为学龄期。"第4条规定："凡学龄儿童均应受国民学校之教育，其不入学者得依本规程之规定强迫之。"第21条规定："凡学龄儿童暨18岁以下之失学儿童，无故之不入学者，经各区长、各街村副查明呈请县知事核准，处其家长以一元至五元之罚金。此项罚金自学龄儿童十岁起，每岁递加一元。"对于不接受义务教育的家庭进行处罚，足见山西省推

---

① 太原绥靖公署主任办公处编印：《阎伯川先生言论辑要（三）》，1937，第49页。
② 太原绥靖公署主任办公处编印：《阎伯川先生言论辑要（三）》，1937，第49页。
③ 周宋康：《分省地志·山西》，中华书局（上海），1939，第83页。
④ 陈希周：《山西调查记》卷上，南京共和书局，1923，第161页。

行义务教育的决心。

表1 狄村、西流村、享堂村学校教员学生及经费数目 [①]

	狄村	西流村	享堂村
儿童人数	120	80	50
教员人数	2	1	1
学生人数	90	43	30
教员薪金（元）	370	165	150
经费总额（元）	650	350	250

义务教育推动了学校数量和学生人数的迅速增长，到1923年，学校数量已从14189所增至25821所，学生人数则从467069人增至1089141人。从表1可以看出，狄村、西流村、享堂村儿童入乡村小学校者均已超过半数，且狄村的儿童入学率高达75%。由于这一统计并未将私塾学生计算在内，因此，实际入学比例应高于这一统计。再据1924年统计显示，山西省受义务教育儿童占学龄儿童总数的72.2%，而同期受教育率较高的北京、山东等地，均未超过30%。[②]1925年，陶行知在中华教育改进社第四届年会上明确提出了"山西是中国义务教育策源地"。[③]同年12月，陶行知又在《时局变化中之义务教育》一文中得出结论："可见真正实行义务教育的，算来只有山西一省。"[④]

山西不仅是义务教育策源地，还是乡村教育模范省。山西村治的初衷，就是要将迂腐无知的"乡民"变为有国家社会意识的"国民"，因而，山西除了推行"六政三事"[⑤]外，还率先推行注音字母，发放白话通俗教育材料，如《人民须知》《家庭须知》等手册基本每村每户都有。不仅如此，阎锡山还颁行了《告谕人民八条》《手谕人民十四条》《立身要言六则》等通告，不仅教育人民爱国爱民爱家等，还涉及新种绒毛羊的推广养殖、鼓励发明创造等生产技术方面的内容。此外，山西省还开办了各类职业技术传习所，如女子蚕桑传习所，除了教授国学、算学等通习课程，桑树栽培学、制丝学、养蚕学、蚕业经济学等特习课外，还安排有培桑实习、

---

① 刘容亭：《山西阳曲县三个乡村农田及教育概况调查之研究李文海主编》，载于《民国时期社会调查丛编》二编《乡村社会卷》，福建教育出版社，2014，第208—218页。

② 民国教育部：《第一次中国教育年鉴》丙编，开明书店，1934，第502—503页。

③ 陶行知：《陶行知全集》第2卷，四川教育出版社，2005，第199页。

④ 陶行知：《陶行知全集》第2卷，四川教育出版社，2005，第226页。

⑤ "六政"具体指：水利、种树、蚕桑，禁烟、剪发、天足；"三事"具体指：种棉，造林、牧畜。

养蚕实习、制丝实习、制种实习等诸多实习课程。

在大力普及民众教育的同时，省政府对精英教育也十分重视。开办山西大学、并州学院、法政专门学校、农业专门学校、商业专门学校、工业专门学校等高等院校，其办学开支全部由省政府承担。此外，为专门培训充实县政办事人员，省政府还设立了"育才馆"，该馆以"适应现实行政自治及社会事业之用为宗旨"，[①] 教授经济学、教育学和法律学等课程。表2列举了1921年，省政府在教育方面的财政支出情况，从中可以看出，法政专门学校、农业专门学校、商业专门学校、工业专门学校、师范学校、山西大学、育才馆的办学支出都达数万元以上。

表2 1921年山西省地方岁出决算之教育费 [②]

单位：元

费用类型	经常支出	临时支出	经临合计
法政专门学校	30832	1000	31832
农业专门学校	52226	1000	53226
商业专门学校	24545	1000	25545
工业专门学校	57603	5000	62603
第一师范学校	61202	3871	65073
第一师范学校童子军	768	662	1430
第二师范学校	32456	1000	33456
第二师范学校童子军	576	378	954
第三师范学校	25169	1000	26169
第三师范学校童子军	576	378	954
第四师范学校	24978	1000	25978
第四师范学校童子军	576	378	954
第五师范学校	15572	500	16072
第五师范学校童子军	576	378	954
第六师范学校	15572	500	16072
第六师范学校童子军	576	378	954
第一女师范学校	21895	300	22195
第二女师范学校	12261	300	12561
第三女师范学校	6681	300	6981

① 陈希周：《山西调查记》卷下，南京共和书局，1923，第28页。
② 山西省长公署统计处编印：《山西省第三次财政统计》第5编，1926，第13—16页。

第四女师范学校	7507	210	7717
第一中学校	27326	1500	28826
第二中学校	17133	1000	18133
第三中学校	15319	1000	16319
第四中学校	17038	1000	18038
第五中学校	10450	500	10950
第六中学校	13504	500	14004
第七中学校	4610	—	4610
第八中学校	4110	500	4610
第九中学校	4110	500	4610
模范小学校	8422	100	8522
模范小学校童子军	1040	662	1702
模范单级国民小学校	736	—	736
国民师范学校	151602	5512	157114
医学传习所	11955	—	11955
第一贫民小学校	3789	50	3839
第二贫民小学校	2698	50	2748
第三贫民小学校	2698	50	2748
第四贫民小学校	2698	50	2748
第五贫民小学校	2698	—	2698
第六贫民小学校	2698	50	2748
第七贫民小学校	2698	50	2748
图书馆	4224	2400	6624
留学生各费	68966	—	68966
大学校补助费	19346	—	19346
第二甲种农业学校补助费	3186	—	3186
第三甲种农业学校补助费	1804	500	2304
第四甲种农业学校补助费	2495	—	2495
阳兴中学校补助费	4088	—	4088
河汾中学校补助费	4088	—	4088
濩泽中学校补助费	2866	—	2866
平定中学校补助费	2866	—	2866
浑源中学校补助费	2866	—	2866
蒲坂中学校补助费	2466	—	2466

续表

祁县中学校补助费	2255	—	2255
忻县中学校补助费	955	—	955
代县中学校补助费	955	—	955
崞县中学校补助费	955	—	955
绛垣中学校补助费	955	—	955
闻喜中学校补助费	955	—	955
河津中学校补助费	955	—	955
公立女学校补助费	2666	—	2666
尚志小学校补助费	768	—	768
尚志女学校补助费	960	—	960
育德女学校补助费	1008	—	1008
国民教育补助费	7848	—	7848
省教育会补助费	4836	—	4836
模范宣讲所补助费	1000	—	1000
留保军官学生津贴	2100	—	2100
留京军医学生津贴	—	—	0
留京大学分科学生津贴	10713	—	10713
留京清华学生津贴	1680	—	1680
留旅顺工科学生津贴	150	—	150
留京警官高等学生津贴	300	—	300
留日官立高等学生津贴	10656	—	10656
留京美术学校学生津贴	450	—	450
留南通纺织学生津贴	100	—	100
留金陵大学学生贷金	3920	—	3920
留京协和医学学生贷金	840	—	840
留齐鲁大学学生贷金	600	—	600
筹备国语统一会临时费	—	6720	6720
育才馆	14400	849	15249
育才馆追加费	—	3912	3912
育才馆附设雅乐专修班费	5226	622	5848
育才馆添置及补修文庙乐器祭服器品等费	—	3670	3670
大学校追加建筑实习工厂各项房屋工料费	—	14703	14703

续表

洗心总社维修三丘阁工程费	—	2275	2275
洗心社补助费	—	3600	3600
教育会派员参与第七次全国教育联合会议旅费	—	1000	1000
山西日报馆附设星期附刊	—	5733	5733
总计	896946	78591	975537

基于家庭对教育的投入有边际效益递减的趋势，人们更倾向于对孩子的初等教育进行投资，而对中等、高等教育的投资存在内生性不足。为了鼓励精英人才继续学习深造，省政府对中学生、大学生、留学生等都给予数额不等的生活补助津贴。如育才馆"馆员每人每月津贴十元至二十元，其操帽、操衣、课程及灯油、薪炭等，均由馆供给"。[①]由表2可知，山西省教育经费支出中，除含有公立学校的办学经费外，还含有各种补助费（如农业学校补助费、各县中学补助费等）、在省外高校求学的学生津贴（如留保军官学生津贴、留京军医学生津贴、留京大学分科学生津贴、留京清华学生津贴、留旅顺工科学生津贴等）。此外，还为通过出国留学考试的学生，提供无息贷款。如《贷金游学规程》[②]明确规定，由政府发给游学欧美学生每人每年1300元贷金，游学日本学生每人每年300元贷金，待其游学归来，逐年偿还本金即可。

（三）以公共教育为主

Meta Brown 等的研究表明，父母在决定家庭收入如何在家庭消费和子女教育之间分配时，往往会偏重于前者，而低估后者。[③]这种私人经济下教育需求的不足，主要根源于教育收益的滞后性，而教育供给的不足，则主要根源于教育产品所具有的非竞争性和非排他性特性。因而，需要将教育作为"公共物品"，由政府组织并提供财政支持。民国时期，山西省政府鉴于"本省尚少实业家资助办理教育慈善及社会福利事业"，[④]山西省政府为补足教育缺陷，省立兴建教育。因此，以公共教育

① 陈希周：《山西调查记》卷下，南京共和书局，1923，第29页。
② 陈希周：《山西调查记》卷上，南京共和书局，1923，第47页。
③ Brown M, Scholz J K, Seshadri A：*A New Test of Borrowing Constraints for Education*. Review of Economic Studies, 2009, 79(2)，pp. 511-538.
④ 山西文史资料编辑部编：《山西文史资料全编》第5卷，山西人民出版社，1998，第1173页。

为主，就成为山西教育近代化最显著的特点之一。

1922 年，中国共有 37 所大学，其中，国立大学 5 所，省立大学 2 所，私立大学 13 所，教会大学 17 所。这两所省立大学分别是山西大学和北洋大学。1934—1935 年间，中国共有 110 所大学院校，其中，山西就有 5 所大学院校，在全国排第七位。（见表 3）尽管山西省大学院校的总数少于北京、上海、河北、广东等中央政府直辖市、教会渗透地区和有富绅资助教育传统的地区，但其 5 所大学院校中，省立院校就占了 4 所，山西省政府对公共教育的投入力度由此可见一斑。

表3 中国大学院校分布情况（1934—1935）[①]

类型 地点	国立	公立技术	省立	市立	私立（包括教会学校）	共计
上海	7	2	—	—	15	24
北京	6	1	1	1	8	17
河北	1	—	6	—	2	9
广东	2	—	1	—	5	8
湖北	1	—	1	—	4	6
江苏	—	—	1	—	5	6
南京	1	2	—	—	2	5
山西	—	—	4	—	1	5
浙江	2	—	1	—	1	4
福建	—	—	—	—	4	4
四川	1	—	2	—	1	4
河南	—	—	2	—	1	3
山东	1	—	1	—	1	3
江西	—	—	3	—	—	3
湖南	—	—	1	—	1	2
广西	—	—	2	—	—	2
安徽	—	—	1	—	—	1
云南	—	—	1	—	—	1
甘肃	—	—	1	—	—	1
陕西	1	—	—	—	—	1
新疆	—	—	1	—	—	1
总计	23	5	30	1	51	110

[①] （美）费正清、（美）费维恺编：《剑桥中华民国史》，中国社会科学出版社，2006，第 391 页。

　　为了增强公共教育的普及力度，山西省还广泛设置社会教育机构和公立学校。全国社会教育机关（这里指的主要是国民补习学校）之多，"山西居第一位"。[①] 据1930年统计可知，山西省共有各级各类教育机构8772所。[②] 学校方面，除了公立小学两万余所，中学、大学及工、农、商等职业学校数千所之外，由社会力量创办的国民教育补习学校、省垣洗心总社、贫民学校等也颇具规模。教育机构方面，劝学所、学务委员会、教育会、省身堂、育才馆、民众教育馆等各司其职，共同推动了公共教育的发展。

　　教育近代化最显著的特点之一，就是将教育作为公共事业，教育经费由公共财政负担，即教育财政化。由表4可知，1931—1937年间，山西省政府历年财政支出中，教育费是第三大支出项目，与行政费用相当，占财政总支出的10%左右。

表4　1931—1937年山西省政府历年财政支出 [③]

单位：元

岁出预算	1931	1932	1934	1935	1936	1937
财政费	848523	850378	735742	735282	727982	1059301
教育费	1613283	1839918	1469279	1453803	1680258	1692714
司法费	—	735118	490084	539903	658404	881366
实业费	323514	105527	93900	61132	70425	45009
党务费	287150	222600	116860	116860	166860	166860
行政法	1758149	1848064	1454458	1575198	1568458	1751672
公安费	480546	392824	292098	291458	341035	411799
事业费	710114	327038	921214	979337	2980247	3311071
建设费	319859	132714	89264	80983	74666	82812
协助费	10797000	6838100	9139407	8722030	732000	1452000
预备费	160000	167421	347212	361369	521231	419866
卫生费	—	103975	83399	81399	90472	90473
地方营业资本支出	—	120000	—	—	—	—

---

　　① 薄右承讲演，聂光浦笔记：《各省教育考察之经过感想》，《山西省立民众教育馆月刊》1934年第1期第1卷，第54页。

　　② 周宋康：《分省地志·山西》，中华书局（上海），1939，第83页。

　　③ 中共山西省委调查研究室编：《山西省经济资料》第4分册，1963，第734页。由于该书1933年原始数据缺失，故本表亦付之阙如。

续表

临时费	467976	——	——	——	——	——
抚恤费	——	——	21000	21000	21000	21000
总计	17766114	13683677	15253917	15019754	9633038	11385943
教育费占比（%）	9.08	13.45	9.63	9.68	17.44	14.87

表 2 显示了 1921 年，山西省政府用于各级各类学校和学生的经费支出情况，我们从中不难发现，省政府的财政拨款多用于中学以上的学校建设，如中学校、师范学校、实业学校、专门学校、大学院校等。而小学校方面，仅有贫民小学校和模范小学校是由省政府出资的。此外，我们还可以观察到省政府对不同学生的补助和津贴情况。如对师范学校学生的膳食费补贴为：男师范学校"每生每月饭费计小洋四元"，女师范学校"每生每月饭费计大洋三元"，省外师范学校"每生每月饭费计大洋两元"。[①]

除省政府发放的教育经费外，"各县地方教育经费，以县公款和各乡摊款、地亩附捐、地租等为大宗"。[②] 换言之，县地方学校经费主要由县财政承担，乡地方学校经费则主要来源于乡里摊款。地方上筹措的教育经费除了要承担建校费用外，还要负责教师的工资。如 1934 年，山西阳曲县教育局规定："县属各乡村小学校，依乡村之大小，分为四级。教员薪水，即按四级分别规定：年薪 185 元至 200 元为第一级，165 元至 180 元为第二级，145 元至 160 元为第三级，125 元至 140 元为第四级。"[③] 教员的这一年薪水平要远远高于普通农民的收入水平。以表 1 所列的狄村、西流村、享堂村为例，三村教员的平均年薪分别为 185 元、165 元、150 元，而三村村民之中，收入最高者当属享堂村村民。该村平均每人 6.3 亩土地，每亩年产小麦 1.3 斗，而 1933 年的小麦价格为每斗 0.7 元，那么，享堂村农民的平均年收入就是 57.33 元。由此可知，1933 年，乡村教员的平均年薪是普通农民年收入的 2—3 倍。

综上所述，民国山西教育近代化的特点可概括为：以实用为目的，以公共教育

---

① 陈希周：《山西调查记》卷下，南京共和书局，1923，第 44 页。
② 周宋康：《分省地志·山西》，中华书局（上海），1939，第 81 页。
③ 刘容亭：《山西阳曲县三个乡村农田及教育概况调查之研究》，载李文海主编：《民国时期社会调查丛编》二编《乡村社会卷》，福建教育出版社，2014，第 208—218 页。

为主体，大众教育与精英教育齐头并进。其中，又以教育公共化的影响最为深远。政府对教育事业的财政支持，是各种教育理念和教育政策得以实施的基础，也是山西教育从传统走向近代的关键因素。

二、教育公共化对家庭消费的影响

对于家庭的当期消费而言，由于教育投入的收益具有滞后性，所以家庭普遍存在教育消费投入不足的倾向。教育公共化之后，需要政府财政对教育进行投资，以补贴家庭教育消费的不足，从而增加受教育儿童的数量及其受教育的年限。因此，财政教育投入一方面替代了家庭教育投资，对家庭教育消费具有替代效应；另一方面，政府对教育的投入相当于给予学龄儿童家庭一部分教育资金，间接提高了家庭收入，对家庭消费具有收入效应。替代效应会导致家庭教育消费的减少，收入效应则会导致家庭教育消费的增加。下面通过观察 1921 年，山西省 104 个县的财政教育投入以及各县的家庭教育消费情形，来具体论述财政教育投入对家庭教育消费的影响。需要指出的是，1921 年，山西共有 105 个县，由于绛县的原始数据缺失，故没有将其纳入本文的考察范围。

为了剔除人口因素对财政的影响，这里将各县财政除以县人数，以取人均值。而为了消除消费和财政绝对值对结果的影响，这里取教育费占总消费的比例以及财政教育支出占财政总支出的比例。通过对各县的人均财政教育投入占比和人均教育消费占比作散点趋势图（图 1），可观察到人均教育消费占比多在 15% 以下，而人均财政教育投入占比则在 20%—60% 以上。可见，教育公共化程度显著。此外，还可明显看到拟合趋势线向右上方倾斜，这就表明人均教育消费占比随着人均财政教育投入的增加而增加。

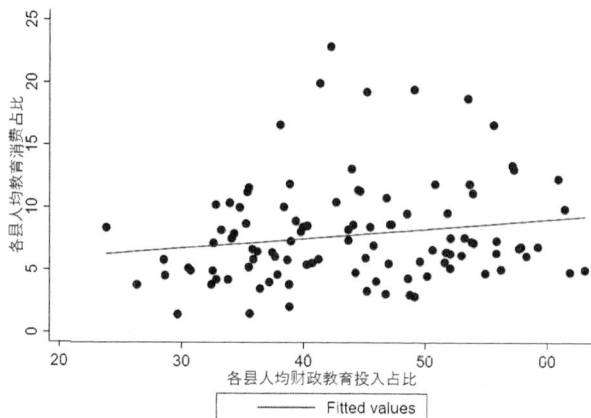

图 1 各县人均财政教育投入下的人均教育消费散点趋势图[①]

为了剔除经济发展水平对变量的影响，在无法获得各县国民收入水平的情况下，用衡量家庭收入水平的恩格尔系数作为排除因素。另外，考虑到当期财政对第二期家庭消费或许会产生滞后性影响，故考察 1921 年财政对 1921 年、1922 年的两期消费影响。根据公式 1，用最小二乘法作回归分析：

$$C_{tpi} = \alpha_{tp} + \beta_{tp}G_i + \gamma_{tp}E_{tpi} + \varepsilon \quad (t = \mathrm{I}, \mathrm{II}; \ p = 1, 2, \ldots, 5; \ i = 1, 2, \ldots, 104) .$$

式 1

其中，G 为各县人均财政教育支出占比，C 为各县人均教育消费占比，E 为各县恩格尔系数，α 为常数项，ε 为残差项，β、γ 分别为解释变量 G、E 的系数。i 为第 i 各县，观察值共 104 个县；t 为观察期，$t=$ Ⅰ 为 1921 年，$t=$ Ⅱ 为 1922 年；p 为职业分类，$p=1$ 为士，$p=2$ 为农，$p=3$ 为工，$p=4$ 为商，$p=5$ 为所有职业平均。所得结果见表 5：

---

① 本文采用的软件为 STATA15。

表5 公式1最小二乘法回归分析结果

	C (t= Ⅱ)				
	P=1	P=2	P=3	P=4	P=5
G	0.0699	0.0698	0.0331	0.0356	0.0562
	(1.21)	(1.37)	(0.77)	(0.67)	(1.19)
E	-0.280***	-0.193***	-0.157**	-0.213***	-0.211***
	(-3.86)	(-3.73)	(-2.74)	(-3.72)	(-3.55)
_cons	18.24***	12.68***	12.42***	13.67***	14.43***
	(4.26)	(3.84)	(3.46)	(3.88)	(4.02)
N	104	104	104	104	104

t statistics in parentheses

数据来源：①1921年各县财政支出及教育财政支出，来源于山西省长公署统计处编:《山西省第三次财政统计》第5编，1926，第41—44页。

②1921年各县生活费、食品费及教育费，分别来源于山西省长公署统计处编:《山西省第三次经济统计正集》第4编，1923，第11—14、17—20、33—36页。

③1922年各县生活费、食品费及教育费，分别来源于山西省长公署统计处编:《山西省第四次经济统计正集》第4编，1924，第9—12、17—20、33—36页。

④各县人口数据，来源于山西省长公署统计处编:《山西省第四次人口统计》第1编，1923，第1—4页。

说明：* $p < 0.05$，** $p < 0.01$，*** $p < 0.001$。

根据回归分析结果可知，恩格尔系数对教育消费占比的影响皆在0.1%置信水平下显著，且其系数为负，表明恩格尔系数与家庭教育消费呈反比。而政府教育投入仅在第一期5%的显著性水平上成立，且其系数为正，在第二期则不显著。由此可见，对家庭教育消费起决定性作用的仍然是其生活水平。生活水平越高，教育消费占比也越高。教育消费属于发展型消费，符合消费结构变化的规律。而政府教育投入只在当期对家庭教育消费产生影响，在滞后期则影响不明显。政府教育投入系数为正，表明增加政府教育投入，家庭教育投入也会随之增加；反之亦然。即政府教育投入对家庭消费的收入效应大于替代效应，其增加家庭收入的效应更为明显，从而间接提高了人民生活水平。

再从不同职业来看，第一期对除"士"以外的职业都显著，而政府教育投入对"士"则影响不大。可见，收入水平较高的"士"这一职业群体，本身就对教育比较重视，且有足够的财力花费在教育上，不论财政投入与否，都不会影响其对教育的高投入。"农""工""商"这三类职业群体则与"士"完全不同，他们要么由于教育意识不够强，要么由于教育经费不够多，导致对教育的投入较为缺失，因此，财政教育投入对其影响较大。

从收入水平来说（见图2），"士"这一职业群体的收入水平最高，商人群体次之，工人和农民的生活水平较低。鉴于农民食物多为自给自足，不需消费，故农民实际生活水平可能低于恩格尔系数显示水平。在传统自然经济解体的铸新淘旧之际，早期工人多由破产农民转变而来，迫于生存压力，他们成为与土地和生产工具相剥离的自由劳动力，生活水平较低。农民、工人都是低收入群体，其财力不足以支持投资教育，故对财政教育投入的收益较大。而商人群体的收入水平虽然能够支持其教育消费，但受"民智不开，习于营商，而笃于守旧"传统观念的影响，对家庭教育投入也有所不足，对财政教育投入的反应最大。

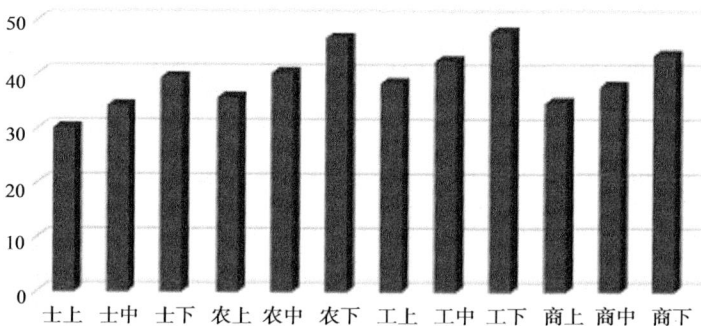

图2 1921年山西省各职业人均恩格尔系数[①]

从上述山西各职业家庭对财政教育投入的反应程度而言，收入水平较低的人群对财政教育投入的收益较大，收入水平较高的人群受政府财政教育投入的影响较小；文化水平较低的人群对财政教育投入的收益较大，而文化水平较高的人群受政府财政教育投入的影响较小。民国山西财政教育投入对家庭的影响，较多发生在当期的收入效应方面，间接提高了人民收入水平，成为家庭增加教育投入的诱致性因

---

① 数据来自山西省长公署统计处编:《山西省第三次经济统计正集》第4编，1923，第1—52页。

素，提高了民众接受教育的热情。而家庭受到财政教育投入的社会福利与家庭收入水平呈反比，与家庭文化教育水平呈反比。简单而言，越穷困、越没有文化的家庭，在财政教育投入中的受益越大。

三、教育公共化对社会的溢出效应

教育对社会的作用，不仅表现在其滞后收益（在教育投入若干年以后，受教育人群成长为劳动力，为社会生产发展做出贡献），还表现为当期教育环境优化所带来的影响，即教育公共化在当期的溢出效应。

Gerhard Glomm 指出，民办教育制度不会给经济带来持续的增长，而公共教育制度则能够给经济带来高速且可持续的，而非周期性的增长。[1] 这正是教育公共化提高教育普及程度后，所带来的群体性素质提高，产生环境内的相互影响，不仅使整个社会生产率提高，还增强了社会的稳定程度。山西教育公共化对社会经济发展所产生的影响，不仅体现在国民意识和道德素质的提高上，还体现在促进工业发展和人才聚集等方面。

首先，学术团体兴起，发明创造增加。1935 年，阎锡山在中国文化建设协会山西分会上提出"自然科学救国论"，认为"居今日而说救国，惟有提倡此自然科学为当务之急"。[2] 政府大力支持教育，培育了深厚的人才和科技土壤，官方和民间的学术机构相继成立。如 1923 年成立山西兵工研究会，1925 年山西国民师范学生相继创办了数学研究会等十余个研究团体，1934 年山西省理化实验室成立。又如，西北实业公司将"促进科学，增进造产技能，以发展物力"[3] 作为自强图存的宗旨，设立了钢铁研究所、化学研究所、西北试验所、理化研究所等工业研究机构，从事科学技术研究，推动了工业产品和技术的引进与创新。在此促进下，许多先进的工业技术在山西相继研发成功。1919 年山西督军署军医课报告化验骡结石结果成功；1924 年张恺试制成功"恺字号"低成本炸药；1932 年开始研制火车头，并仿制飞德乐汽车成功；次年发明逆吸式木炭代油炉汽车成功。据说，中国最早的

---

① Glomm G. "Parental choice of human capital investment", *Journal of Development Economics*, 1997, 53(1), pp.99-114.

② 太原绥靖公署主任办公处编印：《阎伯川先生言论辑要（八）》，1937，第 3 页。

③ 阎锡山：《阎伯川言论集》第 5 辑，载刘建生等著：《山西近代经济史（1840—1949）》，山西经济出版社，1995，第 576 页。

国产卷烟盘纸，就是由西北实业公司所属制纸厂在 1936 年生产出来的，专供晋华卷烟厂，结束了中国盘纸完全依靠进口的历史。

其次，贡献工业人才，促进工业发展。近代中国劳动力数量虽多，但农业经济下的劳动力文化素质低下，难以直接为工业所用。因此，马寅初就将近代工人缺乏作为工业迟滞的重要原因之一。[①] 山西教育公共化特别是大众教育的普及，降低了文盲率，提高了劳动力的普遍素质。一方面，加快了农业人口向工业人口的转化，图 3 是 1912—1926 年间，山西农业人口占比和工业人口占比变化趋势图，明显可见二者相互替代的负相关关系。尽管农业人口仍占到总人口的十分之四五，工业人口仅为十分之一左右，但工业人口已有逐年上升的趋势，特别是从 1919 年开始，工业人口显著上升，而该年正是义务教育实行的第二年。另一方面，促进了劳动生产率的提高，推动了山西工业的发展。近代山西重视技术技能等实用能力的培养，提高技术人员的待遇和职权，为一大批专科毕业人才成长为工业技术骨干创造了良好的条件。如西北实业公司初创时，就吸收了一大批人才和专家，"用人有方"[②] 是其得以迅速发展的重要原因之一。此外，西北实业公司拥有较为完善的产业链条，从能源的煤炭工业，到原材料的钢铁业、化工业、造纸业、水泥业等，再到生产工具方面的机械工业等，基本实现了自给自足，成为山西的主要经济支柱。

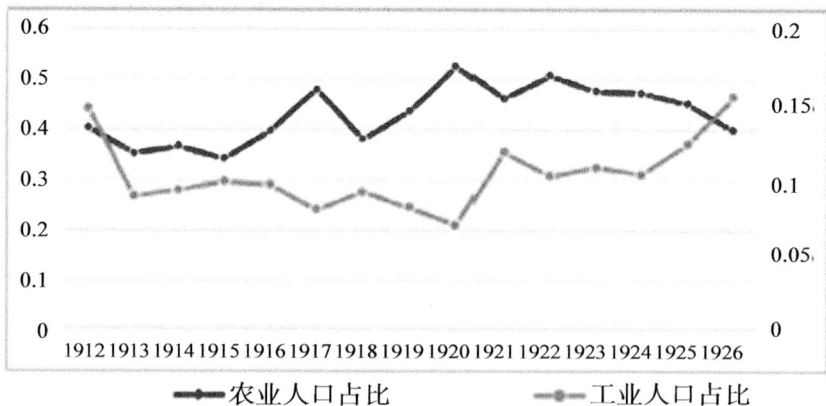

图 3　1912—1926 年山西人口职业占比趋势图 [③]

---

① 马寅初：《中国工业迟滞之原因及其救济方法》，载孙大权、马大成编注：《马寅初全集补编》，上海生活·读书·新知三联书店，2007，第 258—266 页。

② 段克明：《抗日战争前太原经济概况》，载太原市政协文史资料研究委员会编：《太原文史资料》第 7 辑，1986，第 1 页。

③ 数据来自山西省政府统计处编印：《山西省第九次人口统计》，1935，第 51—52 页。

最后，优渥的成长环境，吸引了大量留学归国人员积极投身于工业和管理领域，从而为山西引入了先进技术和现代管理模式。"恺字号"炸药的发明者张恺，就毕业于日本帝国大学化工专业。这些留学生在诸多工业领域都发挥了积极作用。如日本秋田矿山专门学校采矿科毕业的薄绍宗，任西北煤矿第一厂工程师；英国谢菲尔德大学冶金科毕业的郑永锡和张增，则任职西北炼钢厂。此外，还有大批从美国匹兹堡大学、美国密歇根大学、日本京都大学、日本东京大学以及从法国、英国、德国等国留学归来者，任西北炼钢厂的工程师。西北印刷厂的技术工人，也多由北京印刷局邀请而来。在商业方面，以抵制日货、保护国产为经营宗旨的太原土货商场，则聘用了从日本学成归来的彭毅丞。这些留学生不仅带来了先进的生产技术，还促进了公司管理的现代化。此外，留学生也填充了山西的科技教育力量。如从英国留学归来的张增、赵铮，从日本留学归来的李尚仁等，先后担任省立甲种学校校长职务，他们开设了多门科技专业课程，培养了 610 余名科技人才。解荣辂、谷思慎、丁致中等从海外学成归来的人士，不仅积极投身于山西的教育事业，创办了一批新式小学校、中学校，还成为采矿、冶金、机械、土木、化学等科目的学术骨干，为山西省的教育和科技事业做出了巨大贡献。

最为重要的是，教育公共化大幅提高了教育的普及程度，提升了民众的普遍素质。义务教育和乡村教育的推行，扩大了普通民众受教育的范围。一方面，教育公共化使民众的文化素质有所提高，最突出的表现就是文盲率的减少。1919 年，"文盲人口减少，约为人口总数的十分之一，成绩为全国第一"。[1] 普通民众能看报、阅读政府公告，有利于政令的传播与推行。另一方面，教育公共化提升了民众的思想道德水准，改变了晋民"民智不开，习于营商，而笃于守旧"的传统，通过引导民众种树、养蚕、养羊等，普遍提高了民众投身农牧业生产的积极性。民众思想道德水准的提高，使整个社会风气都有所改善。由表 5 可见，1921—1925 年间，男女犯罪人口数量呈现出下降的趋势，其中，男性犯罪人数从 40687 人下降至 27640人，犯罪人口占比从 0.369% 下降到 0.244%。总之，教育公共化增加了教育的受众，普遍提高了民众的国民意识，为各项事业的良性发展创造了有利条件，最终促进了山西社会经济的稳定发展。

---

① 周邦道等编：《第一次中国教育年鉴（丙编）》，开明书店，1934，第 617 页。转引自申国昌、史降云：《以教促政：民国时期山西社会教育研究》，载田正平、程斯辉主编：《辛亥革命与中国近代教育——第五届海峡两岸教育史论坛论文集》，浙江大学出版社，2012。

表6 1920—1924年山西犯罪人口与总人口[①]

年份	犯罪人数（人）			人口（人）	犯罪人口占比（%）
	男	女	共计		
1921	40687	2369	43056	11654285	0.369
1922	38688	2641	41329	11730486	0.352
1923	22918	1570	24488	11799109	0.208
1924	28336	2084	30420	11942577	0.255
1925	27640	1682	29322	11993698	0.244

四、结语

山西由于深处内陆，受到的国际冲击较小，开放程度较低，在中国近代化的进程中一度落后于沿海地区。加之明清晋商兴盛，晋民重商轻文的传统根深蒂固，而对教育的重视程度不够，从而使得山西教育处于落后地位，新式教育严重不足。直到民国时期，山西省政府将教育作为公共事业，由财政支出来承担教育费用之后，山西近代教育才逐渐初具规模。

一方面，山西教育近代化以教育实用化、教育大众化和教育财政化为主要特点，而其核心为教育公共化。山西省政府注重教育内容的实用性，大力发展公众教育，并通过教育公共化改革，将教育作为由政府提供的公共服务产品，来解决私人教育供给和需求不足的问题，增加了全省受教育的人口和年限，提高了民众的文化素养和思想道德素养。特别是省政府财政支出中的教育投入，对个人和社会都产生了溢出效应，客观上增加了当期家庭收入，提高了民众接受教育的积极性，使得家庭教育投入增加，尤其是使低收入、低素质群体受益较大，在一定程度上削减了教育的不平等性，推动了教育公平化和普及化的进程。民国山西教育近代化进程，改变了山西传统的教育模式和教育观念。许多人来山西考察教育事业后，作出"人民对教育都很信仰，作父兄的都愿意叫子女读书"[②]之类的评价，可见山西省政府的教育改革成效卓著，深得人心。

另一方面，教育的公共化改革，也在教育领域以外的其他领域产生了积极影

---

① 本表数据来源于山西省政府统计处编印：《山西省第七次社会统计》，1929，第1编，第89—90页；第二编，第37—38页。

② 王卓然：《中国教育一瞥录》，商务印书馆（上海），1923，第36页。

响，对社会经济发展产生了溢出效应，改善了山西的学术、技术和人才环境，提高了民众的普遍素质，特别是近代化所急需的工人群体的整体素质，促进了劳动力由第一产业向第二产业的转化。工人数量的增加和劳动生产率的提高，是山西近代工业迅速发展的重要原因之一，对山西社会经济的近代化产生了明显的正外部性。民国时期，山西能在较短时间内，形成以军事工业为代表的、以重工业为中心的较为完整的工业体系，基本实现了大部分工业产品和生活物资的自给自足，主要是得益于工人数量和质量的提高以及高等人才参与核心技术和管理，由此形成一定规模的人力资本，作为生产要素投入经济生产之中。至 1937 年，山西省已成为当时全国最重要的工业省份之一。由此可知，民众素质的普遍提高，是各项事业顺利开展的重要前提，为山西社会经济的近代化奠定了良好的社会基础。

三个版本的《巴塞尔协议》与中国银行业监管 *

宋士云　宋　博 **

内容提要： 1988 年以来，随着银行业国际化和网络化的飞速发展，巴塞尔委员会相继颁布实施了三个版本的《巴塞尔协议》。作为全球银行监管领域中最有影响力的国际标准，《巴塞尔协议》始终坚持以资本充足率作为银行风险管理框架的主要内容，从关注跨国银行的信用风险，到关注市场风险和操作风险，再到从更为宽广的视角理解银行风险，关注流动性风险和系统性风险等，确立微观审慎与宏观审慎相结合的监管模式。《巴塞尔协议》在内容上不断丰富和完善，不仅体现了银行监管思想的不断深化，并在完善金融监管和防范金融风险中发挥了重要作用。2009 年，中国正式成为巴塞尔委员会的成员。为了增强银行体系的稳健性和国际竞争力，中国金融监管部门将国际标准同中国实际相结合，积极推动银行业改革与发展、加强银行监管和防范金融风险，实现了国际标准的中国化。

关键词： 三个版本的《巴塞尔协议》；中国银行业监管；国际标准的中国化

20 世纪 70 年代以来，在新技术革命、经济全球化和金融自由化的影响下，银行业国际化和网络化飞速发展，银行机构在国际范围内的竞争日趋激烈，但面临的风险也日趋多样化和复杂化。在金融风险国际化的情况下，任何一国的监管机构都难以对银行机构所面临的风险进行全面监管，加之 1974 年西德 Herstatt 和美国 Franklin 等银行的倒闭，使国际社会深刻认识到银行国际业务的风险性和危机的

---

* 本文系山东省社科规划重点项目"中国银行业改革与转型研究"（项目编号：18BJJJ11）的阶段性成果。

** 宋士云，经济学博士，聊城大学商学院教授，研究方向为中国近现代经济史；宋博，中南财经政法大学金融学博士生。

传染性，更意识到了加强金融监管国际合作的迫切性。有鉴于此，在国际清算银行（BIS）的发起和支持下，1974 年底建立了银行法规与监管事务委员会（BCBS），即巴塞尔委员会。巴塞尔委员会的创建主旨原本是为国际银行业提供一个早期预警系统，后来随着银行业国际化的不断推进，其工作重点转移为堵塞国际监管中的漏洞，提高监管水平，改善全球监管质量。因此，在国际监管组织中，巴塞尔委员会的影响甚为突出，已成为事实上的银行监管的国际标准制定者，这表现在《巴塞尔协议》三个版本的相继出台和实施。本文拟从经济史的视角，结合三个版本《巴塞尔协议》出台的国际经济与金融背景，揭示其内容要求的演变逻辑，并探讨中国立足国情，积极推动银行业改革发展、加强银行监管和防范金融风险的轨迹。

一、《巴塞尔协议Ⅰ》与中国银行业监管

巴塞尔委员会成立以来，积极推动银行监管的国际合作，制定了一系列国际统一银行监督管理的重要文件。1975 年 9 月发布了《对外国银行机构监督的原则》，针对国际性银行监管主体缺位的现实，强调对跨国银行国外分支机构的监管，指出以东道国为主监督外国银行分行的流动性和外国银行子行的清偿力。1978 年发布了《综合资产负债表原则》，实行并表监管，把跨国银行的总行、国内外分行、子银行作为一个整体，从全球角度综合考察其资本充足性、流动性、清偿能力、外汇活动和头寸、贷款集中度和面临的风险等。最重要的是，1988 年 7 月，巴塞尔委员会通过了《关于统一国际银行的资本计算和资本标准的协议》，即《巴塞尔协议Ⅰ》，第一次建立起一套国际通用的银行资本充足率标准和计算方法，目的在于消除国际金融市场上各国银行间的不平等竞争，加强国际银行体系的健全性和国际金融秩序的稳定性，防止跨国银行一国发生危机而引发多国银行危机乃至国际银行业危机。

（一）《巴塞尔协议Ⅰ》的内容及其相关补充

《巴塞尔协议Ⅰ》主要包括三部分内容：第一，关于资本的组成和分类。该协议把银行各类资本划分成两档：第一档核心资本包括股本和公开准备金，这部分至少占全部资本的 50%；第二档附属资本包括未公开的准备金、资产重估准备金、普通准备金或呆账准备金。第二，关于资产的风险加权计算。为了评估银行资本所

应具有的适当规模，该协议制定出了对资产负债表上各种资产和各项表外科目的风险度量标准，并将资本与加权计算出来的风险挂钩。根据资产类别、性质和债务主体的不同，把银行资产划分为无资产、10%、20%、50% 和 100% 几个风险档次，风险越大，加权数越高。在银行面对的投资、利率、汇率和国家转移风险等多种风险中，该协议主要关注的是信贷风险。第三，关于标准比率的目标。该协议要求到 1992 年底，十国集团国家商业银行的资本对风险加权化资产的标准比率，即核心资本充足率不得低于 4%、总体资本充足率不得低于 8%。对此，著名金融学家黄达曾评价说："在银行国际监管标准的建立中，以《巴塞尔协议》规定的银行资本标准最为成功。"[1]

《巴塞尔协议Ⅰ》面世以来，影响广泛而深远，不仅在成员国的银行得到实施，而且在成员国之外也获得了普遍认同，逐渐发展成为国际社会所认可的银行监管标准。该协议将银行资本充足率作为衡量银行业信誉高低和稳健与否的重要标准，改变了只注重资产规模、不注重资产质量的传统观念，突出了商业银行自身的责任，强化了银行信贷资产的风险管理和对表外业务的监管，有效地扼制了与债务危机有关的国际风险。

进入 20 世纪 90 年代，随着金融自由化的加快，银行体系越来越深地介入金融衍生品交易，或者以资产证券化等方式逃避资本金管制。金融业存在的风险不仅仅是信用风险，还有市场风险、操作风险等，金融危机是由多种风险互相交织、共同作用造成的，仅靠资本充足率难以防范和解决国际银行的金融风险问题。最典型的案例是，1993 年底巴林银行的资本充足率远超过 8%，1995 年 1 月，巴林银行还被认为是安全的，但到 1995 年 2 月末，巴林银行就破产并被接管了。[2]有鉴于此，巴塞尔委员会于 1996 年 1 月公布了《资本金协议市场风险修正案》，制定了全球统一的估测、监管商业银行市场风险的标准，要求商业银行应对市场风险计提资本，并提出了两种计量风险的办法（标准计量法和内部模型计量法），为各国中央银行监管在本国开业的国内外银行提供了新尺度。1997 年 7 月，亚洲金融危机爆发；同年 9 月，巴塞尔委员会正式通过《有效银行监管的核心原则》（以下简称《核心原则》），确立了全面风险管理的理念，提出了涉及银行监管 7 方面的 25 条核心原

<hr>

① 黄达：《金融学》，中国人民大学出版社，2014，第 300—301 页。

② 徐宝林、刘百花：《监管资本套利动因及对银行的影响分析——兼论对我国银行业资本监管和管理的启示》，《中国金融》2006 年第 5 期。

则。《核心原则》不仅适用于国际性银行的风险资产管理，而且适用于对所有国家和地区银行的监管。该原则第一次将银行监管作为一个系统进行综合考察，全面构建了有效银行监管的基本体系，从银行审慎监管的角度，对银行内部的风险约束机制提出了更高的要求。[①]

（二）《巴塞尔协议Ⅰ》对中国银行业监管的挑战及应对举措

由于历史和经济体制的原因，中国的金融体制与西方不同，以西方银行业的组织模式、经营方式及其活动等为基础制定的《巴塞尔协议》，并不适合中国的国情。进一步说，中国银行业的发展状况和经营管理水平，与协议的要求尚有相当大的差距，面临着严峻的挑战。

第一，关于国家转移风险问题。协议选定 OECD 的成员国或与 IMF 达成借贷总安排相关的特别贷款协议的国家作为资信级别较高的国家，给予较低的风险权数和优惠待遇，而给予其他国家较高的风险权数。中国被列为优惠级别以外的国家，那么，外国银行提供给中国的信贷融资将被给予较高的风险权数，中国向国外借款相对受到限制。第二，关于中资银行海外经营活动问题。如果一国没有对本国的银行按协议所规定的原则实行监管，或者被认为没有这样做，那么，该国银行在其他国家的业务活动就可能受到歧视性待遇。如果中国不按协议要求做的话，中资银行的海外经营活动将会遭到所在国苛刻的银行监管，进而使中资银行在国际业务的竞争中处于不利的地位。[②] 第三，关于中资银行的资本充足率问题。20 世纪 90 年代，中国处于建立市场经济体制的初期，还没有建立适应市场经济体制的会计标准，中资银行资产负债表中的资本资产结构与西方银行相比，有较大差别，根据协议的资本定义和资产风险权重系统，对中资银行资产负债表中各项资本和业务进行归类，有一定困难。中资银行大都是国家所有，资本一般由信贷基金、自有资金、纯益、股本和公积金及呆账准备金组成，其中，前五项是银行的永久性资本，价值稳定，属于核心资本；呆账准备金与协议附属资本定义中普通准备金和普通呆账准备金相似，但从公开的资产负债表上却很难说清楚，呆账准备金是否全都用于弥补任何风险，而不是特定资产的损失。加之，当时国家财政困难，为银行增拨信贷资金不太

---

① 张婧：《从〈巴塞尔协议〉到〈核心原则〉——国际银行业监管的里程碑》，《银行与企业》1998 年第 4 期。

② 甘培根、王丹：《巴塞尔协议及其对我国的影响》，《中国金融》1993 年第 6 期。

现实；金融立法滞后，缺乏健全的资本市场，中资银行增发普通股股本难度大，其他附属资本很少；商业银行贷款分类方法不科学，财务纪律不规范，比如，资产损失不能减计和计提。这样，银行对企业贷款质量衡量和对不良资产的计算也不真实。[①] 第四，关于中资银行的经营机制和经营状况问题。当时金融是财政的附属物，缺乏独立性，四大国有专业银行还没有成为真正的商业银行，银行总是被政府的政策所左右，为国有企业垫补营运资金、补贴企业亏损。特别是在 20 世纪 90 年代中后期，国有企业改革进入攻坚阶段，许多企业靠银行贷款过日子，银行会计科目中甚至设有"安定团结贷款"，这在一定程度上导致银行不良贷款增长过快，出现了许多呆账坏账，银行资本充足率问题进一步凸显。据 1997 年上半年的统计显示，中国四大国有银行实际呆账率为 6%，与银行资本数量大致相当。如果用资本冲销呆账的话，银行的资本充足率将更低。[②] 2001 年加入 WTO 时，由于资本充足率严重不足，中国银行业一度被国际社会认为"在技术上已濒临破产"。2002 年 6 月末，中国人民银行首次公布了国有金融机构不良贷款的数据，四大国有银行的不良贷款占贷款总额的 25.73%。[③] 可见，银行信贷风险已成为影响中国金融体系稳定和发展的重大隐患。

面对上述挑战和压力，为了扩大对外开放和促进银行业的稳健经营，从 1992 年起，中国开始建立社会主义市场经济体制，加快银行体制机制改革，并按照国际惯例规范银行经营活动，变对商业银行的贷款规模管理为资产负债比例管理，并试行资产风险管理。1995 年 5 月发布的《中华人民共和国商业银行法》规定，商业银行依法接受中国人民银行的监督管理，资本充足率不得低于 8%，开始依据《巴塞尔协议》对商业银行经营予以监管。1996 年 11 月，中国人民银行成为国际清算银行的股东，并参与该行的各项活动，这有助于中国人民银行提高管理与监督水平；同年 12 月，中国人民银行参考《巴塞尔协议 I》，印发了《商业银行资产负债比例管理监控、监测指标和考核办法》，对计算信用风险资本充足率的方法提出了具体要求，但在一些方面放宽了标准。1997 年，中国人民银行参与了《有效银行监管的核心原则》的各项讨论会，并承诺在 3—5 年内达到该文件提出的各项要求；同年 5 月，颁布了《加强金融机构内部控制的指导原则》，这与《核心原则》

---

① 周小川：《金融改革发展及其内在逻辑》，《中国金融》2015 年第 19 期。
② 刘炜：《论巴塞尔协议与中国银行监管法制的完善》，《上海金融》2000 年第 7 期。
③ 黄达：《金融学》，中国人民大学出版社，2014，第 91 页。

中完善银行内控机制的要求不谋而合。[①] 亚洲金融危机之后，中国政府在汲取一些国家化解金融危机经验的基础上，采取了注资、剥离不良资产等一系列措施，对四大国有商业银行进行财务重组，以充实和提高银行的资本充足率。1998 年 3 月，财政部定向发行总额为 2700 亿元的特别国债，所筹资金全部用于补充国有独资商业银行资本金；4 月，中国人民银行发布《贷款风险分类指导原则（试行）》，以风险为基础，按贷款本金利息收回的可能性，把贷款分为正常、关注、次级、可疑和损失五类。1999 年的 3—10 月，中国政府先后成立了华融、长城、东方、信达四家金融资产管理公司，专门负责收购、管理和处置四大国有商业银行剥离出来的不良贷款，以改善它们的资产负债状况，防范和化解潜在的银行风险。2001 年 12 月，中国人民银行发布《关于全面推行贷款质量五级分类管理的通知》，决定在全国各类商业银行施行贷款风险分类管理。要进行财务重组，就需要弄清资产质量，其中首要的是改革会计准则。"2001 年、2002 年前后，我国对会计准则进行了改进。这是非常实质性、基础性的工作"。[②]

二、《巴塞尔协议 II》与中国银行业监管

20 世纪 90 年代以来，银行业发展的国际环境发生了深刻变化，这表现为在信用风险依然存在的情况下，市场风险和操作风险等对银行业的破坏力日趋显现。加之《巴塞尔协议 I》在风险权重的确定方法上存在缺陷，难以适应现代银行发展和金融创新的需要。在银行资本与风险资产比率基本正常的情况下，以金融衍生品交易为主的市场风险频发，诱发了国际银行业中多起重大银行倒闭和巨额亏损事件，特别是亚洲金融危机的爆发和蔓延，使得金融监管当局和国际银行业迫切感到重新修订现行的国际金融监管标准已迫在眉睫。有鉴于此，1999 年 6 月，巴塞尔委员会发布了一个旨在替代《巴塞尔协议 I》的新资本协议草案第一稿，并在全球范围内征求银行界和监管部门的意见。此后，又相继发布了两个征求意见稿。2004 年 6 月，巴塞尔委员会推出《统一资本计量和资本标准的国际协议：修订框架》，即《巴塞尔协议 II》正式稿，确定了各国银行进行风险管理的最新法则。巴塞尔委员

---

① 张婧：《从〈巴塞尔协议〉到〈核心原则〉——国际银行业监管的里程碑》，《银行与企业》1998 年第 4 期。

② 周小川：《金融改革发展及其内在逻辑》，《中国金融》2015 年第 19 期。

会的目标是，到 2006 年底，所有的成员国都开始执行《巴塞尔协议Ⅱ》。

（一）《巴塞尔协议Ⅱ》的内容与特点

《巴塞尔协议Ⅱ》的内容主要体现在互为补充的三大支柱上。第一大支柱——8% 的最低资本比率。这一要求没有变，仍然是新协议的重点。《巴塞尔协议Ⅱ》较大的变化在于：提升了计量方法的风险敏感性，并在关注信用风险的基础上增加了市场风险和操作风险。《巴塞尔协议Ⅱ》根据银行的不同情况，提供了多种计算规则：信用风险的计算，有标准法、基于内部评级的基础法和基于内部评级的高级法；市场风险的计算，有标准法和内部模型法；操作风险的计算，有基本指示法、标准法和高级计算法。[①] 第二大支柱——监管当局的监管。"为了确保各银行建立起合理有效的内部评估程序，用于判断其面临的风险状况，并以此为基础，对其资本是否充足做出评估。监管当局要对银行的风险管理和化解状况、不同风险间相互关系的处理情况、所处市场的性质、收益的有效性和可靠性等因素进行监督检查，以全面判断该银行的资本是否充足"。[②] 鉴于银行间产权关系日趋复杂，巴塞尔委员会进一步强调了并表监管，将资本充足率的监管范围扩大到银行集团内部不同层次的商业银行和银行集团的持股公司，以消除由于银行集团内部相互持股造成银行资本充足率高估的影响。第三大支柱——市场纪律，其核心是信息披露。为此，巴塞尔委员会推出了标准统一的信息披露框架，要求商业银行及时、充分、客观地披露经营、财务、风险及资本等方面的信息，提高经营与风险的透明度。

相较于《巴塞尔协议Ⅰ》，《巴塞尔协议Ⅱ》具有较为精细且全面的特点。在现代金融发展的背景下，由于商业银行承担着多种多样的风险，各家银行之间的风险结构和特征差异较大，因此，《巴塞尔协议Ⅱ》虑及具体银行的不同风险情况，并把资本充足率评估和银行面临的风险进一步结合起来，不仅强调资本充足率的重要性，而且通过"三大支柱"的相互配合，加强监管者与被监管者之间的对话，共同努力决定最佳的风险管理模式，以增强银行体系的安全性和稳定性。《巴塞尔协议Ⅱ》把监管的重点从最低资本充足率转向了银行自身风险评估体系建设上来，注重审查银行的风险管理体系是否完善、合理和有效，关注的是银行如何度量和管理风险以及其管理能力的提升。世界各国一方面对《巴塞尔协议Ⅱ》普遍支持、赞同，

---

① 黄辉：《〈巴塞尔协议〉的演变：银行监管新问题与新对策》，《环球法律评论》2006 年第 1 期。
② 黄达：《金融学》，中国人民大学出版社，2014，第 302 页。

但另一方面也普遍认为，它太复杂，有待完善。特别是该协议出台不久，就遭遇了美国次贷危机的冲击，暴露出其存在着一些缺陷。比如，在危机来临时，原来认为具有一定资本属性的资本工具（次级债、高级资本债券等），几乎没有吸收损失的能力；过于强调使用内部评级法，但它对风险的计量具有一定的顺周期性，这在某种程度上助长了经济波动的幅度；对某些领域的潜在风险存在低估倾向，特别是在复杂的证券化和表外金融工具等领域。[①]

（二）中国应对《巴塞尔协议Ⅱ》的举措

因应《巴塞尔协议Ⅱ》的讨论、出台和实施，并考虑到中国银行业资本充足率整体偏低，中国积极完善社会主义市场经济体制，市场化的金融监管体制建设和商业银行改革发展齐头并进。

第一，加强金融监管体制建设。在金融监管体制方面，中国坚持分业经营、分业监管的原则。2003年4月，国务院决定设立中国银行业监督管理委员会（以下简称"中国银监会"），专司原由中国人民银行对全国银行业金融机构及其业务活动的监督管理职责，开启了独立的第三方监管模式；同年12月，《中华人民共和国银行业监督管理法》颁布，将以往对银行业金融机构的单一合规监管，改变为合规监管和风险监管并重，重点规定了完善监管制度、强化监管手段方面的内容。[②]2004年2月，中国银监会借鉴《巴塞尔协议》关于资本充足率监管的规定，发布了《商业银行资本充足率管理办法》，构建了一套符合中国国情的银行资本监管制度。该办法体现了审慎监管的理念，规范了商业银行资本充足率的计算方法，要求商业银行资本充足率的计算必须建立在各项资产损失准备充分计提的基础之上，并适时将市场风险纳入资本监管框架；交易资产达到一定规模或一定比例的商业银行，还必须单独计提市场风险资本；在资本充足率的监督检查方面，还建立了一套操作性强、透明度高的标准和程序，并对商业银行风险管理目标和政策、并表范围、资本、资本充足率以及信用风险、市场风险等，提出了更为具体、细化的披露要求。2004年12月，银监会发布《商业银行市场风险管理指引》和《商业银行内部控制评价试行办法》，督促商业银行加强市场风险管理，进一步完善内部控制体系，从根本上建立管理的长效机制，保障商业银行安全稳健运行。为更好地履行依法监管

---

① 王兆星：《从资本监管制度沿革看金融监管发展趋势》，《银行家》2011年第12期。

② 《中华人民共和国银行业监督管理法》，《人民日报》2006年11月14日。

职责，提高审慎和监管水平，逐步与国际惯例接轨，2005 年 12 月，银监会发布了《商业银行风险监管核心指标（试行）》。该核心指标覆盖了中国银行业最为重要的信用、市场、操作和流动性四种风险。2006 年 7 月，中国人民银行行长周小川出任国际清算银行董事，打破了一直从发达国家中央银行推选董事的局面。为了稳步推进《巴塞尔协议 II》在中国的实施，2007 年 3 月，银监会发布《中国银行业实施新资本协议指导意见》，其内容包括实施新资本协议的目标和原则、范围、方法、时间表和主要措施，决定从 2010 年底起开始实施。此后，银监会还制定了一系列关于实施《巴塞尔协议 II》的指引文件，覆盖了三大支柱的主要内容。

第二，积极推动商业银行改革与发展。伴随中国经济的高速增长，中行、建行、工行、交行等国有银行全面启动了股份制改造并成功上市，通过注资、IPO、增发、重组等方式，资本金大幅增加，并在公司治理、发展战略、经营绩效等方面，不断与国际先进银行缩小差距，逐渐蜕变为具有一定国际认知度的大型商业银行。2004 年 1 月，国务院决定，中行、建行实施股份制改造试点，并动用 450 亿美元国家外汇储备等为其补充资本金。2005 年 4 月，国务院批准工行实施股份制改革的方案，中央汇金公司 150 亿美元外汇注资工行。同年 6 月，建行和美洲银行签署了关于战略投资与合作的最终协议，美洲银行决定在建行的海外首次公开发行时认购 5 亿美元的股份，这是中国四大国有商业银行首次引入海外战略投资者。2005 年 6 月，交行正式在香港联交所挂牌成功上市；11 月，建行在香港公开募股圆满结束，筹资总额达 715.8 亿港元，此次发行是有史以来，全球银行业规模最大的 IPO。2006 年 1 月，工行选定境外战略投资者，高盛集团、安联集团和美国运通公司三家公司共出资 37.8 亿美元购买约 10% 的股份；同年 6 月，中行在香港成功上市，筹资 867 亿港元，7 月"回归"A 股市场，筹资 200 亿元人民币。截至 2007 年 12 月末，按一级资本排序，中国五大国有商业银行均进入全球银行前 100 强，其中，工行和中行为前 10 强，资本充足率分别高达 13.09% 和 13.34%。建行和交行的资本充足率，则分别为 12.58% 和 14.44%。全国性商业银行的不良贷款率从 2003 年的 17.8% 下降到 6.7%。[①]"风险拨备缺口从 2002 年末的 1.34 万亿元压缩到 5353 亿元。资本充足率达标银行，从 2003 年末的 8 家增加到 2007 年 9 月末的 136 家，达标银行资产占比相应从 0.6% 上升到 78.9%"。[②] 中国银行业的评级得到

---

① 谢平：《突围 2009：中国金融四十人纵论金融危机》，中国经济出版社，2009，第 166—167 页。
② 苗燕：《刘明康：我国银行业总资产五年翻了一番多》，《上海证券报》2008 年 1 月 19 日。

了大幅度提升，安全稳健性和影响力实现了历史性跨越。

2009 年 3 月 13 日，巴塞尔委员会召开会议，决定吸收中国等 7 国为组织的新成员。至此，巴塞尔委员会成员扩大为 20 家。加入巴塞尔委员会是中国银行业监管历史上的一个重要里程碑，这标志着中国开始全面参与银行监管国际标准的制定，更加有效维护中国银行业利益，并为国际银行体系稳定做出更大贡献。2009 年 4 月，中国还成为金融稳定理事会（FSB）成员，进一步增强了国际话语权。此后，中国银行业越来越深地融入国际金融体系，参与全球经济治理与国际监管合作。

三、《巴塞尔协议Ⅲ》与中国银行业监管

鉴于美国次贷危机引发的全球金融危机所暴露的大批银行表外资产过度杠杆化和缺乏足够的逆经济周期的资本金准备等问题，以及《巴塞尔协议Ⅱ》在资本金要求和风险核算等方面的缺陷，在 G20 主导的新型国际金融治理模式下，2010 年 12 月，巴塞尔委员会发布的第三版巴塞尔协议的一系列文件，统称为《巴塞尔协议Ⅲ》，旨在提高银行业应对来自金融和经济压力冲击的能力，提高风险管理和治理能力，防范金融危机的爆发。《巴塞尔协议Ⅲ》延续了传统的以风险为本的监管理念，又超越了传统的资本监管框架，并从更加宽广的视角理解银行风险，确立了微观审慎和宏观审慎相结合的金融监管新模式。它的发布和实施，标志着国际金融监管改革进入了一个新阶段。

（一）《巴塞尔协议Ⅲ》的新内容

相较于《巴塞尔协议Ⅱ》，《巴塞尔协议Ⅲ》的改进主要表现在四个方面：一是更加强调资本吸收损失的能力，大幅提高了对高质量的核心一级资本的最低要求，提出一级资本只包括普通股和永久优先股。协议要求商业银行在达到最低核心资本 4.5% 的基础上，还需要建立 2.5% 的资本留存缓冲（又称储备资本）和 0%—2.5% 的逆周期资本缓冲。据此，全球各商业银行的核心一级资本充足率将提升至 7%。二是引入杠杆率监管要求，采用简单的表内外资产加总之和替代风险加权资产衡量资本充足程度，防范风险加权资产计算过程的模型风险。这说明，新的监管模式已从单家银行的资产方扩展到资产负债表的所有要素。协议对杠杆率监管标准的要求是不低于 3%。三是构建宏观审慎监管框架，要求银行在经营状况良好时积累缓冲

以备不时之需，降低银行乃至整个金融体系的顺周期性，增强金融体系应对系统性风险的能力。同时，加强对系统重要性银行的监管，防范"大而不倒"引发的金融机构的道德风险和系统性风险。也就是说，新的监管模式已从单家银行的稳健性扩展到整个金融体系的稳定性。四是引入新的流动性监管标准，即流动性覆盖率和净稳定融资比率两个指标，更加关注压力情形下的流动性管理，防范流动性危机。这就说明，新的监管模式已从金融体系的稳健性扩展到金融体系与实体经济之间的内在关联。此外，《巴塞尔协议Ⅲ》还规定，于 2019 年 1 月 1 日全面实施新标准的过渡期安排。例如，协议要求各成员国在两年内完成相应监管法规的制定和修订工作，并从 2013 年 1 月 1 日开始实施新标准，即商业银行的核心一级资本充足率从目前的 2% 上升至 3.5%，一级资本充足率由 4% 上升至 4.5%；从 2014 年 1 月 1 日起，分别达到 4% 和 5.5%；从 2015 年 1 月 1 日起，应分别满足 4.5% 和 6%。

《巴塞尔协议Ⅲ》是全球银行业监管的新标杆，其重点在于提升银行资本质量与要求，更加关注资本的构成和流动性风险要求。在后金融危机时代，由于各国国情和银行业发展程度的差异，它对不同国家和地区产生的影响和实施要求也不一样。2012 年 11 月，美联储宣布美国无限期地推迟《巴塞尔协议Ⅲ》的执行。欧洲中央银行紧随其后，也推迟实施。《巴塞尔协议Ⅲ》实施遇阻，主要是某些国家出于对金融机构贷款能力、中小企业实际承受能力以及由此而产生的经济增长速度下滑的担忧。[1] 加之《巴塞尔协议Ⅲ》既没有对风险资产计量方法进行有效改革，且未对 2008 年全球金融危机所暴露的问题充分考虑，因此，不断受到国际社会的质疑。

（二）中国积极应对《巴塞尔协议Ⅲ》，加强银行业监管

与国外的银行业相比，中国银行业的境遇要好得多。其原因在于，随着中国成为世界第二大经济体，中国银行业整体资本实力较强、流动性充足。中国银监会公布的数据显示，截至 2010 年 6 月底，国内大、中、小各类银行平均资本充足率达到 11.1%，核心资本充足率达到 9%，核心资本占总资本的比例超过 80%。[2] 鉴于这些指标已经超过了《巴塞尔协议Ⅲ》的最低资本标准，也高于国际平均水平，中国银监会一度希望提前实施新协议。2011 年 4 月 27 日，中国银监会发布了《关于

---

① 罗晶、杨育婷、徐培文：《巴塞尔协议Ⅲ在中国：进程与现状》，《西南金融》2013 年第 7 期。

② 陈颖、甘煜：《巴塞尔协议Ⅲ的框架、内容和影响》，《中国金融》2011 年第 1 期。

中国银行业实施新监管标准的指导意见》（以下简称《指导意见》）。《指导意见》按照宏观审慎监管与微观审慎监管有机结合、监管标准统一性和分类指导统筹兼顾的总体要求，明确了资本充足率、杠杆率、流动性、贷款损失准备监管标准等监管工具，并根据不同机构情况设置了差异化的过渡期安排。[1] 拟自 2012 年初开始实施，2016 年底达标，实施时间提前一年，最后达标时间提前两年。在中国银监会看来，提前实施《巴塞尔协议Ⅲ》，有利于倒逼中国银行业转型，推动大型银行走向国际化。[2] 然而，由于主要发达国家采取量化宽松的货币政策，使得金融体系的流动性泛滥，加之中国经济增长开始步入下行通道，致使银行业发展面临的不确定性增加，也给《巴塞尔协议Ⅲ》的提前实施带来了变数。

2012 年 6 月 7 日，中国银监会发布了《商业银行资本管理办法（试行）》（以下简称《资本办法》），分别对资本充足率计算、资本定义、信用风险加权资产计量、市场风险加权资产计量、操作风险加权资产计量、商业银行内部资本充足评估程序、资本充足率监督检查和信息披露等进行了规范。[3] 此外，还要求商业银行在 2013 年 1 月 1 日起实施，2018 年底前全面达标。该《资本办法》综合了第Ⅱ版和第Ⅲ版《巴塞尔协议》的监管要求，既保持了与国际标准的基本一致性，实施时间表全面与国际接轨，又充分考虑了中国国情和中国银行业的特殊性，将国际标准同中国实际有机结合，实现了国际标准的中国化，被称为"中国版巴塞尔协议Ⅲ"。有关提高资本质量、严格资本扣除项、建立多层次资本监管架构等内容，都被引入了中国新资本监管政策之中。执行《资本办法》后，中国系统重要性银行最低资本充足率要求为 11.5%，中小银行为 10.5%。其特殊性表现在：国内核心一级（普通股）资本充足率最低标准为 5%，比《巴塞尔协议Ⅲ》的规定高出 0.5 个百分点；对国内银行已发行的不合格资本工具给予 10 年过渡期，允许商业银行将超额贷款损失准备计入银行资本；下调小微企业贷款、个人贷款以及公共部门实体债权的风险权重，并同时适度上调商业银行同业债权的风险权重；[4] 对杠杆率监管标准的规定为不低于 4%，比《巴塞尔协议Ⅲ》高出 1 个百分点等。该《资本办法》的实施，既有助于增强中国银行体系的稳健性，提升中国的金融监管水平和风险管理能力，推动中国银行业的转型与发展，也有利于提升国际市场对中国银行体系的信心，深

---

① 韩雪萌：《我国银行业明年起开始执行新监管标准》，《金融时报》2011 年 5 月 5 日。
② 董云峰：《从巴Ⅰ到巴Ⅲ：中国"银行监管进化史"》，《第一财经日报》2012 年 10 月 10 日。
③ 周萃：《银监会发布〈商业银行资本管理办法（试行）〉》，《金融时报》2012 年 6 月 9 日。
④ 雷薇：《新监管指标对银行资本补充的影响》，《中国金融》2012 年第 12 期。

入推动中国银行业实施国际化战略。

此后，中国银监会等部门又陆续出台了一系列关于银行监管的法律法规，基本构建了中国商业银行资本监管体系的新框架。在流动性风险监管方面，2014年2月19日，中国银监会发布《商业银行流动性风险管理办法（试行）》，提出银行流动性风险管理体系的整体框架和定性要求，即要求商业银行流动性覆盖率应于2018年底前达到100%。2015年8月29日，全国人大常委会通过关于修改《中华人民共和国商业银行法》的决定，删除了贷款余额与存款余额比例不得超过75%的规定，将存贷比由法定监管指标转为流动性监测指标。[①]而存贷比红线的解除，进一步释放了银行差异化发展潜力。在杠杆率监管方面，2015年1月30日，中国银监会印发《商业银行杠杆率管理办法（修订）》。这次修订进一步完善了杠杆率监管政策框架，对杠杆率的披露提出了更明确、更严格的要求。在对商业银行业务监管方面，2015年1月15日，中国银监会发布修订后的《商业银行并表管理与监管指引》，以引导商业银行完善并表管理架构和模式，强化风险管理、资本管理、集中度管理和内部交易管理，完善风险防火墙体系。在宏观审慎监管方面，2015年12月29日，中国人民银行宣布从2016年起，将2011年以来实施的差别准备金动态调整和合意贷款管理机制升级为宏观审慎评估体系（MPA），并从资本和杠杆情况、资产负债情况、流动性、定价行为、资产质量、外债风险、信贷政策执行等方面，对商业银行的行为进行多方面引导，强化逆经济周期调节，守住系统性风险的"总闸门"。2016年9月30日，中国银监会发布《银行业金融机构全面风险管理指引》，以引导银行业树立全面风险管理意识，建立和完善全面风险管理体系，持续提升风险管理水平，更好地服务实体经济。[②]

近年来，中国银行业改革与发展取得了长足进步，不仅有效应对了国际金融危机后的严峻挑战，也牢牢守住了不发生系统性金融风险的底线。但是，也要看到存在的一些问题：金融资产过度扩张在宏观上放大了金融杠杆的倍数，交叉性感染的风险增加，容易引发系统性金融风险；部分风险资产没有纳入银行表内资产，造成银行的资本充足率和风险拨备率虚高，容易引发风险集中；金融产品的收益率过度抬升，吸引资金脱实入虚，削弱了金融服务实体经济的基本功能；金融监管制度

---

① 《全国人民代表大会常务委员会关于修改〈中华人民共和国商业银行法〉的决定》，《人民日报》2015年8月30日。

② 张末冬：《中国银监会发布〈银行业金融机构全面风险管理指引〉》，《金融时报》2016年10月1日。

的建设和完善滞后于市场的多元化发展速度，尚未形成统一的高效的金融监管体制，等等。风险管理既是金融机构的核心竞争力，也是金融监管的核心要点，因此，加强风险管理能力就成为打造中国有竞争力的金融体系的重要任务。2017年7月14—15日，全国金融工作会议在北京召开。这次会议主要讨论了金融监管体制顶层设计、银行体系改革、金融风险防范等重大战略问题，直接定调未来五年的金融发展，并提出了金融工作的四大原则（回归本源、结构优化、强化监管和市场导向）和三项任务（服务实体经济、防控金融风险和深化金融改革）。会议还强调，"防止发生系统性金融风险是金融工作的永恒主题，要把主动防范化解系统性金融风险放在更加重要的位置"。鉴于金融安全是国家安全的重要组成部分，因此，要"着力防范化解重点领域风险，着力完善金融安全防线和风险应急处置机制"。[①] 同年11月8日，国务院金融稳定发展委员会宣告成立，"超级监管框架"也正式浮出水面。2018年3月，第十三届全国人民代表大会第一次会议通过了关于国务院机构改革方案的决定，将中国银监会和中国保监会的职责整合；4月8日，中国银行保险监督管理委员会正式挂牌。目前，中国对《巴塞尔协议Ⅲ》的实施还在进行之中。

四、《巴塞尔协议》内容的演变逻辑及其启示

1988年以来，随着现代银行业的迅猛发展和日益国际化、网络化，银行间的竞争日趋激烈，面临的风险也日趋多样化和复杂化。巴塞尔委员会与时俱进，一直在努力寻求银行监管的最佳模式，为此，其相继公布与实施了三个版本的《巴塞尔协议》。作为全球银行监管领域中最有影响力的国际标准，《巴塞尔协议》始终坚持以资本充足率作为银行风险管理框架的核心内容，其中，《巴塞尔协议Ⅰ》是全球首个统一的、详细的国际银行监管架构，它将资本充足率作为监管架构的核心，用以评估银行对风险的覆盖和抵御水平，重点关注跨国银行的信用风险，以扼制银行危机国际性传染。在《巴塞尔协议Ⅰ》颁布实施之后，巴塞尔委员会根据国际金融环境的变化进行了多次修改和完善。如巴林银行倒闭事件，直接催生了对衍生品交易产生的市场风险计提资本的要求。亚洲金融危机后，巴塞尔委员会从提出《巴塞尔协议Ⅱ》草案第一稿到正式稿，历时五年，反复讨论与征求意见，在国际银行监

---

① 陈果静：《主动防范化解系统性金融风险》，《经济日报》2017年7月19日。

管架构及监管理念上实现了重大突破。《巴塞尔协议Ⅱ》在强化最低资本监管要求的基础上，增加了监管者监管和市场约束两个支柱，首次将银行风险体系从信用风险进一步覆盖到市场风险和操作风险，并允许风险管理水平高的银行构建内部模型以计提资本。然而，2008年全球金融危机所暴露出的该监管体系的重大缺陷，促使巴塞尔委员会再次对国际银行监管架构进行反思。2010年12月，《巴塞尔协议Ⅲ》重点对最低资本要求进行了完善，提高了对资本质量与资本数量的要求，关注压力情形下的流动性管理，引入杠杆率监管，确立微观审慎与宏观审慎相结合的监管模式，从更为宽广的视角理解银行风险，增强金融体系应对系统性风险的能力。但其实施后，既受到美国和欧盟的消极对待，又受到国际社会的质疑。对此，巴塞尔委员会又历经七年，不断对《巴塞尔协议Ⅲ》的文件进行修订和完善，包括提出全球系统重要性银行定量与定性相结合的评估方法，将杠杆率改为强制性监管指标，统一对交易对手风险敞口计量方法，提升信息披露的透明度和可比性，等等。直到2017年12月，才正式发布《巴塞尔协议Ⅲ：后危机改革的最终方案》。综上可见，《巴塞尔协议》监管框架具体内容要求的演变及其监管标准的升级和监管方法的精细化，既体现了监管者和金融机构管理者等对于特定条件下的商业银行经营管理经验教训的总结和继承，又代表着不同市场条件下商业银行风险管理和金融监管的发展趋势和改革方向，对商业银行经营管理和整个金融体系都产生了深远的影响。中国自2009年成为巴塞尔委员会正式成员以来，积极致力于完善银行监管体系的国际标准，加强跨境金融监管合作。中国金融监管部门始终将"以风险为本"作为监管导向和理念，将国际标准同中国实际相结合，实现了国际标准的中国化，即围绕《商业银行资本管理办法（试行）》出台了一系列监管制度与政策。当前，中国经济发展已进入新常态，货币金融环境中性适度，要继续推动银行业改革与发展、加强银行监管和防范金融风险、增强银行体系的稳健性和国际竞争力，务必做好以下两方面的工作：一是中国银保监会要进一步完善银行监管架构与制度体系。《巴塞尔协议Ⅲ》最终版所代表的现代化商业银行最新监管架构和监管理念，必将对中国银行业的发展具有极强的导向作用。[①]《商业银行资本管理办法（试行）》虽被称为"中国版巴塞尔协议Ⅲ"，但毕竟是一个试行稿，因此，中国银保监会要密切关注国际国内经济金融形势的深刻变化，适时修订与完善相关监管规则与办法，

---

① 孙若鹏：《〈巴塞尔协议Ⅲ〉最终版的背景、变化及对中国银行业的影响》，《金融监管研究》2018年第10期。

尽快实现《巴塞尔协议Ⅲ》最终版的本土化。二是国内的商业银行要顺应新时代经济金融发展的新趋势，按照监管要求，主动调整资产负债结构，提升数据管理能力和风险管控水平，并提前谋篇布局，从而更好地服务实体经济。

后　记

本论文集入选的论文，大部分选自 2018 年 10 月 13—14 日在中央财经大学召开的第五届全国经济史学博士后论坛"商贸演进视角下的货币金融变迁"中的参会文章，另外，还收录了前四届全国经济史学博士后论坛中与本届论坛主题相契合的部分优秀论文。

本论文集的出版，得到了主办单位中国社会科学院、中国博士后科学基金会的大力支持，同时承办方中央财经大学也给予了关心和帮助。此外，具体负责本书选编工作的熊昌锟博士后也付出了诸多心血。在此，对所有关心、支持第五届全国经济史学博士后论坛顺利举办和本论文集出版的师友们一并表示衷心感谢！